中国近现代财政学名作新编丛书

刘守刚　刘志广　主编

中国租税问题

朱　偰　　著

杨　鸿　整理

李　艳

上海远东出版社

图书在版编目（CIP）数据

中国租税问题 / 朱偰著；杨鸿，李艳整理. —上海：上海远东出版社，2024
（中国近现代财政学名作新编丛书）
ISBN 978-7-5476-2034-2

Ⅰ.①中… Ⅱ.①朱… ②杨… ③李… Ⅲ.①税收管理-中国 Ⅳ.①F812.42

中国国家版本馆 CIP 数据核字（2024）第 110280 号

责任编辑　陈占宏
封面设计　刘　斌

中国近现代财政学名作新编丛书
刘守刚　刘志广　主编

中国租税问题

朱　偰　著　杨　鸿　李　艳　整理

出　　版　上海远东出版社
　　　　　（201101　上海市闵行区号景路 159 弄 C 座）
发　　行　上海人民出版社发行中心
印　　刷　上海中华印刷有限公司
开　　本　635×965　　1/16
印　　张　27
插　　页　1
字　　数　360,000
版　　次　2024 年 6 月第 1 版
印　　次　2024 年 6 月第 1 次印刷
ISBN 978-7-5476-2034-2 / F·739
定　　价　118.00 元

目　录

第一编　中国租税制度之现状

A. 收益税系统

第二编 中国租税制度之改革

主编的话

为什么要新编这套近现代财政学名作？那个年代的财政学者的思考与努力，为什么在今天仍然值得我们重视？应该以什么样的原则来新编这套丛书？这是我们在新编这套丛书之前需要回答的问题，也希望借此使读者更好地理解我们新编这套丛书的初衷。

一

"财政是国家治理的基础和重要支柱"，财政学要完成这一使命，就要基于国家治理视角推进基础理论的创新。但基础理论创新从来不是"无中生有"或"前无古人"的事业，它必然有自己的发展历史与成长脉络。

对中国来说，推进国家治理体系和治理能力现代化所需要的财政学基础理论创新，主要针对的就是"二战"以后所形成的主流财政学的缺陷。这种财政学的核心概念和知识体系主要建立在新古典经济学这种选择范式经济学的基础之上，它以孤立个人主义作为方法论，以均衡分析和最优化分析为手段，将财政问题变成了一种工程技术问题，完全忽略了制度与历史等问题。可问题是，政府的财政行动兼具政治、经济、社会、法律与行政管理等多重属性，是在特定国际国内环境下人与人之间互动的产物，其中还始终伴随着各种价值判断和评估，这远非价值中立下的均衡分析和最优化分析所能适用的。此外，古今中外的历史都显示出，财政对国家和社会的演化产生了重要的决定作用，一国的财政史往往是其国家历史最为重要的组成部分，因此，财政社会学/财政政治学的研究都主张通过财政来探究国家的性质、前途和命运①。

在推进财政学基础理论创新时，我们要认识到，在财政学的研究传统或财政学思想史中，除今天主流财政学这种选择范式外，还存在基于欧陆传统的交换范式②，它将财政学看作是一个跨学科的研究领域，甚至是一个独立的学科。虽然当前我国财政学界对这一传统并不熟悉，但这一传统却是财政学最早传入中国时的主要传统，是从晚清至新中国成立前一直流行的传统。因此，从某种意义上说，我们今天推进国家治理视角下的财政学基础理论创新，就是要延续或回归这个在中国曾经存在并中断多年的传统，这也使中国学者的努力可以成为国际学术界自 20 世纪末以来重建财政学理论体系努力的一部分③。由于中国具有利用财政工具进行国家治理的悠久实践和思想传统，并且当前推进国家治理体系和治理能力现代化的努力所提供的鲜明的问题意识，将使中国学者有可能为财政学基础理论创新作出独特而重要的贡献。

二

虽然中国有丰富且源远流长的古典财政思想，但对近代中国来

---

① 财政社会学/财政政治学的上述主张可参见葛德雪：《财政问题的社会学研究路径》，载《财政理论史上的经典文献》，刘守刚译，上海财经大学出版社 2015 年版；熊彼特：《税收国家的危机》，刘志广、刘守刚译，载《税收哲人》附录，上海财经大学出版社 2018 年版。

② 关于财政学不同研究范式的辨析可参见马珺：《财政学研究的不同范式及其方法论基础》，载《财贸经济》2015 年第 7 期。

③ 其中典型的代表就是美国财政学者理查德·瓦格纳，他根据财政社会学和意大利财政学传统而创新财政基础理论，代表作为《财政社会学与财政理论》（中文版即将由上海财经大学出版社出版）。

说，财政学的发展却主要是"西学东移"①的结果。自鸦片战争后，中国的古典财政思想从总体上并不适应现代要求，需要加以改造或发展。魏源（1794—1857）的财政思想，被称为"标志着我国传统的财政思想之历史变革的转折点"②。后来冯桂芬（1809—1874）等晚清学者继续呼吁"采西学"，但现代财政知识的传播在此时仍步履艰难。有些学者，因去国外考察后而由传统教条的卫道士变成现代财政知识的积极传播者，如王韬（1828—1897）；而有些人即使出使国外多次，也仍坚决反对西法，如刘锡鸿（？—1891）。就总体而言，到19世纪末期，中国引入和运用的是西方财政学知识，除马建忠（1845—1900）和严复（1854—1921）等少数人外，很少有人深入到财政理论的层面。对近现代财政理论的了解和理解的不足，也成为洋务运动派和维新运动派的重要局限。

在西方工业文明的冲击下，"近代中国人向西方学习的内容经历了一个由器物层次、制度层次到观念层次不断提升的曲折的历史过程"③。对财政理论的传播与研究正是这一过程的产物，近代留学生为此作出了卓越的贡献。其中，留日学生胡子清（1868—1946）于1905年在东京出版的《财政学》一书，被认为是中国学者出版的最早财政学著作④。不少留学生在留学期间系统学习了财政学，还有一些留学生的博士论文就是直接研究财政学或财政问题的，很多在国

---

①　与之对应的另一个概念是"西学东渐"，主要是指明末清初并且延续到清朝中叶，伴随着耶稣会士来华传教而展开的西方科技传入中国的历史事件，后来逐渐蜕变为"西学东源"，这使中国失去了通过吸纳西方近代科技来实现科技转型的机遇；而"西学东移"，主要是指晚清到民国随着中国睁眼看世界所带来的科技和近现代社会科学的引入。具体参见刘大椿等：《西学东渐》，中国人民大学出版社2018年版。

②　参见胡寄窗和谈敏：《中国财政思想史》，中国财经出版传媒集团、中国财政经济出版社2016年版，第573页。

③　邹进文：《近代中国经济学的发展：以留学生博士论文为中心的考察》，中国人民大学出版社2016年版，第32页。

④　参见许康和高开颜：《百年前中国最早的〈财政学〉及其引进者——湖南法政学堂主持人胡子清》，载《财政理论与实践》2005年第6期。

外出版，取得了较高的国际学术地位①，一些留学生甚至直接师从当时国际著名的财政学家②。这些留学生回国后成为传播和研究财政理论的主体力量，虽然他们有的进入学界，有的进入政界，有的则辗转于学界和政界之间，但他们在繁忙的教学或政务之余，仍积极从事国外财政学著作的翻译，或者撰写了大量财政学教材与专著。从数据上看，自晚清以来，财政学方面的专著和译著占据了经济类出版物的主体地位，根据《民国时期总书目（1911—1949）：经济》，财政类出版物有 2 181 种，其中，财政类著作出版物为 1 090 种③。胡寄窗对 1901 年至 1949 年间自撰和翻译的经济著作刊行总数进行的多角度统计分析表明，按照学科分类，财政学排在第一位，位于经济学原理和货币学之前④。

近代留学生对财政学的学习、研究以及国内财政类著作的出版繁荣，直接反映了财政在从传统国家治理迈向现代国家治理的过程中所具有的重要作用，很多当时的财政学著作直接回应了现代国家建设面临的重大问题，其中很多是基础性问题，具有超越时代的价

---

① 在《近代中国经济学的发展：以留学生博士论文为中心的考察》一书的第四章，邹进文专门考察了近代留学生与财政学研究，其列出的留学生及其博士论文有：马寅初的《纽约市的财政》、朱进的《中国关税问题》、李权时的《中国中央和地方财政：中央、省、地方政府财政关系研究》、陈岱孙的《马萨诸塞州地方政府开支和人口密度的关系》、寿景伟的《中国的民主政治和财政：财政制度与思想发展研究》、尹文敬的《中国税制》、朱炳南的《经济剩余与税收》、陈友松的《中国教育财政之改进——关于其重建中主要问题的事实分析》、田炯锦的《英美地方财政的国家监督研究》、刘炳业的《德国、意大利、奥地利、捷克斯洛伐克和波兰的资本税（1919—1923）》和周舜莘的《资本税》；其中，马寅初的《纽约市的财政》在 1915 年的《美国政治与社会学学会年刊》中得到美国宾夕法尼亚大学帕特森的积极评论，朱进的《中国关税问题》被列为纽约哥伦比亚大学丛书，寿景伟的《中国的民主政治和财政：财政制度与思想发展研究》的英文版在 1970 年获得再版，等等，具体参见邹进文：《近代中国经济学的发展：以留学生博士论文为中心的考察》，中国人民大学出版社 2016 年版。

② 如马寅初、朱进和寿景伟都师从著名财政学家塞利格曼教授。

③ 参见北京图书馆：《民国时期总书目（1911—1949）：经济》，书目文献出版社 1993 年版。

④ 参见胡寄窗：《中国近代经济思想史大纲》，中国社会科学出版社 1984 年版。

值，他们对当时财政制度利弊的研究及对财政改革的思考，仍然值得今天的我们思考和借鉴。特别值得提及的是，那个古今中西交汇的年代也是财政学在我国的早期发展阶段，那批学者往往既有深厚的中国古典传统基础，又大胆吸收了来自西方特别是欧陆财政学的理论，从这些财政学著（译）作中，我们不仅可以看到学界先辈们接受、消化国外财政学思想的努力，还可以看到他们融通古今中外财政思想以构建中国特色财政学的努力。

三

虽然通过其他人的系统研究①，我们可以了解这一时期财政学著（译）作的一些基本情况，但每个人在做研究时，对思想与材料的取舍会有不同，原版原论始终是学术研究不可或缺的文献。这些年来国内也陆续再版了那个时期的部分财政学著作，但要么是单本（套）②，覆盖面非常有限；要么被纳入其他丛书当中③，学科特色难以凸显。同时，由于原本繁体竖排不大符合现代读者的阅读习惯，且很多著作出版时间已久、印数又非常有限，绝大部分图书馆所藏

---

①　如邹进文：《民国财政思想史研究》，武汉大学出版社 2008 年版；邹进文：《近代中国经济学的发展：以留学生博士论文为中心的考察》，中国人民大学出版社 2016 年版；胡寄窗和谈敏：《中国财政思想史》，中国财经出版传媒集团、中国财政经济出版社 2016 年版；等等。另外，中国期刊网上还可以下载关于相关著作与学者思想的专业研究论文。

②　如三联书店 2014 年再版的孙怀仁的《中国财政之病态及其批判》；中央财经大学整理、中央编译出版社 2015 年出版的《崔敬伯财政文丛》（三卷）；上海社会科学院出版社 2016 年再版的达尔顿《财政学原理》的中译本；河南人民出版社 2018 年再版的霍衣仙的《中国经济制度变迁史》（主要涉及历代田赋、税制和币制）；等等。

③　主要是指商务印书馆近年来出版的《中华现代学术名著丛书》，目前已经出版了财政学著作 7 本，分别为马寅初的《财政学与财政——理论与现实》（2005）、罗玉东的《中国厘金史》（2010）、何廉和李锐的《财政学》（2011）、万国鼎的《中国田制史》（2011）、陈启修的《财政学总论》（2015）、陈友松的《中国教育财政之改进》（2017）和陈兆鲲的 *The System of Taxation in China in the Tsing Dynasty*, 1644—1911 （《清代中国的税收制度》，2017）。

书目非常有限，且被纳入古籍或近代文献范围，借阅也存在诸多不便。因此，综合各方面的情况，我们认为仍有必要挑选这一时期的部分优秀著（译）作，以丛书的形式集中进行出版。

在选择书目时，我们主要考虑下面几个因素：一是对于近年来已经新编出版的著（译）作，本丛书不再将其纳入出版计划，这样本丛书与已再版的书目可以形成互补关系；二是主题涉及尽可能广泛，以反映该时期财政学研究的整体面貌，涉及对财政学基础理论的探讨、对当时国家面临的主要财政问题及通过财政改革推进国家治理体系建设的探讨，以及对国内外财政史的理论性探讨；三是著作出版期限为1900—1949年，特别是辛亥革命前后、北伐战争前后及抗日战争前后这几个时间点的著作；四是将译著也纳入新编丛书，该时期译著的原版主要来自日本、德国、英国和美国，它们既反映了当时国际上财政学研究的现状，也构成中国财政学思想变迁的重要组成部分。

在丛书整理出版时，除了将繁体变简体、竖排变横排外，我们尽可能保持书的原貌，以此为基础进行必要的校订，主要涉及专有名词、个别文字和标点符号的调整（详情请参见每本书的整理凡例）。另外，为方便读者更好地理解所选书目的学术贡献及其与同时代同主题著作的内在联系，整理者为每本著（译）作写出了导读，并对文中提的部分史实与原理加以注释。

相对于这一时期数以千计的财政学出版物来说，本丛书所选择和能选择的书目是极为有限的，还有很多优秀的著（译）作未能被纳入进来。但我们并不将之视为遗憾，因为新编出版本丛书的主要目的就是要让大家关注并重视这一时期的财政学著（译）作，进而推动财政学的基础理论创新。如果能初步实现这一目的，我们也就心满意足了。

感谢上海远东出版社将本丛书列入出版社"十四五"期间重点出版计划，不惜成本支持学术事业。感谢上海财经大学公共经济与管理学院及弘信资本的高建明先生慷慨地为本丛书的出版提供资助。

感谢上海远东出版社曹建社长对本丛书的大力支持，他不仅亲自参与了丛书出版的策划，更是经常亲自过问并安排相关工作的进度与细节。感谢上海远东出版社诸位编辑悉心细致的工作，他们的精益求精为丛书增色不少。最后，我们要特别感谢丛书中各本书的整理者，他们在繁重的教学与科研之余，不计名利地加入到这一工作中来，用他们的辛勤付出共同支撑了本丛书的出版。

上海财经大学公共经济与管理学院　刘守刚
中共上海市委党校（上海行政学院）经济学教研部　刘志广

整理凡例

　　为了读者阅读与使用的方便，本书在整理时除了将字体从繁体改为简体、将排版从竖排且从右到左改为横排且从左到右外，尽量保持原貌，在以下几个方面，整理者也做了一些改变：

　　1. 将因为排版变动原因而变化的表示方位的词加以改变，如"左列"改为"下列"。

　　2. 表格标题除部分照原文录用，原无标题由编者按时间、内容、文件类型等方面拟定。

　　3. 凡过去用法如不影响阅读，原则上尊重原文。如国名"法佛朗"、数字写法"一八七〇年"、大部分标点断句不加改动。

　　4. 凡史料引用均以仿宋字体区别。

　　5. 凡能辨明的错字、别字径改之。

　　6. 凡残缺或难以辨认的文字，均以"口"代替。

　　7. 标点符号相应调整，如多个并列词汇中加"、"，列举原因中语意明显者加"，"略述中首句后加"。"，引号前的"，""。"改为"："等。

导　读

杨　鸿

近代以降，中国在内外多重合力之下，开启了财政税收现代化转型的历史进程。民国时期是中国引进西方财税理论，构建现代财税制度的重要阶段。在财税制度改革的过程中，不少学者和官员积极开展研究，并著书立说，揭露旧制弊端、提出改革建议、评判改革得失。这一时期的中国财税理论"迎来了它辉煌灿烂的发展期"。[①] 一些具有海外留学背景的学者及官员，更成为引进西方财税理论与制度的先锋。其中，朱偰早年负笈德国，后于国内大学与财政部门任职，其财税思想理论颇值得重视。《中国租税问题》正是体现其理论渊源与改革主张的代表作之一。

一

朱偰（1907—1968），字伯商，浙江海盐人，经济学家、财政学家及文史学家。朱偰幼年时期，曾在父亲朱希祖[②]的教导下研习《史记》《水经注》等经典，对中国历代制度沿革、思想文化有一定的了解。[③] 1913 年，朱希祖就任北京大学教授，朱偰也随父迁居北京。

---

　　①　邹进文：《民国财政思想史研究》，武汉：武汉大学出版社，2008 年，第 9 页。
　　②　朱希祖（1879—1944），字逖先，著名历史学家。
　　③　凌也徽：《金陵图考寄深情——朱偰与南京的名胜古迹》，海盐县政协文教卫体与文史委员会编：《孤云汗漫——朱偰纪念文集》，上海：学林出版社，2007 年，第 14 页。

1919 年，朱偰进入京师公立第四中学，开始学习德文，毕业后考入北京大学预科乙部，1925 年升入本科政治学系。朱偰在北大就读期间，于《东方杂志》《新生》《现代评论》等期刊发表文章，探究古今政治制度，在学术界崭露头角。[①]

1929 年朱偰考入德国柏林大学，自此与财政学结下不解之缘。在柏林大学，朱偰师从赫克纳尔（Herkner Heinrich）等经济学家，研究财政及经济。[②] 这一时期，德国财政经济学界受社会政策学派的影响较大，重视运用财政和税收政策推动经济发展、促进社会公平。朱偰的导师赫克纳尔在学术上与社会政策学派的代表人物阿道夫·瓦格纳（Adolf Wagner）颇有渊源，关注财政与社会现实问题之间的联系。[③] 他曾教导朱偰：社会科学研究不能脱离现实环境，社会科学研究者的使命，在于解答社会现实问题。财政是中国最重要的现实问题之一，但西方学术界对中国的财政状况，尚未有系统、科学的认识。他建议朱偰系统研究中国财政，尤其是中国的财政改革问题。在赫克纳尔的启发下，朱偰广泛搜集材料，于 1932 年完成论文《中国财政改革的主要问题》（*Haupt probleme der Finanzreform Chinas*），获经济学博士学位。[④]

朱偰学成归国后，受聘为中央大学经济系专任教授，开设"财政学""世界经济"等课程。1933 年 8 月，朱偰升任中央大学经济系主任。在任期间，他积极提倡深入调查研究的风气，领导经济系

---

① 朱元春：《朱偰先生学术年表》，朱偰：《所得税发达史》，北京：商务印书馆，2020 年，第 325 页。

② 励俊：《风流总被雨打风吹尽——追忆朱偰先生》，海盐县政协文教卫体与文史委员会编：《孤云汗漫——朱偰纪念文集》，第 77 页。

③ 关于瓦格纳及德国社会政策学派的主张，参见理查德·A. 马斯格雷夫、艾伦·A. 皮考克主编：《财政理论史上的经典文献》，刘守刚、王晓丹译，上海：上海财经大学出版社，2015 年，第 15—16 页。关于赫克纳尔与瓦格纳的学术渊源，参见董问樵：《书评：朱偰〈中国租税问题〉》，《社会经济月报》第 3 卷第 7 期，1936 年 7 月，第 78—79 页。

④ 朱偰：《中国财政问题 第一编》，上海：商务印书馆，1934 年，第 1 页。

成立经济资料室，搜集国内外经济资料，研究现实经济问题。① 朱偰密切关注田赋与农民负担、所得税开征、关税自主、法币改革、洋货倾销、战时财政等议题，并将研究成果发表于《大公报》《东方杂志》《政问周刊》等具有影响力的报刊，从此声名鹊起。同时，朱偰还出版了《中国财政问题》《中国租税问题》《所得税发达史》《中国战时税制》等专著，集中阐述他对中国财政税收问题的见解。

　　教学研究之余，朱偰还在国民政府中任职，在人员培训、决策咨询、政策制订等方面发挥作用。1936 年国民政府开征所得税后，朱偰先后兼任财政部直接税税务人员训练班讲师和财政部所得税事务处研究室主任，讲授所得税相关理论、编译欧美各国所得税法规。② 全面抗战爆发后，朱偰决心为抗战作贡献，"上则决策设计，以贡献于政府；下则宣传鼓动，以号召于民众"。③ 他应国民政府邀请，与胡善恒、陈长蘅等人共同草拟战时财政计划。④ 1938 年12 月，中国经济学社年会于重庆召开，朱偰到会发表演说，主张稳定法币汇价，安定金融，保障抗战力量。时任财政部部长孔祥熙注意到朱偰的主张，于会后聘朱偰为财政部简任秘书。⑤ 此后，朱偰先后担任所得税事务处专门委员、直接税处专门委员、川康经济建设委员会专员、财政部专卖事业司司长、财政部关务署副署长等职。在国民政府举办战时利得税、试办遗产税、推行田赋征实、施行专卖政策的过程中，朱偰都提出过富有建设性的建议。⑥

　　① 　朱元春：《朱偰先生学术年表》，朱偰：《所得税发达史》，第 321 页。
　　② 　朱元春：《朱偰先生学术年表》，朱偰：《所得税发达史》，第 324—325 页。
　　③ 　朱元春：《朱偰先生学术年表》，朱偰：《所得税发达史》，第 325 页。
　　④ 　朱元春：《朱偰先生学术年表》，朱偰：《所得税发达史》，第 325 页。
　　⑤ 　赵玉麟：《一代宗师朱偰教授，海盐县政协文教卫体与文史委员会编：《孤云汗漫——朱偰纪念文集》，第 19 页。
　　⑥ 　朱元春：《朱偰先生学术年表》，朱偰：《所得税发达史》，第 329—333 页。

二

《中国租税问题》的问世，源于朱偰对中国经济现实的关注。
1932 年，中国正面临世界经济危机的冲击。刚刚回国的朱偰，目睹
中国"农村经济日趋没落，工商经济日趋凋敝，金融岌岌，财政破
产"① 的情形，认为要进行经济建设，就必须运用财政政策，解决国
家政治、经济领域中存在的诸多问题。在朱偰看来，耿爱德（Edward
Kann）、甘末尔（Edwin W. Kemmerer）、欧弗莱区（T. W. Overlach）、
马士（H. B. Morse）、胡钧、贾士毅等名家虽对中国的货币、商业、
公债、财政史等问题进行了诸多探索，但能综合考察中国财政整体
面貌并系统性地提出改革建议的著作尚不多见。因此，朱偰决定以
自己的博士学位论文为基础，增补中西方有关材料，写作《中国财
政问题》。《中国财政问题》拟分为五编，分别讨论财政史、财政收
支、租税系统、公债整理与币制改革问题。在写作过程中，朱偰逐
渐意识到，不合理的租税制度，是阻碍中国经济发展的主要因素，
故决定先将探究租税系统的部分独立出版，取名为《中国租税问
题》。1936 年 4 月，《中国租税问题》由商务印书馆出版，同年
12 月再版。

《中国租税问题》是朱偰系统考察中国租税制度沿革、集中阐述
租税改革方案的代表作。全书分为上下两编。上编题为"中国租税
制度之现状"，共八章。朱偰借鉴欧洲财政学理论，将中国租税分为
收益税系统（包括田赋、营业税）、消费税系统（包括关税、盐税、
统税、烟酒税）和转移税系统（包括印花税、契税），并依此划分章
节。在上编各章中，朱偰分别介绍各项税制在欧洲各国的理论研究
或施行状况，详述该税在中国的历史沿革，分析中国现行税制存在
的问题。其中，田赋、关税与盐税是国民政府与各地方政府最重要

---

① 朱偰：《中国财政问题　第一编》，第 2 页。

的财政收入来源，牵涉的问题较为复杂。因此，书中关于田赋、关税与盐税问题的研究较多，这些研究也体现了朱偰的核心关切——社会公平与经济发展。在田赋方面，朱偰首先概述欧洲田赋制度的发展，重点关注田赋由财产税演变为土地收益税的过程。随后，朱偰梳理了中国历代田赋制度沿革，指出清代施行的"摊丁入亩"及"永不加赋"为此后田赋附加税的泛滥埋下祸根。最后，朱偰从田制、田额、赋则、附加税、征收方法等方面考察现行田赋制度，指出现行制度存在附加税繁重、征收机关繁复、人员舞弊等问题，加重了平民的税收负担。在盐税方面，朱偰探讨了盐税与财政收入、专商制、民众盐税负担等问题。朱偰指出，盐税数额巨大，且常作为内外债的抵押，是国民政府筹措财政收入的重要途径，故民众盐税负担短时间内难以减轻。专商制下的市场垄断以及繁重的附加税，也加重了民众的负担。在关税方面，朱偰回顾了关税由交通要道的使用费与通过税演变为主权国家边境税的过程，指出关税逐渐演化出财政与商业的双重职能：以增加财政收入为主要目的的关税，称为"财政关税"；以保护本国产业，限制外来竞争为目的的关税，称为"保护关税"。在朱偰看来，国民政府施行"财政关税"，对工业所需的原材料及机械进口课以重税，提高了国内工业生产成本，便利洋货倾销，有碍国民经济发展，应免除或减轻原料及机械进口税，施行"保护关税"。

　　通过对各项租税的历史考察与比较研究，朱偰总结道，中国租税制度主要存在三大问题：一是税收结构不合理。中国租税系统以收益税及消费税为主干，"物的税"过多，"人的税"不足。[1] 这样的税收结构忽视了纳税人的实际负担能力，导致平民税收负担过重，

---

　　① "物的税"是以物品为征收对象的税捐，如田赋、房捐、营业税、关税、盐税、统税等；"人的税"则以人为课税对象，如所得税等。在书中，朱偰有时又称"物的税"为"客体税"，"人的税"为"主体税"。马寅初等学者也提出过"对物税"与"对人税"的概念，与朱偰的定义相近。（参见马寅初：《财政学与中国财政》上册，上海：商务印书馆，1948 年，第 141 页。）

富裕特权阶层则有规避纳税义务的空间，违背了租税制度应遵循的公平与普遍原则。二是系统不明确，性质相近的多项租税并存，重复课税的现象普遍存在。如牙税、当税和屠宰税均与营业税性质相近且长期共存。不动产（土地或房屋）所有权变更时，须缴纳契税、土地登记费和印花税三种租税。而在西欧各国，转移不动产所有权只需缴纳土地所有权转移税或土地增值税。三是附加税过重。政府对田赋附加税"漫无限制"，各县征收附加税"毫无顾忌"，以致田赋附加税名目繁多，在部分地区，附加税额甚至高于正税。这是导致农村经济凋敝的重要原因。盐税附加同样繁重，既有"地方附加"，也有"中央附加"。辛亥革命后，各地军阀擅自开征的盐税附加，统称"地方附加"。国民政府成立后，又开征"北伐费"等名目众多的"中央附加"。繁重的附加税推高了盐价，加重了平民的生活负担。

针对租税制度中的种种弊端，朱偰于下编集中讨论租税制度的改革方案。下编题为"中国租税制度之改革"，共三章。朱偰认为，中国租税制度改革的核心问题，是如何使"人的税"取代"物的税"的主体地位。因此，下编的内容也主要围绕所得税、遗产税（财产税）展开。朱偰认为，所得税符合普遍、公平的租税原则，具有增加财政收入、促进社会公平的作用，建立以所得税为核心的税收体系，应为中国税制改革的方向。朱偰随后讨论了中国开征所得税与遗产税的可行性。他认为中国的资本主义经济还不够发达，富裕阶层与普通民众的税负也不均衡，不能立即开征所得税。遗产税"一因税收较少，不足以国用；二因凡劳力得来之所得，即无法征收"[1]，仅能作为所得税的补充，须待所得税行之有效后，方可开征。最后，朱偰提出了他的租税改革构想。他认为，中国应以渐进的方式推进租税改革，在全面推行所得税之前，先经历一个"过渡时代"。在这一阶段中，中国应仿照法国等西方国家的先例，先改造既有的收益

---

① 朱偰：《中国租税问题》，第 653 页。

税系统，举办"收益的所得税"。具体而言，即开征土地增值税；营业税的征收应以纳税人的实际经济负担能力为标准；对资本及劳动收益课征收益税，令资本家及自由职业也承担纳税责任。此外，转移税与消费税系统也应进行改革。转移税方面，契税将改为不动产登录税；裁撤与登录税性质相近的印花税。消费税方面，要裁撤出口税、转口税与常关税。待条件成熟时，再步入"推行所得税时代"。这一阶段，应将"收益的所得税"改征一般所得税及法人所得税，同时开征遗产税。消费税方面，则应减轻或废止生活必需品的消费税，禁绝各类附加税，整合性质相近的各种捐税。除税制结构的改革外，朱偰还提出了租税理念、税务行政方面的建议。如税收应由法定机关制定与征收。租税政策要服务于国民经济发展，若某项租税阻碍了本国工商业发展，就必须减税或裁废。应利用租税政策防止洋货倾销，保护本土工商业，不可给予外国工商业税率优惠政策。在税务行政方面，应改革征收机关，提高行政效率；废除包税制，由国家直接行使租税主权；废除专商制度，避免利权垄断；不得预征、中饱或非法征收附加税等。

三

朱偰的《中国租税问题》是民国时期较早进行中西租税制度历史比较研究的著作，以整体性视角，系统论述了中国租税制度的历史沿革与改革方向。该书问世后不久，就受到时人的关注与赞许。经济学家丁洪范肯定了该书的开创性贡献："近年关于中国租税及财政问题的论文与单行本出版者不得谓少，但较本书概括而有系统者实属罕见。"[①] 朱偰在写作过程中，重视资料的搜集与解读，这也受到学界的肯定。丁洪范认为该书"参考周祥，材料丰富。中间且有

---

① 丁洪范：《中国租税问题》，《政治经济学报》第 5 卷第 2 期，1937 年 1 月，第 496 页。

不少原始材料为作者努力之收获……转引参考亦原原本本，注明来历"。① 财政学者董问樵进一步肯定朱偰的材料解读能力，认为朱偰在论述田赋制度沿革等问题时，不仅"极力利用第一流的材料"，还能透视材料背后的社会现实，兼顾理论探讨与现实关怀。② 丁、董二人还认为朱偰在书中提出的部分观点"颇有独到之处""不落寻常蹊径"，如用土地增值税遏制土地投机、整并性质相近的税项、渐进式地开征直接税等。③

　　朱偰的《中国租税问题》重视理论比较与历史叙述。对今日的研究者而言，该书可作为探究民国时期财政学术思想史、财政制度史的重要史料。既往研究在梳理民国时期的财政学著述时，指出《中国租税问题》是民国时期财政学著述的代表之一，体现了当时财政学界注重结合西方财政学理与行政实例，以分析中国财政状况的特色。④ 也有学者从中国近代税制改革思想和税收现代化思想演进的角度，考察朱偰在本书中的部分观点。⑤ 该书在中西财政思想交流史、民国财政制度史研究中的价值有待进一步挖掘。如前文所述，朱偰的税制改革主张，带有德国社会政策学派的烙印。因此，本书是学界追溯民国时期中德财政学交流系谱，研究民国时期财税思想引介历史的重要线索。本书还是我们研究民国乃至欧美财政政策与制度历史的重要参考。朱偰在书中参考大量政府文件、统计数据与

---

　　① 丁洪范：《中国租税问题》，《政治经济学报》第 5 卷第 2 期，1937 年 1 月，第 497 页。

　　② 董问樵：《书评：朱偰〈中国租税问题〉》，《社会经济月报》第 3 卷第 7 期，1936 年 7 月，第 77 页。

　　③ 丁洪范：《中国租税问题》，《政治经济学报》第 5 卷第 2 期，1937 年 1 月，第 497—498 页；董问樵：《书评：朱偰〈中国租税问题〉》，《社会经济月报》第 3 卷第 7 期，1936 年 7 月，第 78 页。

　　④ 如叶振鹏主编：《20 世纪中国财政史研究概要》，长沙：湖南人民出版社，2005 年，第 441 页；魏文享：《民国工商税收史研究之现状与展望》，《中国社会经济史研究》2019 年第 1 期，第 77 页。

　　⑤ 如夏国祥：《近代中国税制改革思想研究（1900—1949）》，上海：上海财经大学出版社，2006 年；付志宇：《近代中国税收现代化进程的思想史考察》，成都：西南财经大学出版社，2015 年。

有关论著，梳理了中外多项税制的发展演变，并清晰地标注了所引资料的出处，这赋予该书更高的历史可信度。不仅如此，朱偰长时间兼任学者与政府官员，详细梳理政府档案与他的系列论著，是打通财税学理与制度关联性的可行路径。

　　作为一部论述财税制度改革的经典著作，《中国租税问题》对如今的财政理论与制度创新仍具有启发意义：首先，要重视财政税收政策在国家治理中的地位和作用。习近平总书记指出："财政是国家治理的基础和重要支柱，科学的财税体制是优化资源配置、维护市场统一、促进社会公平、实现国家长治久安的制度保障。"① 朱偰在书中进行的理论与实例探讨，富有前瞻性地揭示了财政对推动经济发展、促进社会公平的作用，如主张对本土工商业施行税收优惠政策、建立直接税体系以平衡税收负担等，都与当今的税制改革方向有共通之处。其次，朱偰的部分研究成果可为今日的直接税改革提供借鉴。健全直接税体系，优化税制结构，适当提高直接税比重，是"十四五"规划和 2035 年远景目标的重要内容。② 朱偰在研究所得税问题时，对最低生活保障标准的制订、累进税率计算公式等技术问题进行了充分讨论，为我们的直接税体系改革提供了有益的理论资源。最后，税制改革要将西方财税理论与中国具体国情相结合。朱偰在考察税制发展历史时，对西方财政制度改革的有关理论、成功经验与失败教训着墨较多。但在讨论中国的税制改革方案时，并非生搬硬套西方的制度模式，而是立足当时国情，提出"过渡时代"与"推行所得税时代"的渐进改革方案。而许多具体的改革建议，如废除包税制、裁废苛捐杂税及附加税等，都是针对中国特殊的税制流弊所提出的。如何汲取前贤的理论养分，构建具有中国特色的

----

　　① 　中共中央文献研究室编：《十八大以来重要文献选编（上）》，北京：中央文献出版社，2014 年，第 502 页。

　　② 　《中华人民共和国国民经济和社会发展第十四个五年规划和 2035 年远景目标纲要》（2021 年 3 月 11 日），国家发展和改革委员会发展战略和规划司编：《国家及各地区国民经济和社会发展第十四个五年规划和 2035 年远景目标纲要》，北京：人民出版社，2022 年，第 28 页。

财政学理论体系，更好地发挥财税政策在转变发展方式、优化经济结构、转换增长动力、维护公平正义等方面的积极作用，值得我们进一步关注。

自　序

　　本书系《中国财政问题》第三编《租税论》；以《中国租税问题》命名者，以其意较显豁，且可以单独行世也。自本书第一编出版以来，倏已二载；在此二载之中，农村经济日趋没落，工商经济日趋凋敝，金融岌岌，财政破产，所谓"经济国难"，日趋严重，整个之国民经济，有总崩溃之虞。国人经二十年来之忧患，深知欲达政治经济建设之目的，非先解决经济问题不可，而欲解决经济问题，在国家方面，舍财政政策莫由。在财政政策之中，尤以租税政策之运用，占主要部分。盖平衡收支，健全财政，均贫富而足国用，减轻平民负担而改善民生，保护本国产业而奖励工商，无不以租税政策为依归。再以重要各国而论，如德，如英、美，如法、意，今日之财政莫不完全建立于租税经济之上。故租税问题，可视为财政及财政政策之中心，其中常包含最困难、最重要，及争论最烈之问题。但在中国，则租税系统犹建筑在收益税（土地税、营业税、特种营业收益税等）及消费税（关、盐、统、烟酒税等）之上，除少数租税如所得捐而外，几全为物的税（Realsteuern）而非人的税（Personalsteuern）；但问收益若干，消费几何；而不问及纳税者之负担能力。此外特殊阶级之有负担能力而对国家毫无直接负担者，又比比皆是。故中国租税之现状，与租税之公平原则及普遍原则，相去尚远。职此之故，平民负担日益加重，工商成本日益增高，租税之压迫平民生计，妨碍工商业之发展者，盖以近年来为最甚。于是一方面酿成田亩抛荒，离弃乡井，农村破产之现象；另一方面造成纱厂倒闭，产业停滞，工商业没落之现象。此吾国目前经济之大病，虽其原因多端，而租税繁重实为其中心症结所在，是毋庸置疑的。故本书特将第三编租税问题提前发表，先分析中国租税制度之现状，对于每一租税，及其沿革，作一有系统之叙述，并各加以个人之建议，以供将来税制改良之参考。次复将中国将来税制之改良，如何推行所得税、财产税、遗产税，如何由物的税系统（Realsteuersystem）进于人的税系统（Personalsteueysystem），作一整个之方案。因其要在解决当前之各种租税问题，故即以命名焉。

本书之研究范围及立题大旨（Fragestellung）于此亦有数语加以说明。在消极方面，先当划定界限：（一）本书非中国租税史，其目的在解决当前之租税问题，而非整理过去之租税历史。惟欲知现在，必先明其过去，故于讨论每一租税之先，必先略述其沿革，求其扼要而已，非深入于整理之研究也。（二）本书非中国租税志，其目的并不在详细描写租税征收机关，叙述租税法令，详记政府关于租税之议案；而在于政府颁布法令议决案之后面，求其事实真相，而进一步求解决租税问题之道。盖法令及议决案，未尝不冠冕堂皇，然而"议而不决、决而不行，行而不力"，为目前一般官厅之通病。民间之疾苦真相，往往与皇皇明令，适成反比，治民国财政史而专以官厅法令及经济会议财政会议议决案为凭者，吾知其必与真相相去甚远也。至于积极方面，则以解决中国目前之租税问题为中心目标。惟欲解决目前之中国租税问题，必当先参考各国之良规及租税之理论，故于每章之前，必先辟一专节，泛论各国租税之制度及其理论。理论既明，然后叙述某种租税之沿革；分析其现状，视连带问题之多寡，而定节目之繁简（如盐税在盐税泛论及沿革以外，复分专商制问题，现今行盐制度之分析，引岸问题，盐税与人民负担，盐税与财政收入，《新盐法》及其批评六节）。并以个人之建议殿后，以为整理税制之参考焉。

关于本书之立场，亦有数语附带说明。本书纯以国民经济为立场；其讨论租税问题，纯以减轻小民负担，改善平民生计，减轻工商业成本，使国民经济得以复苏为依归。盖"百姓足，君孰与不足；百姓不足，君孰与足"？固百世不磨之至理也。故本书一方面既不偏袒政府，为之文过饰非，如官方种种报告所为；另一方面亦绝不偏袒任何特殊阶级之利益，为之辩护。此固学术界应有之立场；学术界自应有其特立独行、济世救民、不偏不倚之精神。学术著作之可贵，端在乎此。

作者处世超然，无私人利害关系杂乎其间，既不闻风附和，人云亦云；亦不谀附权势，欺人欺己。所不能已于言者，社会经济日趋危迫，民生日趋艰窘，欲以其一得之愚，贡献于社会，苟有济世利民之政府，体而行之，则实行固不必自我。此作者于本编脱稿之余，蒿目时艰，所馨香而祷祝者也。

中国租税问题，至为广泛，材料搜集，至为不易。盖不失之表面文章，即难免挂一漏万。故作者对于各界批评，诚意接受。如能对于编制体裁，解决方案及理论方面，有所纠正，更所感谢。至若以更正微细数字为能，以发现某事前后相差一年为优，吹毛以求疵，列举他人之琐碎错误以自鸣得意者，是无关于租税问题大体，除于再版更正外，概不屑与之多辨焉。盖批评探讨之目的，固在增进知识，解决疑问；而不在暴人之短见己之长，甚至流为互相攻讦也。

一九三五年六月二十日，南京

绪　　论

吾国今日之租税制度，盖为一以收益税及消费税为中心之租税制度。中央政府方面，既以关盐统为收入重要来源；而地方政府方面，则又以田赋房捐营业税、牙税、当税、屠宰税等为税收中心，前者建筑于消费税系统之上，后者建筑于收益税系统之上。此种租税制度，一方面尚未脱离所谓农业税系统（Agrarsteuersystem）他方面"人的税"（Personalsteuer）尚未发达；所有租税，几全部为"物的税"（Realsteuer），负担能力原则，尚未被注重。关于今日税制之缺点，本书尚辟有专章讨论，① 兹先分析全国现行租税系统，列成一图，以为全书张本：

本书之目的，在逐一分析中国租税制度之现状（第一编），讨论中国租税制度之改革（第二编），以求达到公平合理之税制，而为健全财政之基础。本书之编制方法，不仅以叙述租税现状，官厅法令为已足；且欲进一步一观察法令后面之真相，租税在经济上所引起之影响，而求解决实际之中国租税问题。盖租税与国民经济，关系至为密切，租税政策行而得当，足以均贫富，足国用，保护本国实业，发展社会经济；行而不得其当，亦足以使民不聊生，百业凋敝，外货横行，社会经济没落。故租税问题实为财政问题之中心，经济兴衰之关键，本书秉此大旨，请逐一讨论如左。惟中国租税，异常繁复，挂一漏万，在所难免，是则在海内诸君子共同教正之矣。

---

① 第十一章第一节。

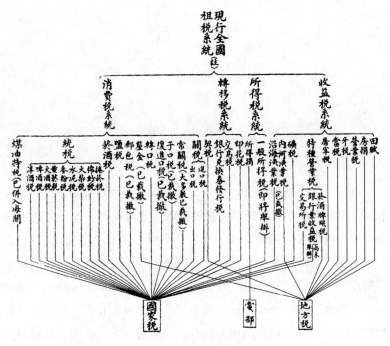

现行全国租税系统图

注　一切苛捐杂税违法征收者除外

第一编

中国租税制度之现状

A. 收益税系统

第一章

田　赋

资料及参考书　关于田赋之一般研究，可参考下列各书：

（1）Gerloff und Meisel：*Handbuch der Finanzwissenschaft*.（Zweiter Band. Tübingen 1927）Karl Bräuer："Ertragssteuern" SS. 1—20. 本书为近代财政学巨著，参加著作者达五十一人，皆系当代各国财政学者，或各国财政专家。对于财政学上之专门问题研究，则由各国财政学者担任；对于东西各国财政之叙述，则由各国财政专家担任。关于田赋或土地税问题，系 Karl Bräuer 之作，对于土地税之沿革，近代土地税之性质与形式，土地收益税与土地价值税之孰优孰劣，及土地税税率问题等，皆有极精详之讨论与批评，至堪作为参考。

（2）Scheftel：*The Taxation of Land value*，Boston und New York，1916. 本书系应征 Hart，Schaffner 及 Marx 三人奖金征文之作，得第一奖，对于澳大利亚、德国、英国、西坎拿大各国之土地税，皆有详细叙述；尤以《土地税与社会改革》二章（第八及第九）（pp. 348—420）颇有精彩，堪作参考。

至于土地改革运动方面，因吾国土地法颇受土地改革运动影响，而此运动方且磅礴全球，亦当加以注意。关于此方面之参考书，举其代表著作如下：

（3）Adolf Damaschke：*Die Bodenreform* 已有俄、法、西、丹、墨、布等文译本，可认为代表作。

（4）Adolf. Damaschke："Zum Bodengesetz der Republik China

voin 30. Juni 1930" nebst einer Übersetzung des Gesetzes im "Jahrbuch der Bodenreform." Bd. 27, H. 1. 为氏对于中国十九年六月三十日公布土地法之批评，颇有独到之处。该篇萧铮曾译为中文，载《东方杂志》第二十八卷第十号（谭麦熙克对吾国土地法之批评及管见），惟译文颇有错误，宜审慎读之。

关于中国田赋问题之重要著作，略举如下：

（5）贾士毅《民国财政史》第二编第二章第一款第一节《田赋》，（五至百页）介绍见前。

（6）《大清会典事例》（田赋及漕运部分），《皇朝文献通考》。

（7）万国鼎《中国田制史》（二十二年南京书店发行），搜集材料颇富。

（8）朱偰《井田制度有无之经济史上的观察》（载《东方杂志》三十一卷一号）。

资料方面，则苦于芜杂，有无从下手之苦；惟择其重要文件档案，列举如下：

（1）财政部《各税案牍汇编》关于田赋之部。

（2）总税务司赫德（Robert Hart）氏《筹饷节略》及《清丈大略办法》，中文载贾士毅《民国财政史》第二编九十六至一百零一页，英文载 China Year Book。

（3）民国以来农商部统计科编行之《农商统计表》，凡十次，列如下：

（一）第一次农商统计表（民国元年）　　三年三月刊行四九七面

（二）第二次农商统计表（民国二年）　　四年六月刊行五四二面

（三）第三次农商统计表（民国三年）　　五年十二月刊行六四三面

（四）第四次农商统计表（民国四年）　　六年十二月刊行八四二面

（五）第五次农商统计表（民国五年）　　八年二月刊行六二二面

（六）第六次农商统计表（民国六年）　　九年八月刊行五八七面

（七）第七次农商统计表（民国七年）　　十一年二月刊行五九三面

（八）第八次农商统计表（民国八年）　　十二年五月刊行五三一面

（九）第九次农商统计表（民国九年）　　十三年六月刊行四九八面

（十）第十次农商统计表（民国十年）同上一八三面附在第九次之后

第一二次未有农林统计，第三次以后，始列入农户田圃荒地等统计，然因战乱相寻，历届统计，每欠齐全，尤以七年以后，所缺愈多，以三四两届，较为完全；然吾国统计事业不发达，表中所载，亦不过根据各省县填报，徒为官样文章而已。今举此数表，亦不过聊胜于无之意耳。

（4）民国十九年六月三十日公布《土地法》，见民国二十一年七月编订《国民政府法令大全》。

（5）民国十七年七月二十八日公布《土地征收法》，见同上。

（6）民国二十三年五月全国财政会议关于整理田赋提案及议决案（见《农村复兴委员会会报》第二卷第一号《全国财政会议纪略》）。

关于田赋附加税方面，参考书及资料列举如下：

（1）朱偰著《田赋附加税之繁重及农村经济之没落》，载《东方杂志》三十卷二十二号。

（2）邹枋著《目前各省田赋附加税概况》（载《银行周报》）。

（3）周建言、罗季青合编《苛捐杂税调查》（载《中国经济》一卷六期）。

（4）朱偰著《四川省田赋附加税及农民其他负担之真相》（载

《东方杂志》三十一卷十四号）。

（5）《江苏省田赋正附税统计表》，二十二年七月江苏财政厅编印。是表调查颇详，各县附加税名目税则，皆详备可考。惟所列正附税比例，系根据各县税收统计作成，——如云海门附加税超出正税二十五倍以上，则系由正税征银二万八千八百十元，专税附税征银七十五万四千七百三十四元，将二数比较得来。惟各县税收，有中饱等弊，根据正税附税税收所得比例，未必如根据忙银漕米执照或地价税收据单上所开正附税科则所得比例为正确可靠也。

（6）《浙江财政纪略》，魏颂唐编辑，十八年出版。其论浙江田赋分为四节：一、地丁；二、漕南抵捕金；三、田赋征收费；四、军事善后特捐，可资参考。

（7）《江西财政纪要》陈家栋等辑，民国十九年出版。记载地方财政，极为核实，统计图表，亦极精详。第二编专论赋税，第一章田赋，第二节田赋之概况，第三目带征及附税，皆与本问题以有价值之参考。

（8）《四川财政录》，黄云鹏纂。黄曾任四川财政厅长，该书盖民国十五年出版。

（9）《田赋附加税调查》第一集，中央大学经济资料室编，二十四年三月初版。

第一节　田赋概论

田赋为最初之收益税，亦为最古之租税。盖古代专制国家之观念，以为"普天之下，莫非王土；率土之滨，莫非王臣"，故耕种土地之农民，将其收益之一部，作为赋税交于国家，为最自然之结果。是在上古之东方国家中，即已有之，且颇为发达；而租税技术亦颇臻完善之境。根据 Herodot 之记载，埃及在太古时代，即用几何方法丈量土地，且有田赋册，登记土地大小、种类、耕种方法及收获多寡等等。① 可见田赋之由来远矣。

但田赋由远古以至今日之发展，初非一线相承，统一不断。中古之初，兵戈云扰，罗马文物，荡然无存，古代之田赋制度，亦同归消灭。及封建制度确立，以攻占敌人土地为常，被征服者须纳地租于征服者，于是田赋始又发生，渐演进为收益税。其典型的形式，则为中古时代德国之 Bede，初为财产税，盖土地为有形的，可捉摸之财产，通常以面积大小（如 Morgen，Hufe），为纳税之标准。

此封建制度下之田赋，贵族享有租税特权（Steuerpriviligicn），征收地租，实为近代田赋之滥觞。自十八世纪以降，农业技术进步，每亩或每 hectare 之收获大有出入；而财政上支出激增，土地税负担渐重，于是不得不顾虑收获之多寡，及各种土地租税负担之能力，而趋向于收益税。同时封建制度崩溃，取消贵族阶级租税特权之呼声，愈趋愈高；而旧法征收未臻完善，一方面负担过重，他方面则漏税及新辟土地无税，——过与不及，——时有所闻。于是又重行上古旧法，即详细丈量土地，视收获之多寡而分类登记，制成田赋册。丈量（Vermessung，measuring）既毕，继以估价（Bonitierung，valuation），然后制成税册（Kataster werke），易言之，即官家依据外面标志，确定每一类土地平均之收益能力，于是田赋之发展，方至成熟阶段：——凡能纳税之土地，皆包含在内，各按其等级、大小、依据客观标准，估定其收益，并确定其租税。如奥国在卡而第六时代，行于 Iombardei 之税册"censimento milanese"即为显例，该税册自一七一九起编制，至一七六○年始告完成，历时四十一年，不但丈量精详，且兼及各种土地估计之纯收益，堪为近古田赋之模范。

但纯粹以客观标准征税之田赋，——即近代通行之土地收益税——则始以十九世纪发展完成。因国家收入，全恃租税，田赋负担，愈趋愈重，不得不求公平。于是田赋问题，浸成为当时租税问题之中心，不但有人认为主税（Hauptsteuer）；如重农主义者，其且

---

① 　见 Wilcken：Papyruskunde I 176 ff.，205 ff。

认为唯一租税（Alleinsteuer）；其地位之重要于此可见。

自社会主义兴，要求经济平等以节制经济自由，社会政策成为租税政策之中心，而依负担能力纳税之原则，成为财政学上最新之原则，于是收益税系统，亦不得不顾虑个人负担能力，及其私人经济情形。但收益税征收于未分配之前，即仅征收益（Ertrag），不问所得（Einkommen），其性质自不能问及个人负担能力，不能适应时代之要求，故渐趋崩溃；或如英国完全行所得税，或如法国用"收益的所得税"（Ertrags-Einkommensteuer）方法，过渡至所得税。加以交易经济发达，工业代农业而起，田赋已失其昔日重要地位。于是一般趋势，田赋由中央改归地方征收，有一时期；田赋甚且似已成为过去，早晚必归并于他种租税。

但战后各国之租税系统，其趋势则又不然，田赋不但不能缺少，且已废止者又复实行。例如德国各邦，战前征所得税及财产税，战后财政集权于联邦政府，各邦遂又各恢复或改进土地税。此外奥国各邦，亦重行土地税，即波兰、匈牙利，以至于苏俄，皆予田赋以租税系统中重要之地位。环顾今日世界各国所行之土地税，依其性质之不同，可分为下之二类：

（一）土地收益税（Grundertragsteuer）　其纯粹之租税形式，为客体税（Objektsteuer），即全然以客观的标准，为纳税之准则（如德国之 Bayern，Württemberg，Mecklenburg-Strelitz）。其较进步之形式，则接近主体税（Subjektsteuer），采用征收主体方法，渐过渡至于所得税（例如法国"收益的所得税"中第一 schedule tax，意大利之累进土地收益税皆是）。

（二）地价税（Grundwertsteuer，Grundvermögensteuer）　此税如纯以客观为标准，则为财产客体税（Vermögensobjektsteuer），例如普鲁士，Thüringen，Sachsen 等国。其标准或为一般市价（Gemeiner Wert），或为收益价值，（Ertragswert）——例如 Hamburg，Bremen 仍以收益价值为地价税标准，为从土地收益税至地价税之过渡。地价税进步，渐采用一般财产税之原则，顾及纳税人之负担能力，则或为财产主体税

(Vermögensubjektsteuer）——如澳大利亚各邦，除 Victoria 外，全采用所得税累进征税方法；在 Queensland，Westaustralia，Southaustralia 各邦，有所谓"Super-land-tax"全然仿照英国所得税办法。或则包括在一般财产税之内，无所谓特别土地税，如美国各邦。

总之纯粹以客观标准之土地收益税，在今日确已成为过去。其趋势，皆从收益税趋向地价税，从客观标准趋向主体标准，从比例征收趋向累进征收。盖租税原则，要求公平，各依负担能力，而纳税于国家，此在收益税不能达到，故土地税亦不得不从收益税逐渐演进至财产税也。

各国土地税制度及其趋势既明，请进而考察中国之田赋制度。先言其沿革。

第二节　中国田赋之沿革

中国以农立国，田赋为国用之根本，上古国用，悉取给于赋。盖当时尚为实物经济（Natural wirtschaft）时代，无需于货币也。至周相传始有杂征，——《周官》九赋，七曰关市之赋，八曰山泽之赋，——为后世通税及矿税、渔业税之滥觞；周代以前，则未闻也。

自来言上古制度者，皆根据于《周礼》。《周礼》一书，近人以其制度划一整齐，近于理想，疑为后人伪造，或从未实行者。惟即使系后人伪造，但所以有此理想，必先有其背景；况井田经界之制，千乘万乘之别，战争与田制，互有密切关系，著于古籍，彰彰可考。故《周礼》一书，在经济思想史上，仍不失其为重要之史料；况后世王莽复井田，公田私田之争，历汉、魏六朝而不决；北周行周礼，官制典章，全仿前代，其影响固又不止秦、汉以前而已。故本节本此眼光，虽认为该书未必真为周制，仍略述《周礼》中之田赋如下：

> 《周礼天官》，太宰以九赋敛财贿，载师掌任地之法。其关于田

赋之制度见表 1-1-1：

表 1-1-1　《周礼》中田赋制度

无征	尘里任国中之地	国宅无征	
一、邦中之赋	场圃任圃地	圃尘二十而一	5/100
二、四郊之赋	宅田士田贾田任近郊之地	近郊十一	10/100
	官田牛田赏田牧田任远郊之地	远郊二十而三	15/100
三、邦甸之赋	公邑之田任甸地	皆无过十二	20/100
四、家削之赋	家邑之田任稍地		
五、邦县之赋	小都之田任县地		
六、邦都之赋	大都之田任畺地		
七、山泽之赋	漆林之征	二十而五	25/100

郑注云：邦中在城郭者，四郊去国百里，邦甸去国二百里，家削三百里，邦县四百里，邦都五百里。其国税轻近而重远者，近者多役也。盖周制以什一为天下之中正，以田赋与力役，互为消长。重征山泽之赋者，重征商人，劝人民务本而不求末也。由此观之，《周礼》之田赋为收益税，以征收收益百分之十，为天下之中正，尚未进于货币经济之时代也。

与古代赋税制度有关系者，则为井田制度。按井田制度，近人颇多怀疑，以为或系一种理想，从未见诸实行，故孟子有孟子之理想井田制度，《周礼》有《周礼》之理想井田制度。实则井田之制，虽未必如此划一；然《诗》载"雨我公田，遂及我私"，《史记商君列传》载"为田开阡陌封疆，而赋税平"，见于古籍，凿凿可考，固未可一概抹杀不论也。兹根据史乘，略考传说中之三代田制如下：

> 夏后氏五十而贡，盖一夫受田五十亩，每夫计其五亩之入以为贡，是为什么取其一。殷人七十而助，其井田之制，以六百三十亩之地，画为九区，区七十亩，中为公田，其外八家，各授一区，是为私田；但借其力以助耕公田，不复税其私田，故曰"助"，助法

者，九取其一，似重于贡。然民任耕耨之力，而丰歉之数无与，故《孟子》引公孙龙子之言曰："治地莫善于助，莫不善于贡"。① 周人百亩而彻，一夫授田百亩，（上地授田百亩，莱五十亩，食者三之二；中地田百亩，莱亦百亩，食者半之；下地田百亩，莱二百亩，食者三之一）。八家同井，耕则通力合作，收则计亩均分，大率民得其九，公取其一，是为百亩而彻。又因井田而制军赋：四井为邑，四邑为邱，邱，十六井也，有戎马一匹、牛三头。四邱为甸，甸，六十四井也，有戎马四匹，兵车一乘，牛十二头，甲士三人，卒七十二人，干戈具备。是为乘马之法。一同百里，提封万井，除山川沈斥城池邑居园圃道路，三千六百井，定出赋六千四百井，戎马四百匹，兵车百乘，此卿大夫采地之大者也。一封三百一十六里，提封十万井，定出赋六万四千井，戎马四千匹，兵车千乘，此诸侯之大者也，是谓千乘之国。天子畿方千里，提封百万井，定出赋六十四万井，戎马四万匹，兵车万乘，故称万乘之主。军赋之大略如此。盖周代取民，有税有赋，税以足食，赋以足兵，此之谓也。

由上观之，可见井田之制，与赋税，封建，战争，有密切之关系；盖周本起于西陲，初为部落生活，由战争而分封，由分封而定井田赋税之制，此中关系，极为自然。故所谓千乘万乘，迭见史籍，除夏、殷贡助之法，半系臆说外，井田之制，当非全系伪造。再以欧洲经济史例之，中古之农村经济（Dorfwirtschaft），有所谓"Flurzwang"、公田、牧场、公有之森林、草地，皆须公共经营，受农村团体之严格规律，此外如俄国之 Mir、南斯拉夫之 Zadruga，② 其制亦与中国井田制相仿。在同一之环境条件之下，产生同类之制度，则井田制非尽为理想明矣。③

---

① 金国珍著《中国财政论》（一百页），谓殷人七十而助，周人百亩而彻，其实皆什一也，实非。公田既为七十亩，八人分耕之，人得九亩；易言之，即私田七十亩外，又须助耕公田九亩，非九取其一而何？

② 参考 Sombart：Der moderne kapitalismus I. Bd. S. 51，S. 72。

③ 参阅朱偰著《井田制度有无之经济史上的观察》（载《东方杂志》三十一卷一号）。

　　然井田之制，至春秋时渐坏。经称鲁宣公十五年，初税亩；初税亩者，履亩而税，既取其公田，又税其余亩，收十之一；井田之制，于此始乱（杜注所谓什而取二是也）。成公元年，作邱甲。旧制，甸出甲士三，今每邱出一甲士，是甸出四甲士（据胡传）。哀公十二年，用田赋；凡军旅之出，其岁收，田一井，出稷禾秉刍缶米；[①] 今施之于平时，为计井加赋（据马氏《文献通考》）。其后李悝为魏文侯尽地力之教，作平籴之法，租税倍于常。盖战国之初，各国尽力农政，以富国强兵，公田之坏已久，废井田而开阡陌，殆不始于秦之作俑矣。

　　自战国以来，中国田赋之制凡五变，请扼要述明如下：

　　（一）秦。孝公十二年，初为赋，废井田，制阡陌（南北曰阡，东西曰陌），任民所耕，不加限制，一变向之授田，为私家永业。又废什一之制，视地利之厚薄，而定赋税之高低，所谓"开阡陌封疆而赋税平"是也（是在租税学上视之，实为一大进步，盖已一变以面积为标准，而以土地收益力为标准矣）。田赋之外，又加口赋，税取三分之二，民服三月之力，《汉书》所谓其取于民，二十倍于古是也。

　　汉。初田赋，十五而税一；视出为入，量吏禄度官用以赋于民。其租税政策，重征商人，于是农民滋殖。文帝十二年，下诏赐民租税之半。明年，尽除民田之租税，盖从晁错言，募民入粟拜爵，至是边食足支五岁，郡县粟足支一岁以上。其后十三年，至景帝二年，始令民出田半租，盖三十而税一，定为永制。东汉初元，尝行什一之税，光武帝建武六年，诏如旧制。故终两汉之世，田赋最薄。然王莽有言，汉氏减轻田租，三十税一，而豪强侵陵，分田劫假，厥名三十，实什税五。故富者田连阡陌，贫者无立锥之地，是则兼并之弊起，然政府之取于民，固惟三十而一也。

　　王莽效法《周礼》，欲复井田之制，收天下之田为王田，不得买卖。其男口不盈八而田过一井者，分余田与族党，犯者罪且至死。

---

　　① 缶，庾也；十六斗曰庾，十庾曰秉，四秉曰筥，十筥曰稷，稷，六百四十斛。

然井田之制，破坏已久，富有阶级，知私产有利于己，群起反抗，莽之失败，经济亦其一因也。于时有五均六筦之置，① 设夫税、杂征、赊贷、官酤四税，夫税者，凡田不耕为不殖，出三夫之税；城郭中宅不树艺者为不毛，出三夫之布；民浮游无事，出夫布一匹；其不能出布者冗作县官，衣食之。② 其均地权，平物价，励行官专卖，扶植经济，盖为中国经济史、财政史上最有声有色之一幕。王莽虽终于失败，然成败固未足以论英雄也。

自秦、汉以来，兼并之弊日甚，私田公田之争，历六朝而不决。初，汉儒董仲舒师丹，倡限民名田之议；——名田者，占田也。——王莽实行之而失败。及晋武帝平吴，始置户调之式，③ 限王公田宅及品官占田，④ 已略含有均田之意。盖所谓户调者，合田与户为一，而王公品官所占者，如古禄田之制。北魏孝文，从李安世言，为均田之法：诸男夫十五以上，受露田——不栽树者——四十亩，妇人二十亩。人年及课（谓十五以上）则受田，老免，及身没〔殁〕，则还田。男夫一人，得占桑田二十亩，不在还受之列。盖全国人民，有无田之户，亦多逾分之田，均之甚难，故其制，令有盈者无受无还，不足者受种如法；盈者得卖其盈，不足者得买所不足；不得卖其份，亦不得买过所足。盖公田私田之制兼用，师董仲舒之议而略加变通也。齐承东魏，一夫受露田八十亩，妇人四十亩，每丁给永业田二十亩，则如魏制。男子率以十八受田，输租调；二十充兵；六十六退田，免租调。租调之法：凡田租。有二：一垦租，所以送台；一义租，所以纳郡，备水旱；垦租二石，义租五斗，调：

---

① 六筦者，一盐，二酒，三铁，四名山大泽，五均赊贷，六钱布铜冶。此皆非编户齐民所能家作，必仰给于官，虽贵数倍，不得不买。故每筦各设科条防禁，犯者罪至死。

② 谓公家收役之，以赡其生。

③ 户调之法，男子一人，占田七十亩，女子三十亩；其外丁男课田五十亩，次丁男半之，女则不课。丁男之户，岁输绢三匹，绵三斤，女及次丁为户者，半输。

④ 王公于京城得有一宅，大国限田十五顷，次国十顷，小国七顷。又限品官占田，品第一者占五十顷，每降一品，减田五顷，至第九品，则为十顷。

绢一匹，绵八两。① 同时周承西魏之后，凡夫男有室者，田百四十亩，成丁者田百亩；年自十八至六十四与轻疾者皆赋之。有室者，岁不过输绢一匹，绵八两，粟五斛；丁者半之。又民年十八任役，六十而免，岁率一月役。综观两朝法制，皆采均田，而受田多寡各殊，租调轻重不一——齐重而周轻——此其异也。

唐兴，承前代遗制，定租庸调之法。其均田之制，先定口分世业之田：凡天下丁男，年十八以上者，给田一顷，② 以二十亩为永业，余为口分。狭乡授田，减宽乡之半；授工商者，宽乡减半，狭乡不给。庶人徙乡，贫无以葬者，得卖永业田；自狭乡而徙宽乡者，得并卖口分田，已卖，不复授；死者，收之以授无田者。其授田大略如此：以田属丁，因丁立户，故有租庸调三者之赋，而大要仍以丁为本：

（一）租　凡授田者，丁岁输粟二石，谓之租。③

（二）调　丁随乡所出，岁输绫绢絁各二丈，布加五之一。输绫绢絁者，兼绵三两；输布者麻三斤，谓之调。

（三）庸　用人之力，岁二十日，闰加五日；不役者，日为绢三尺，谓之庸。有事而加役二十五日者，免调；三十日，租调皆免。通正役不过五十日。

由上观之，唐初均田之法，其口分田且可买卖，公田私田虽仍并行，然已趋向私有制度。及口分世业之田，坏而为兼并；于是租庸调之法，亦不得不变而为两税矣。

综上第一时期——秦、汉、魏晋六朝、隋、唐初——观之，约有两特点，为吾人借以划分时代者，标列如下：

（一）公田私田之递嬗也。秦废井田，及汉演成兼并。王莽欲行王田而失败，元魏变通其意而行均田，于是公有私有制度并行。及唐口分

---

① 租调皆指一床而言，所谓一床租调者，犹言一户之租调也。

② 笃疾废疾给田四十亩，寡妻妾三十亩，若为户者加二十亩。

③ 岭南诸州，则改税米：上户一石二斗，次户八斗，下户六斗。夷獠之户，皆从半输。蕃人内附者，亦分户取丁税有差。

世业之田坏，又趋于兼并。一言以蔽之，曰：公田私田消长时期。

（二）两税法以前，除极少数例外外，无以货币纳税者；唐初租庸调法，概为自然物品。故可以"实物经济"时代，以概括之。

（三）唐德宗相杨炎，作两税法。先是唐初凡三年一造户籍，以故统计明确，户口详赡。自开元（唐元宗年号）以后，天下户籍，久不更造，丁口转死，田户变易，均田之制，早已不能维持。及兵兴财屈，其势益不得不变矣。当代宗时，始以亩定税，而敛以夏秋。及杨炎作两税法，遂定：

（1）夏输　无过六月

（2）秋输　无过十一月

其法：量出制入，凡百役之费，先度其数而赋于民。户无主客，以见居为簿；人无丁中，以贫富为差。[①] 其不居处而行商者，就所在州县税三十之一。于是租庸调杂役悉省，而丁额不废。其田亩之税，以大历十四年（代宗年号）垦田之数为定而均收之，由是天下之民，不土断而地著，不更版籍而尽得其虚实。岁敛钱三千万缗，米二千万斛，京外取给焉。当是时，货重钱轻（即物价高，货币购买力小），因计钱而输绫绢；其后物价愈下，所纳愈多，输一者过二；[②] 而司出纳者，又意为轻重，比于大历之数，不啻再倍。论者谓杨炎两税法之利凡五，如下：

（1）税制简单，租庸调杂役悉并为一；

（2）以资产为宗，不以丁身为本，盖近于负担能力（Leistungsfähigkeit）学说，合于租税公平之原则；

（3）行者与居者，即商人与农民，同负租税，合于普及之原则；

（4）两税法于征米粟而外，均以钱计，盖已由实物经济，趋于货币经济，实为一大进步；

---

① 唐制：民始生为黄，四岁为小，十六为中，二十一为丁，六十为老。

② 初绢一匹，为钱三千二百；其后一匹，为钱一千六百。

（5）因出制入，以为税则，合于财政原理。①

盖中国赋税，不以实物而以金钱，实以杨炎之两税法为新纪元。以前虽亦有以金钱敛税者，——如唐代宗时，有所谓青苗钱天下苗一亩，税钱十五；以国用急，不及秋，方苗青，即征；又有地头钱，每亩二十，通名青苗钱。——然究为例外而非常则。自两税法而后，中国财政，渐由实物经济时代趋向货币经济时代矣。②

（三）两税法既行，历数朝而不变；至明嘉靖，始有一条鞭法——质言之，即单一税制——为吾国田赋史之一大转变。先是明定天下，田制纷乱已极，励行清丈，造《黄册》（户口统计册）及《鱼鳞册》（田亩统计册），置黄册库于南京之后湖，视为禁地。其制，丁有役，而田有租，夏税无过八月，秋粮无过明年二月，盖仍师两税之遗意。及嘉靖中，行一条鞭法，③ 总括一州县之赋役，量地

---

① 参阅胡钧《中国财政史》一五二页。
② 此种经济史上之转变，亦反映于诗歌之中。
　　唐以前政府仓廪，私人禄秩，莫不为实物。杜甫诗云：
　　忆昔开元全盛日　小邑犹藏万家室
　　稻米流脂粟米白　公私仓廪俱丰实。……（《忆昔》）
　　杜陵野客更狂噱　被褐短窄鬓如丝
　　日籴太仓五升米　时赴郑老同襟期。……（《醉时歌》）
　　唐以后，则府库渐积财币，少储实物；清张笃庆诗云：
　　敕使当年出未央　纷纷矿税采诸方
　　山川绝少金银气　诛敛何殊花石纲
　　一任竖貂盘社鼠　谁将盐铁议弘羊
　　可怜国脉从兹丧　浪说朱提入太仓（《明季咏史》）
　　赤眉分道乱中原　海内征输怨正繁
　　天子常虚大盈库　军储折入小黄门……（《明季咏史》）
③ 一条鞭法，首倡自江西。明隆庆初，江阴刘光济，巡抚江西，承徐阶旨，试行一条鞭法，召外属之官吏，集议于省；并以文学胡滉善计虑，习赋役法，召使与议。人丁地亩，则据每岁原定之赤历；经费钱粮，则据每年核发之则例，有一定而不可易者，有随时而增减者，务将种种名目，归作一条，上之制，纤悉而毕具；下之课，一例而兼赅；宁详于法之中，俾一成而可守；毋溢于法之外，致轻重而游移。议上，刘悬诸署壁，且日仰观，熟思三月，乃定南、新二县一条鞭法；明年，始遍行于七十余县。自是民悉输钱于官，官尽雇役于民；民即老死，勿自役于官；匄入市廛，即一钱亦得自输于官。孤且婺者，懦无力者，附少钱于里胥曰带输，约之为四差。至清雍、乾时，遍征四差，犹仍鞭法旧制。此一条鞭法之起源也。详见陈家栋辑《江西财政纪要》第二册四页。

计丁，同输于官。一岁之役，官为签募：力差，则计其工食之费，量为增减；银差，则计其交纳之费，加以赠耗。凡额办，派办，京库，岁需，与存留供亿诸费，以及土贡方物，悉并为一条，皆计亩征银，折银于官。考其遗意，无非并诸杂税为一，而专征收田亩，实即重农学派所主张之土地单一税（single tax）是也。① 惟嘉靖之时，一条鞭法，时行时止，至万历九年，始完全实行。明季流寇横行，外患纷乘，田赋加派之名，接踵而起：初行辽饷，亩加三厘五毫，天下之赋增二百万有奇；继办助饷、剿饷、练饷，又行矿税，征输纷繁，明亦终于覆亡。

清沿明制，颁《赋役全书》，规定每亩纳赋若干，每十年修辑一次，加以修改。其制，仍沿用明一条鞭法，总征而均支之；合银差、力差两者而名之曰丁，于是有地粮丁粮之分。清圣祖五十一年（一七一二）降谕"将钱粮册内有名丁数，无增无减，永为定额"；"自后所生人丁，不必增收钱粮，编审时，止将增出实数查明，另行造册"；② 自后历朝懔遵祖制，不敢或违，而田赋正税，遂永不增加。然而后世附加税之繁兴，实导源于此矣。

（四）清雍正二年（一七二四），更摊丁银于地粮之内，于是地丁统归一则。③ 其制各省不一，如直隶每地赋银一两，摊入丁银二钱七厘；自后推行各省，而无地之丁，遂不输丁银；田赋正税，遂无增无减，永为定额。然而雍正初之火耗，乾隆初之平余，嘉庆、道光间之漕折，已渐开附加税之端；及太平军兴，咸丰时有按粮随征津贴之法，同治时又行捐输，按粮多寡分派，皆为附加税之起源。至光绪中年以后，举办新政，举凡地方经费，悉令田赋负担，于是

---

① 盐税亦有一条鞭法，是则并诸正副杂税为一而简单之之意，与田赋之一条鞭法，名同意同，而在财政学上之意义则略有不同。

② 见《东华录》康熙五十一年谕。

③ 或以为康熙末年，广东、四川两省已实行摊丁入地（王庆云《石渠余记》）。实则《大清会典事例》卷一百五十七亦详载之，惟究为例外而非推行全国，故吾人不采此说。

警学亩捐，丁漕加捐，加收粮捐，随粮捐收团费等名目，接踵而至，民国二十二年来附加税有较正税重至三十余倍者，实清末举办新政各省自由筹款为阶之厉也。①

以上：略述中国田赋之沿革。兹再综括数语，以醒眉目。战国以前，为井田制度，田赋什一，是谓天下之中正。秦废井田，制阡陌，始定私有制度，然公田、私田之争，历两汉、魏、晋六朝而不决；元魏定均田之制，至唐中叶以后，口分世业之田败坏，趋于兼并，私有制度，始完全确立。杨炎行两税法，中国财政始渐入货币经济时代。明末行一条鞭法，实趋于土地单一税制。清雍正并丁银于田赋，正税无增无减，永为定额，于是田赋遂为重要主税，然而附加税实伏源于此矣。

第三节　中国田赋之现状

本节所述田赋现状，本应限于最近二十四年来之情形；惟田赋历史背景，极为复杂，欲明了现状，仍不得不追叙清初。兹分田制，田额，赋则，附加税，征收方法，各项税收丈量问题七项，扼要说明之。

（1）田制

清代田制，已垦之地曰田，未垦之地曰地，兹根据《大清会典事例》卷一百五十九至一百六十二分类如下：

第一民赋田地共分十余种：

（1）民赋田及地　每年完纳钱粮之田地。

（2）更名田及地　清所没收明宗室之田地。

---

① 见《东方杂志》第三十卷第二十二号拙著《田赋附加税之繁重与农村经济之没落》，述附加税之起源颇详。又拙著《田赋附加税之沿革》，载中央大学《社会科学丛刊》，亦可供参考。

（3）农桑地　直隶有之。

（4）蒿草籽粒地　直隶等省有之。

（5）苇课地　亦称芦地，或称芦田，直隶有之。

（6）归并卫所田及地　明设有卫所，清归并之，各省皆有之。

（7）河淤地　直隶有之。

（8）退圈地　此地本环以圈，以给旗兵者，后退还之，故名，奉天、山西有之。

（9）灶地　制盐之地，亦称灶田。沿海等省类或有之。

（10）山荡溇滩　江苏有之。

（11）塘　安徽、浙江等省有之。

（12）官折田园地　自明代相沿，凡职田，没官田，官租田，废寺田，不征粮米，止征折色，曰官折田园地。福建有之。

（13）湖地　浙江有之。

（14）土司地　西南各省苗疆设土司之区有之。

（15）蕃地　甘肃有之。

（16）苗疆地或苗田　湖南有之。

（17）猺田獞田狼田　广西有之。①

第二官庄，多系皇室宗亲八旗驻防官田，共分四种：

（1）内务府庄田　凡三十二所，散在关内、河间、保定各处。

（2）宗室庄田　又分皇室官庄，亲王郡王官庄，贝子贝勒官庄，将军官庄四种。

（3）畿辅官兵庄田　即八旗兵之官庄，八旗入关，建有大功，故赐以庄田，不许出让汉人；旗人得以不耕而收，安坐而食，因以养成一种懒惰阶级，卒以召致革命。

（4）各省驻防官兵庄田　盛京、吉林、黑龙江及各直省皆有之。

---

① 以上所分，系根据各省习见之名，若一省特有之名词，如山东之卫所军屯粮田，卫所更名籽粒等地，山西之卫所屯地。江苏之城基，仓基，屋基，安徽之草山，甘肃之卫所管辖屯田，或可归并入上列各类，或性质不甚重要，概不一一列举。

　　第三官田，官田无税，分藉田、学田、祭田、牧地四种，其地租与人民耕种，官家只取其租，名曰租课。

　　第四屯田汉文帝募民耕塞下，武帝遣戍车师渠犁，已行屯田之制；明更盛行屯田，遍及内地，以寓兵于农，巩固边疆。清初乃改归州县管辖，初为国有，后渐为民有。各省屯田，据前清《户部则例》，约达七万五千七百余顷。清末拟改屯田为民田，事不果行。考当时各省屯田之办法，或许民间领买屯田，照民田征收租税；或不经领买，仅照屯田之征收率，而征收地租；或不经领买，直效民田之例，征收租税。屯田赋税，迄无一律。民国以来，各省屡议整理屯田，[①] 但仍无统一办法。惟各省屯田逐渐改为民田，屯田制在今日，已无足轻重矣。以上，为清代及民国相沿田制之大概。官庄屯田，虽因政体改变或发卖屯田，已渐趋消灭，然其他二项，民田及官田，则大都仍旧。试举江苏泰县上下忙执照所开科则观之，其分类及每亩征收银两如下：

　　　　官民田　　五分八厘六毫七丝二微八纤六沙二尘

　　　　官民地　　一钱九厘六毫五忽六微一纤三沙二尘

　　　　陆　　地　　五分二厘四毫四丝三忽一微八纤九沙七尘

　　　　民灶田　　三分四厘三丝六忽二微八纤六沙七尘

　　　　民灶地　　五分三厘五毫二丝四忽九微四纤七尘

　　　　减则田　　三分

　　　　扬卫升科民田　　一分

---

　　　① 　民国二年秋，贵州国税厅申请财政部，凡前清发给屯田地券，宜改换新券；于是政府通饬各省，当效贵州换券之法。然奉天、甘肃、湖南等省，或报屯田已改民田，或报地瘠民贫，呈请延期照办，换券法遂未克通行。惟江西于三年八月，规定屯田发卖价格及税率，并免征余租，以示奖励；安徽省亦从而效之，规定屯田登记，发卖价格，及契税免除诸规则。此外江苏省国税厅，对于屯田整理法，亦下令各县知事，凡旧定上田每亩三两者改为三元，中田二两者改为二元，下田一两者改为一元，并免除旧税，限期缴纳买价，征税率亦效民田税则。此民国以来各省整理屯田之概略也。参阅商务印书馆《中国年鉴》第一回田赋纪要（五〇七页）。

所谓扬卫升科民田，盖系"归并卫所地"〔疑为明扬州卫（？）地〕升科之民田，每亩纳忙银一分，漕米一升三合，① 实为泰县普通之民田。

(2) 田额

吾国田亩之额数，向载于《大清会典》，《赋役全书》，② 及《户部则例》等书。然年代久远，确数既不可考，而向例三等九则③之分，又因时代变迁，不能作准。至于今日，清丈未能推行，而统计之不发达如故，田亩之确数，依然不可得知。况加近二十余年来，内乱循环，国势分崩，虽偶有调查，亦未能遍于全国。兹但据较可靠之材料，略举一二统计，以为吾国田额近似之数目焉。

根据《大清会典》卷十，凡直省田赋，以乾隆十八年奏销册计之，共民田七百八万千一百四十二顷八十八亩，赋银二千九百六十一万千二百一两。然各省田地单位不一，顷亩以外，有段、有晌、有曰、有玮、有户、有座，折算之间，难免出入；此外东北各省，近年来开垦大增，新辟之田，未计在内；而各省之庙墓祭田，地土之封禁者、畸零者、免丈者、采捕者、游牧者，概未计入。故此数只能认为历史上之约数，而未可视为总数也。④

又根据民国十一年农商部刊行之第七次《农商统计表》"各省区农家户数及田圃面积累年比较表"，⑤ 从民国三年（一九一四）至七年（一九一八）全国农家户数、农田、园圃及田圃面积总计见表 1-1-2：

---

① 据江苏泰县朱宏君言，每亩实征漕米一升三合三勺。

② 凡《赋役全书》，由布政使司汇所属州县卫用赋各数，以地丁赋粮商牙课税为一书，应支官役俸工驿传料价为一书，应解本色折色物货为一书，分别原额，新增，开除，实在，汇纂成编。每十年则修辑之。书成，由部科颁州县，以备考核。

③ 前清订定科则之初，先分地之种类，次按地之肥瘠，为上中下三级，每级又分上中下三等。

④ 参考贾士毅《民国财政史》第二编六至十五页，数目颇有不同。

⑤ 见商务印书馆《中国年鉴》第一回一一二八——一一三四页。《农商统计表》，自民国元年以后，计共编印十次，此所举系十一年二月刊行之《第七次农商统计表》，嗣后各省缺报愈多，其数字亦不甚可靠，惟聊胜于无耳。参阅中国地政学会《地政月刊》第一卷第二期万国鼎《农商统计表》。

表 1-1-2　1914—1918 年全国农家户数、农田、园圃及田圃面积总计
（单位亩）

年次	农家户数	农田	园圃	总计
三年	59 402 315	1 394 146 418	184 201 507	1 578 347 925
四年	46 776 256	1 319 515 191	122 818 479	1 442 333 638
五年	* 59 322 504	1 384 937 701	125 037 760	* 1 509 975 461
六年	* 48 907 853	1 258 364 436	106 821 664	* 1 365 186 100
七年	* 43 935 478	1 217 279 298	97 192 892	* 1 314 472 190

　　* 民国五、六、七诸年，因西南护法，湘、川、粤、桂、云、贵六省无报告到部，故标 * 以示未全。

　　由上表观之，当以民国三年度代表平时，较为可靠，以此为标准，则农户凡五千九百四十万二千三百十五户，农田凡十三万九千四百十四万六千四百十八亩，园圃凡一万八千四百二十万一千五百零七亩，田圃面积总凡十五万七千八百三十四万七千九百二十五亩。此盖为官厅方面正式公布数目中较为可靠之数；然各省报告，漫无标准；况有赋无田有田无赋之情形，又比比皆是；自民国五年而后，又战乱相寻，加以旱荒水灾，连年发生，农民流离失所捐弃田亩者，不可胜计：则此数纵可视为近似，然亦不能视为今日田圃面积之总数矣。

　　此外西人方面，对于中国已开垦之田亩，亦有种种估计。英人赫德（Robert Hart），于清光绪三十年，上筹饷节略，谓"查中国地方宽长可谓各四千里（新疆、蒙古、东三省地方未计在内），则统计面积即有十六兆方里；每方里内应有五百四十亩，即按五百亩计之，则十六兆方里内，应有八千兆亩。若令每亩完二百个铜钱之赋，按二千个为银一两计之，则每十亩应完银一两，八千兆亩即应完银八百兆两。惟不能每年按此数计算，缘年分有丰歉，地土有肥瘠，又兼各处山水；按当日李文忠公曾云：可完钱粮之地，有三分之二，现即以一半计之，实征应有四百兆两之数。……"按此估计，则已开垦之地，为四千兆亩，即四十万万（四、〇〇〇、〇〇〇、〇〇〇）。George Jamieson 氏之估计，亦以十八省面积之半为已开垦之田地，凡四万万英亩，（400 000 000 Acres）以一英亩合六亩计算，则得二十四万万亩。实则赫德之估计——四十万万亩——太高，而Jamieson 之估计，——二十四万万亩——则又未免过低。按"China Year Book"（1925—26，p. 867）中国本部十八省面积，凡九万六千万英亩（960 000 000 Acres），以一英亩合六亩计算，则凡五十七万六千万亩，姑照二人之估计，以本部十八省面积之半，为已耕种之土地，则得二十八万八千万亩。以此数与农商部刊行之《农商统计表》民国三年之数比较观之，即可得中国已开垦土地亩额之真相：

　　　　（一）按十八省面积之半估计　　二、八八〇、〇〇〇、〇〇〇亩
　　　　（二）农商部民国三年统计　　　一、五七八、三四七、九二五亩

　　由此观之：中国已开垦土地之面积总额，以平时而论，当在十六万万亩与二十八万万亩之间。根据现有之统计估计，所可得之结论，如斯而已。他日全国土地田亩之统计，则非清丈不为功也。

(3) 赋则

　　田赋赋则，在有清一代，详载《赋役全书》之中，初定十年调查一次，修改一次；雍正二年归并地丁，而后丁册失修，弊端以生。民国以还，各省田赋名称，均经按其性质，陆续归并。于是历年预算册内仅分地丁、漕粮、租课、差徭、垦务、杂赋、附加税七项。除附加税别有专章讨论外，将各项分别说明如下：

　　　　（一）地丁　地系地亩，丁系人丁。初，明代编审正赋，以地为
　　　经，以丁为纬；编审银力差徭，则以丁为经，以地为纬。清初厘定
　　　直省钱粮，以万历时张江陵当国勘丈核定之数为准，其天启崇祯时
　　　按田赋所增加者（如辽饷、助饷、练饷、剿饷等），悉予革除。康熙
　　　五十一年（一七一二）谕大学士等曰：
　　　　　朕览各省督抚奏，编审人丁数目，并未将加增之数，尽行开报。

今海宇承平已久，户口日繁，若按现在人丁加征钱粮，实有不可。人丁虽增，地亩并未加广，应令各直省督抚，将现今钱粮册内有名丁数，毋增毋减，永为定额。自后所生人丁，不必增收钱粮，编审时，止将增出实数察明，另造册题报。……朕故欲知人丁之实数，不在加征钱粮也。①

自此以后征收钱粮，皆据康熙五十年征粮丁册，定为常额；嗣后新生者，则谓之"永不加赋滋生人丁"，《东华录》于每年末所附户口统计中，必列此一项，以见户口增加之迹。② 至康熙五十五年，议准广东所属丁银，就各州县地亩分摊，每地赋银一两，均摊丁银一钱六厘四毫有奇。雍正元年复准，直隶所属丁银，均摊地粮之内征收，每地赋银一两，合摊丁银二钱七厘有奇。③ 自后摊丁入地之例，推行各省，惟每地赋银一两，合摊丁银标准，各省颇有不同：

福建　五分二厘七毫至三钱一分二厘零有奇。

山东　一钱一分五厘。

河南　一分一厘七毫六丝至二钱七厘二丝零不等。

浙江　二钱四厘五毫有奇。

陕西　一钱五分三厘（遇闰一钱五分七厘有奇）。

甘肃　河东　一钱五分九厘三毫有奇（遇闰一钱七分四厘八毫）。

河西　一分六毫有奇（遇闰不加征）。

四川④　每粮五升二合至一石九斗六合零不等，算人丁一丁征收。

云南　丁银摊入地亩征收。

江南（江苏及安徽）　一厘一毫至六分二厘九毫零不等。

江西　一钱五厘六毫。

---

① 《大清会典事例》卷一百五十七。

② 康熙五十六年题准，如有州县将滋生人丁，私行科派者，该督抚即行题参。

③ 《大清会典事例》卷一百五十七。

④ 四川所属丁银，向系以粮载丁征收，经年已久；惟威州等十一州县，系丁地分催，自雍正五年为始，亦令以粮载丁。

奉天　仍照旧例丁地分征，不摊入地亩。

湖南　每地赋粮一石，合摊丁银一毫四丝至八钱六分一厘零不等。

广西　一钱三分六厘零不等。

湖北　一钱二分九厘六毫有奇（江夏等一九县另有标准）。

山西　每粮一石，合摊丁银一分八厘至二钱二分二厘。

每地赋银一两，合摊丁银一钱四分七厘九毫至三钱三分八厘零不等。以上为太原等十八县摊入标准。余如交城等十五县丁银，一半摊入地亩；浑源等二州县丁银，三分之一摊入地亩；河曲县丁银，十分之一摊入地亩；其余阳曲等二十四州县，仍照前地丁分办。后始稍稍归并。

福建台湾　四厘一毫零至八厘六毫不等。

贵州　五厘四毫四丝三忽零（贵阳等二十九府厅州县）。

至道光元年，山西已有八十一州县，将丁徭银两，归地粮摊征，至是又谕盂县丁银，归入地粮摊征；二年奏准，山西省平定州盂县二处丁徭银两，自本年起，摊入地粮项下征收。自是以后，全国地丁统归一则，口银（即人丁税）名存而实亡矣。

又明代于征收正赋之外，有耗银、解费、部费、免役费等项（盖即后世附加税之类）①清初悬为厉禁。雍正初年，山西巡抚诺岷奏请提解火耗归公，上谕许之，②自是耗羡始与正供并重，均应按年造报。民国以还，各省均于折价案内，将耗羡并入，统称地丁；惟西北各省，间有仍存耗羡之名者。

（二）漕粮　漕粮之制，实系"实物经济"时代赋税制度之遗留，其起源甚古，凡人民岁输。钱米杂物，由转运以至目的地，——或为京师，或至其他地点，谓之"支移"③——实为漕运之

---

①　参阅下文附加税一目。

②　原文见附加税一目中。

③　输本有常处，但若以有余补不足，即移此输彼，移近输远，则谓之支移。参阅胡钧《中国财政史》一九〇页。

滥觞。后世所以与地丁别为二者：以地丁向系征银，而漕粮则由地粮内派征本色，依水次之便而运输者也。宋时已盛行转输之法，设诸道转运使。马端临《文献通考》卷六十一云：

> 唐先天二年，李杰始为水陆发运使，盖使名之起。开元二十一年，裴耀卿以侍中充江南淮南转运使；而崔希逸萧昱为副，盖副使始此。……
>
> 宋朝艺祖开基，惩五季之乱，藩臣擅有财赋，不归王府；自乾德以后，僭伪略平，始置诸道转运使，以总利权。开宝六年，广南平，除徐泽为判官，盖转运判官始此。其转运使之名，国初但曰句当、某路、水陆、计度转运事官，高者则曰某路计度转运使。太平兴国初，皆曰使，两省以上，则为都转运使，又置副使与诸路判官焉。……
>
> 真宗每用兵或令都部署兼转运使，王师征讨，则有随军转运使，事毕即停。至道中诏曰："天下物宜民间利病，惟转运使得以周知，令更互赴阙延见询问焉"。

所谓转运使，实即漕司司漕粮运转事。故东莱吕氏考曰：

> 太祖开宝五年，命二参政事薛居正、吕余庆兼领提举诸州水陆转运使。明年，薛居正沈义伦拜相，吕余庆去位，遂以居正、义伦二相，兼提举水陆漕事。累朝以武臣为帅守而兼漕事，则太祖朝均州刺吏襄州荆门至石门关兵马都总管曹翰兼西南面水陆转运使，……潘美……尹崇珂……并兼岭南转运使……此皆武臣任帅守兼漕也。太祖朝知容州母守素知邕州范旻通判桂州符嗣各知本管转运事；太宗朝知广州李符兼诸州转运使，……此皆文臣任帅守兼漕也。

置转运使之初，所掌不过军需粮饷而已；太平兴国二年以后，转运使分路而治，于一路之事，无所不总；后且兼总刑狱、边防，职权颇重，故太宗时复置朝臣于诸路，为承受公事，以机察漕司。

转运使以外，又有所谓发运使，盖专就江、淮、两浙、湖广而设，司漕运，兼制茶盐。《文献通考》卷六十二：

> 宋太平兴国二年，置江、淮水陆发运于京师。……庆历七年，上命发运副使更不置正使，置司真州，岁漕江湖粟六百万斛以赡中都。渡江后，江湖寇盗多，发运使第职籴买而已。……乾道六年，以户部侍郎史正志为江、浙、荆、湖、淮、广、福建等路都大发运使。……

以上转运使及发运使之大略也，其详不属本书范围以内，不复多考。宋转输之制，更有"支移"之法，便吏为奸，转运使多借以舞弊。胡钧《中国财政史》一九〇页：

> 所谓支移者，岁输本有常处，以有余补不足，而移此输彼，移近输远之谓也。此本为通融便利之良法，惟行之既久，弊窦繁兴。哲宗初，陕西转运使吕太忠令农户支移，斗输脚钱十八，御史劾之，下提刑司。体量均其轻重之等，以税赋户籍在第一等第二等者，支移三百里；三等四等者二百里，五等一百里。不愿支移而愿输道里脚价者，亦酌度分为三等，以从其便。徽宗崇宁中，司漕者谓凡不支移者，特增地里脚价之费，斗为钱五十六，比元丰正税之数；而反复细折，数倍于昔。农民至鬻牛易产，犹不能给。且下贫之户，各免支移，估直既高，更益脚费，视富户反重，因之逋负者所在多有。大观二年，乃诏天下租赋科拨支折，当先富后贫，自近及远。乃者漕臣失职，有不均之患，民或受害。定令支移视地远近，递迁有无，以便边饷，内郡罕用。又诏所输地里脚钱，不及斗者免之。寻又诏五等户税不及斗者，支移皆免。于是支移之弊，得以末减焉。……

可见当时转运之制，弊窦滋甚，地里脚钱之费，比于正税，然则附加税之繁重，固不自清季始矣。

至清，承明代漕运之后，废民运，改为官收官兑。其转输系统，根据《皇朝文献通考》卷四十，略论如下：

> 银库为天下财赋总汇，各省岁输田赋、漕赋、盐课、关税、杂

赋，除存留本省支用外，凡起运至京者，咸入焉。

粮储道，督粮道库，均贮漕赋银，由州县征，输粮道库；库设大使一人。粮道掌稽出纳，岁具册申漕。运总督，达户部察核。

京师经费之额：田赋由直省布政使司，漕赋由粮道，盐课由盐政，关税由监督，各输之户部。户部受而颁之，受藏之府，以待邦国之用，岁终则会之。王公百官俸银九十三万八千七百两，兵饷（无闰之年）五百三万三千四十五两各有奇，饷钱一百余万千。……

又据《皇朝文献通考》卷八十五，漕运之职官如下：

漕运总督一人，掌运漕之政。各直省分设：

山东督粮道

河南督粮道

江南苏、松粮储道

江、安粮道

江西督粮道

福建粮驿道

浙江督粮道

湖北督粮道

湖南粮储道

陕西粮储道

广东粮驿道

云南粮储道

贵州粮驿道

其属库大使，直隶、山东、江西、福建、浙江、湖北、湖南、云南各一人，江苏二人仓大使陕西、广东各一人。

其漕运之法：由州县运赴水次交帮。其中直接运至京仓者，谓之正兑，运至通州仓者，谓之改兑；分运京、通各仓者，谓之白粮，另加以耗，随正入仓。故山东有正兑正粮、正兑耗粮、改兑正粮、改兑耗粮；正兑正麦、正兑耗麦、改兑正麦、改兑耗麦；正兑正豆、正兑耗豆、改兑正豆、改兑耗豆十二种，浙江有正兑正米、正兑耗米、改兑正米、改兑耗米四种。盖因地制宜，有米、麦、豆之别；漕运云者，固不限于漕米也。然漕运本意，无非以东南为产米之区，北方为需米之地，尤以八旗粮饷，取给于此，故漕运虽不限于漕米，然漕米实为其大宗。东南各省之中，以江、浙漕米，负担最重；二省之中，尤以苏、松、太、嘉、湖、绍兴为最，浮收中饱之弊，亦以此为最甚。

额征漕粮　前清漕粮，初有定额。计正兑漕粮（运京仓），改兑漕粮（运通州仓），白粮（分运京、通各仓），[①] 原额共四百零八万一千六百三十八石，而小麦（山东、河南有之）黑豆（同上）等犹不计焉。兹将各省额征实征，列表 1-1-3 如下：[②]

表 1-1-3　光绪十三年各省额征实征漕粮

	省别	各省原额	光绪十三年额
正兑漕粮	山东	280 000 石	161 548 石
	河南	270 000	24 336
	江苏	1 113 000	850 857
	安徽	387 000	165 569
	江西	400 000	501 715
	浙江	600 000	584 998
	湖北	122 942	94 187
	湖南	127 057	95 482
	总计	3 300 000	2 478 694
改兑漕粮	山东	95 600	78 233
	河南	110 000	15 050
	江苏	93 950	131 849
	安徽	200 450	18 152

---

① 　白粮仅江苏苏、松、常、太及浙江嘉兴、湖州二府有之；此外河南亦有白麦。

② 　此表根据《大清会典事例》卷一百九十四编制。

（续表）

省别		各省原额	光绪十三年额
改兑漕粮	江西	170 000	—
	浙江	30 000	29 365
	湖北	无	无
	湖南	无	无
	总计	700 000	272 650
白粮		原额	实征
	江苏	15 438	69 025
	浙江	66 200	29 975
	总计	81 638	99 000
	全额	4 081 638	

　　降及近代，政府财政已由实物经济时代进向货币经济时代，故漕粮亦改征银两。其变迁之迹，可得而考者，约有三端。（一）咸丰同治以后，因漕粮兑运之际，吏胥需索，经费浩繁；或因太平之役，漕运断绝，于是各省漕粮，渐次改征折色（即折成银两）。[①] 清末纳本色者，仅江、浙两省，起运漕白粮米一百万石而已。各属正粮，既以银代纳，则漕运经费，理应取消；但纳漕者仍纳运送之费，谓之漕项照例征解，无异正项；其未起运而存留本省，以供兵糈之用者，谓之南米。迄绿营裁撤，始均改征折色。（二）民国成立，以银

---

　　① 例如江西漕米，旧制正兑粮运京仓，改兑粮运通州仓，冬兑冬开，江西粮船，限以二月过淮，六月到通，十月回空。自咸丰二年，洪、杨军下九江，漕船之泊九江以下者，都四百六十九艘，悉被焚毁；而省仓县仓，亦次第毁于兵，自是遂停漕运。每漕米一石，折银一两三钱解部；而征收浮数，日益增多。同治元年，两江总督曾国藩，江西巡抚沈葆桢，合疏整顿钱粮，请丁漕两项，一律折收制钱，由官易银解兑；每地丁一两，连加一耗羡，折收制钱二千四百文；漕米一石，折收足钱三千文，除解部外，余悉留充本省及各州县办公之费。诏如所请行之。其后银价渐昂，以钱易银，不敷支解，同治七年，从江西巡抚刘坤一请，每米一石，改收银一两九钱，仍以一两三钱解部，二钱七分提充本省捐款公费，其余均由各州县留支。此江西漕运折征之大略也。详参阅陈家栋《江西财政纪要》第二册五页。

元为漕粮价格换算标准；江、浙两省，漕粮一百万石，首先改折银元。（三）自民国十九年六月三十日《土地法》公布后，江、浙各省渐改用"地价税"名目，以上忙为第一期地价税，下忙漕米为第二期地价税。但名虽改而实未变，漕米依旧存在。然亦可于此见漕运实为实物经济时代进贡之遗留，帝制覆没，本已即应废除；今日田赋改归地方征收，漕米更无存在之理由矣。

兹举江苏泰县为例，以见漕米变迁之迹：（根据该县伍都壹图粮户朱问渠所存光绪二十七年，三十四年及宣统元、二、三年"漕凤等米执照"五张，及民国元年至二十一年"漕米执照"二十张）。

宣统三年《粮户执照》，规定每征漕米一石，连耗费在首限二十天内完纳，照定价折收足钱四千八百三十三文；限外至年底止，每石折收钱五千五百文；迟至年外，每石另加钱五百文；均准粮户按照串票载明米数合钱，向裕宁官钱局及殷实各钱庄，自买钱票，投柜完纳（附加税及规费在外，详见后附加税一节）。

民国元年，漕米每石折合足钱四千七百十五文；自后改征银元，附加税逐年增加，列表 1-1-4 如下：①

表 1-1-4　1913—1932 年漕米折银及附加税比例之变迁

年代	每石折合银元	附加税	合计
民国二	5.0	0.6	5.6
三	5.0	0.8	5.8
十	5.0	1.55	6.55
十二	5.0	2.25	7.25
十八	5.0	7.65	12.65
十九	5.0	10.45	15.45
二十一	5.0	10.05	15.05

---

①　参阅拙著《田赋附加税之繁重与农村经济之没落》一文，载《东方杂志》三十卷二十二号。

漕米以外，更有所谓"漕南抵补金"（浙江）及"米折"（江西）者，皆漕粮之变相或别名，兹加以解释如下：

漕南抵补金　漕粮与南米，同为田赋之一种；不过漕粮为解京正供，南米为留在本省发放兵糈之用。浙省漕南一项，征于浙西各属者，多数曰漕粮，少数曰南粮；征于浙东各属者，皆曰南粮；此外尚有祭祀孤囚等米，皆系附于南粮征收。国体改革，漕运停止。元年一月，临时省议会议决地丁征收法案，规定漕南兵米，一律裁免。迨南北统一，都督朱瑞以漕南征纳，关系全国收入，将浙省丁漕征收法，电请提交国务会议；旋经财政部咨复，浙省漕南，仍应照旧征收；并交由参议院议决办法大纲，将浙省向征之漕南米，一律实行裁免，按照向征米数，改征抵补金，每斗折征银元三角，其南米向征折色，不及三角者，仍照旧办理。嗣于二年十二月，由财政部电饬照前清旧征最多额征收等因，经前国税厅筹备处查明前清各县折征价目，平均为每石四元七角五分八厘，呈奉部令定为每斗改征银元五角，自三年为始，实行征收。后因省议会及地方团体反对，仍照参议院议决原案每斗三角之数办理；此外再加一角，作为地方税，于是每斗计收国税三角，省税一角，共征四角。当经省议会通过照办，并议决嗣后自五年度起，至九年度止，所有带征省地方税，每石均照一元计算；及十年度始减为每石带征银元八角，十二年度又减为每石带征银元六角；自十三年度起，再每年递减一角，扣至十八年度止减完。但实际上十五年以后抵补金省税，每石仍照三角征收。按十三年分应征数计，共为七十七万一百六十三石四斗八升六合；照折价计算每石征收三元，共为二百三十三万一千四百九十二元，又省税每石三角，共为二十三万三千一百九十八元，合计二百五十六万四千六百四十一元。历年实征情形，约计八成左右（参阅魏颂唐编《浙江财政纪略》二九至三一页）。

江西米折　今之米折，即昔之漕粮，其大别有三：曰兑军运正米，曰淮安改兑米，曰兑军并淮仓副米，皆正漕也。正米原解京仓，应征三十五万石；改米原解通仓，应征十五万石；加四过淮米，应征二十余万石。旧例：每正米一石，加副米四斗；改米一石，亦加四斗，故曰正，改，加四。自折价后，拨解京饷，为漕粮项下之最大款目。除因灾缓征米四五万石，约解米六十余万石；每石以一两三钱折解，共银八十四万八千余两正。此外又有脚耗各款；——分脚耗钱及脚耗米——及一三副米；其正改加四米项下，更有练兵经费、学堂经费、粮公费、府公费等。民元将漕米项下，并征分解各款删除，规定每石折征钱三千六百文。至民三将漕米每石征洋二元九角，另加手数料六分。民四改订附税办法：米一石，另征附税洋五角（连原有附税在内）。至民十复带征金融善后捐每石洋五角，旋即停止。至于今日，附加税更趋繁重矣。（参阅陈家栋等辑《江西财政纪要》第二册三九至四〇页）。

（三）租课　租课与赋税性质不同，如以财政学上之术语表示之，租为营业收入中之官产收入（Einkünfte aus Domänen），——即国有土地，由官厅经理租给人民所收之代价；——而赋则为租税（Steuer）是也。各省租课，以屯租、官租、学租居多；在沿江各省，芦课、荡课、渔课、湖课亦为重要。[①] 至溯其原始，或系国家固有之土地，或系公家置买之田亩，或因事、因案查出及充公之田地，凡性质属于官有者皆是也。严格言之，租课系官产收入，并非租税，当列在田赋范围以外为是。

（四）差徭　差徭即古代力役之遗意。历代以来，东南赋重而役轻，西北赋轻而役重，益本于"用一缓二"之意。清代西北各省，差徭甚重：有按地亩出差者，有按骡马出差者，有按行户出差者。降至季世，法坏弊生，蠹役奸胥，藉端苛派。民国以还，差徭一项，次第革除，陕省虽有差徭之名，亦已折收银元，归并于赋税之内矣。

（五）垦务　即垦务收入之意，严格言之，亦非租税收入而为官产收入。近数十年来，西北一带，土地日辟，人口日增，每年垦务，

[①]　江西租课，计十三项：曰芦课、渔课、湖课、河课、新升课（旧惟彭泽有之，系新涨之洲地）官租、濠租、地租、藉田租、学田租、贾谷官租、救生船租、码头租。详见陈家栋辑《江西财政纪要》第二册六零至六五页。

入款颇巨。惟是项收款，各省大率列入官产项下，而归于田赋项下者，实为例外。

（六）杂赋　杂赋系别于正赋而言，或为例解贡品折银之款，或系其他零星之款。因各省情形不一，故款项亦有多寡焉。

（4）附加税

附加税本为田赋赋则七项中之一，惟民国以来，附加税愈趋愈重；至于今日，竟有超出正税十余倍乃至二十五倍以上者（海门）。故今日欲谈整顿田赋，必先自整顿附加税始；欲谈救济农村经济之没落，亦必自减轻附加税始。① 易言之，田赋附加税问题，实已成为地方财政及田赋问题之中心，故专辟一节，详论其沿革及繁重之真相。

田赋附加税之起源，实始于咸丰初年按粮随征津贴之办法；推而上之，雍正时代之"火耗"，乾隆时代之"平余"，嘉、道之间之"漕折"，皆为变相之加税，而实为附加税之远因。② 先是康熙五十一年（西历一七一二）降谕将钱粮册内有名丁数，无增无减，永为定额。雍正二年（一七二四），更并丁银于地粮，于是无地之丁，不输丁税，田赋正税，遂永不增加。自后历朝懔遵祖制，不敢或违。正税既不能增加，于是附加税遂层出不穷，终至超过正税十余倍乃至二十余倍以上。附加税所以增加不已之原因盖在于此。

自康熙而后，历朝虽懔遵永不加田赋丁银之谕，然实际上确有加赋之痕迹；其类似后世之附加税者，即雍正时之火耗，乾隆时之平余，及嘉、道间之漕折是也。是为附加税之萌芽③，请略述其缘起

---

① 农村经济之没落与田赋附加税之关系，请参阅《东方杂志》三十卷二十二号拙著《田赋附加税之繁重与农村经济之没落》一文。

② 田赋附加税之起源，或以为始于汉灵帝时，敛天下田亩十钱以修宫室；实则自有田赋以来，即不免有附加税性质之租税。近之如明季之三饷，远之如宋代之支移，皆其显例。惟本文以与近代田赋附加税无关，故从略。

③ 再推而上之，宋时漕运，有所谓支移之法；徽宗崇宁中，司漕者谓凡不支移者，特增地里脚价之费，斗为钱五十六，此元丰正税之数；而反复〔覆〕纽折，数倍于昔。农民至鬻牛易产，犹不能给。则附加税之繁重，固不自清季始矣。参阅前漕粮一段。

及性质如左：

（甲）火耗　雍正初，山西巡抚诺岷奏请提解火耗归公，上谕许之，大意谓：

州县火耗，原非应有之项，但通省公费各官养廉，有不得不取给于此者。朕非不愿天下州县，丝毫不取于民，而其势有所不能。且历来火耗皆在州县，而加派横征，侵蚀国帑，亏空之数不下数百余万；由于州县征收火耗分送上司，各上司日用之资皆取给于州县，以致耗羡之外种种馈送，名目繁多。故州县有所借口，亦肆其贪婪，上司有所瞻徇，而不肯参奏。此从来之积弊，所当剔除者也。与其州县存火耗以养上司，何如上司拨火耗以养州县？见今州县征收钱粮，皆百姓实封投柜，其折封起解时，同城官公同验看，耗羡与正项同解，分毫不得入己。州县皆知耗羡无益于己；孰肯额外加征。是提解火耗，既给上下养廉之资，而且留补亏空，有益于国。……①

按火耗之名，自明已有之；因由本色变而折银，解部之成色有定，镕销之际，不无折耗，于是州县征收此款，不得不稍事取盈，以补其折耗之数，亦犹粮米之有耗米也。其后流弊滋甚，州县重敛于农民，上司苛索于州县，一遇公事，加派私征，皆以火耗为名，未归公之先，大小官吏明分其款。至是不过政府正式认为租税，向之由州县任意勒索者，今则由上司酌为定额，州县征收，而耗羡与正项同解上司。自山西提解火耗以后，各省次第举行，火耗遂成为附加税中之定制矣。

（乙）平余　乾隆初，四川巡抚硕色奏川省恒例相沿，火耗羡余外，百两提解六钱，名曰平余。《东华录》乾隆三年谕：

……向来四川火耗，较他省为重，已谕陆续裁减。今闻该省不肖有司，巧为营私之计，将戥头暗中加重有每两加至一钱有余者。彼收粮之书吏，镕销之银匠，又从而侵渔之，则小民受剥削之累不

---

① 见《东华录》雍正元年上谕。

小。川省如此，他省可知。着各省督抚转饬布政司，遵照征收钱粮之天平法马，制成画一之戥，饬各县确实遵行。

因此川抚奏请百两取六钱，提解归公；于是不法之平余，遂一变而为法律上之平余。又同年谕令各省京饷停解平余，全数存贮本省藩库，亦为承认平余为正款之一确证。究其实在，平余亦附加税之一类耳。

（丙）漕折　嘉庆道光之间，各省漕粮多收折色；至漕粮每石折银或钱若干，各省向不划一，有折钱十数千至二十千者，此亦为由实物经济进向货币经济之一阶段。漕折本身，原非附加税，不过使所折之钱，过于该粮时价之数，则民间之田赋负担，已无形加重，而其影响与加赋无异。

清季以还，各省均于折价案内，将耗羡平余并入，统称地丁者，于是后者与正供并重，同为正税而非附加税矣。兹举一二例说明如下：

江西田赋，于地丁正银外，每两另征加一耗羡。（耗羡又分地丁耗银、随漕耗银、兵折耗银，皆指专在地丁内者）。于起运项下，又另派随解提补捐款，练兵经费四分，学堂经费四分，府公费五分。火工则随所解之银而定，多寡不一，此则征之于于平余也。其征收方法，向系征钱解银：地丁每两征银一两五钱，内分正银一两，耗银一钱，提补捐款一钱，藩司公费一分，府公费一分，县公费二钱四分（倾镕火耗在内）。或直接征银，或以钱折纳，吏售其奸，民重其累。后复删除藩司公费一分，实收一两四钱九分，定以钱折纳计地丁一两，征钱二千六百八十二文。[①]

又据江苏泰县伍都壹图粮户朱问渠所存宣统三年《粮户执照》，规定每征漕米一石，连耗费在首限二十天内完纳，照定价折收足钱四千八百三十三文；限外至年底至，每石折收钱五千五百文；迟至年外，每石另加钱五百文。此虽系漕米耗费，然其性质属于附加税

_____

① 见《江西财政纪要》第二册三八至三九页。

则一。①

再如江西米折（即昔之漕粮），在正改，加四外，又有脚耗各款。脚耗分银米两种，均在正漕内并征。脚耗银，每正粮一石，征银数分至一钱数分有差，内分留县支销，及丁济运两项，额征银三万二千余两。脚耗米，每正米一石，征耗米一斗，由有漕各属运漕到省，随正入仓，故有发给脚耗，扒夫修仓，铺垫诸费名目；米额征四万二千余石，改折后每石折银一两解库。惟当时发给脚耗系于正粮内，每石或给银若干，或给钱若干，故既有脚耗米，又有脚耗钱也。此外更有一三副米向为漕银盘剥折耗之用费，系册县存留支销之款；旧制：有漕各州县，征收正漕，一石四斗，支销副米一斗三升，故有一三副米之称，额征六万五千余石，除缓征外，实正银不及三万两。②

以上所举耗羡、平余、漕折三者，及其附属变化之名称（如一三副米、脚耗银、脚耗米、随解提补捐款等），不过为田赋附加税之滥觞，因往往并入正税之中，与后世田赋附加税之发生，尚无直接之关系。直接为田赋附加税之发端者，实以咸丰初年之按粮随征津贴为始。是时太平天国发难，各省筹饷不易，四川首办按粮随征津贴，每田赋银一两，随加征一两。至同治元年（一八六二）骆秉章督川，又奏办捐输按粮多寡摊派；因定制不加赋，故曰捐输。为副人民利禄之愿起见，或予以议叙，或广文武科中额学额（大致各省捐输逾三十万者，率广中额一名），以为提倡。其"按粮多寡摊派"，显系附加税性质。

光绪中年以后，举办新政，清廷听各省自由筹款，以充地方经费。各省罗掘所及，皆以田赋为人民所习惯，反抗少而征收易，于是以举办新政为名，附加税至再至三，层出不穷，兹举一二例证如下：

---

① 参阅前漕米一节。
② 见《江西财政纪要》第二册三九至四○页，并参阅上漕粮一节所附之表。

（1）江西地丁，于正款耗羡外，于起运项下，每两另征：

派解　公费五分

　　　　提补捐款一钱

捐提　练兵经费四分

　　　　学堂经费四分

　　　　钱价平余（随所解之银而定，多寡不一。）

附加　粮捐

　　　　串捐

其征收方法，向系征钱解银，地丁每两征银一两五钱：内分正银一两，耗银一钱，提补捐款一钱，藩司公费一分，府公费一分，县公费二钱四分（倾镕火耗在内，捐提亦在内。）故正税与附加税之比，为一：〇.五。

（2）江西米折，于正款杂款外，每石另征：

派解　粮公费　　二分

　　　　提补捐款　二钱

　　　　府公费　　五分

江西全省岁入漕粮系统表（民国纪元以前）

漕粮正款脚耗米正改加四一三副米脚耗银统征另解统征派解统征另解统征派解

改折减给解司充公米节省脚耗米坐支米赠耗米节省脚耗米奉文续裁口耗米奉文裁口耗米奉文全裁盘剥折耗米旗丁斛面米小船食米改折减给解司充公米一分耗羡银坐支银松板价银赠耗银节省赠耗银松板水脚银奉文裁扣耗银奉文续裁扣耗银省仓修费银小船食米银剥浅银广信府协济银

杂款二三限加价脚耗内厅书饭食脚耗内吉抚建协济脚耗内县仓修费一三副米内协济

派解五分公费七厘公费四三公费提补捐款二分公费

捐提钱价平余学堂经费练兵经费

附加串捐粮捐

（录自《江西财政纪要》第二册首）

江西全省岁入地丁系统表（民国纪元以前）

地丁附加串捐粮捐

捐提钱价平余学堂经费练兵经费

派解提补捐款五分公费七厘公费四三公费

耗羡兵折耗银地丁耗银随漕耗银上三项系指专在地丁内者

流水玲套香花酒钞湖课

并带征渔课船税茶税不止此征派解备考中录出名目繁多尚或与地丁带征分解系就各属额上列各项或在地丁内并征并解贾税商税酒税鱼油税杂款—地丁脚耗

正款随漕兵加本色物料折色物料地丁正银兵折坐支协济各卫旗军银三六轻赉银剥浅银脚耗银过湖银芦席板片银淮安仓二升折银济运裁兵余剩济造驿站节省马尾皮价

录自《江西财政纪要》第二册田赋章首

捐提　练兵经费　五分　学堂经费　五分　钱价平余

附加　粮捐　串捐

按正改加四（即正税），每石以一两三钱折解；附加税之可考者，总为三钱七分；但一三副米脚耗米脚耗银皆未在内。

（3）浙江地丁，自光绪二十八年（一九○一）起，加征粮捐，每地丁一两，连粮捐在内，折合制钱二千二百四十三文，至二千八百文不等。民国元年，临时省议会议决，每地丁银一两，各照原定折征钱数，改征银元，以正银一两，合银元一元五角，连粮捐三角，共一元八角，解省分别作为国省两税；余充县税，现名特捐。此外更有附捐如自治塘工积谷等类（见民国三年《修正浙江省征收地丁暂行章程》第三条）及地丁征收费，照正税一元八角规定数，带征百分之九（见同上第四条）。①

（4）江苏漕米，根据调查泰县伍都壹图所得光绪二十七年，三

————————

① 参阅《浙江财政纪略》一至三页。

十四年，及宣统元、二、三年"漕凤等米执照"五张，附加税与正
税之比如下：①

> 正税每征漕米一石，连耗费在首限二十天内完纳，照定价折收
> 足钱四千八百三十三文。

> 附加税每征米一石，随收脚费钱五十二文，带收积谷，改拨学
> 堂经费钱一百文，弥补平粜亏折积谷本款钱六十文，自治经费钱四
> 十文，券票捐钱一百文，每张串捐钱十文；又禀准每张加收地方自
> 治及新政一切经费并书吏造办册串经费钱三十五文，均一律缴足钱。
> 改良串票每张收价钱五文，充刷印纸工书吏纸饭（录自宣统三年粮
> 户执照）。

> 正税（四八三三文）与附加税（四〇二文）之比，约为十二
> 比一。

由上举各例观之，附加税之繁杂，已属可观；但附加税虽繁，
然多为规费之性质，数目有限，农民负担，尚极轻微。如江苏漕米，
附加税不过正税十二分之一；江西地丁，附加税（耗银在内）不过
正税二分之一。自是而后，附加税愈趋愈重；且初行之附加税，如
浙江地丁粮捐每两三角，又归并在正税每两合银一元五角之内，于
是附加税有新旧之分，旧附加税折入正税，此外更行新附加税。农
民之负担，因此转辗加重。②

新附加税之征收，始于直隶、山东两省。民国三年十一月，濮
阳、黄河决口，二省呈准总统，征收附加税，——随正赋带征百分
之十，作为中央专款，——以充濮阳河工之用。③ 民国四年度之收支
预算不足，中央政府乃电令各省，仿直隶、山东先例，一律增征附

---

① 参阅拙著《田赋附加税之繁重与农村经济之没落》一文，载《东方杂志》三
十卷二十二号。

② 民国初元，划分国家地方两税，各省田赋项下，多有附加税一款。旋又合并
两税，将此项附加税，亦归入国家预算册内，于是所谓正税，已包含附加税在内矣。

③ 《中国年鉴》第一回五〇七页，及《二十年来中国大事记》三年十一月份。
贾士毅《民国财政史》上册第二编四十七页。

加税，以补收入之不足；于是各省乃逐渐实行。

附加税既逐渐繁重，于是中央政府方面，不得不加以限制。民国元年十二月二十六日，袁世凯咨行参议院厘定国家税及地方税法，参议院以田赋为国税，各省代征转解中央，但地方政府有征收附加之权，规定不得超过百分之三十。① 二年冬，财政部亦以时势所趋，订定国家税地方税法草案；翌年，复于原案稍加修正。其修正案第六条规定：②

凡地方附加税，不得超过左之限制：

一田赋附加税，不得超过百分之三十。

二营业附加税，不得超过百分之二十。

三所得附加税，不得超过百分之十五。

并附加说明理由如下：

……日本地租附加税，其最大限为百分之三十二；营业附加税，其最大限为百分之十一；所得附加税，其最大限为百分之四。法国虽无所得附加税，而地租及营业两税，各地方团体均设附加税。（百分之几？）我国自治，尚在幼稚时代，经费均甚竭蹶，附加税之制限过宽，固足减正税之收入；而过严，复足妨自治之发展，斟酌再三，似以仿照日制为宜，故本法有第六条规定。

盖附加税可至百分之三十之规定，不特不能促进地方自治之发展，且反而为地方官吏横征暴敛巧立名目之工具，当时财政部起草诸公实未见及焉。

然当时规定百分之三十，虽未免太宽，然犹不失为正当之限制。至民国十七年，十二月十三日财政部颁布《限制田赋附加税办法》，则规定：③

田赋正税附捐之总额，不得超过现时地价百分之一；其已经超过此数之各县，不得再增，并须陆续设法核减，适合地价百分之一

① 见邹枋《目前各省田赋附加税概况》，载《银行周报》。
② 见贾士毅《民国财政史》第一编一〇七至一一五页。
③ 见《江苏省田赋正附税统计表附录》。

限度（第一条）。

田赋附捐之总额，不得超过旧有正税之数，其已经超过正税之各县，不得再加附捐，并须陆续设法核减，至多与正税同数为止（第二条）。

在实行清丈报价以前，地价百分数暂以各县现时地价为标准（第七条）。

此种规定，实承认附加税之总额，可与旧有正税之数相等，故无论与十七年十一月二十一日《划分国家收入地方收入标准案》第六条之规定，① 互相抵突；其"不得超过现时地价百分之一"之规定，最易发生流弊；盖地价在未实行清丈报价以前，以各县现时地价为准，于是地方官厅，得以上下其手；地价税之优点未见，而地价二字之流弊已著矣！且百一限度之规定，实不免太高。例如江苏如皋一县，正税收七万余元，附税收至一百三十七万余元，超过正税已在十六倍以上，而按诸百一限度，则尚未足额。可见百一限度之标准，全不足据；岂有依据百一限度，而可征收附税超过正税至十六倍以上乎？故最简单办法，即为根本取消田赋附加税；若格于财政收入政策，势有所不能，则莫若暂以附税不得超过正税若干，定一最高限度，作为标准。否则以地价百一限度为名目，征收附税，必至流弊无穷，不可不加注意也。②

政府对于田赋附加税，既漫无限制；而各县征收附加税，又毫无顾忌，于是田赋附加税之增加，遂一发而不可复制。兹根据调查江苏泰县伍都壹图所得自光绪二十七年至民国二十二年止，历年"忙银执照"及"漕米执照"，并其他"田亩特捐"，"特借亩税印据"等七十四张，制成表1-1-5、表1-1-6如下，以表示附加税与正税之比例，并其递增之迹：

---

① 该条原文："国家税地方税划分后，各自整顿，不得添设附加税；惟所得税得征附加税，但不得超过正税百分之二十。"

② 参阅《江苏省田赋正附税统计表》舒石父后跋。

表 1-1-5　1912—1933 年忙银正税与附加税比例之变迁

年代	每两折合银元	附加税	合计
民国一上忙	1.512	—	1.512
一下忙	1.44	—	1.44
三上	1.8	0.5	2.3
三下	1.8	0.8104	2.6104
四上	1.8	0.584	2.384
五上	1.8	0.584	2.384
七上	1.8	—	2.4□□
一〇上	1.5①	0.912	2.412
一八上	1.5	7.012	8.512
一八下	1.5	7.012	8.512
二〇上	1.5	7.812	9.312
二〇下	1.5	7.812	9.312
二一上	1.5	6.812	8.312
二一下	1.5	7.812	9.312
二二全年	1.5	7.812	9.312

再根据列年上下忙银执照中印截清晰，附加税名目可考者，列表 1-1-6 如下，以见附加税递增之真相：

表 1-1-6　1914—1931 年附加税递增情况

名目	民国三年	民国四年	民国七年	民国十年	民国十八年	民国二十年
正税	1.8	1.8	1.8	1.5	1.5	1.5
省附税	0.3	0.3	0.25	0.25	0.25	0.25
县附税				0.30	0.30	0.30

---

①　民国十年以后，将正省县税二元零五分，分别开列：正税一元五角，省附税二角五分，县附税三角，故正税每两只征一元五角，并非比以前减轻也。

（续表）

名目	民国三年	民国四年	民国七年	民国十年	民国十八年	民国二十年
征收费或手数料		0.084	0.082	0.082	0.082	0.082
清乡经费	0.2					
警备队经费		0.2	0.2	0.2	0.3	0.3
水利经费				0.08		
新案亩捐					0.4	
治港亩捐						0.4
教育经费					0.08	0.08
普教亩捐					2.0	2.0
积谷经费					0.1	0.1
三里庙建闸费					0.1	0.1
市乡行政费					1.3	1.3
公安经费					0.5	0.5
筑路经费					1.0	1.0
新增公安经费					0.6	0.6
农业改良捐						0.4
弥补地方预算不敷经费						0.4
合计正省县税及带征各项每两折合银元	2.3	2.384	2.4□□①	2.412	8.512	9.312②

民国二十一年上忙，附加税同二十年，惟少筑路费一元。合计每两实征八元三角一分二厘。

---

① 印截模糊不可考，疑落水利经费八分，合为二元四角一分二，与十年同。

② 此外更有二十年田亩特捐，每亩八分，不计在内。

民国二十一年下忙，附加税同二十年，每两实征九元三角一分二厘。

由上表观之，可见附加税名目愈趋愈繁，税额愈趋愈重。至民国二十二年止，每两忙银，正税不过一元五角，而附加税则竟至七元八角一分二厘，超过正税五倍以上。[①] 而田亩特捐（每亩八分）及清丈费（每亩一角）犹不在也。

表 1-1-7　1912—1932 年漕米正税与附加税比例之变迁

年代	每石折合银钱	附加税	合计
民国一	4 715 文	—	4 715 文
民国二	5.0 元	0.6 元	5.6 元
民国三	5.0	0.8	5.8
民国一〇	5.0	1.55	6.55
民国一二	5.0	2.25	7.25
民国一八	5.0	7.65	12.65
民国一九	5.0	10.45	15.45
民国二一	5.0	10.05	15.05

再根据漕米执照中印戳清晰，附加税名目可考者，列表 1-1-8 如下，以见漕米附加税递增之真相：

表 1-1-8　1913—1932 年漕米正税与各项附加税比例之变迁

名目	民国二	民国三	民国一〇	民国一二	民国一八	民国一九	民国二一
正税	5.0	5.0	5.0	5.0	5.0	5.0	5.0
清乡经费	0.6						
四厘征收费手数料		0.2	0.2	0.2	0.2	0.2	0.2

①　《江苏省田赋正附税统计表》根据泰县正附税收入，正税征银十七万四千六百九十七元，专税附税征银七十一万八千二百二十六元，超出正税三倍以上。盖合忙银及漕米为一，其结果不及根据民间执照所得为正确。

（续表）

名目	民国二	民国三	民国一〇	民国一二	民国一八	民国一九	民国二一
警备队经费		0.6	0.6	0.6			
亩捐拨充□河经费			0.4	0.4			
—①			0.15	0.5			
添募警备队经费			0.2	0.2			
教育经费				0.35	0.35	0.35	0.35
治运亩捐					0.4	0.4	0.4
积谷经费					0.2	0.2	0.2
筹防经费					0.2	0.2	0.2
市乡行政经费					0.1	0.1	0.1
公安大队经费					0.8	1.44	1.44
新加公安大队经费					0.64		
公安局经费					0.16	0.16	0.16
普教亩捐					2.00	2.00	2.00
新增筑路亩捐					2.00	2.00	2.00
新增公安经费					0.6	0.6	0.6
奉饬恢复加正						2.0	
补征忙银项下2分农业改良捐						0.4	
弥补地方预算不敷经费						0.4	0.4
加征漕折							2.00
附加税总额	0.6	0.8	1.55(?)	2.25	7.65	10.45	10.05
合计正税及带征各项每石折合银元	5.6	5.8	6.55(?)	7.25	12.65②	15.45	15.05

---

① 印截模糊不可考。

② 此外并预借十九年冬漕一元五角，不算在内。

　　由上表观之，可见漕米负担，愈趋愈重，而附加税名目，亦愈趋愈多。民国元年，漕米每石折钱不过四千七百十五文，以当时洋价计算，约合三元有余；除旧附加税已于折价中并入正税外，无所谓附加税也。二年始定漕米每石折合银五元，同时始加清乡经费每石六角。自是而后，附加税名目愈趋愈多。至民国十九年止，竟多至十四种，总额每石征十元四角五分，超过正税二倍以上。然泰县田赋附加税之重，犹未足以代表最重之县，据《江苏省田赋正附税统计表》所列，海门田赋附加税之重，竟至超过正税二十六倍以上！① 如此苛捐重敛，直是"竭泽而渔"，欲农村经济之不破产，其可得乎？

　　兹根据私人及中央大学农村经济研究所调查田赋附加税所得，分省列表 1-1-9 如下：

表 1-1-9　江浙皖赣豫川鲁粤鄂九省各县近五年来田赋附税超出正税比率一览表

省份　　年份 　县份		民国一七年	民国一八年	民国一九年	民国二〇年	民国二一年	附注
江苏	江宁	未详	未详	未详	未详	12.37	根据张伯香调查
	镇江	未详	未详	1.88	未详	1.62	同前
	溧阳	1.59	2.24	3.62	2.56	2.46	根据任树椿调查
江苏	宜兴	2.47	1.50	2.06	2.36	2.18	同前
	句容	4.35	2.17	2.18	未详	未详	根据张伯香调查
	江阴	0.81	4.50	1.90	1.30	1.50	根据徐曾厚调查
	常熟	未详	6.08	6.00	未详	6.00	根据沈钦祥调查
	吴江	0.88	0.82	1.10	1.25	3.09	根据王元璧调查
	崇明	2.31	未详	未详	未详	未详	同前

―――――――――

　　①　查海门省县正税征银二万八千八百十元正，专税附税征银七十五万四千七百三十四元，超出正税二十五倍以上。

（续表）

省份 县份 年份		民国一七年	民国一八年	民国一九年	民国二〇年	民国二一年	附注
江苏	南通	2.74	3.04	4.27	6.03	5.41	根据丁广极调查
	泰县	未详	4.67	未详	5.21	4.88	根据朱偰著田赋附加税之沿革
	盐城	4.22	4.90	6.31	2.24	2.94	根据丁聚群调查
	淮阴	7.10	9.11	12.59	15.29	未详	根据张伯香调查
	灌云	0.81	19.60	18.36	未详	19.91	同前
	睢宁	1.61	3.89	未详	未详	未详	根据葛以馨调查
	丰县	未详	10.78	10.78	6.39	未详	根据端木天调查
浙江	金华	0.81	0.81	1.51	1.51	1.35	根据庄尚楷调查
	象山	1.50	1.50	1.93	1.77	未详	根据张伯香调查
	富阳	未详	未详	1.66	1.55	1.24	根据裘胜嘉调查
安徽	滁县	未详	1.02	未详	1.45	未详	根据张伯香调查
	铜陵	未详	未详	0.75	未详	1.19	同前
江西	南昌	未详	未详	0.24	未详	未详	根据侯毓华调查
河南	太康	0.71	1.14	未详	2.84	3.07	根据朱偰著河南省田赋附加税及农民其他负担调查。河南田赋附加税之激增为最近五六年来之事，而农民负担之繁重，犹不在田赋附加税而在临时摊派。
	辉县	未详	未详	未详	未详	1.14	
	滑县	未详	未详	未详	未详	1.23	
	淯川	未详	未详	未详	未详	1.36	
	新郑	未详	未详	未详	未详	1.36	
	修武	未详	未详	未详	未详	1.66	
	罗山	未详	未详	未详	未详	10.81	
	镇平	未详	未详	未详	未详	2.41	
	郾城	未详	未详	未详	未详	4.23	
	方城	未详	未详	未详	未详	4.55	
	信阳	未详	未详	未详	未详	5.82	

（续表）

省份　年份　县份	民国一七年	民国一八年	民国一九年	民国二〇年	民国二一年	附注
四川　达县	未详	未详	未详	未详	13.60	四川农民负担之苛重在田赋预征，有预征至民国六十二年者如崇庆县。而田赋附加税之繁重，尤为预征中一般普遍之现象。详朱偰著四川田赋附加税及农民其他负担之真相。
山东　沂水	未详	未详	未详	未详	0.98	根据张伯香调查，0.98系民二十三年附税超出正税之比率。
广东　梅县	0.28	未详	未详	未详	未详	根据沈钦祥调查，0.28系民十六年附税超出正税之比率。
湖北　应城	未详	未详	未详	未详	1.30	根据张伯香调查，1.30系民二十二年附税超出正税之比率。

（注）本表仅计算地丁正附税比率，至于漕米以材料残缺不全，故未列入。

（5）征收方法

前清盛时，田赋征收、起运、存留、奏销皆有定制，兹先根据《大清会典事例》（卷一百六十九至一百七十七），综合叙述如下：

（一）催科及催科期限

（甲）一条鞭法 顺治十年议准，直省改折本省钱粮，用一条鞭法，总收分解，皆令官收官解，不得仍累小民，永著为例。

（乙）部颁法马秤兑　顺治十八年覆准，布政司及州县征收钱粮，均遵部颁法马秤兑，毋令吏胥高下其手。

（丙）三联印票法　康熙二十八年覆准，州县催征钱粮，随数填入印票，一样二联；不肖有司，与奸胥通同作弊，藉名磨对稽查，将花户所纳之票，强留不给，遂有已完作未完，多征作少征者。今行三联印票之法，一存州县，一付差役应比，一付花户执照。嗣后征收钱粮豆米等项，均给三联印票，照数填写；如州县勒令不许填写，及无票付执者，许小民告发，以监守自盗例治罪。

（丁）征粮设立滚单，令民自封投柜　康熙三十九年题准，征粮设立滚单，于纳户名下注明田亩若干，该银米若干，春应完若干，秋应完若干，分作十限，每限应完若干，给发甲内首名，挨次滚催，令民遵照部例，自封投柜，不许里长，银匠，柜役秤收。一限若完，二限挨次滚催，如有一户沈单，不完不缴，查出究处（按此即后世易知由单之起源）。

（戊）串票内分别注明漕项地丁数目　康熙四十二年覆准，州县征收串票内，分别注明漕项地丁数目；如蒙混征比，该督抚即行指参。

（己）严禁有粮无票，有票无粮等情　雍正八年覆准，嗣后州县征收粮米之时，预将各里各甲花户额数的名，填定三联版串，一给纳户执照，一发经承销册，一存州县核对。按户征收，对册完纳，即行截给归农；未经截给者，即系欠户，该印官检摘追比。若遇有粮无票有票无粮等情，即系胥吏侵蚀，立即监禁严追。……

（庚）严禁私设官店　嘉庆四年谕，钱粮一项，例应民间自封投柜，久经严禁私设官店，以杜浮收。……

（辛）按时价核定每两征收大钱若干文　银钱之时价，随时变动：如雍正十一年议准，一钱以下之小户，每银一分，完制钱十文；每银一厘，完制钱一文。乾隆元年，钱价昂贵，向例每银一两，连加耗羡银一钱五分，共折制钱一千一百五十文，今纳钱较纳银反重，故规定在一钱以上者，不必勒令交钱；在一钱以下者，银钱听其自便。嘉庆四年，以小民不谙银色，纳银反受胥吏愚弄，故谕各督抚于开征之先，按时价核定换银上库之数，每两征收大钱若干，出示晓谕，听民自便，毋许丝毫浮收。

（壬）催科期限　清初定例：每年征收钱粮之期，四月完半，十月全完。雍正八年，为顾恤农艰，谕陕西、四川钱粮，四月完半者，宽至六月；十月全完者，宽至十一月，"俟夏麦秋禾筑场纳稼之后，从容完课"。又十三年议准，征收地丁银，仍照旧例，二月开征，五月停忙，八月接征，十一月全完。……惟收获成就，早晚多寡，各省不同，令督抚按照地方情形，酌量征收，不必拘定四月完半之数；其花户钱粮，在一两以下者，皆系田亩无多，生计不足之人，若完不足数，即缓至八月接征全完，其力能完半者，仍令照数完纳。嘉庆二十年，又奏准上忙应四月完半者，限五月底；六月完半者，限七月底；下忙限十二月底截清，解司银数，按限造册送部查核。……①

（癸）解司钱粮限期及奏销　道光二十九年奏准，各省上下忙解司钱粮，截数限期，除广东于次年正月，云、贵二省于次年三月，仍照旧例截数外，其余各省，均应于本年十二月底，截清已完数目，造册详报，由藩司核明上下忙共实征若干，共未完若干；其已完银内，州县留支若干，解司若干；已收司库者，应解部若干，报拨若干。……造具简明清册，依限于封印前详送督抚，该督抚覆核，以二十日为限，即于次年开印后专折具奏，册并送部，不得迟至奏销届期，始行奏报。

（二）催科禁令

（甲）不得私加火耗（顺治元年题准）

（乙）不得预征滋扰。（顺治九年覆准）

（丙）严禁横敛私征，暗加火耗，荒田逃户，洒派包赔，非时预借等弊。（顺治十二年诏）

---

① 　至于漕粮，各省漕粮运船白粮运船，皆有定数，沿途各有程限，参阅《大清会典事例》卷二百五，兹不多赘。

（丁）严禁派纳银米；于正额外立常例名色，私敛厉民。（顺治十五年覆准）

（戊）严禁将已完者挪用，捏称民欠，并加派私征者。（康熙三年题准）

（己）禁止利用"设法"名色，实行加科。（康熙六年覆准）

（庚）严禁知府亲至州县征粮，以杜供应需索之弊。（康熙八年覆准）

（辛）严禁藉造册为名，收取费用，科敛累民；及任意洒派补库变卖仓粮等。（康熙十七年议准）

（壬）小民完粮，州县官不给印票，照私征例治罪。（康熙十八年覆准）当令粮民户户到官，不许里长甲头巧立名色，希图侵蚀。（雍正二年谕）

（癸）不许滚单于额粮之外，多开浮征，巧取累民。（雍正六年谕）（以后各朝禁谕，大旨相同，兹不一一摘录。）

（三）催科考成　顺治七年题准，督征钱粮，知府，直隶州知州，以所辖各属之完欠计分数；布政司，以通省之完欠计分数。此后各朝规定之考成黜陟办法，可以康熙二年题准为代表：凡征收钱粮，州县官：

本年内全完者　　纪录一次。

三年相接均全完者　　加一级。

未完不及一分　　停升，罚俸一年。

一分　　降职一级。

二分至四分　　递降至四级，并戴罪催征。

五分以上　　革职。

督催之布政使司、道、府、直隶州，则：

未完不及一分　　停升，罚俸半年。

一分　　罚俸一年。

二分　　降职一级。

三分至五分　　递降至四级，并戴罪督催。

六分以上　　革职。

巡抚：

未完不及一分　　　停升，罚俸三月。

一分　　　罚俸一年。

二分　　　降俸一级。

三分　　　降职一级。

四分至六分　　　递降至四级，并戴罪督催。

七分以上　　　革职。

（四）存留　凡州县经征钱粮，扣留本地支给经费，曰存留，各省存留有定额。康熙元年题准，州县钱粮，先尽起运之数全完，方准存留。

（五）酌留分储备用银　雍正五年覆准，嗣后直省田赋，户部于每年春拨时，将督抚册报实存应解京饷银内，酌量地方之远近大小，赋银存剩之多寡，预为留存，以备该省不时之需。其酌留之银，令该督抚等公同分储藩库，如有动用之处，该督抚题明，方准动用。……各省酌留分储银有定额。

（六）起运　凡州县经征钱粮，运解布政使司候部拨用曰起运。各省起运正银耗银，皆有定额。州县起运至省，再由布政使司运解至部。

（七）奏销　康熙七年题准，直省钱粮，每岁终，巡抚造奏销册一本，开列已完未完数目送部。十一年题准，奏销册，直省布政使司总数，府州县细数，皆载旧管、新收、开除、实在四柱，以凭稽核。

以上为清朝一代，田赋征收制度之大概也。其立法规程，虽不成系统，然应时制变，法章严密，禁令綦详。降及清季，册籍散佚，《赋役全书》，历久不修，驯至官无可考之粮籍，吏有私藏之秘册，田赋积弊，由来久矣。民国草创，旧制荡然，田赋虽犹为国税，然实际上已为军阀截留殆尽。国民政府成立以来，以田赋划归地方，各省办法，更不齐一，兹根据大多数情形，略述征收方法如下：

（一）征收机关　我国田赋征收，向由州县办理。清代县政府称为县署，设一知县，不设吏目、县丞、典吏、巡检、科房、班房等职，其中县丞掌理催缴事宜；此外又有所谓幕宾，内分刑名、钱谷、征收、书启、账房；钱谷掌理赋税及债务诉讼，征收则掌收赋及核算钱粮事宜。民国初元，因政体变更，县公署大率分为四科：（一）内务，（二）财政，（三）教育，（四）实业。关于田赋征收由财政科掌理。

国民政府成立后，于十八年六月五日，公布《县组织法》，十九年七月七日，又加以修正。该法规定县设县政府，县政府设县长一人。县政府下设公安、财政、建设、教育四局（现各县复往往改局为科），关于征税募债管理公产及其他地方财政等事项，由财政局执掌。县财政局（或科）普通又分总务、经征、会计三课，经征课职掌一切税收及整理粮户事宜，田赋之征收属之。又各县财局以田赋为县收入大宗，多特设田赋征收处，以专办田赋征收事宜。田赋征收处概设于县政府所在地，亦曰钱粮总柜；又为便于人民完纳起见，于四乡适当地点，酌设分柜。征收处内部组织，并无统一的法令规定，概言之不外下列各点：（1）田赋主任，总管征收地税盘查串票考核征额及其他关于田赋征收事宜；（2）文牍员，专司办理忙漕芦课等文牍事宜；（3）征比员，司盘算承催各经征员吏已完未完数额，及其期限比追等事宜；（4）督造员，司监督催征造串覆核征收成数等事宜；（5）督征员，司监督每日各柜收完税款总汇填置报表簿册等事宜；（6）收税员，司征收税款掣发串票等事宜；（7）监串员，监督掣发串票核算每日税款数额等事宜；（8）造串员，司承造各期田赋串票（或改称地价税收据）等事宜；（9）催征员，司承管册籍催完税银等事宜；（10）催征警，司提追延玩抗疲业户及发散由单等事宜。

县政府

公安局

财政局总务课

经征课

会计课——田赋征收处田赋主任文牍员

征比员

督造员

督征员

收税员

监串员

造串员

催征员

催征警

建设局

教育局

征收机关如此繁复，已有"官愈多而民愈扰"之弊，且征收机关，往往以"粮柜借用私宅"（盖经征员吏往往无薪给，如河北献县，不但无薪给，且连办公房屋以及一切应用文具纸张皆须自备，世袭包办），视若私事办理。此种弊端起于何时何地，已不可考，惟《皇朝文献通考》载顺治十八年，尝有命令加以禁止：

十八年令州县官，不许私室称兑钱粮，凡州县各置木柜，排列公衙门首，令纳户眼同投柜，以免克扣。

此种陋规，至今日依然存在。如河北献县，及江苏大多数县，皆有此例。[①] 以私宅而能征钱粮，无怪征收大权尽落于胥吏之手矣！

（二）征收人员 田赋征收人员不外三种：（1）柜书，权力较大，每县人数由二三人至五六人不等；（2）里书，直属柜书管辖，名义上虽称里书，实际上八里左右始有一里书，彼等负实际征收之责，对于粮户最为熟悉；（3）催征警（现或称财务警），即武装催征

_____

① 王药雨《献县田赋暨附加地方款清理纪要》，载二十二年十月十八日《大公报》。

人员，由县政府名义派出，直接受柜书之指挥，里书下乡催征时，常率彼等簇拥前往。

所谓"书"及"吏"把持县政，勾给劣绅，压迫乡民，初不限于征收田赋，惟以征收田赋为最甚。今虽改易名称，然舞弊营私，一仍旧贯，其所以然者，不外下列各因：

A. 册籍散佚，胥吏世袭成。风洪、杨乱后，东南各省，鱼鳞册及黄册散佚过半，于是官无可考之粮籍，吏有私藏之秘册，因而依赖胥吏，世袭经征。

B. 农民往往不亲自投柜，胥吏豪绅勾通作弊，包揽把持。① 顺治之时，工科给事中阴应尝痛言之，谓"钱粮之弊，一、州县挪移；一、绅士包揽；一、土豪冒名绅户；一、隔县寄庄抗粮"。（见《清通考》）

（三）征收簿册　由上所述，前清时代关于征收簿册可分三类：

（甲）征收依据之簿册　鱼鳞册，黄册及《赋役全书》。（例如康熙二十四年颁行《新修简明赋役全书》）。

（乙）记载征收现况之簿册　《经征底册》（《征收簿》俗称红簿）《流水簿》《截串簿》及《缴款簿》、《欠册》等。

（丙）呈报征收结果之簿册　《奏销册》《季报册》等。

民国以来，各县仍多因袭旧例，除奏销废止外，余无大变更。近年以来，各自治实验县始有改革，今以江宁为例，② 说明如下：

（一）征收依据之簿册　《地税征册》，以《土地清册》为根据，分业户、田地、税额、完讫日期、完讫时管册员盖章及备考六栏。

（二）记载征收现况之簿册　《已完业户登记簿》及《截照登记簿》、《应收未收税款登记簿》、《业户暂存税款登记簿》等册。

---

① 此种绅士包揽，在吾邑（海盐）谓之"包漕"。
② 二十三年十月出版之《江宁县政概况》。

（三）呈报征收结果，并无专册，田赋收入与其他收入同列入《岁入旬报表》、《岁入月报表》及《收支总报告表》内。

至于其他大多数县份，则多沿用旧制，串票或用三联式，或用四联式。三联式一联为存根，留县府存查；一联为收据，给纳税业户收执；一联为通知单，即昔之易知由单。四联式则另加一联报查（或报单）呈送省财政厅备查（平湖、嘉兴、海盐各县）。亦有行五联式者，另加一联临时收据，惟究为例外。

串票积弊颇多，约举如下：（1）串票不编号码，（2）经征员吏不署名盖章，（3）不填写地亩数，（4）无应纳总额，（5）字迹模糊，（6）附加税用木戳加盖于串票上。此种积弊，并非各县串票皆然，亦并非六弊皆备于一县，惟大多数串票往往有之耳。

（四）征收方法　吾国田赋征收方法，不外（A）自封投柜制，（B）义图制（各图分别订立议规，按亩分庄，各庄推选庄首一人或数人，负责经征本庄钱粮；再由各庄庄首轮流充当值年员，负责征收全图钱粮），（C）包征制　包征制最为恶劣，当即废除。此外弊端，如催征吏警代缴粮款，税款计算繁复（由于粮钱两元折算复杂及尾数微细之故），有意"错进"，不许"错出"，于是农民负担乃日趋苛重。

由上观之，吾国田赋征收，积弊重重，将来改革，端在改良征税制度，澄清吏治，厉行会计监督，如此田赋之整顿，其庶几乎？

（6）各项税收

田赋税收，因各省情形复杂，名目繁多，故迄无可靠统计。清雍正以前，历年收入，详见《东华录》，本书第一编（历史的研究）整理成表，兹不多赘。乾、嘉以降，《皇朝文献通考》及《嘉庆续修大清会典》关于田赋收入，间有记载；如嘉庆二十五年（一八二〇），田赋银为三千二百八十四万五千四百七十四两，普尔钱九百万五千六百有奇；粮四百三十五万六千三百八十二石；草五百四十九万四千七百八十二束。可见清朝盛时，田赋岁收达三千二百万两以上。道光以降，计政败坏，各省钱粮，均不如期缴纳，道光十九年户部奏查明各省积年欠解银数，有二千九百四十余万两之巨，于是田赋减收，为必然之结果。① 光绪一朝，旧款愈趋短绌，据刘岳云编《光绪会计表》，自十一年至二十年止，每年田赋收数，皆未超过二千四百万两。故光绪五年（一八七九）王先谦奏云："旧有之款，如地丁杂税盐款杂项等，共四千万；今只二千七八百万；新入之款，洋税得一千二百万，盐厘三百万，货厘一千五百万，共得五千七八百万。……"旧款短绌，新款缴增，于以见田赋主税之地位已经动摇，关税货厘等渐取而代之矣。

中国全国田赋收入，究为若干，向无真确统计。盖各省田赋、存留、起运及酌留分储备用不一，无从统计。兹略举西籍中关于清季全国田赋估计，以备参考。Morse 著 *The Trade and Administration of the Chinese Empire*（London 1908. p. 118）一书，估计一九〇五年（光绪三十一年）田赋收入如下：

中央收入　二五、八八七、〇〇〇两

各省收入　六七、〇六〇、〇〇〇两

州县收入　九、三一五、〇〇〇两

总　　计　一〇二、二六二、〇〇〇两

Wagel 著"Finance in China"（p. 372）则以为 Morse 之估计，不免太高；并谓当粮米输出旺盛之年，田赋收入至七千五百万两，当为可能之事。末谓一九〇一年（光绪二十七年）各省田赋解款至中央者为二千六百五十万两，可视作标准数目。②

综上各家估计，加以断定，则清季中央政府田赋收入，约为二千四五百万两。

以中国幅员之广，人口之众，田赋实际收入，当然不只此数。故外侨客卿，都建议改良田赋管理，以增加其税收。按总税务司赫

---

① 见道光十九年《东华录》。

② 此数系根据 Robert Hart，原文明白说明"The amount sent to Peking in 1901 was about tls. 26 500 000……"或以为乃指中国全部田赋收入（包括解京及未解京者），实为大误。

德（Robert Hart）计算，整顿田赋以后，收入可增至四万万两；而 George Jamieson 氏，则且谓可增至四万五千一百万两。

一九〇四年（光绪三十年）春，日、俄开衅，廷议练兵以图自强。于是总税务司赫德上筹饷节略，大旨谓："自强之道，首在练兵；练兵之要，先须筹饷。中国每年关税盐课地丁等项，统计不过八十余兆两（按即八千余万两），而还款赔款去其大半，是非另筹的款不可。近日论筹款者，亦不少画策之人；而鄙意则总以整顿地丁一事，为较有把握也。查中国地方宽长可谓各四千里（新疆蒙古东三省地方未计在内）则统计面积即有十六兆方里；每方里内应有五百四十亩，——即按五百亩计之，则十六兆方里内，应有八千兆亩。若令每亩完二百个铜钱之赋，按二千个为银一两计之，则每十亩应完银一两，八千兆亩即应完银八百兆两。惟不能每年按此数计算：缘年分有丰歉，地土有肥瘠，又兼各处山水，按当日李文忠公曾云：可完钱粮之地，有三分之二，现即以一半计之，实征应有四百兆两之数（按即四万万两）。一日有此地，即一日有此款，较之他项进款，确有把握，确可经久。……"George Jamieson 之估计，则以为本部十八省之半，可完钱粮；以面积四万万 Acres 计之，为二十四万万亩。依此计算，可得田赋四万五千一百万两。[①]

实则赫德氏中国本部土地面积之估计——八十万万亩（8 000 000 000）——未免过高；而 Jamieson 之估计——四十八万万亩（4 800 000 000）——又不免过低。按英文《中国年鉴》（一九二五—二六，八六七页）中国本部面积，为九万六千万 acres，合五十七万六千万亩（5 760 000 000）。如此则二氏之估计，皆未足为凭也。

自清宣统三年（一九一一）颁布预算以来，历年田赋税收入，始有数字可考；虽未必能代表真正岁收，然视一般估计，已略胜一筹。兹将历年度预算中田赋税收，列表 1-1-10 如下：

---

① 见 *China Year Book*，1925-26. p. 867 ff。

表 1-1-10　历年预算田赋税收

	总预算	各省田赋收入预算①
宣统三年	49 669 858 两	
宣统四年	78 953 862 元	78 684 362 元
民国二年	82 403 612 元②	82 396 602 元
民国三年	84 879 873 元	79 227 809 元
五年旧预算	97 553 513 元	97 553 513 元
五年新预算	90 105 784 元	
六年预算	90 477 228 元	
八年预算	93 206 397 元③	92 706 715 元

　　表 1-1-10 总预算系合经常、临时二门而言；各省田赋收入预算，系依据历年度预算各省岁入分类表。二数略有出入者，——如宣统四年度各省田赋收入为七八、六八四、三六二元；中央经收田赋收入为二六九、五〇〇元，合为七八、九五三、八六二元。——下表专指各省收入，而上表则中央地方合计故也。

　　自民国五年以后，预算因政局分崩，愈趋紊乱。今试以五年旧预算（从一月一日至十二月三十一日；新预算则从五年七月一日至六年六月三十日）为准，以得约数，则是年田赋收入为九千七百五十五万三千五百十三元，加以田赋附税（中央直接收入者）七百八十八万三千六百七十八元，④ 合为一万零五百四十三万七千一百九十一元。约而言之，民国五年田赋税收预算，已达一万万元以上。证以附加税增加无已，而丁粮又都改折银元，则田赋税收之所以较

---

　　①　各省田赋税收入预算，系按《中国年鉴》第一回所列清宣统四年各省岁入分类表，及民国二年度、三年度、五年度、八年度预算各省岁入分类表作成。

　　②　系民国三年一月修正者，合经常及临时岁入两门。

　　③　贾士毅《民国续财政史》第七编，民国八年度田赋预算，经常数为八六、八四五、三八八元，临时数为三、七〇三、三九九元，合为九〇、五四八、七八七元，与此数略有出入。

　　④　《中国年鉴》第一回四五九页。

二三年增多者，非无因也。

然以上不过就预算言之。至于实收数目，则有民国四年分国库实收实支表可考。[1] 据该表，各省中央解款为一七、九五六、九〇七元，田赋附捐款为一六七、五〇一元，合为一千八百十二万元，则中央所得之数，不过五分之一。再据民国四年分各省区实收数，除四川、奉天、热河、吉林、川边未报部外，共计七千零九十八万六千三百六十二元有奇。据此则全国田赋收入，在一万万元以上，无可疑义者。自民国十八年田赋税收划归地方以后，全国田赋收入，更无确数可考；[2] 然近四五年，附加税层出不穷，人民负担加重二三倍以上，则田赋税收，亦必增加二三倍。惟税捐既重，农民捐弃田亩，不能纳税者，亦属不少，故田赋收入，未必与税率俱增。然推论全国田赋税收，较民国五年增加一倍，即至二万万元以上，或与事实相差不远。此二万万元农民之脂膏，固大半用于养兵以事内战，人民之膏血，化成漫天之炮火，良可叹息者也！

(7) 丈量问题

吾国现在田制所根据之清丈，尚为明万历六年之全国普行丈量。自是而后，虽屡议清丈，迄未遍行；田亩科则，类多沿自前明。兹将当时清丈情形及田单款式，略述如下：

> 明万历初，张江陵当国，以赋税失均，诏天下丈田。江西参政乔懋迁，上议丈田法甚具。属吏奉法急促，以增额为能；民诉不平，事几沮。建昌守许孚远独力任之，以为及今不治，册籍散乱，后益难理。其覆丈田分三则：曰上中下；塘二则：曰鱼池荫塘；地二则：曰肥曰瘠。田地图形长广，具载鳞册内。建郡属邑，惟广昌民自言

---

① 　同上四五五—四五七页。

② 　贾士毅《民国续财政史》第七编（三九—四一页），载有《二十年度各省田赋预算表》，合计全国田赋收入，为一万零八百九十三万七千四百七十五元，粮四万零九石。惟辽宁、吉林、黑龙江、江西、甘肃、四川、绥远、西康，皆系根据十四年、十五年、十六年、十七年、或十八年预算或实收数目清册，故未得目为真正全国田赋收入也。

粮均，求不丈，他皆案行如式。乐安令邹守益当举行时，尼之者多议其迁缓，守益躬亲其役，四阅月而事竣，合邑翕然。① 新邑章宗理，尤勤心措置，民大便之。海刚峰令兴国时，于丈田横斜，伸缩之间，教民以灰算；而田之尖斜畸零者，纤悉不失。皆江西清丈已著之效也。② 故万历时之清丈，实行自江西亦以江西；奉行为最力，此该省田制之所以旧称最善也。

万历以来，历时五百余年，其间物换星移，鱼鳞旧册，散佚殆尽，原颁田单，亦不可得见。惟平湖马承昭《续当湖外志》卷二，尚载有灶荡归单，万国鼎氏得之，发表于《地政月刊》第一卷第一期，兹转录之于下：

> 吾邑芦沥荡十万亩，自鱼鳞册散佚，而豪强兼并，宵小作奸，往往张冠李戴，不可究诘。故俗有荡糊涂之名。

> 沈竹坪茂才家有祖遗前明归单，予借观之，则见界名地名佃户姓名及东西南北弓数，皆了了分明，不可移易，且弓手算手等，亦注定姓名，以杜作奸之弊，立法至为细密。今则但注界分现业，无怪其糊涂也。兹绘旧单图于后，或亦除弊之一助尔。

自明万历以后，历朝田制，相沿不改；康熙、乾隆间，虽屡有清丈之议，迄未实行；即偶或行之，亦未遍举。至光绪三十年（一九〇四），日、俄开衅，廷议练兵以图自强，于是总税务司赫德（Robert Hart）上筹饷节略，并附陈清丈大略办法，节录于下：

清丈灶荡归单

> 两浙都转运盐使司嘉兴分司场盐课司为出巡事蒙

> 嘉兴分司徐帖文准总司关文蒙

> 钦差巡按御史方案验内开惟荡地一款尤为□紧通行各场示谕不许豪强并吞任意垦田以致穷丁失业其或民灶混淆者许告明改正等因

---

① 详见《东廓集》中《乐安县清丈记》。
② 见《江西财政纪要》第二册三至四页。

遵行续蒙本分司批据照李钰吴同思等呈为极陈积弊恳立成规以杜纷扰事条陈荡务□经议丈明白合置归单以备查核为此今给印信归单给仰本户收执照议定事□每年依数完税赡课要两平永为遵守如有违抗申明治罪至单者

　　南十六弓西十五弓东十七弓北十八弓

　　江门界地名放港西

　　日字贰百伍拾捌号

　　佃户马映台

　　丈实旧熟荡壹亩壹分

　　派灶陶滨

　　公正吴樊光李钰书手沈奇良

　　算手马谦元弓手俞廷试

　　万历叁拾柒年贰月二十五日给如无此单则以隐荡治罪问有灶户窝远转佃取赡者灶户之下填某户某人承

　　一，若请旨通饬各省同时一体开办，势必各自立法，反致纷歧，不能划一，难求实效。今拟先自某省某府内之某一县地方起手，此县办成，推之邻县，自可渐推渐广。

　　一，若择定某县开办，即请选派明干候补人十员，随同该县办理，以储日后遣往他处办理此事之材。

　　一，应由该县将本管境内分作东西南北四大段，随即出示明白晓谕居民：凡有地之家，限一月内该业户应将有地若干亩，坐落某段，暨四至方向开列一单，并另具一图，亲赴本县衙内呈核。该县接收后，应即在某段新立之册簿内照原呈编号，详细注明。

　　一，告示内应有一警戒之条云：现在本县不派人各处丈量，任听各业户自行开报；倘查出有未经赴县呈报之家，或日后丈量时查出有以多报少者，即将未报之户暨匿报之地科罚等语意。……

　　一，以上出示报县立簿发谕各事，应限三个月内办妥；至三个月底所派之十员每日在县署会同办公，身历目睹，必已明晰，即应分遣赴本府所辖各他县，会同各该县照第一县办法，限于三个月内办清，仍于分遣时各派候补官十员分随学办。至第二期三个月底即可谓本省一府之事办结。

一，第二期后应将随同学办之一百员，分遣本省内各他府所辖之县，责成会同各该县照办。至三期三个月底即可谓本省一省开办之事办结。

一，每县至三个月办结时，应将本县四段内共有亩数若干，按每亩二百文应有钱粮若干，报明本府；由府详呈上宪转报户部立案，以凭日后核对。……

一，开办之第一年一省之事办清，即应将随学历办之一百员，分赴附近五省照原省办法，由各县开办；仍由该各省派遣候补人员随同学习。如此办理，至第二年底即有六省地方办清。

一，第三年应将六省随学历办之人员，分赴其余十二省，随同县官一体照办。至第三年底，十八省地方均已办清。……

一，此事原应责成各省督抚司道认真办理；尤应由户部随时特派部员前往各省任择数县抽查所办事宜，以期各省办法暨所立册簿帐目号收等项，实得画一之效。三年后自必日有把握，收数必可及四百兆之谱而有余矣。

以上各条，为赫氏清丈办法之大略，并未见诸实行，兹举各家批评如下，以见眼光之不同：

贾士毅批评云：“思虑精密，规画周详，实开近时议行清丈之先声；惟期近效速，征以国情，殊难办到耳。①

金国珍之批评云：“(1) 中国实际没有十六万方里，赫德系由凭空构造。(2) 每亩二百文，但田有高低，如何计算？(3) 候补员无学识，不能胜任。(4) 三年之期太速，不切事理。但其计画之精神，是否得当，一言以蔽之曰：计画极是。据张之洞、张季直及其余之外国人计算，皆以为每年不下五万万两，则其非绝对臆断可知。田有高低，亦可设法补救。若以候补者不胜任，则可设学校，以造就人才。若谓三年不足，则用四年或五年，亦无不可”。②

二氏批评，贾以为期近效速，加以怀疑；金则谓计画极是，加

---

① 贾士毅《民国财政史》上册第二编一〇一页。
② 金国珍《中国财政论》一一八——一一九页。

以赞同，皆非中肯之论。吾人若从清丈观点出发，就事论事，加以批评，则一言可以蔽之，曰："赫德条陈本为筹饷之计画，非清丈之计画；不过欲从田赋筹饷，防制漏税，不得不附带行清丈耳。"惟其为筹饷计画，故以田赋收数及四百兆之谱，为最后之目的。惟其非清丈计画，故政府不派人各处丈量，而任听各业户自行开报。质言之，实为一取巧之计画，故期以三年，而收速效。否则认真举行清丈，姑弗论决非人民自行开报所能蒇事；即以幅员辽阔之十八省而论，不特三年，即三十年恐亦不能奏功。法国丈量制册，从一八〇七年至一八五〇年方始完成，历时四十三年，其他欧陆各国丈量（Vermessung）估价（Bonitierung），亦往往历时十余年至数十年乃能成功。由是观之，赫德条陈非认真之清丈办法明矣。

民国以还，朝野人士，咸筹议清丈；惟虽有宝山、南通、昆山等县试办于先，经界局设立于后，然普行丈量，因政局分崩，迄未举行。兹略举颠末如下，以备参考：

宝山清丈，由于本邑士绅，筹款试办，颇著成绩。其清丈章程，综其要旨，约有十端：（一）按亩丈量，无论粮多田少，田多粮少，皆以现丈田数为准，而更正其粮数。（二）丈器按照部颁弓尺，以五尺为步，二百四十步为亩。（三）一图丈毕后，另派丈生择地复丈，人民并得申请覆丈，以昭信实。（四）造册，分造鱼鳞册、田形册、区领户册、户领区册四种。（五）绘图，分绘地形图及一图舆图、一厂舆图、一邑舆图四种。（六）立户悉用真实姓名，其旧户名及堂名，一律废除。（七）每户各填给方单一纸，以凭管业。（八）原田科则，确有考证者，仍照该田原则。（九）清丈竣后，特设一局，整理田粮事务。（十）丈费分十次，随忙漕带收，每次每亩收钱十文；并收方单费每亩八十文。

由上举十端，可见宝山清丈，只行丈量而已；至于原来科则，未予变更，所谓"估价"一部，尚未行也。惟清丈结果，因地争讼可息，而田赋又可增加，故尚有成效。

民国三年十二月，经界局设立。颁布清丈办法八条，[①] 然颁布

---

① 见贾士毅《民国财政史》第二编九二—九三页。

以后，迄未实行，全同具文。四年春，经界局在京北之涿、良两县，试办清丈，嗣以士绅疑虑，即行停办。同年一月十三日，奉天新民县人民亦反抗清丈。① 后财政部电令各省巡按使及财政厅，凡已行丈量者，慎重进行之；其未行丈量者，暂缓办理。于是丈量田地之举，遂以搁置矣。

自国民党执政以来，对于土地问题，亦无若何贡献；反之田赋附加税繁重，清丈费亦为附加税之一，徒然巧立名目，为贪暴政府聚敛之手段而已。《国民政府建国大纲》中，虽曾有下列规定：②

每县开创自治之时，必须先规定全县私有土地之价。其法由地主自报之。地方政府则照价征税，并可随时照价收买。……

然即此土地陈报之简单办法，亦未能切实施行，遑言清丈？二十年四月，内政部制定调查各县辖境及耕地面积表式，举行调查，然亦不过具文。③ 但清丈费（或土地陈报费）一项，则已成为大多数县之田赋附加税，据调查所及，详述如下：

江苏各县每亩带征一角（江宁、江阴、泰县等）或每两带征〇.九一八八元（宜兴）

浙江各县每两或每石带征土地陈报费三角（松阳）（富阳等县，称土地事业费，每两带征三角）。

广东新会、台山、开平、恩平土地陈报手续费每亩十五元④

清丈费（或土地陈报费）既如此增高，然土地之紊乱情形，丝毫未减：

（一）各县赋额，沿袭已久，数百年来，虽物换星移，地主数易，然表面赋额，则永久不变。故承垦者应升之科而不升；报荒者应免之粮而不免；而旧定之额，又复完欠不齐，此其弊一。

（二）我国赋额，向沿用三等九则制度；但考其实际，则有至六

---

① 见《中国年鉴》第一回《二十年来中国大事记》。

② 大纲第十条。

③ 见《申报年鉴》（民国二十二年）G 十四页。

④ 见拙著《岭南纪行经济民生》一节，载《国风半月刊》第三卷第七期。

十余则八十余则者，甚有至于百余则者。任意分配，毫无标准，巧胥污吏，相缘为奸。此其弊二。

（三）征赋单位，以亩为准；然亩有大亩小亩之别，弓既不同，尺复纷歧，有同一之亩数，而实际之面积，相距甚远者。且西北东北，情形不同，有以顷计者，以晌计者，[①] 亦有以方以绳计者。制度纷歧，漫无标准，此其弊三。

（四）田少粮多，田多粮少，为吾国田赋常见之现象。故宝山清丈章程第一条，即规定"无论粮多田少，田多粮少，皆以现丈田数为准，而更正其粮数"。田既不能作为征赋标准，于是弊端百出，此其病四。

（五）更有甚者，往往有田无粮，有粮无田；易言者，即应纳田赋之人而不纳税，不应纳田赋之人而反须完粮。其所以致此之原因：

（1）长江两岸，有所谓沙田；而江流激荡，往往冲刷此岸泥沙而挟以之他岸，于是江流或南或北，时有改变：原来有税之田，被水冲去，但税依然存在，是有税无田；而他岸新涨之沙田，则有田而无税矣。

（2）田地转移之顷，——因买卖、典当、抵押、赠与、捐助、分并、继承等，——往往土地所有权虽经转移，而赋税义务，则或因手续未清，或因乡民愚骏，未曾办理，以致仍归旧有地主负担者。于是在买者有田无税，在卖者则有税无田。

（六）至其极也，飞洒影射，匿粮跨亩，百弊丛生；至于官无可考之粮籍，吏有私藏之秘册。吾国田制之败坏，非清丈无以廓清积弊，而与民更始矣。

至于清丈之利，尽人皆知，约而举之，可分下列各项：

（一）从此负担平均，田制画一，由无政府状态而趋于有系统之制度。

（二）增加税收。

（三）从此田赋可以确实。

（四）减少民间四至不清之争讼。

（五）清丈之利，不特限于田赋方面；即在统计方面，内政方面

---

① 　东三省田地单位，以晌计算。

［土地册（Grundbuch）］亦不可不有丈量。

然清丈结果，不过明了土地之面积大小，及四至疆界而已；欲进一步得知地价，非在清丈以后更行估价（Bonitierung）不可。在清丈未举行之国家，估价更形困难，盖清丈事业，非十余年乃至数十年不办，在清丈之初估定之地价，与清丈之末估定之地价，因货币购买力及物价平准之变化，往往大有出入，不可不加注意。然无论如何，估价系就单别情形加以决定，优于三等九则之制远矣。

吾国将来欲整顿田赋，清丈势在必行，然必不可专以增加税收为目的，而行有名无实之清丈（如赫德氏条陈）；亦不可专恃土地陈报为已足，而不举行清丈。必也丈量与估价二者同时兼举，方克有济。至于土地清丈之技术问题，不妨留待专家解决；吾人于此所宜注意者，先在设立测量学校，养成清丈人才；然后用最新式之测绘，极准确之丈器；最后再由赋税专家，适应地方情形，规定税率。然后吾国数百年来田赋之积弊，方可一举而廓清之也。

目前欧、美各国所用测量方法或用测量架（Messtisch），（以一八七五年 Breithaupts Normal mensel apparat 为最完全德国参谋本部即用以制图），或采用更精确之“多角法”（Polygonal methode），先顾虑高低、弯曲，用三角法测定基本线（Basen），画成三角形；然后再合理的选择各点，使其互相发生关系，制成种种三角形；最后所画三角面积愈小，但三角形数目愈多，愈接近真正之地形，于是可得土地之正确面积。其所用之测量器，称 Theodolyt，为测量水平面上角度之器，旧分三百六十度，新分四百度。参阅 Fuhrmann：Die Theodolite（Leipzig 1896）。

第四节　土地法与中国田赋之改革
（附土地增值税）

由上节所论，中国田赋之现状，紊乱已极；各省各县，人自为政，制度复杂之结果，几于无制度可言。田赋之亟需改革整顿，尽人皆知。国民政府方面，亦有改革方案，是即十九年六月三十日所颁布之《土地法》是也。该法颁布以后，国外土地改革运动家，如 Adolf Damaschke，亦有文字批评，① 兹分述如下：

《土地法》系立法院起草，为该院最得意法案之一；十九年六月三十日，经国民政府颁布（近又颁布《施行细则》），然迄未能实行。兹摘要录之如下：

（1）土地税全部为地方税；但中央地政机关，因整理土地，需用经费时，经国民政府之核准，得于土地税收入项下，指拨其款额，以不超过税款总额百分之十为限（第二三三条）。

（2）土地税照估定地价，按年征收之（第二八四条）。本法所称地价，分申报地价与估定地价二种：依本法声请登记，所申报之土地价值，为申报地价；依本法估计所得之土地价值，为估定地价（第二三八条）。估计地价，应于同一地价区内之土地，参照其最近市价或其申报地价，或参照其最近市价及申报地价，为总平均计算（第二四一条）。

（3）土地税分下列二种征收之：一、地价税；二、土地增值税。土地增值税照土地增值之实数额计算，于土地所有权移转；或于十五年届满土地所有权无移转时征收之（第二八六条）。按前者为直接增值税（direkte Zuwachssteuer），后者为间接增值税（indirekte Zuwachssteuer）。

（4）地价税税率，为比例法，因土地种类不同为税率各异：

市改良地之地价税，以其估定地价数额千分之十至千分之二十为税率（第二九一条）。

市未改良地之地价税，以其估定地价数额千分之十五至千分之三十为税率（第二九二条）。

---

① 见 Adolf Damaschke："Zum Bodengesetz der Republlk China vom 30. Juni 1930" nebst einer "Ubersetzung des Gesetzes im "Jahrbuch der Bodenreform." Bd. 27, H. 1。

市荒地之地价税，以其估定地价数额千分之三十至千分之百为税率（第二九三条）。

乡改良地之地价税，以其估定地价数额千分之十为税率（第二九四条）。

乡未改良地之地价税，以其估定地价数额千分之十二至千分之十五为税率（第二九五条）。

乡荒地之地价税，以其估定地价数额千分之十五至千分之百为税率（第二九六条）。

（5）土地增值税税率，为累进法，并为分级征收（Staffcltarif），其规定如下：（见第三〇九条）

土地增值之实数额为其原地价数额百分之五十或在百分之五十以内者，征收其增值实数额百分之二十；超过其原地价数额百分之五十者，就其未超过百分之五十部分，依前款规定，征收百分之二十，就其已超过百分之五十部分，征收其百分之四十。超过其原地价数额百分之一百者，除照前款规定分别征收外，就其已超过百分之一百部分，征收其百分之六十。超过其原地价数额百分之二百者，就其已超过百分之二百部分，征收其百分之八十。超过其原地价数额百分之三百者，就其已超过百分之三百部分，完全征收。

依此法律，盖为中国规定累进的增值税之第一次。其思想，盖导源于孙中山先生之平均地权主张；而孙氏平均地权之说，又导源于欧、美社会政策及土地改良运动。依孙氏之主张，平均地权，当由"政府照地价收税"与"照地价收买"，地价税应值百抽一；——例如地价百元，抽税一元；地价十万元，抽税一千元。——而土地增值则"完全归为公有"。[①] 其理由为：

　　因为地价涨高，是由于社会改良和工商业进步。……推到这种进步和改良的功劳，还是由众人的力量经营而来的；所以由这种改良和进步之后，所涨高的地价，应该归之大众，不应该归之私人所

---

① 见《民生主义》第二讲。

有。比方有一个地主，现在报一块地价是一万元，到几十年之后，那块地价涨到一百万元，这个所涨高的九十九万元，照我们的办法，都收归众人公有，以酬众人改良那块地皮周围的社会，和发达那块地皮周围的工商业之功劳。

这种把以后涨高的地价将归众人公有的办法，才是国民党所主张的平均地权，才是民生主义。……

实则土地增值应归公有之理论，自 Wagner[①] 以来，所谓"讲坛社会主义者"（Kathedersozialisten）及土地改良运动一派，莫不主张之；不过手段方面，或选择累进征收，用渐进方法，收归国有；或简截了当，完全没收，稍有不同耳。综合各派理由，不外下列各端：

（一）土地为一切生存之基础，与其他经济要素根本不同：土地既不能由人力制造，又不能运输；故支配可以自由制造及自由运输之价格原则，不能支配土地。职此之故，土地应视为全体人民之公产，不得听任个人作投机事业。

（二）土地投机结果，必发生下列弊端：

（1）农业、森林、矿产之土地，如任私人投机，必发生搾取，荒芜诸弊，不能发挥其最高效用；

（2）城市之中，因土地投机结果，当建筑之土地而不建筑，任其荒置，以待涨价；

（3）土地投机结果，资本集中，住宅集中，操纵建筑事业，转辗剥削住客；甚有房租因操纵而上涨，但住宅仍供过于求（例如美国 St. Louis 城，在一九〇九年左右，有一万一千所住宅铺户未能租出，但该处房租，反较芝加哥为高）。[②]

（4）土地投机结果，必引起地价飞涨，所谓"overcapitalization of land"现象。例如近郊之地，往往在投机者，或房产公司手中，原来价值，不过五十元至百元一亩；但投机者预料将来该地可以发

---

① A. Wagner："Die Abschaffung des privaten Grundeigentums" Leipzig 1870；Ders.："Rede über die Soziale Frage." Berlin 1872.

② 见 Chicago Real Estate News（1909），p. 136。

达，即预先提高卖价至五百元乃至千元一亩，而该地实在价值，往往未及此数。结果眼光迟钝之投机家，反而因此折本；美国之所谓"paper towns"——如 Columbus，Ohio，Tacoma，Everett，Birmingham & Ala.）——其地价暴跌之原因盖在乎此。①

（三）土地增值，即非由于土地投机，而由于自然增值，亦当收归国有。因土地价值之所以增加，由于国民经济或社会进步关系，——例如交通发达，人口增加；尤以市政府之设置，如开辟新区，添筑马路等，所关更巨。——并非由于个人之劳力；在受者既为不劳而获，在一般租税上又不易征收，故应另设土地增值税，以收归公有。

故土地增值税之应实行，在学理上已不成问题；所可研究者，为实行时之步骤如何耳。孙中山先生主张完全没收，在实际上不易即行；故《土地法》采取折中办法，而行累进征收。

《土地法》颁布后，德国土地改革运动家 Adolf Damaschke 曾作有专文批评，兹摘要介绍如下：②

土地改革之真理，与其他一切真理相同，本极为简单。德国联邦宪法，承认土地改革为"德国人民之基本权利，"要求一种法律，规定对于一切民族生存基础之土地，不得滥用；并使每一家庭，得有可保证的住所及工作处所。欲达到此目的，其重要方法如下：

（1）原则上承认人民全体，为其祖国土地之主人。

（2）应认清土地之特性：土地与一切其他经济要素，根本不同；既不能由人力制造，亦不能任意运输。惟其如此，故支配可以自由制造与运输的货物的价格法则，不能支配土地。所以在立法上、行政上，土地应与其他一切可由劳力与投资制造的货物根本分开。

（3）地价应确定而随时公布之。人人都须随时知道，每人所利用的国家的一片土地，有多少价格。

---

① 参阅 Scheftel："The Taxation of Land Value."Boston and New York，1916. pp. 366；376-378；384-386。

② 该文萧铮曾译为中文，载《东方杂志》第二十八卷第十号（《谭麦熙克对吾国土地法之批评及管见》），惟错误颇多，下略加更正。

（4）此纯粹地价，应为征税之标准。每人所付予全体的（按即所付租税），应与其从公有土地中所取得者相适合。

（5）在此地价内，更应计算所增之值，此种增值，并非由于个人之劳力及投资而来，而是由于人口增加，及全体负担之文化工作——如道路、广场、交通设备等——进步所致。

（6）已公布之地价，应同时即为公平佃租之标准，因此在租地上之工作，才得合理的收益。

（7）国家或地方政府，如为文化事业需要土地，则此地价应即为公用征收价格之标准。

（8）此地价应即为土地负债最高限度之标准，因土地本身之实际债务，决不能超过地价以上。凡超过此限度者，当全视为个人的债务。［萧译完全错误，盖未能分清 Realbeleihung（物的债务）及 Personalschuld（人的债务）二者］。

今由此立场出发，一考查本法如下：

（一）本法第七条及十二条，规定此基本思想。

（二）土地与改良物，应分别估价，规定于第二二八及二二九条之中。

（三）第二三五，二三八至二四五条，论地价应确定及随时公布之。惟有应注意者二点：（1）本法施行法中，应详细清楚规定申报地价与估定地价之关系。否则似有两种地价，相对并立：申报地价，似为公用征收之标准（参阅第三七六条）；而估定地价，则似为征税之标准（第二八四条）。（2）每块地价，如能各别确定之，则更为合理；因相邻之土地价格，亦往往甚有差别。例如一条交通与商业繁盛的街道，及邻近之住宅街道，即大有不同。由本法若干规定看来，所谓"地价区"似乎有"地价等级"的意义，包括同一地价的地土，而不问其位置及地点。但第二四〇条，则又规定"以同样颜色标示同一地价区之土地，"似与"地价等级"意义互相冲突。此亦须于施行法中，详细加以规定。

（四）第二八三条，规定以纯地价为征税标准；第二八一至二八二条规定土地种类，第二九一条至二九六条即依之分为数级税率。于此应注意者凡二点：（1）税率分级确含有寓禁于征之意。凡一切规避法律之企图，不依法律利用土地或完全不加使用，当提高税率，加以惩罚。一种合理的税率分级，确可制止土地投机。（2）依第三一一至三一六条之规定改良物征税法（按三一一条规定："其最高税率以不超过千分之五为限"，不采取分级原则），为此原则之例外。此种改良物，虽已较土地本身负担为轻；但更进一步所当考虑者：是否以后对于改良物逐渐完全免税，而相当提高纯粹之地价税以抵补之，更为得计。因合理的税法，对于劳力及投资，不但不应惩罚，且更须加以奖励才对！（萧译完全错误）。

（五）第二八六至二八八条，并三〇五至三〇九条，规定土地增值税。于此应注意者二点：（1）若能明白规定土地增值不劳而获的部分，则税率不妨极高；因征收不劳而获的增值，并无需劳力负担。（2）该法专依土地增值之百分率计算，征收土地增值税，似为未妥。例如小农以二千元出卖原价仅一千元的土地，便须依增值百分之百计算付税；而大投机家以十五万元出卖原价十万元的土地，却只须依百分之五十增值计算。但小农不劳而获的只有一千元，而投机家则达五万元之多。所以须以百分率与所得绝对数联合计算——如著名富有经验的汉堡参议会所规定增值税的办法，——方为妥帖。……①

〔（六）论地租；（七）论公用征收之补偿；（八）论土地负债之界限，皆从略〕。

从大体上看来，我只有为这《新土地法》，为中华民国政府祝福。倘能不久更有详明适当的施行法，规定一切细则，则此法定能为复兴中国国民经济与重整财政的健全的基础。谭麦熙克对于十九

---

① 汉堡市之增值税，税率依绝对数之大小而累进：增值自一千马克至二千马克者，征百分之十；自二千马克至三千马克者，征百分之十一；自三千马克至四千马克者，征百分之十二；如此累进，至百分之八十为止。参阅 "Ein Weg aus der Finanznot," Heft 71 der "Sozialen Zeitfragen."。

年六月三十日《土地法》之批评，大体上可谓恰当。惟氏建议不劳
而获之增值部分，应完全或大部分征收，理论上自无问题；惟一人
实际方面，则所谓土地增值，何者由于不劳而获，何者由于劳力及
投资而来，颇不易分开。至于建议征收土地增值税，不当专依土地
增值之百分率计算，而当进一步顾虑增值之绝对数，可谓至为恰当。
不宁惟是，在土地增值之百分率及增值绝对数以外，兼应顾虑增值
时间之久暂，如同一价值之土地，甲地在二年以内增值一倍，乙地
在十年以内方始增值一倍，则对于甲地征税，自应较乙地为重。由
此观之，土地增值税累进税率，至少须向三方面累进：

（一）土地增值对于原价之百分率：（即《土地法》所规定）

土地增值不过原价百分之五十者轻；超过原价百分之一百者重。

（二）土地增值之绝对数：（谭麦熙克之建议）

土地增值仅一千元者轻；达一万元者重。

（三）土地增值所经过之期间：

在一年以内增值一倍者重；在十年以内增值一倍者轻。

如此，土地增值税之累进税率，方兼顾各种情形，而合于租税
公平之原则。

然以上所规定者，所讨论者，皆不过立法问题而已；有法而不
能实行，则法律等于具文，故须更进一步，一问中国之实际情形。

自十九年六月三十日《土地法》颁布以来，地价税及增值税，
迄未实行。盖所谓地价，原有申报地价与估定地价二种；所谓土地
陈报，至今犹未具体举行；而估定地价之前提，一须丈量，二须估
价，皆非十余年莫办。则《土地法》之等于具文，固其所宜。《土地
法》之唯一效果，不过更名上忙为第一期地价税；下忙漕米为第二期
地价税，徒然更名而不革实，所谓"换汤不换药"，毫无补于实际也。

复次更论土地增值税。按平均地权，制止土地投机，为国民党
重要政纲之一，亦即中山先生有力之遗教。然一考现在实际情形，
国民党执政以后，土地投机之风更甚；一因人口集中都市，二因资

金向大都市聚集，土地投机遂一发而不可复制。更有甚者，国民党之领袖，即日日背诵总理遗嘱静默三分钟之人，身为提倡：言平均地权，则大都市之土地，日以集中于二三有力者之手；言制止投机，则上海（大华饭店！）乍浦，海州新辟商港（沿海滩大马路一带之地皮，早已为当局均分），九龙、天津、汉口、南京等处，投机之风日甚。一方面高呼励行总理遗教，一方面即以身作则，推翻总理遗教。言行之背谬如此，无怪愈言治而国愈乱，愈求平而愈患不均也！

更进一步言之：土地投机实为资本家赖以起家之出发点；吾国之制止土地投机与否，即为吾国是否步资本主义国家后尘之先决问题。何以言之？

据美国 Real Estate News（Chicago 1909. p. 70）谓富翁中百分之八十九，以土地投机起家；而百分之六十，则继续土地投机事业。① 按金钱资本之形成，视所得及财产之分配情形而定，所得及财产分配愈不公平，则金钱资本发展愈速。而所得大财产之重要来源，土地投机实居其一。② 故土地投机，实为私人大资本发达之重要前提，而为促进资本主义发展之一重要推动力。在过去百余年中，北美因经济情形发展极速，地价飞涨至百倍乃至千余倍以上，故为土地投机之中心地点。试举显例以明之：

> 在美国土地投机史上，以 Astor 为最著。John Jac. Astor 本为德 Heidelberg 人，以一七八三年赴美，与印第安人通商，营厇货业。时美国独立战争方罢，百业勃兴，移民流入，与年俱增，故经济情形，发展极速。氏遂作土地投机，在纽约今日之商业中心 Manhattan 及 Wisconsin, Missouri, Jowa 各地，购买大片土地。以纽约一地而论，自一八三〇年以至今日，地价涨至千余倍以上。氏死于一八四八年，遗产达二千万美金。其子 William B. Astor 继承其业，从事土地投机，至其死时（一八七五）遗产已达美金一万万元。氏在纽约有房七百

---

① 见 Scheftel：The Taxation of Land Value. Boston and New York 1916，p. 373.
② 参阅 Sombart：Hochkapitalismus. München und Leipzig 1928，SS. 156-158。

所，年入不赀。其后累世经营土地投机，新置土地，提高地租，至一八九二年，财产已达二万二千五百万元。及一九一二年，Astor 之财产，竟至美金四万五千万元，皆转辗从土地投机得来者也。

此外美国之土地投机家，如 Goelet（在纽约地产即有二万万元）Rhinelander（在纽约地产即有一万万元）Schermerhorn（地产亦多在 Manhattan）Longworth（在 Cincinatti 即有一万万元）及 Marshall Field 与 Leiter（Chicago 之百货公司主人）皆其最著者。

总之美国土地投机之发达，与美国资本主义之盛行，不无连带之关系。

今者在西欧、北美，因经济发展已至相当阶段，土地投机已属过去。今日从事地产及房产业者，多为股份公司，——如美之 Realty Corporations；德之 Terraingesellschaften——个人因从事土地投机而致暴富者，已属罕觏。惟在中国，土地投机事业，则正在方兴未艾；而地价暴涨之可能性，亦较他处为多。良以中国地大物博，广土众民，国内市场因交通落后，未能发达；国外贸易因人口众多，将来发展亦属无限。故新辟商港，或新建公路铁路，其附近地价即飞涨不已；而政府中人，即先著眼于此，试观海州开港不久，因其为中国中部铁路系统之尾闾，沿海滩一带之土地，即为有力者私下分配殆尽，可证其余。故吾人于此，须郑重加以注意：吾国将来是否步资本主义后尘，造成贫富悬巨之现象，促进私人大资本之发达，即在今日政府立法及实际政策，是否奖励或制止土地投机为断。其所关于国民经济之前途，盖非浅鲜也。

第五节　结论（附洋米麦进口税问题）

我国田赋之亟须整理，有如上述；而田赋积弊重重，制度纷歧，整顿时之困难横生，亦在意想之中。故整顿田赋，实为实际问题；而非理论问题；为临机应变之政策，而非拘泥不变之原则。虽然，欲改革田赋，必先有一定计划，有一定方针，然后方有步骤可循，而得以按步就班做去。本节所论，亦不过一种整顿田赋之计划，——亦可视为救济农村经济之计划，——不过就目前田赋纷乱状况之下，欲求整顿改革，所必有之步骤，初非一成不变之原则也。

就前文所论而总结之，由博而约，由繁返简，得结论如下：

（1）吾国田赋现状，纷如乱丝，欲根本改革，非清丈不为功。

（2）清丈而后，然后就各地经济情形，分别估价，制定地价册（Wertkataster）为实行地价税之根本。

（3）土地增值税之亟宜实行——尤以在都市之中为急务——以制止土地投机，其说见前。至于土地增值税率，宜兼顾土地增值对于原价之百分率，土地增值之绝对数，及土地增值所经过之期间，累进征收，兹不再赘。

然以上所论，不过为治本办法；然清丈、估价、编制税册（Katastrierung）非历十余年乃至数十年不为功，——奥国在卡而第六时代，编制 Lombardei 之税册，（"censimento milanese"）历时四十一年；法国在拿坡仑时代着手编制税册，历时四十八年（一八〇二——一八五〇）所费一万五千万法郎（一八〇七年以前费用，尚不在内）。奥国自一七九七年起，编制税册，至一八八一年方始完成，所费六千万克郎。欲俟清丈、估价、编制税册以后，再改革田赋，则"缓不济急"，势有所不能。吾国农村崩溃，迫在目前；田赋整顿，不容再缓。故在治本以外，又须有治标办法，分论如下：

（1）对于田赋附加税急应加以限制，初规定附加税不得超过正税，继限制附加税不得超过正税百分之三十，以渐进的消灭之。盖田赋既完全为地方税，除征收费以外，原则上自不应再有所谓附加税也。

（2）地方支出，亟宜加以限制；一切骈枝机关，闲散人员，皆宜裁并，以节政费。否则附加税虽去，然地方政费，一切无着，亦非善法。

（3）提高谷价，增加农民之收益，方可直接救济农村之崩溃，而负担目前之重税。因农民收益，全在谷价，而谷价因洋米进口，年来惨跌一半以上，所得不足以偿成本，无怪农村之破产也。然欲提高谷价，必先征收洋米进口税。

按自近年以来，洋米进口日甚一日。以民国二十一年洋米进口之统计观之：

表 1-1-11　1932 年洋米进口统计

来源地名	数量	值金单位
安南	7 577 467	34 121 864
缅甸	7 127 224	30 691 991
暹罗	6 437 428	29 969 946
香港	1 147 815	5 535 770
新嘉坡等处	57 889	264 380
英属印度	41 638	183 974
日本	39 720	248 893
法属东非洲	16 800	60 152
台湾	16 750	75 939
朝鲜	7 249	45 875
关东租借地	4 799	28 516
荷属东印度	3 777	14 605
广州湾租借地	2 556	11 476
菲律宾	900	3 601
法属中美洲	840	3 360
美国	813	4 308
澳门	702	3 551
锡兰	588	2 469
俄国太平洋各口	504	2 520
其他各国	6 483	30 294
进口总数	22 491 949	101 303 084

（续表）

来源地名	数量	值金单位
复往外洋	5 310	19 090
进口净数	22 486 639	101 283 994

　　至于小麦及麦粉，二十一年进口净数达一五〇八四七二三担，价值达四三九六八七二〇金单位。中国号称以农立国，然据二十一年《海关中外贸易统计年刊》卷二（《进出口贸易统计辑要》），是年"杂粮、果品、药材、子仁、香料、菜蔬品"，——总可以农产品三字包括之，——进口净数，达海关金单位一万八千九百八十七万（189 872 794），而诸项农产品输入中，尤以洋米进口最为可惊。夫以丰收之年，而洋米畅销若是，年年漏卮无底，又何怪农村之没落耶？又以二十二年而论，吾国粮食进口如下：

表 1-1-12　1933 年粮食进口情况

	担数	价值
米谷	21 423 091	150 107 416 元
小麦	17 716 296	87 148 657 元
麦粉	3 236 321	27 755 408 元
杂粮	2 031 791	9 291 943 元
合计		274 303 434 元

　　试以近五年来海关统计为例，洋米进口之数增加如下：

表 1-1-13　1929—1933 年洋米进口数量

一九二九（十八年）	10 820 950 担
一九三〇（十九年）	19 891 103 担
一九三一（二十年）	10 740 810 担
一九三二（二十一年）	22 486 639 担
一九三三（二十二年）	21 423 091 担

夫以农立国之国家，而食米犹仰给外国，洋米进口，至占进口货物第一位，既无工业输出以为抵补，又无大量农产品输出（如东北未失前之大豆）以为挽回，则其入超日趋严重，自属意想中事。且近年以来，南洋各地橡皮业失败，于是向之植橡皮树者改而植稻。南洋地处热带，雨水丰富，稻田收成，一年中可至再至三，故产量多而成本廉，其倾销之势，决非本国米所可竞争。且仰光、西贡、新加坡等处米业组织强大，技术进步，运输联络便利，有定货者，朝致电而米船夕发，尤非本国米商所可几及。故中国农业前途危机正大，非征收洋米麦进口税，对于本国农业加以保护，不足挽回颓势。陈必贶论芜湖米业之救济云：①

> 请政府立即增加洋米进口税，其税率必须按现行市价抽百分之三十。盖现时芜湖市价每石米平均价值六元，比之民国二十年以前之市价，相去甚远。若以现时农村原价论之，则每石仅值四元稍强而已；因此农民苦不堪言。若洋米能抽入口税百分之三十，则可使国米能提高价格每石有二元左右，同时仍可使国米销路增加，而国内缺米地域之消费者亦不至增加甚高之负担，充其量亦不过与二十年、十九年时代相等耳。

> 吾人以为芜湖一处如此，长江流域其他各处米业需要保护亦如此，即黄河流域之麦业亦何独不然。故洋米麦进口税之亟须实行，至为明显。吾国今日之须实行农业关税以保护本国农产，固尽人皆知者也。

> 二十二年冬，立法院议决洋米麦进口征税，规定外米每担最高税率二．五〇金单位，谷一．五〇金单位；洋麦每担最高税率一．二五金单位，最低免税；面粉每担最高税率二．五〇金单位，最低免税。但二十二年十二月财政部训令，则仅规定洋米每担一．〇〇金单位，谷每担〇．五〇金单位；麦每担〇．三〇金单位；面粉每担〇．七五金单位；此外进口之大麦、荞麦、玉蜀黍、小米、裸麦及

① 见陈必贶著《芜湖米业之实况与其救济方法》载《东方杂志》三十一卷二号。

其他杂粮，均一律按从价百分之十征收，均于十二月十六日起实行。惟粤海、潮海、琼海、梧州、龙州、南宁、厦门、闽海等关进口之米谷，因各该地民食关系，暂缓征收。

洋米进口税应为从价税抑从量税，论者争辩不一。立法院议决及财部公布之税率，为从量税而非从价税。另有人建议"请政府立即增加洋米进口税，其税率必须按现行市价抽百分之三十"，使国米提高价格，每石可增二元左右，则为从价税而非从量税。兹分析从价税与从量税对于消费者及生产者（农民）之影响，举物价涨时及物价落时为例，以说明之：

（1）物价涨时

从价税	从量税	从量税轻于从价税
50＋5＝55	50＋5＝55	0
60＋6＝66	60＋5＝65	1
70＋7＝77	70＋5＝75	2
80＋8＝88	80＋5＝85	3
90＋9＝99	90＋5＝95	4
100＋10＝110	100＋5＝105	5

（不利于消费者）

（2）物价落时

从价税	从量税	从价税轻于从量税
50＋5＝55	50＋5＝55	0
40＋4＝44	40＋5＝45	1
30＋3＝33	30＋5＝35	2
20＋2＝22	20＋5＝25	3

（不能保护生产者）

由上举二例，可得结论如下：

（1）在物价涨时，从价税不利于消费者；因消费者之所得，未必比例增加。

（2）在物价落时，从价税虽有利于消费者；但物价跌落，购买力必增，（"fall in price increases ability to pay"）故无须保护消费者。

（3）在物价涨时，从价税虽有利于生产者；但世界商场物价既高，外货与国货竞争未必有利，故不必保护生产者，而当采取从量税以保护消费者。

（4）在物价落时，从价税随物价之跌落而跌落，不能保护生产者，故当采取从量税以保护生产者（洋米进口即其一例）。

总之：物价落时，从量税较从价税重；物价涨时，则从价税征税较重。故物价愈涨，从量税之保护效力愈少；物价愈跌，从量税之保护效力愈大。但以农业而论，需要保护之时，在谷价跌落之时，故欲保护米业，以采从量税为宜。

由此观之，财政部之训令，对于进口之大麦、荞麦、玉蜀黍、小米、裸麦及其他杂粮，一律按从价百分之十征收，不如改从量税为宜。

复次，为税率问题。吾国目前因谷价跌落，农村破产，故欲救济农村，挽回谷价非重征洋米及麦类进口税——即提高农业保护关税——不可。故立法院初规定洋米进口税为每担二.五〇金单位，谷一.五〇金单位，洋麦一.二五金单位，面粉二.五〇金单位。以二十三年三月十七日金单位行市（一九六.二四）核之，二.五〇金单位，合洋四元九角；一.五〇金单位，合洋二元九角四分，一.二五金单位，合洋二元四角五分。如此，洋米进口每担须纳关税四元九角；易言之，国内米价每石（以百五十斤计）即可涨五六元以上。此虽规定为最高税率，然以当时谷价而论，每石不过六元左右，农民出卖原价，不过四元上下，实已跌至最低限度，不可不亟谋救济。今财部改为：

洋米每担一.〇〇金单位＝一.九八元

谷每担〇. 五〇金单位＝〇. 九八元

洋麦每担〇. 三〇金单位＝〇. 五九元

面粉每担〇. 七五金单位＝一. 四七元

以当时谷价跌落之情形而论，此种税率，显然太低，不能收保护农业之效。故即使征少许进口税，亦不能多有影响于农产品价格。故至次年（二十三年）三月十九日止，米价迄未有何等重要变动， 每石所涨不过二三角上下，[1] 与保护农业之本意，相去尚远也。

二十三年长江一带大旱，秋收减色，故下半年各国输入食粮，又复增加，计是年进口米谷，为一二五五三三四九担，减去出口一一三〇二七担后，净进口为一二四四〇三二二担（上年度净进口为二一三一五三四五担）。[2] 于是米价高涨，至十六元以上（以海斛作准）。[3] 乃财政当局于此时反有增高洋米进口税之举，衡以谷贱伤农，应保护生产者，谷贵害民，应保护消费者之原则，可谓适得其反。

由上研究所得，吾人提出结论如下：

（1）农产品进口税，应一律改从价税为从量税。

（2）提高税率，增进保护效率；但若米价高涨，则当减低税率，以保护消费者。

（3）既以保护国内农业为政策目的，则不当断断于税收即使征收后洋米进口骤减，税收短绌，亦当贯彻 [澈] 保护之目的。

（4）闽、粤、桂对洋米进口，应一律征收；对于国米进口，则当免征。如此，征收洋米进口税结果，方可保护本国农业，救济农村。至于何时应保护消费者，何时应保护生产者，吾人以为活动分级税则（sliding scale），在以农立国之中国，正不妨一试也。

---

① 朱偰《农业保护关税问题》（载《东方杂志》第三十一卷第九号）。

② 唐文恺《民国二十三年米业之回顾》（载《社会经济月报》第二卷第二期）尝根据海关统计册公担数按一. 六五四折合求得此数。

③ 据二十四年六月二十七日《大公报》，本年五个月来，洋米入口共达九、五六八、九八六公石值国币六四、九四七三〇元，较上年同期增加一倍。

由上所论，一方面竭力减低地方支出，限制田赋附加税，减轻农民负担；他方面保护农业，提高农民收获，使其能负担租税而得以养生送死，安居乐业，能如此，则农村经济之复兴其庶几乎？

第二章

营 业 税

资料及参考书　关于营业税之理论方面，可参考下列各书：

（1） Karl Theodor Eheberg：*Art. Gewerbesteuer. H. d. St. 3. Aufl. 4*，S. 1034 ff.

（2） von Heckel：*Die Stellung der Gewerbesteuer im Entwicklungsprozess der Modernen Personal besteuerung in*：*Festschrift für Adolf Wagner*，1905，S. 107 ff.

（3） H. Rhode：*Die neue preussische Gewerbesteuer 1925*，1926.（Kommentar.）

至于资料方面，则有下列各种：

（1）《营业税案汇录》　二十三年财政会议参考资料之四（非卖品）。内分（一）营业税法，（二）营业税筹办经过，（三）解释法令，（四）营业税各项统计表。

（2）十七年七月《各省征收营业税大纲》及二十年一月十日《各省征收营业税大纲补充办法》。

（3）二十年八月一日《银行业收益税法》。

（4）《大清会典事例》卷二四五（户部杂赋）。

（5）拟改进现行营业税并裁并一切杂税改办营业税及确立税收制度以谋地方财政之健全发展案（《全国财政会议提案》第二组乙字第十一号，刘奎度提出）。

（6）请设法征收外商营业税以维华商营业而裕收入案（《全国财

政会议提案》第二组乙字第四号，山东财政厅提出）。

（7）拟请修改营业税法案（同上第二组乙字第十二号，浙江省政府财政厅提出）。

第一节 泛 论

营业税（Gewerbesteuer，taxes on trade），① 系后起收益税之一种。租税客体与税源，即为营业之收益；纳税义务人即为营业之所有人。"营业"二字范围之广狭，在各国租税立法中颇有出入。在普通所谓营业而外，或亦包括矿业、银行业、交通业、保险业、旅馆及服务社在内。更有若干国家，资本雄厚之自由职业，亦认为营业之一至于农业，则一般不包括在内。

租税之标准，今昔不同：昔日多以营业地点之大小，在业人数之多寡，制造品之数量，或所用原料之多少，为征税之标志。自十九世纪以来，营业愈分愈多，同时大企业发生，仅用外表之标志，殊不足以达公平之分配。于是多以实在之收益（用自报方法），代估计之收益，此外或以固定资本、企业资本，或以所发工资总额，为纳税标准。例如一九二六年五月六日普鲁士《营业税条例》，其纳税标准有三：

（1）依照《联邦所得税法》所规定之收益，但不减去付息。

（2）某企业永续的营业资本。

（3）或由市政府议决，可以所付工资总额为标准。

其税率规定如下：如以收益为标准，征收收益百分之一、百分

---

① 营业税本盛于德、法，在英因所得税发达，营业税无专门名词。或以为即business tax，不知英文所谓 business tax，实即销场税（"The tax is based mainly on the sales of every business，and is closely allied to the turnover tax—also a sales tax which has been so remarkably successful in Germany and in France" —Shirras）系间接税而非直接税。至于 Taxation of Corporations 则又指公司税而非营业税。惟 Taxes on Trade，则确指营业税。（Shirras p. p. 454-455.）

之一．五至百分之二（收益在三千六百马克以上者）。如以资本为标准，则未超过一千二百马克部分征收千分之三分之一（1/3‰），已超过部分征收千分之二分之一（1/2‰）。其企业资本不及四千八百马克者，完全免税。如以工资总额为标准，则征收其千分之一。凡营业税之征收及税收，皆归市政府管理。

以今日（一九二五以后）德国各邦而论，纳税标准，可总分为五种：

（1）固定资本与企业资本　Baden，Hessen.

（2）收益能力（以纯收益为标准）（Ertragsfähigkeit）Mecklenburg，Braunschweig.

（3）收益　Oldenburg，Anhalt，Schaumburg-Lippe，Württemberg.

（4）联合收益，资本与工资　普鲁士、萨克森。

（5）联合收益与工资　汉堡。

营业税系租税系统由物的税（Realsteuer）演进至人的税（Personalsteuer）之过渡，在租税历史上之地位，异常重要。至于今日，无论何国，皆有类似营业税性质之租税。惟其地位，视该国之租税全体系统如何而定。如一国仅有纯粹收益税系统，而无所得税，则营业税征收全部营业收益，其地位自较重要（如西班牙、葡萄牙、波兰、保加利亚，皆以营业税为主税）。如一国实行"收益的所得税"（Ertragsein Kommensteuer），营业税不过其中之一部，则其地位自不敌前者之重要（如一九一七年以后之法国、比利时、罗马尼亚）。至如一国已行一般所得税，本已征所营业所得，则营业税不过对于恒产所得之一种预先征收，为地方税而非国税，更失其重要之地位矣（如德国）。

至于中国，尚无一般所得税。法人所得，亦并无公司所得税以征收之。故营业税之在中国，更具有双重意义：（一）为由物的税至人的税之过渡，以渐进于所得税；[①]（二）为公司所得税之先驱。故营业税办理之得失，尤具有重大之关系也。

---

① 参阅后所得税一章。

第二节 中国营业税之沿革

中国之有营业税，历史尚浅。十七年七月，第一次全国财政会议开会于南京，议决"各省征收营业税大纲"九条。至二十年一月，中央实行裁厘，财部复将裁厘会所订办法大纲，略加修正，并另拟补充办法十三条。中央以营业税系属初创，必须审慎周详，方可推行尽利；其规定各业税率及征收程序，尤须注意于不扰民及不妨害商业发展两点。当交由立法院另行议定《营业税法》，于二十年六月十三日公布施行。新法与旧有《征收大纲》及《补充办法》规定各条，颇多变更，旧时规定，如与《营业税法》有所抵触者，自失其效力；因之各省市原订章则，均经改订，一律改称章程。《营业税法》之重要规定，摘录如下：

（一）营业税为地方收入，凡在各省及直隶行政院之市内营业者，除向中央缴纳出厂税之工厂或缴纳收益税之股份有限公司组织之银行外，均应完纳营业税。①

前项所称营业，谓以营利为目的之一切事业，但农业不在此限（第一条）。

（二）营业税税率，应依下列三种课税标准，由各省政府或市政府按照本地营业性质及状况，分别酌定之：

甲、以营业总收入为标准者，征收其千分之二至千分之十。

乙、以营业资本额为标准者，征收其千分之四至千分之二十。

丙、以营业纯收益额为标准者，其税率如下：

---

① 浙江省政府及财政厅尝于全国财政会议提出《修改营业税法案》，要求"凡属盐、煤油、棉纱、火柴等物，均不能因其已向中央完纳其他税款，而禁止地方政府向其征收营业税；至于中央原有类似营业税性质之税项，为分清界限起见，亦应……归地方统一办理。"吾人从国民经济立场，为减轻统税压迫下工商业成本起见，不能赞同此说。

一、纯收益额不满资本额百分之十五者，征收纯收益额百分之二至不满百分之五。

二、纯收益额合资本额百分之十五不满百分之二十五者，征收纯收益额百分之五至不满百分之七·五。

三、纯收益额合资本额百分之二十五以上者，征收纯收益额百分之七·五至百分之十（第四条）。

（三）营业税以营业总收入额为课税标准时，其营业总收入额年计不满一千元者免税；以营业资本额为课税标准时其营业资本额不满五百元者免税；以营业纯收益额为课税标准时，其营业纯收益额不满一百元者免税（第五条）。

（四）中央政府及地方政府所办之公有营业，免征营业税；但官商合办之营业，不在此限（第六条）。

（五）营业税不得征收附加税（第八条）。

（六）营业税应由纳税者向征收机关直接缴纳，不得由他人承揽包办（第九条）。

（七）各省市原有牙税、当税、屠宰税及其他应依法取缔，或寓禁于征之营业税，得暂照原有税率，分别改征营业税（第十条）。

关于营业税法之批评　营业税法之规定，如能严格执行，大体上尚称得体。惟该法本身，尚有可磋商之点，列举如下：

（1）第四条乙项，规定"以营业资本额为标准者，征收其千分之四至千分之十"。此所谓营业资本，似仅指企业资本（Betriebskapital），而固定投资之资本（Anlagekapital），似不在内。但仅以流动资本为纳税标准，而将在生产程序中占重要地位之固定资本（其额可大于流动资本数倍）弃置不顾，实欠公允。欧、美各国立法通例，如以资本额为营业税标准时，莫不分别企业资本与固定资本。

（2）第六条规定："中央政府及地方政府所办之公有营业，免征营业税"，亦太嫌广泛。按中国今日，尚无公司所得税，营业税当为其前驱，而渐进于公司所得税。今考欧西各国良规，公有营业免税范围，并不如此广泛。一九二六年五月六日之《普鲁士营业税条例》，仅规定慈善及公益企业，可呈请免税。一九二五年八月十日德国之《公司所得税法》，亦规定除"供给公共利益之企业"（Versorgungsbetriebe）（如自来水厂、瓦斯厂、电厂、公共交通业、海港设备等）及执行公家权力之企业外，一切公法上之营利企业，皆有无限制之纳税义务。仅联邦邮政、联邦政府专利之事业、联邦铁路、联邦银行（Reichsbank）、各邦银行、各邦彩票事业、公营储蓄银行（以业务限于储蓄为限）、公法上之保险机关（以社员保险为限），以及属于宗教、公益及慈善事业之社团，方享有免税之特权。故无论如何，一切公营赢利事业，皆免征营业税，殊欠公允；其结果并无专利性质之公营企业，亦享有免税权，则私人营业必难与之竞争。是不但不合公平原则，且与《营业税法》之本意，亦不相符。

（3）第十条规定："各省原有牙税、当税、屠宰税及其他应依法取缔，或寓禁于征之营业税，得暂照原有税率，分别改征营业税"。此种规定，不但不合营业税原则，亦且难免"换汤不换药"之讥。按既将牙税、当税、屠宰税包含于《营业税法》之中，认为普通营业之一，则自当照普通税率，彻［澈］底改征营业税。若认为牙税、当税、屠宰税及其他应依法取缔之营业税，性质不同，含有寓禁于征之意在内，则应制定特别《营业税法》，以达到取缔之目的。今不此之图，一方面既认为普通营业之一，他方面又得保持其原有税率，是同一营业税而有多种以上之税率，其原则上自相矛盾，自不待言。

关于营业税法之解释 自《营业税法》颁布以来，财部与各省市政府咨令往还，关于法令，——尤以何种营业应征，何种营业免征问题，——颇多解释。二十年三年二十三日，财政部咨各省市政府，解释营业税征免办法五项如下：

（一）凡厂或公司，已纳统税者，各省不得再向其厂或公司征收营业税；但推销贩卖之商行店铺，应仍征营业税。

（二）凡专营盐业，已由中央征收盐税者，各省不得再向其征收营业税；但贩卖杂品之商店，兼营零盐者，应仍征营业税。

（三）凡专营烟酒业，已由中央征收烟酒牌照费者，各省不得再向其征收营业税；但贩卖物品之商店兼售烟酒者，应仍征营业税。

（四）凡营业证应贴用印花税票，其资本在五百元以上者，每证一律贴用五角；其资本在五元以下者，每证贴用一角。

（五）凡交易所由中央征收交易所税，各省不得征收营业税。

自后又屡用部咨及令，规定下列各业免征营业税：

（一）自来水业及售水业。

（二）煤油汽油公司及批发商店。

（三）医师医院诊所。

（四）中国旅行社。

（五）土布（有免征营业税标准五项，见《营业税案汇录》）。

（六）有奖储蓄会（因已征收印花税并另案直接课税）。

（七）面粉厂收买小麦原料，专供本厂制粉之用，并无贩卖行为者。

（八）纱厂收买棉花原料，专供本厂纺织之用，并无贩卖行为者。

（九）合作社（以不以营利为目的之合作社为限）。

至于积极方面，则有二十年八月十日部咨，规定交易所经纪人应征收营业税，盖"交易所经纪人一业，其营业以代客经理收取佣金为目的，与报关、经租等业，性质完全无异，自不得与已纳中央特种税捐之交易所，并为一谈"。又二十一年十二月三日咨南京市政府，规定保险分公司及经理处征收营业税税率，按照全年保险费额课税千分之一。以上各种解释，除煤油汽油公司及批发公司今日已无煤油特税不应免征营业税，以及有奖储蓄会全然为营利性质不应免征营业税外，大体上尚称适宜。

营业税之推行　二十年一月，中央实行裁厘后，省库骤少巨额之收入，不得不速筹抵补，于是通令各省，指定以营业税为抵补裁厘损失之唯一税收，督饬施行。首先开办者有江苏、浙江、安徽、福建、湖北等省；继呈筹办者有河南、河北、山东、山西、湖南、陕西、绥远；南京、北平、青岛等市已占全国三分之二以上。其他江西因匪患关系，商业萧条，举办较迟；上海因租界关系，情形较为复杂，市财政局虽叠次邀集商会代表参加讨论，然尚须得租界当局同意；惟中国地界，则业已开办营业税。其他如广东、广西、云南、贵州、四川、甘肃、宁夏、青海、新疆、察哈尔等省，或以时事多故，或因军事当局割据，有已经开征，而未将章程税率，呈部核定者；有尚在征收特种营业税，而未曾依法举办合法之营业税者。其已经开征各省，据财部二十三年统计，当以浙江一省之收数为最旺，二十二年份总数已达五百余万元，较之二十一年份税收，增加颇多。兹录简表 1-2-1 如下：

表 1-2-1　浙江省营业税实收数

类别	二十一年份实收数	二十二年份实收数
普通营业税	1 442 456 元	2 034 345 元
牙行营业税	261 360	311 996
典当营业税	82 286	58 358
屠宰营业税	655 513	591 818
箔类营业税	2 165 499	2 059 881
共计	4 607 114	5 056 398

其次如山东二十一年份实收普通营业税一百二十万元，连牙、当、屠宰、油类、牲畜等营业税，共计二百六十万元。湖北二十一年份实收普通营业税一百五十万元，连牙、当、屠宰各税共计将近二百万元。其他各省之税收，每年约在一百万元以下，较之浙、鲁、鄂三省，均有逊色。兹列表 1-2-2 如下，以见二十一年份各省市营业税收大概：

由下表观之，表 1-2-2 中所列十一省四市普通营业税收入，不过九百四十万元；而牙行营业税收入，至五百十八万元，屠宰营业税收入，至五百十五万元，典当营业税收入，至百五十四万元，其

表 1-2-2　1932 年各省市营业税收情况

省市别	普通营业税	牙行营业税	典当营业税	屠宰营业税	其他营业税	合计	附注
江苏	507 336	462 240	24 337	657 590		1 651 503	
浙江	1 442 456	261 360	82 286	655 513	2 165 499	4 607 117	其他营业税项下系箔类营业税
安徽	367 746	145 148	8 200	319 342		840 436	
河南	495 923	611 424	4 783	267 131		1 374 479	
河北	680 095	2 726 259		873 068		4 284 205	
山东	1 205 495	330 285	6 000	414 346	644 079	2 600 205	其他营业税系油类及牲畜营业税
江西		36 980		239 912	35 200	312 092	牙行营业税项下系牙当营业税牙当税项下系牙当登录税
湖北	1 577 790	96 351	2 050	283 898		1 960 090	
湖南	311 005	60 768	275	302 629	103 997	778 675	其他营业税项下系牙帖费
福建	1 957 472	270 816	9 238	546 651	29 399	2 813 576	其他营业税项下系杂税捐
绥远	169 885	4 171	975	87 036		262 067	
南京	120 178	2 636	2 010	69 798	23 208	217 831	其他营业税项下系各种牌照及案馆业捐
上海	892		4 200	104 573	350 089	459 755	其他营业税项下兼马税及案馆捐等
北平	200 282	173 385	10 500	236 609		620 778	
青岛	370 662			97 723		468 385	
总计	9 407 220	5 181 825	154 855	5 155 823	3 351 471	23 251 194	

他营业税收入，至三百三十五万元。在全体营业税收入中，普通营业税所占不过百分之四〇.四，于此亦可见普通营业税推行尚未广也。

至于税率方面，则江苏、浙江、安徽、河南、湖北各省及上海市，采三级制，湖北之税率为最高，河南为最轻。福建、北平采五级制；青岛六级制，绥远、南京采七级制；山东八级制，河北九级制，湖南十一级制。兹列表 1-2-3 如下：[1]

表 1-2-3　各省市营业税税率

省市别	级数	最高率	最低率
江苏	三	0.010	0.005
浙江	三	0.010	0.005
安徽	三	0.015	0.005
河南	三	0.010	0.004
河北	九	0.020	0.002
山东	八	0.020	0.002
湖北	三	0.020	0.005
湖南	一一	0.020	0.001
福建	五	0.020	0.002
绥远	七	0.020	0.002
南京	七	0.003	0.001
上海	三		
北平	五	0.015	0.001
青岛	六	0.050	0.001

----

[1]　参阅《营业税案汇录最近各省市普通营业税税率及收数表》，该表级数方面，印刷颇有错误（少排一区最高数及最低数）。

征收之方法　营业税过去征收方法，仍未能脱包税（河北）及承办（南京市）旧习，现京市已废除商人承办，改为直接征收。然他处包税陋习，为吾人调查所未及者，必尚甚多。此营业税所亟应改革者也。

此外吾人所欲建议者，则外商营业亦应征税是也。按外人在中国内地营业，既受吾国政府之保护，自应担负纳税义务，本不受任何条约之拘束。否则非惟负担不平，有失中外商民一体待遇之旨；亦且影响华商营业，及新税收入，违反保护本国商人之原则矣。

第三节　牙税、当税、屠宰税及其他特种营业税

吾国在实行营业税以前，早已有类似营业税性质之税捐，其最普遍者，为牙税、当税及屠宰税。牙税起源较古，当税则创自清康熙三年，两税之中，概分帖费及年捐两种，帖费近于牌照税，而年捐则实为营业税性质。兹分别叙述如下：

(1) 牙税①

沿革　清初于各省设牙帖之额，由藩司颁发牙帖而收其课，报部存案。至康熙初年，其弊渐著，其制愈滥。雍正十一年（一七三三）下谕整顿，不许州县滥发牙帖，并为定额，其原文云：

> 各省商牙杂税，额设牙帖，俱由藩司衙门颁发，不许州县滥给，

---

① 于此当略考牙行之意义、范围及牙税之起源。按牙古作"□"字，与"互"字通（《广韵》：互俗作□）。引伸作互市之意。刘道原云："本称互郎，主互市。唐人书互为□，□似牙字，因讹为牙耳。"《旧唐书史思明传》互市郎；《安禄山传》"禄山为互市牙郎"，盖为后人添一牙字；今《通鉴》亦作互市牙郎。可见牙者，互市之意，牙税本意，亦犹言商税耳。后世凡设立行号，处于供求之间，代客卖买货物，交互说合，以抽取用费者，谓之牙行业此者必先向官领取行帖，名曰牙帖每年按帖缴纳税银，谓之牙税故所谓牙行，实系中间买卖之行家（略如货物交易所之经纪人），例如米行、鲜货牙行、田地房产之牙纪是也。而所谓牙税，实系一种特别营业税，China Year Book 所谓"Commercial tax"或"Special Business Tax"盖皆指此。

所以防增添之弊。近闻各省牙帖，岁有增添，即如各集场中，有杂货小贩向来无籍牙行者，今概行给帖；而市井奸牙，遂藉此把持抽分利息。是集场多一牙户，即商民多一苦累，著各省藩司因地制宜，著为定额。……

惟各省仍操给帖征税之权，而中央不能征收。然中央往往为地方定额，并规定税例。[1] 后改牙帖皆由部发，各省按所给多寡，以其税解部。其税则约分三等：上则纳银三两，中则纳银二两，下则纳银一两；亦有减为二两、一两、五钱者。[2]

降及季世，牙税愈滥。或期满不换，或无照私开，辗转牵引，互相影射，或一帖而分设多行，或一字而兼营数业。加以官商勾给，胥吏把持，帖捐年税，半归中饱，扰商极深，而税收益寡。民国三年，财部电令各省按照本地情形，妥拟章程报部，以资整顿。四年九月，更拟定《整顿大纲》八条，[3] 规定如下：

（一）无帖私开，及前清旧帖未换新帖者，均勒令照章领帖。

（二）各牙纪前清旧帖，已换新帖，未缴帖捐者，应于五年分一律按等则补缴帖捐。

（三）各牙纪常年税则，应比较直隶现行税率，切实加增。

（四）牙帖营业年限，至多不得过十年；凡从前逾限之旧帖，概行取消，另行缴费领帖。

（五）帖捐税率，亦以直隶为适中之数；其各省定章，有超过者，悉仍其旧，不及者，应比较加增。

（六）领帖换帖，应按帖费百分之二，征收手数料。

---

[1]　中央为地方牙税定额者，如乾隆二十二年议准，热河厅征收五行税银，每年以五千六百九十八两五钱有奇，作为定额；如有赢余，尽收尽解，按年造报。
中央为地方牙税定税率者，如乾隆五十七年复准，安南开关通市，远近商民，踊跃趋赴，……自应设立牙行，为贸易者平其市值。于宣化县设立牙行十家，足资经理，名为安南通市牙行，由藩司给帖承充，应纳牙税，照当税之例，每年每行征银五两，解司报拨。
[2]　胡钧《中国财政史讲义》三百十一页。
[3]　参阅贾士毅《民国财政史》第二编一〇二—一〇三页。

（七）各县田地房产之牙纪，应改名为官中，其缴捐领帖纳税等手续，悉照牙帖例办理。

（八）各项帖捐年税，应专款存储，解济中央。

自此项大纲颁布后，各省章制略有变更，然等级税率，仍异常纷歧。帖费等级，有分六等者（直隶、吉林、黑龙江、山东、陕西、四川、察哈尔等省区），有分五等者（湖南、热河等省区），有分四等者（江苏、安徽、新疆等省），有分三等或上、中、下三则者（京兆、河南、山西、江西、浙江、湖北、贵州、归绥等省区），亦有分二等或上中二则者（奉天）。帖费最高达二千元（京兆长期整商之甲种），最低不过二十二元（川边偏僻县治米粮帖二十元，各纸费二元，以藏元折合征收）。至于常年税则，亦有分为六等者（直隶、吉林、山东、陕西、四川、察哈尔等省区），有分为五等者（湖南、热河），有分为四等者（江苏、安徽、新疆），有分为三等或上、中、下三则者（河南、山西、江西、浙江、湖北、甘肃、归绥），有分为二等者（川边），亦有征帖费十分之一者（奉天）。其最高税率，达二百元（吉林、山东），最低税率，不过三元（山西），二元（川边米粮帖）。又《整顿大纲》隐然以直隶为标准，兹录其帖费税率，以例其余：[1]

（1）帖费分为六等：（一）三百元；（二）二百五十元；（三）二百元；（四）一百五十元；（五）一百二十元；（六）八十元。均于领帖或换帖时一次缴足，时效五年。

（2）税率亦分六等：（一）一百六十元；（二）一百三十元；（三）一百元；（四）七十元；（五）四十元；（六）二十元。分两期缴纳之，滞纳者按月递加原额十分之一；两月后再不缴纳，则押追之。

牙税收入，至为有限，据历年度预算，牙税税收如下：

---

[1]　根据贾士毅《民国财政史》第二编一〇四页。

表 1-2-4　1912—1925 年牙税税收

宣统四年	957 128 元
民国二年	621 003
民国三年	946 039
民国五年	1 685 485
民国八年	2 651 441
民国十四年	3 521 412

至于实收数目，则民国六年为二、五六六、六六三元，七年度为二四六、五八一元，八年度为一、七五一、三六三元。[①] 综观历年收入，未有超过二百六十万元者，所补于国用甚小，然而扰商深矣。

现情　国民政府成立以来，对于各省牙税，屡思整顿。十七年七月，财政会议在京开会，议决由省政府举办营业税，其从前牙税、当税，一律归入整理。二十年六月十三日《营业税法》第十条，复规定"各省市原有牙税，……得暂照原有税率，分别改征营业税"。此种"换汤不换药"之办法，使积弊重重之牙税，依然滋蔓，近年以来，各省虽有改变名称者，然其所征税率，仍系沿用旧则；无多更改。至于税收，则二十一年份各省市之收数如下：[②]

表 1-2-5　1932 年各省市牙税收入

江苏	462 240 元
浙江	261 360
安徽	145 148
河南	611 424
河北	2 726 259
山东	330 285

[①]　贾士毅《民国续财政史》第七编一〇五—一〇六页。
[②]　《营业税案汇录最近各省市牙行营业税税率及收数表》。

（续表）

江西	36 980
湖北	96 351
湖南	60 768
福建	270 816
绥远	4 171
南京	2 636
北平	173 385
总计	5 181 825

兹再将各省市牙税税率及收数统计表（据《营业税案汇录》）（虽系同一来源，——财政部赋税司第三科编制——但与上表数字大有出入；以他表对之，则上表当较为可靠）列下，以供参考，如下表1-2-6。

吾人关于牙税之建议 今欲解决牙税问题，必先问牙税征收之范围，其与普通营业税是否重复［覆］；是否可保留成为一种特别营业税。按牙税征收之对象，限于牙行；易言之，即限于代客买卖货物，作中间贸易以抽取佣金为目的之行商。故普通营业仅纳营业税，而代客买卖之牙行始纳牙税。试举实例以明之。

南京之牙行，多在城外，如水西门外之炭行，中华门外之米行是也。尤以米粮交易，经过牙行最多：京市米粮，十分之九乃由"船家"（即从河道运米来京求卖之船户）及"乡稍"（即由陆路运粮来京求卖之客商）供给。船家运米来京，即直接投于"河行"，[①] 请求介绍贩卖，此种行家，即为粮食交易之经纪人。河行接受负责兜卖后，即派伙送货样于市场米商集会之处兜卖；市场中代表米铺之

---

① 河行即粮食经纪行，专代客买卖，自为居间者而向买卖双方攫取佣金之一种营业。此种行家，在京市米业中，势力颇为雄厚，凡从河道运入本市之米粮，多经其手，故有河行之称。全市计有八十六家。

表1-2-6　各省市牙税税率及收数统计表

省市别	类别	一	二	三	四	五	六	七	八	九	一○	一一	一二	最近三年份征收数目		
														19年	20年	21年
江苏	帖费（即登录税）数目	750元	450元	300元	150元	400元	300元	200元	100元	40元	24元	16元	10元	632 177元	401 301元	644 989元
	时效	20年	20年	20年	20年	20年	20年	20年	20年	1年	1年	1年	1年			
	常年税率	25元	17元	10元	5元	12元	9元	6元	4元	10元	7.5元	5元	2.5元			
浙江	常年税率	280元	140元	105元	70元	50元	35元	20元	20元	15元	10元	5元		363 779元	288 256元	444 054元
	帖费数目	600元	400元	200元	100元	40元	30元	20元								
	时效	5年	5年	5年	5年	1年	1年	1年								
安徽	常年税率	60元	40元	20元	10元									108 566元	113 579元	196 684元
	帖费数目	30元	24元	205元	100元	40元	30元	20元								
	时效	1年	1年	5年	5年	1年	1年	1年								
河南	常年税率	24元	20元	15元										283 475元	450 876元	697 446元
	帖费数目		20元													
	时效		1年													

（续表）

省市别	类别		一	二	三	四	五	六	七	八	九	一○	一一	一二	19年	20年	21年
															最近三年份征收数目		
山东	帖费	数目	300元	250元	200元	150元	100元	60元									
		时效	5年	5年	5年	5年	5年	5年							330 258元	330 258元	330 258元
	常年税率		200元	150元	100元	70元	40元	20元									
江西	帖费	数目	300元	200元	100元												
		时效	7年	7年	7年										54 611元	62 003元	86 820元
	常年税率		40元	30元	20元												
湖北	帖费	数目	600元	400元	200元	400元	200元	100元	80元	40元	20元						
		时效	10年	10年	10年	10年	10年	10年	1年	1年					87 643元	126 182元	93 958元
	常年税率		60元	40元	20元	40元	20元	10元	40元	20元	10元						
湖南	帖费	数目	500元	400元	300元	200元	100元	50元									
		时效	5年	5年	5年	5年	5年	5年							134 254元	144 352元	164 377元
	常年税率		50元	40元	30元	20元	10元	5元									

（续表）

省市别 类别		等级												最近三年份征收数目		
		一	二	三	四	五	六	七	八	九	一〇	一一	一二	19年	20年	21年
甘肃	帖费 数目	160元	80元	免捐	80元	40元	免捐	12元	6元					5 737	5 893	5 836
	帖费 时效	20年	20年	20年	20年	20年	20年	1年	1年							
	常年税率	16元	12元	8元	12元	8元	4元									
察哈尔	帖费 数目	按价值百抽2	按价值百抽2.8	按价值百抽3										（22年度始由教费管理处支，未收数无从填报）	787 720	805 192
	常年税率	4元	4元	4元												
南京	帖费 数目	4元	4元	4元												
	帖费 时效	1年	1年	1年												
	常年税率	40元	30元	20元												
北平	帖费 数目	（包征）	（代征）	（自征）												
	常年税率													129 964	159 604	177 028
备注													合计	2 130 468	2 878 026	3 646 646

备注

一、河北、福建、绥远、山西、陕西、上海、青岛等省市，系对物课税，并不分等级

二、察哈尔、北平两处，系对物课税，未据呈报，无从填入

三、广东、广西两省，向无牙税

"上行"，① 得悉货色及行市后，即通告米店询其是否需要进货，如米铺需要进货，即通知上行代为购进。上行接受通知后，即与经纪者办理交易，开清单据交与经纪者；然后经纪者持单向船家提货，并请"斛行"② 过斛。货品过斛之后，再由经纪者请"稍行"或"箩行"③ 连同货单运送于米铺。米铺点收货品后，即发出收货回单，由稍行或箩行带交经纪人，翌日经纪人派伙赴米铺收取货款，然后转交给船家，交易即告终结。贩卖者倘系乡稍，则交易程序稍变，凡乡稍运来之稻米，多向"廊行"④ 兜卖；廊行见货后，即直接与乡稍论价购进，不必经斛行过斛，仅由廊行店伙自斛，接收货物，款货两讫。廊行购进货后，或自设门市零售，或再经上行批发于零售商。试作图表示交易程序如下：

贩卖商（船家及乡稍）

河行　廊行

斛行　上行　箩行　稍行　上行　消费者

零售商　零售商

消费者

　　由上举南京米市之例观之，可见米由贩卖者至消费者之手，往往经过三四牙行及零售商。而牙行除稍、箩行未详外，皆纳有牙税。

---

① 上行亦为粮食经纪者，其职务介于行号米厂与钱米铺之间，自己并无营业场所，仅由个人代表若干钱米铺而奔走于米市场，探听行市消息，代客进货，领取津贴而为生活者，故亦可谓为粮食业中寄生阶级，所谓"游行牙纪"是也。

② 斛行为京市特有之组织，为粮食买卖之权衡者，创自清康熙十四年。凡粮食交易，必经斛行过斛，始可成交，盖欲使买卖双方得其均平也。此制积久相承，成为世代相传之职业，积弊甚深，市府屡欲改革而不果。计在下关者有四十七户，水汉西门二十户，中华门六十一户，通济门十五户。每一处之斛手，合组一兄弟会，现改称斛行公会。

③ 此种行家，乃系代客送货而取佣金之劳动阶级所组织，粮食交易决定之后，皆由其运送成交。

④ 廊行亦粮食行之一，惟其性质与河行稍异，其业务除间有代客买卖而取佣金者外，即大批或零星购进，然后自行批发或零卖于消费者。此等行家多集于中华门外，凡从市外各地旱道来京求卖之米粮，多经其手，故称廊行。

例如据《南京市管理斛行规则》第五条，"斛行领得登记执照后，应即携带执照至财政局，依照《征收牙税暂行章程》，缴费领取牙行牌照，方许营业"。可见牙税次数愈多，税率愈高，转嫁于消费者之负担亦愈重。故吾人主张，牙行纵系特种营业，牙税纵不能归并于普通营业税，亦应由国家制定牙行特种营业税法，澄清积弊，减轻税率，以期逐渐统一，而减轻消费者之负担也。① 此外游行牙纪亟应废除，以减免商民之负担。

又最近各省市，有改革牙税制度，订定《牙行营业税征收章程》者，河北即其一例。该省于二十四年订定章程，定七月一日起开始实行，并将前订招商包税办法废止。其重要规定如下：

（一）牙行营业税依下列标准征收之：粮食、棉花、土布、绳、席、纸六种牙行，按经手成交价额千分之七；其余各种牙行，按经手成交价额千分之二十（第三条）。

（二）牙行兼营数种牙行业务者，其营业税应按成交货物种类之价格，依前条之规定，分别计算汇总交纳（第四条）。

（三）牙行应将经手成交货物种类、价格于每月终了时清算一次，于次月十日前开具清单，连同应缴营业税一并呈缴征收机关，前项清单式样由财政厅制定，转发牙行遵照填写（第五条）。

（四）牙行对于每月应缴税款逾限十日以上不缴者，得加收应纳税额百分之五滞纳金；逾限二十日以上者，得加收应纳税额百分之十滞纳金；逾限三十日以上者，得加收应纳税额百分之十五滞纳金，或停止其营业，仍追缴滞纳金及税款。（第七条）②

如能如此整顿，认真实行，并由一省市推及其他省市，则终胜于积久相承弊窦丛生之牙税也。

（2）当税

沿革　当税起源于清初，康熙三年题准，当铺每年纳银五两；

---

① 关于南京米市交易情形，参阅上海社会经济调查所编《南京粮食调查》。
② 见《中行月刊》第十卷第五期《财政栏》。

大、宛二县上等行店铺，照当税例，每年征银五两。十五年复准，京城上等行铺，每年征税银五两；中等行铺，每年征税银二两五钱。至雍正六年，始定直省各属典当，均令布政司钤印颁帖，交各州县转给输税，如有新开典当，报司给帖，于开设时增税；无力停开者，即交帖免输，是为当帖之起源。乾隆四十一年，又规定直隶、江苏、安徽、江西、浙江、福建、湖北、湖南、河南、山东、山西、陕西、甘肃、四川、广东、广西等省，每年每座税银五两，云南每年每座税银四两，贵州每年每座税银三两，奉天每年每座税银二两五钱。然此皆为正税，自后因海防筹饷，或因军需集款，责令各当商于正税外，每铺领帖一张，另捐饷银若干，谓之帖捐，地方各依惯例而抽收之。降及季世，税捐愈重：光绪十一年奏准，湖北自军兴以后，各当铺荡然无存，嗣经绅富凑集资本，开设质当，均未照章领帖纳税，应令各州、县查明境内质当若干座，无论城、乡、市、镇，资本大小，一律捐银一百两，遇闰加增银八两，按季呈缴，报解藩库，另储充饷；傥有情愿领帖纳税者，即予免捐，以示区别。光绪十三年，因郑工决口，需款甚巨，户部咨饬各当商按照应交税银数目，预完二十年之课，准其按年扣抵；如有歇业，即由接开之商，归还旧商前垫，仍俟二十年后纳税。此种办法，无异强制公债，盖清朝政府向视盐商、当商为利薮，予取予求，无怪其然也。光绪二十三年，户部复以当商取利较厚，税额独轻，奏请自是年起，每铺按年纳税五十两，其前在郑工筹款案内，预完二十年课者，仍准按年扣除五两，以扣清为限。此清代当税之沿革大略也。

民国以还，一仍旧制，财政部以各地情形不同，若必由部颁定划一章程，通行各省，势不可能，遂于三年三月，电饬各省体察本地情形，设法整顿，自订章程，报部核准施行。北京政府时代，各省帖税（或称帖捐、帖费及注册费），最高有五百元者（江苏、湖南、四川），最低不过四两者（陕西）。税率有分等者，有不分等者，最高有至六百元者，（广东押店）最低不过二十四元者（新疆）。①

---

① 广东《征收典税现行简章》第一项："如系新开，照正饷加缴一倍；另缴新张照费大洋六十九元四毫五仙"。又下则小押一律年纳饷银八百元。

当税收入，据历年度预算及实收，历表如表 1-2-7：

表 1-2-7 1912—1925 年当税财政预算

预算	
宣统四年	1 125 617 元
民国二年	696 394
民国三年	620 619
民国五年	768 900
民国八年	693 738
民国十四年	732 827

至于实收数目，则民六为三一五、四八四元，民七为三五〇、八六八元，民八为二六七、三五七元。可见在北京政府时代，当税收入，每年不过三四十万元之间，至为有限。①

现情 国民政府成立以来，对于当税，屡思整顿。十七年七月财政会议，议决牙税、当税，一律归入营业税整理；《营业税法》亦规定"各省市原有牙税、当税、屠宰税，……得暂照原有税率，分别改征营业税"。故当税积弊，仍未改革。二十二年十二月，财政部为明了各省市当税、牙税情形起见，制定表式，分发各省市，令关于税率及税收，依式填报。据《营业税案汇录》，二十一年份各省市典当营业税（共十五省市）总计不过十五万四千八百五十五元，② 其收入至为有限。

吾人关于当税之建议 典当业系吾国内地金融之调剂机关，与手工业及农村经济，关系至为密切。近年以来，典业日渐衰落，倒闭时闻。其衰落原因，虽有多端，③ 然其要不外三端：

（一）农村经济破产，当多赎少。

① 贾士毅《民国续财政史》第七编一〇七—一〇八页。
② 参阅第一节二十一年份各省市营业税收表。
③ 参阅宓君伏《我国今日之典当业》（初稿）。

（二）金融枯竭，时感周转不灵。

（三）苛捐杂税之外，正税亦与年俱增。

故今日欲救济典当业，以维持社会金融之流通，必废止当税；或归并入营业税中，按《营业税法》第四条丙项，以营业纯收益额为标准，征收租税，吾人所以如此建议者，盖今日有人主张以"架本"（即营业资本额）为纳税标准，[①] 如架本五十万元，照《营业税法》规定，可征至千分之二十，即一万元。在此典当业纷纷倒闭之时，欲年征以万元之巨款，必促其破产无疑（山西当铺改征营业税，发生问题，原因亦在此）。故即欲改征营业税，亦当照纯收益额计算，依纯收益额合资本额之多寡，征收其百分之二至百分之十（《营业税法》第四条）。至于救济一时之法，莫若废止当税；盖银行业今日既不纳收益税，又不纳普通营业税，则自不能专责典当业以重税，使之日趋没落。故吾人主张废除当税，以维持平民金融之流通，于地方财政上损失不甚大，而内地金融受益匪浅鲜也。

(3) 屠宰税

沿革 《大清会典事例》，仅有牛、马、猪、羊等项杂税，不列屠宰税，惟有所谓"牛猪门摊税"者，迹近屠宰税。乾、嘉以降，各省先后征收牲畜税，然仅征贸易之牲畜，尚未征屠宰之牲畜也。降及清季，新政繁兴，地方当局，自由筹款，东南各省，始有屠宰税。"其意以为赋于消费奢侈之品，则贫民无累；切于日用饮食之密，则集款非艰"，[②] 不知肉类既不能目为奢侈品，自属于日用品，

---

① 全国财政会议专家会员刘奎度，提议左列各点：

（一）当质业之常年税，一律改办营业税，以牌照税形式征收之。

（二）当质业营业税课税标准，应依架本计算。

（三）当质业营业税税率之高低，以架本之多寡为基础：架本以五千元为最低额，其税率为千分之十。架本超过五万元时，其超过部分之税率，每五万元递加千分之一；如超过不及五万元时，亦以五万元计算。但递加之税率，至多不得逾千分之十五。凡架本不满五千元者为质业（俗名押店），其税率则为千分之五。此种税率规定，在今日典当业纷纷倒闭之时，必促其破产无疑。

② 贾士毅《民国财政史》第二编三九八页。

日用品征税，租税原理上所当反对者也。民国以还，因仍旧制，四年一月，财部颁布《屠宰税简章》，始有统一之法规，其要如下：

（一）屠宰税以猪、牛、羊三种为限，猪每口，征银三角，牛一元，羊二角。但向征之数，有超过者，仍各依其旧。（!）

（二）前项税额由屠宰完纳，附收地方公益捐，不得超过正项之数。（!）

（三）屠宰猪、牛、羊者，须先期赴征收所，纳税领照。

五年十二月，又颁修正案十条，一方面以耕牛与农田有关，故免征屠税；他方面增加税率，猪每头四角，羊每头三角。就征收言，则牲畜税西北较多于东南，而屠宰税则东南较多于西北。兹就历年度预算，列表 1-2-8 如下：①

表 1-2-8　1912—1925 年牲畜税、屠宰税财政预算

年别	牲畜税	屠宰税
宣统四年	1 387 917 元	—
民国二年	31 467	—
民国三年	613 101	—
民国五年	1 225 312	2 767 160
民国八年	—	3 431 186
民国十四年	—	3 623 008

至于屠宰税实收数目，民国六年度不过七七九、四六九元，七年度不过六二四、八六八元，② 收入至为有限。

现情　二十年六月十三日《营业税法》，规定"各省市原有牙税当税屠宰税，……得暂照原有税率，分别改征营业税"。此种规定，换汤不换药，屠宰税遂依旧保持积弊，未曾整顿。初屠宰税与牲畜

① 右表所列牲畜屠宰两税，近年预算各册，大多皆包括于杂税或杂捐之内，兹所列者，概为各省区载有专项者之数目。
② 贾士毅《民国续财政史》第七编一一三——一一四页。

税并称，因其性质相类，故有合并整理之议。自二者皆划归地方，由各级地方政府征收，由是屠宰税与牲畜税，遂分途并进，形成独立之税源。兹根据《营业税案汇录》，将二十一年份各省市屠宰营业税税率及收数列表 1-2-9 如下：

表 1-2-9 1932 年各省市屠宰营业税税率及收数

省市别＼项目	税率			征收数目
	猪（每只）	牛（每只）	羊（每只）	
江苏	0.4			657 590 元
浙江	0.4	1	0.3	655 513
安徽	0.4	0.6	0.3	319 342
河南	0.3	2	0.2	267 131
河北	0.6	3	0.4	873 068
山东				414 346
江西				239 912
湖北				283 898
湖南				302 629
福建				546 651
绥远				87 036
南京				69 798
上海				104 573
北平	0.4	3	0.3	236 609
青岛				97 733
总计				5 155 823

　　吾人关于屠宰税之建议　屠宰一业，属于普通营业，屠宰税之对象，且为日常生活品，从租税原理立论，本无设特税之必要。前清末年，各省徒以屠宰税易于征收，遂纷纷举办；而《营业税法》恐其废止足以影响地方财政收入，故免强保留耳。应即照十七年七

月全国裁厘委员会所定《各省征收营业税大纲》（其规定较《营业税法》为合理）第七条之规定，① 将屠宰税废止，改征普通营业税。至若各县屠宰税有由商人承办者（如江宁自治实验县，由陈甘棠承办），② 由商人包税者（如江宁各镇，前由每镇屠宰同业，每月包税若干），则为不当之尤，尤宜取缔者也。

第四节　银行业收益税

《营业税法》第一条，规定营业税为地方收入，除向中央缴纳出厂税之工厂，或缴纳收益税之股份有限公司组织之银行外，均应完纳营业税。财政部根据此项规定，议举办银行业收益税。至二十年夏，财部以普通商店既征营业税，银行一业自亦应征收益税，方为公允。遂拟具《银行业收益税法草案》，提交立法院修正通过，于八月一日公布。其要如下：

（一）依《营业税法》第一条之规定，凡股份有限公司组织之银行，应完纳收益税（第一条）。

（二）收益税税率以纯收益额为标准，其税率如下（第三条）：

一、纯收益额不满资本额百分之十五者，征收其百分之五。

二、纯收益额合资本额百分之十五至不满百分之二十五者，征收其百分之七．五。

三、纯收益额合资本额百分之二十五至不满 百分之三十五者，征收其百分之十。

四、纯收益额合资本额百分之三十五以上者，征收其百分之十五。

（三）收益税每半年征收一次，于每半年度决算后征收之（第

① 条文为"营业税实行后，凡各省原有牙帖税捐当税捐屠宰税等，以及其他与营业税性质相同之捐税，均应废止"。

② 二十四年七月五日南京《中国日报》。

四条）。

　　（四）中央政府及地方政府设立之银行，免征收益税；但官商合办之银行，不在此限（第五条）。

　　该法公布以后，曾引起各方面之批评，迄今因银行业之阻力，未能实行。或以为银行业收益税，较普通营业税特重：在普通营业税，纯收益额合资本额百分之二十五以上者，征收纯收益额百分之七·五至百分之十，故其最高税率，不过百分之十。今银行业收益税，则累进更进一步，纯收益额合资本额百分之二十五至不满百分之三十五者，虽亦征收其百分之十；但纯收益额合资本额百分之三十五以上者，则征收其百分之十五。此种税率规定，重征银行业，而轻征巨额资本之大企业（如百货公司），殊嫌不平。或以为课税范围，只及于股份有限公司之银行，而不及无限公司、两合公司、股份两合公司之银行，同系银行，或征或免，殊欠公平。即使有限公司之银行照《收益税法》课税，无限公司、两合公司、股份两合公司之银行照《营业税法》征税，同一银行，课税方法各别，势将群相责难，终不能实行。[①] 实则今日银行之趋势，无不趋向股份有限公司之组织，所谓"Aktienbank"原为新时代银行之代表。如以无限公司、两合公司、股份两合公司之银行，不纳银行业收益税而纳普通营业税，为不公平，则不妨将此等银行并入，或使之与钱庄，归为一类，另征特种收益税也。

　　总之吾人以为中国税制之大病，在无负担能力者已呻吟于租税重压之下，其负担仍有加无已；而有负担能力者反得免税，对国家毫无直接负担。最近数年来，百业凋敝，独银行业畸形发展，蒸蒸日上。其原因，自系金融集中都市，政府滥发公债，政府与银行，打成一片所致。而其他营业皆纳营业税，银行则业务发达，既不纳普通营业税，又拒纳银行业收益税，实为不公平之尤者。吾人之主张，银行业应纳收益税，其税率不妨高于普通营业税。近闻所得税

[①]　贾士毅《民国续财政史》第二编五四六—五四七页。

行将实行，银行业收益税将并入所得税征收，[①] 亦无不可；要之银行业负担能力较大，自应较其他营业多纳租税，衡诸能力学说，为确切不移之原则耳。

第五节　交易所税（附交易税）

泛论　交易所为近代经济之中心组织，系批发贸易，世界贸易及证券流通所不可少者，视其交易之范围，有货物交易所（Warenbörse）与证券交易所（Effektenbörse）之别。因交易所获利甚厚，且往往有投机性质，故各国皆由政府加以监督，并征收租税。例如德国除一九二四年一度行交易所税（Börsensteuer）外，又有交易所销场税（Börsenumsatzsteuer），前者近于营业税性质，按交易所上场人数之多寡，每三个月征收一次；后者属于转移税系统，视成交数量之多寡，而征收其百分之几。又如日本亦有二税，一为交易所营业税，系对于交易所法人营业所课之税，一为交易所交易税，系对于交易所成交之经手费所课之税。通观各国成例，交易所有关系之税，以转移税（即交易税）为主，而营业税（即交易所税）不过为其副者也。

中国交易所税及交易税之沿革　我国之有交易所，据《申报年鉴》（民国二十二年），始于民国七年，北平证券交易所，实为其嚆矢。嗣上海证券物品交易所，成立于九年七月一日，上海华商纱布交易所，成立于十年七月一日，上海华商金业交易所，成立于十年十一月十三日，上海华商证券交易所，成立于十一年，厥后宁波、滨江、天津、汉口等处，相继设立。然资本额最高不过五百万元，规模尚小，其性质亦与欧、美各国之交易所未能尽同。北京政府尝特派员驻沪，设立交易所监理官公署，并制定《证券交易所课税条

---

① 　《中行月刊》二十四年五月份。

例》及《交易所交易税条例》，前者系营业税性质，后者系转移税性质。前者规定证券交易所每次结帐后，应就纯利中提取百分之三，作为交易所税。后者规定交易税税率，凡分四种（第一条）：

（一）地方公债证券或公司债券之买卖交易，（甲）属于现期者，征收万分之零三；（乙）属于定期买卖约期买卖者，征收万分之零六。

（二）有价证券之买卖交易，（甲）属于现期买卖者，征收万分之一，（乙）属于定期买卖约期买卖者，征收万分之二。

（三）金银之买卖交易，（甲）属于现期买卖者，征收万分之零二，（乙）属于定期买卖约期买卖者，征收万分之零四。

（四）商品之买卖交易，（甲）属于现期买卖者，征收万分之一；（乙）属于定期买卖、约期买卖者，征收万分之二。

（五）国债证券之买卖交易，不课交易税（第二条）

此两项条例大体，皆抄自日本，而日本又抄自德国，惟税率较轻耳。当时虽有条例颁布，然商人纷纷抗议，终未果完全实行。

交易所税及交易税之现情　国民政府成立，曾颁布《交易税条例》九条，并派员充任监理官，金银买卖税率略重，商品证券买卖税率略轻，而征收之标准，则为经手费。该条例公布后，因军事甫定，商业萧条，上海交易所以税率较重，无力负担，屡请减免。财部乃将原有条例，改为《交易所税条例》，于十七年三月十九日修正公布。并废除监理官，归金融监理局统制。于是转移税性质之交易税，一变而为营业税性质之交易所税，以每期结帐之赢余总额为标准，其税率如下（第二条）：

表 1-2-10　《交易所税条例》税率标准

10 000 元以内者	免税
10 000—50000	7.5%
50 000—100 000	10%

（续表）

10 000 元以内者	免税
100 000—150 000	12.5%
150 000—200 000	15%
200 000—250 000	17.5%
250 000—300 000	20%
300 000 元以上者	25%

惟赢余总额之计算，得扣除营业费。交易所税由金融监理局征解财政部核收（第四条）。自此条例实施以来，交易所税税收预算如下：

表 1-2-11 1930—1935 年交易所税税收预算

十九年度预算	101 008 元
二十年度预算	101 008
二十一年度预算	1 000 000
二十二年度实收	25 200
二十三年度预算	100 000
二十四年度预算	1 950 000（交易所税及交易税）

二十四年二月初财部复有征收交易税之议，当提出《征收交易税条例》，虽经立法院通过，惟立委史维焕辈十一人，以为此法实行，虽可增加国库收入，但决不能达到取缔投机之目的，为兼筹并顾起见，联名提议修正民国十八年国府公布之《交易所法》。① 当时关于税率高低，颇多争论，或为维持金交易税本身营业起见，主张由财政部原定标金每条税率一角，减低至七厘。② 加以交易所经纪人

① 二十四年二月二十五日南京《中国日报》。
② 关于"正"的方面主张，参阅马寅初《对最近几件金融立法的说明》（该文载二十四年二月份《中央日报》）；关于"反"的方面主张，参阅二十四年二月二十六日南京《中国日报》"财部某要员发表谈话"。

为本身利害，肆意反对，财部遂于二月拟减低交易税率，其原定税率与减低税率比较如下：①

表 1-2-12　1935 年交易税原定税率与减低税率比较

(1) 有价证券	（原定）万分之 1.25	（减低）万分之 1.125
(2) 标金	每条 1 角	7 分 5 厘
(3) 棉花	每百担 9 角	7 角 2 分 5 厘
(4) 棉纱	每百包 3 元 5 角	3 元 07 分 5 厘
(5) 面粉	每千包 7 角	5 角 7 分 5 厘
(6) 杂粮小麦黄豆红粮	每千斤 1 元 4 角	1 元 2 角 7 分 5 厘
(7) 豆饼	每千斤 7 角	5 角 5 分
(8) 豆油	每百担 7 角	6 角

当由财政部咨送立法院，二月八日，该院复加修正，照审查修正案通过，其重要条文摘录如下：

（1）凡在交易所买卖有价证券或物品，悉依本条例之规定，征收交易税（第一条）。

（2）交易税税率定如左（第二条）：

（甲）有价证券，按买卖约定价格征收之，其价格内百圆以下之数，应按百圆计算。现货交易不课税。履行交易之期限，在七日以内者，征万分之〇.四；在七日以外者，征万分之〇.七。

（乙）标金每条（三一二.五〇公分，成色九七八），征国币七厘。（!）

（丙）棉花每百担，征国币四角五分。

（丁）棉纱每百包，征国币一元七角五分。

（戊）面粉每千包，征国币三角五分。

（己）杂粮、小麦、黄豆、红粮，每车征国币三角五分；

豆饼每千斤，征国币二角；

豆油每百担，征国币二角。

（3）交易税由交易所于买卖成交时，按第二条规定税率，责成原经纪人向买卖行为当事人附带各征半数，交付于交易所，会同转解。如经纪人不为附征交付，或交付不足额，交易所应负责代缴（第三条）。

该条例颁布，因交易所经纪人反对，暂缓至七月一日施行。综观《交易税条例》，视财政部原案减轻甚多，如棉花、棉纱、面粉，皆税率减半，豆饼、豆油，则由七角减至二角，有价证券由万分之一.二五减至万分之〇.四及〇.七，而减低最甚者，厥为标金，由每条一角减至七厘。故财政部交易税可收四百余万之预算，不能实现。二十四年度总预算中，交易所税及交易税，合为一百九十五万元，视二十三年度预算交易所税十万元，交易税税收预算约为一百八十万元左右，所补于国计亦至有限也。

吾人关于交易所税及交易税之建议　吾人以为交易所税系营业税性质，所征收者为经纪人，原则上不妨较普通营业税为重；交易税系转移税性质，所征收者为财产转移之程序，负担之者系买卖行为当事人，原则上不妨较轻。况当今经济凋敝，金融恐慌严重之时，立法院修正之《交易税条例》，大体尚称适宜。惟将来经济返入常态后，税率即当提高，尤以标金交易，出入最大，每条仅征国币七厘，仅合百万分之七，殊无以取缔投机而保持税率均衡，是亟须改正者也。①

---

①　据二十四年三月二十五日南京《中国日报》载，财政部为严行防止投机买卖，及稳定市面金融起见，对立法院通过之税率，尚觉过轻，不足以防微杜渐，故复拟具意见，重行厘订，呈由中政会交立法院复议。闻此次财部修正案内容，证券部分可否征税；标金税率，照立法院通过者，系照毛佣金十分之一，每条征七厘；惟以交易税各类物价比例，标金所征最轻，经照从价核算，拟酌予增加；其余除杂粮因有关农工食品，税率从轻征收外，棉纱等类，均照毛佣金十分之一，略予增加，以重税收云。

第六节　矿税及渔税

　　矿税沿革　吾国矿税，至明季而极重，阉宦四出，浮收苛扰，所谓"山川极少金银气，诛敛何殊花石纲"，可见流毒之深。[1] 清代矿课，属于杂赋，分金银课，铜、铁、锡、铅矿课，及水银、石朱砂、雄黄矿课。[2] 清初银矿、铜矿，以云南为最多，其他四川、广西、广东、湖南各省，亦往往有铜矿。其税率，或二八收课（贵州、四川），或三分收课（四川建昌镇），或每铜百斤收课十斤（贵州大定府），或每百斤抽课十五斤（广西恭城县属山斗冈铜矿）。铁矿以四川、广东、广西、福建、云南为多，税率或每百斤收课二十斤，每税铁一斤，变价银二分（四川）；或铁炉一座，年收铁税银十两。（广西）锡矿惟云南蒙自、广西贺县有之，其贺县锡矿，竹笼一条，每月抽税锡八斤，水沟一条，月抽税锡五斤，湖口每月抽税锡三斤。铅矿以贵州、云南、山西、湖南、陕西、四川为多或二八收课（贵州），或每百斤抽课铅十斤（云南），或每百斤收课十五斤（广西恭城）。至于税收，嘉庆十七年普为定额，惟俱系实物，极少金钱，如四川省自康熙二十三年起，至二十五年止，共收税铁万一千六百余斤，照每斤二分之时价变卖，报部充饷是也。

　　水银石朱［硃］砂雄黄矿课，以贵州为最多，广西、湖南次之。旧例，贵州省额征开州用砂厂，水银一千二百六十九斤，遇闰加一百三十三斤有奇；婺川县婺川厂，征水银一百六十九斤有奇，均照时价变卖存库，造册报部。嗣后历代对于新开各厂，皆有定额，惟全国税收若干，则莫得而考焉。

　　清季兴办实业，内外奏请开矿之案甚多，以漠河金矿、开平萍乡煤矿，大冶铁矿为最著，开采之矿，均遵定章缴纳税款民国以来，

---

　　①　清张笃庆《明季咏史诗》。
　　②　详阅《大清会典事例》卷二百四十三、四十四。

商民开矿愈多，亦均按时纳税。三年三月，颁布《矿业条例》，后又颁布《统税暂行简章》。当时矿税凡分三种：（一）为北京政府时代农商部征收之矿区税，系按矿区亩数计算，其税率定为采矿每年每亩征洋三角或一角五分；如为探矿，无论何种矿质，一律征洋五分。[1]（二）为财政厅征收之矿产税，系按出产地平均市价计算，凡金、银、铜、铁、锡、铅、锑、镍、钴、锰、锌、铝、砒、汞、铋、铂、铍、钼、铬、铀，煤炭类、刚石、宝石，纳市价千分之五；水晶、石棉、云母、钢玉、石膏、燐酸石灰、重晶石、硝酸盐、硫黄、硫化铁、硼砂、弗石、大理石（可作装饰品者）长石、滑石、笔铅、泥炭、琥珀、土沥青、柏油、浮石、海泡石、磁土、硅藻土、硅藻板、苦土矿、漂白土、颜料石类，纳市价千分之十（《矿业条例》第八十一条）。矿区税及矿产税，均分两期缴纳（第八十二条）。（三）为财政部征收之统税，有《统税暂行简章》，[2] 其主旨在缴纳统税以替代沿途厘金，五十里外之常关税及内地边陆各常税并杂捐，但矿区、矿产两税，固仍须完纳也。其重要规定如下：

（一）各矿务公司为运销矿产便利起见，均得呈请财政部认缴统税（第一条）。

（二）财政部接到各矿务公司呈请认税文件，经派员核实查明后，再按该公司报运吨数，核定应纳统税之额，其税额核定标准，为每吨市价百分之五（第三条）。

（三）纳税以后，由财政部发给免纳税捐执照，除矿区、矿税、铁捐等税，海关出口正税、五十里内常关税及船料、并京师落地税，仍照章缴纳外，所有沿途厘金，五十里外之常关税、内地及边陆各常关税并杂捐，均一律免征（第四条）。

惟北京政府时代，号令不行，省自为政，除矿区税统税由矿业依法缴纳外，矿产税至为纷歧，轻重减免，均不一致。此矿税沿革大略也。

---

① 《矿业条例》第七十九条。
② 见贾士毅《民国续财政史》第二编四八九—四九一页。

矿税现情　国民政府成立，先于十六年拟定《矿税暂行条例草案》十四条，以为划一区产两税之准备。二十一年一月二十三日，又修正公布《矿业法》，其关于矿税一章（第六章）规定如下：

（一）矿税分矿区税、矿产税二种，由矿业权者分别缴纳（第九十一条）。

（二）矿区税为地面租税以外之税，其税率如下：

一探矿区每公亩按年纳国币一分；砂矿在河底者，每河道长十公尺，按年纳国币一分。

二采矿区每公亩或河道每长十公尺，自开办起五年内按年纳国币二分，自第六年起按年纳国币五分（第九十二条）。

（三）矿产税按照矿产物价格，纳百分之二至百分之十。矿产物价格，以出产地附近市场之平均市价为标准，由实业部财政部按照省主管官署报告，会同核定之（第九十三条）。

（四）矿区税每年分二期，于一月、七月缴纳；矿产税依照实际产额，约计市价，按月缴纳。惟实际上则于核定平均市价后，逐年清结，年终缴纳之（第九十四条）。

自二十年裁厘以后，财部以岁入锐减，应从速推行矿税，以裕税收，故另草拟《矿产税条例草案》，规定第一类之矿产物（锡、铅等）照价格纳百分之二，第二类之矿产物（金、银、铜、铁、锑等）纳百分之五，第三类之矿产物（金刚石等）纳百分之十。嗣以《矿业法》矿产税税率，经立法院修正为百分之二至百分之十，故《矿产税条例》，无复颁布必要。此外财政部为整理税收起见，另定值百抽五之煤矿税，由部派员就矿征收，先在安徽之烈山，山东之中兴、鲁大等煤矿施行，逐渐推行各处。兹就历年度《财政报告书》及预算概算，比较矿税实收如下：

表 1-2-13　1928—1935 年矿税财政预算及实算

十七年度实收	90 182.19 元
十八年度概算	986 221
十九年度概算	586 119

（续表）

二十年度预算	1 071 288
二十一年度概算	2 144 460
二十二年度实收	1 619 958.93
二十三年度预算	2 724 979
二十四年度预算	3 873 124

吾人对于矿税之建议　矿税划为国税，在欧西各国，有例可援，如英国是也。良以矿业之发达与否，关系一国实业匪浅，决非地方利益所得支配。故无论矿区税矿产税，皆宜切实统一，由中央征收；北京政府时代地方征收矿产税及省自为政之恶例，应竭力纠正。再《矿业法》既有矿产税税率由百分之二至百分之十之规定，似不必另立煤矿税，且煤系人生日用品，税率宜轻，似以规定百分之二为宜。盖税制宜简，征收机关宜集中，行政效率宜改进，然后税收方可增加也。

渔课沿革　清初鱼课，尚无沿海、内地之分。《大清会典事例》（卷二百四十五）详载各省额征鱼课，最多者达七千七百四十两一钱四分（广东），最低者不过二十一两八钱（贵州），岁入至为有限。其征收方法，有按渔票者，如乾隆二十七年议准，盛京金州城额征渔票四百九十四张，每张每年税银五钱，改为实设渔票三百二十二张，额征鱼课一百六十一两。又有按网计者，如乾隆二十九年议准，吉林伯都讷地方鱼网十八张，每网一张，征税银二十两，是也。

降及清季，分内河渔税及沿海渔税。光绪三十年，江督奏准由江、浙两省各拨银二万五千两，合组江浙渔业公司，购置渔轮，以为捕鱼及护洋之用，一面又代进口渔船报关，而征收其冰鲜鱼税及事业税。嗣后公司停闭，公司职员组织之江浙渔会，除将官股偿还外，独树一帜，呈请北京政府立案，未邀批准，于是引起该会产业归官归民之争。后经浙省当局取消江浙渔会，改办江浙渔业事务局。及国民政府奠都南京，由财政部改组江浙渔业事务局，征收江、浙沿海各区进口冰鲜鱼税。此沿海渔业税之沿革也。①

沿海渔业税之现情　十七年七月，公布《江浙渔业事务局章程》，规定下列各要点：

（一）江浙渔业事务局成立后，其管辖区域内，旧有鲜鱼类之厘金、省税、统捐、杂捐等，概由江、浙两省政府划出，改归该局征收渔税（第一条）。

（二）该局征收渔税，以外海所产鲜鱼及鲜水产动物为限（第二条）。

（三）渔税税率，照估价值百抽二．五，概就渔行或渔船征收（第三条）。

（四）征收渔税，以鲜鱼及鲜水产动物满足一百斤，为征税起算数，不及此数，及肩挑负贩者，概不征税（第五条）。

（五）凡已经该局征收之鲜鱼鲜水产动物，运往他处时，除海关税外，在江、浙两省境内征收机关，验明税单，即便放行，概不重征。（第八条）

该税征税范围，不过限于江苏、浙江二省，其征税地点，在江苏为上海、宝山、崇明、东台、盐城、阜宁、东海、灌云、赣榆等九县，在浙江为鄞县、镇海、定海、临海、永嘉、平阳、玉环等七县。至于税收，据历年概算、预算及报告书可考者，列举如下：

表 1-2-14　1928—1929 年渔业税财政预算

十七年度预算	190 000 元
十八年度预算	151 700 元

但该局全年开支，亦须十五万元左右，收支仅能相抵，徒为沿海渔户生计之累，且征渔业税以后，仍须纳关税，适足以助张他国渔业之竞争。故政府二十年三月二十八日，明令公布，裁撤渔业税，并声明以后无论何项机关，不得另立名目，征收此项税捐。财部奉令后，亦将江浙渔业事务局撤销。此亦差强人意之一举也。

---

① 　参阅贾士毅《民国续财政史》第二编五三三页。

B. 消费税系统

第三章

关　税

资料及参考书　关于关税之一般的研究，可参考下列各书：

（1）T. E. G. Gregory：*Tariffs*：*A Study in Method*，London 1921. 本书关于制定关税税则之手续、方法、税率之规定，以及报复、互惠、差别税则等技术问题，讨论綦详，为税务学校最佳之参考书。

（2）J. Gruntzel：*System der Handelspolitik*，3. Aufl，Wien 1928. SS. 223-401. 本书原为《商业政策之体系》，惟其中对于关税政策之理论，各国关税之历史、现状；以及各种税则、税率，皆有深刻之研究。堪为研究关税问题之蓝本。

（3）朱偰著"战后各国关税政策之趋势"，载《东方杂志》二十八卷。

（4）朱偰著"农业保护关税问题"（《东方杂志》第三十一卷第九号）。

至于中国关税问题方面，其重要参考书如下：

（5）贾士毅《关税与国权》，民国十八年十二月初版，上海商务印书馆发行。本书凡分四编：（一）关税沿革；（二）关税特质；（三）海关组织；（四）关税制度；而以补遗殿后。第四编为最详，可作资料或档案汇编观。

（6）马寅初《中国关税问题》（商务《百科小丛书》）。

（7）武堉干《中国关税问题》（商务《新时代史地丛书》）。

资料方面，自以海关造册处历年关册及报告书，与历年公布税则，为最可靠之材料兹根据颁布时日先后，列举如下：

（1）历年海关报告册。以一九三二年为例，内容如下：

The Trade of China，1932.

Volume I：Report，with Revenue，Treasure，and Shipping Tables.

Volume II：Foreign Trade：Abstract of Import and Export Statistics.（进出口贸易统计辑要）。

Volume III：Foreign Trade：Analysis of Imports.（进口货物类编）。

Volume IV：Foreign Trade：Analysis of Exports.（出口货物类编）。

Volume V：Domestic Trade：Analysis of Interport Movement of Chinese Produce.（国内贸易土货转口统计）。

（2）国立中央研究院社会科学研究所专刊第四号："六十五年来中国国际贸易统计"，杨端六、侯厚培等编，二十年出版。所谓六十五年来，系指从同治三年（一八六四）至民国十七年（一九二八）；有图有表，为研究中国关税问题最便利之材料。

（3）"Tariff Revision in 1918 and 1922" by Mr. Clarence S. K. Chow.（*China Year Book*，1923，pp. 518-525.）

（4）朱偰著："一九二八年国民政府修改不平等条约之成绩与批评"，载《东方杂志》二十六卷。

本篇讨论一九二八年关税条约颇详，并亦及关税自主后之第一次税则。

（5）历年海关进口税及出口税税则：

a. 道光二十三年议定通商进口税则。

道光二十三年议定通商出口税则。

b. 咸丰八年修改通商进口税则。

咸丰八年修改通商出口税则。

c. 光绪二十八年进口税则。

d. 通商进口税则善后章程。

　　e. 中华民国七年修改进口税则。

　　f. 中华民国十一年修改进口税则。

　　g. 中华民国十七年十二月七日公布海关进口税则。

　　h. 中华民国十九年十二月二十九日公布海关进口税税则。

　　i. 中华民国二十年五月七日公布海关出口税税则。①

　　以上并见上海中国银行总管理处调查部出版《最近中国对外贸易统计图解》(1912—1930)（附历年海关税则）本书由唐有壬、张肖梅、蔡致通等编，二十年十二月初版，二十四年更有续编出版。

　　j. 二十二年五月二十二日公布《修正国定进口税则》(《国际贸易导报》第三种，非卖品，二十二年六月十五日出版)。

　　k. 二十三年六月三十日公布《国定进口税则》（载《工商半月刊》第六卷第十四号)。

　　l. 二十四年六月二十五日《修正出口税则》（载同月《大公报》)。

　　(6) Guide of the Export Tariff（1931）and Classification of Returns.（New issue：June 1933. Previous issuse cancelled. ）printed and published at the Statistical Department of the Inspectorate General of Customs. Shanghai 1933.

第一节　关 税 泛 论

　　关税（Custom Zölle）系通过税之一种，于货物输入、输出或过境时征收之。

　　关税之初系规费性质（Gebürencharakter）于利用道路、桥梁、商港设备时征收之，而为对于一切保护指导之报酬。直至中古之时，其征收并不在边境，而于内地重要商业及交通孔道，设关置卡执行之。税之高低，亦全以地方的与财政的需要为准；至于货物之系输

―――――――――

　　①　亦载《工商半月刊》(二十年五六月号)。

入、输出或系通过，概所不问。

此种规费性质，于欧洲各国古代租税立法中，犹可见其痕迹。英国关税本名 toll，指一切通过税而言；但后世则专指内地消费税，而别以 Custom 一字名边境关税。在普鲁士，所谓 Akzise 原指一般商税而言，为城市所征之税，与乡村之税对立。一八一八年五月十六日普鲁士关税立法，始对于外货输入征税关税（Zoll），作为 Akzise 之附加税，无论城市乡村，皆须征收。奥国亦自一七七五年七月十五日女皇 Maria Theresia 关税法令起，始根本分开内地通过税（Mautabgaben）与关税（Zölle）：前者系指一切运输利用道路、河渠、桥梁时所纳之税而言；后者则专指货物输入、输出及过境时所纳之税——即现代所谓关税。

至于今日关税之意义，则逐渐演进而来，为一种边境税（Grenzabgabe）；其征收限于对外贸易，故于货物越境时行之。但此边境税性质之关税，须有种种前提：第一、须有一统一之关税区域（Zollgebiet）；易言之，即国内关税完全取消，而成立一统一的有共同关税壁垒的经济区域。第二、关税政策，不仅以财政收入为目的，且进一步以商业政策为依归。此种近代之关税，最早实现于英国。至于法国，在 Colbert 时代，已有废除内地关税而成立统一的关税区之计划，作为重商主义政策之基础；但直至一七九一年八月二十二日立法，始完成之。一八三三年，德国成立关税同盟（Zollverein），为统一关税之先声；及一八七一年联邦帝国成立，始完全实现。奥国关税统一，以一七七五年七月十五日女皇 Maria Theresia 所颁布之关税法令为第一步，该法令规定下奥地利及波希米各省——工业最发达之区——先成立一关税同盟；嗣后各省先后加入；至一八五〇年，奥、匈亦联合为一关税区域。及一九一九年《圣日耳曼》和约签订，奥、匈帝国瓦解，又分裂为数独立关税区域。意大利始以一八五九年政治统一，取消内国关税；一八六一年六月十七日《关税法》，已完全建筑在统一关税区域之上。瑞士因宪法二十四条之规定，关税征收权属于联邦政府；一切各邦之水陆税关，道路、桥梁捐及其他规费等，皆完全废除。一八七四年五月二十九日宪法修改，关税行政更趋于中央集权。故无论在单一国家或联邦国家，关税为边境税，系对外商业政策之重要武器，而其征收权属于中央或联邦政府，盖已为确定不移之原则。

虽然，内地关税（Binnenzölle）或常关税，至今日仍有保存者。三十年前，土耳其本国商港由海上来之货物，须与外国货物同纳百分之八进口税；一九〇二年，内地关税减低之百分之二，旋即完全取消。巴西各省之间亦有内地关税，一九〇四年五月二十九日立法始取消之。

至于中国内地关税，则厘金虽已废除；但内地常关，五十里以外常关仍有存在者；至五十里以内常关，则因条约关系，同为外债担保，归海关管理，更未能废除。其他各省之谷物令，颁布频频，其影响亦等于常关税。请辟专节论之。

关税之在今日，虽以实行商业政策为重要目的，但财政上之利害关系，亦未能完全放弃不问。故无论何国，关税多少含有财政的与商业政策的双重性质，愈注重一方面，即不得不愈忽略他方面。其为商业政策之武器者为保护关税（Schutzzölle）；其为财政政策之手段者，为财政关税（Finanzzölle）。

所谓财政关税者，进口税之税率，全以财政收入为依归，其主要目的，在增加关税税收及国家收入。其货物对象，往往为本国不能生产，必须由外国输入，故无所施其保护政策者。此种货物，凡分两类：（一）不加制造即可直接消费者。所谓"殖民地商品"（Kolonialwaren）——帝国主义下之名辞——如咖啡、茶、可可、烟、香料等皆属之。以中国而论，则对于咖啡、锡兰茶（更有保护本国茶业意义）、可可、烟、沙丁鱼等，皆不妨征以财政关税。（二）为工业原料而须加工制造者，如棉花、麻、胶皮等是。现代财政关税，往往只行于前者；因经济政策之原则，在奖励工业，使得顺利进行，故对于原料进口，不当加以重税。

在欧洲各国，征收财政关税之货物，其种类及范围，颇不一致。例如北欧诸国，对于米及南方水果（香焦、柠檬、橘、波罗蜜、……）征以财政关税；但在南欧，则以保护农业为立场，征以保护关税。此外酒类（啤酒、葡萄酒、白兰蒂酒）及煤油，——因煤油亦为国内征税品——亦往往为财政关税之对象。但征收财政关税之时，为保护国内同类生产品起见，亦常有保护政策意义在内：例如北欧诸国征收南方水果，同时即以保护本国果业，征收米即所以保护本国麦业；我国应征收锡兰茶，即所以保护本国茶业是也。

财政关税之税率，因所征收之对象多为奢侈品，故不妨甚高，而不妨碍一般之生活程度。但在今日，物质生活增进，故即在贫苦之家庭中，此类货物亦不可少。如英之于茶，德之于咖啡，意、法之于可可，皆是。至于烟、酒、香料，皆不妨加以重税；在烟酒公卖之国家，且有禁止其输入者。

财政关税之实行于工业原料方面，在今日欧美各国已成例外。惟法国在历史上，因财政困难，曾一度实行之。当普、法战争（一八七〇）以后，法财政竭蹶，为增加国家收入起见，对于一八六〇年来不征关税之丝、羊毛、棉花、亚麻、火麻、木料、含油之种子等，一概征收从价税百分之二十。但同时亦提高制造品之进口税率，并用"对于实际输出商品发还已征内国消费税"之方法，（所谓Zollrestitution）以保护本国工业，而奖励输出。然对于输出商品发还已征之内国消费税，不能到处实行，于是国会中激烈辩论之结果，采用折衷办法。一八七四年，因关税收入并未如期增加，遂取消原料关税。今日对于原料征税，已成例外。意大利对于棉花进口，虽征关税；但对于其他纺织原料，则不征税。故在工业国家，对于原料进口，以不征税为原则。惟中国关税政策，则正与此相反；财政关税，亦实行于工业原料方面，惟以增加关税收入为目的。其详请于下节讨论之。

所谓保护关税者，其征收进口税之目的，在保护本国生产，抑制外国竞争，而保全内国之商场，使国内工业得以繁荣。视其所保护之生产为农业抑为工业，又可分为两类：即农业保护关税与工业保护关税是也。

农业保护关税，为对外贸易政策中较后起之问题，因保护关税理论初起之时，——如 Friedrich List 之主张——其目的在保护幼稚工业；否则自由竞争之结果，决不能使本国幼稚工业战胜他国先进工业，而维持发展。至于农业，则到处皆为文化之已经过的阶段，[①] 无所用其保护政策。故在保护关税运动之始，一般以为保护农业与工业政策不能相容；因实行农业保护关税结果，提高本国生活程度，因而增高国内工业之成本，与保护工业政策正相冲突。故在欧洲各国关税政策史中，往往有可注意之现象：农民多主张自由贸易，而工业则要求保护政策。

但自美国粮食输入欧洲，引起剧烈之竞争后，情形完全改变。美国自十九世纪中叶以来，粮产激增，一八四九年所产之麦尚不过一万万 bushels，至一八八四年激增至五万一千二百万，超过五倍以上。加以粮业输出组织进步，运费低廉，于是在欧洲市场上，占绝对优势。美国麦产成本极低，欧洲农业不能与之竞争。例如一八八四年各国每 bushel 麦价折合美元后，其差别如左：

表 1-3-1　1884 年各国每蒲式耳[②]麦价折合美元数

英	1.08	奥匈	0.96
法	1.21	美	0.65
德	1.05		

美国粮食倾销，首当其冲者厥为英国。于是英国市场上，不但他国粮食绝迹，即英国本国农业，亦不能与之竞争。美国在英粮食输入统计中，在一八四六至一八五〇年尚不过占百分之六·二，至一八七八年即暴增至百分之五八·二。法国因有保护关税，且农业向占优势，尚有相当抵抗能力。至于德国，即深受其影响，而引起

---

① Friedrich List 之经济阶段学说，先有农业，次有农业工业，然后有农工商业并盛之国民经济，如当时之英国是。

② 蒲式耳，英制容量单位。

所谓农业运动（Agrarbewegung）。但欧洲其他粮食输出国家，亦极蒙不利。奥匈帝国首先失去德国商场；而俄国与多脑河流域诸邦，向之主要粮食输出国，其国际贸易亦深受打击。在此种种情形之下，各国先后要求保护农业，与工业要求保护政策正复相同。其与我国今日因谷价跌落而征洋米进口税，先后如出一辙。

农业保护关税对于谷价之影响如何，为最多争论之问题。关于此问题之答复。可分析论之：

（1）假如一国非输入粮食不可，则谷价因关税之增加而增加。

（2）假如该国自有发展之农业，则情形又当分别而论：

（a）在丰收之年成，对于粮食进口征收关税，归输出国负担；

（b）在歉收之年成，对于粮食进口征收关税，归输入国负担。

（3）当谷价高时（歉收），不得不有赖于外国输入；于是本国消费者在付高价以外，尚须负担全部关税。

（4）当谷价低时（丰收），外国粮食进口，则关税往往由外商负担。

（5）保护农业结果，国内地价上涨，但受其利者，为当时之地主；至于日后之买主，则更须付高价方能购买土地。

故农业保护关税之利益，视特殊情形而异，乃为相对的，而非绝对的。

农业保护关税中最饶兴趣之问题，厥为"活动分级税则"（gleitende Zollskala；sliding — scale duty）问题。[①] 该税则之目的，在使关税可以自动上下，适应外来谷价，而稳定国内之谷价。其税率可为从价，亦可为从量，其中心意义，厥为关税可因物价上落而自动变化：例如物价上涨，因昂贵不利于消费者，故关税宜依物价之上涨而下落；更如物价下落，因价廉不利于生产者，故关税宜依物价之下落而提高，

---

① 关于活动分级税则之主要参考书，除 Gregory 及 Gruntzel 二书外，可参阅 Diehl："Über die Frage der Einführung beweglicher Getreidezölle," in J. N. S.，iii. F，XIX.，p. 303 et seq. 及 Henningsen："Die gleitende Skala für Getreidezölle."（No. 99 of the Probleme der Weltwirtschaft. Jena 1912.）

以稳定物价，而保护生产者。此外更可规定关税上下之最高限度及最低限度，以示对于消费者及生产者之极度保护。对于消费者之保护，以关税降至最低限度为止；对于生产者之保护，以关税提至最高限度为止。但完全自由输入或绝对禁止输入，亦有同样之效果。如此物价不致过昂或过低，而消费者及生产者，同受其利益。

　　活动分级税则，最初行于英国。当十八世纪之末，英粮食输入已属可观，对于本国农业，不得不加以保护。于是于一七九一年，实行农业保护关税：凡洋麦进口，当国内麦价每 quarter① 值五十五先令时，仅征关税半先令；麦价如落至五十四至五十先令，则征关税二先令半；麦价五十先令以下，则加征至二十四先令半，——几等于禁止进口。但此后数年间，麦价并未如此跌落，故高级关税并未实行。一八〇四年，因英地主之要求，又提高农业保护关税，最低税率（半先令）在麦价每 Q. 六十六先令时，方始实行；麦价如在六十三至六十六先令之间，征关税二先令半；在六十三先令以下，则征二十四先令半。一八一五年，又改为麦价在八十先令时，方行最低税率。至一八二八年，始造成一系统的分级税则，其与一八四二年 Peel 减轻之分级税则比较如下：②

表 1-3-2　英国不同税则谷价及征收关税表

谷价	1828 税则	1842 税则
51（先令以下）	36（先）8（辨士）	25（先令）
51	36　8	24
52	35　8	23
53	34　8	22
54	33　8	21

---

　　①　一 quarter 等于八 bushels。
　　②　Gruntzel：System der Handelspolitik 二八六页所列之表，一八四二税则从二十先令起，实误。今从 Gregory Tariffs, p. 135 更正。

谷价	1828 税则		1842 税则
55	32	8	20
56	31	8	19
57	30	8	18
58	29	8	17
59	28	8	16
60	27	8	15
61	26	8	14
62	25	8	13
63	24	8	12
64	23	8	11
65	22	8	10
66	21	8	9
67	20	8	8
68	18	8	7
69	16	8	6
70	13	8	5
71	10	8	4
72	6	8	3
73	2	8	2
73（先令以上）	1		1

　　及自由贸易运动兴起，废除农业保护关税，活动分级税则，亦同时取消。英以一八四九年二月一日，规定麦每 Q. 征税一先令；至一八六三年又减至三辨士，及一八六九年七月一日，则并此三辨士亦完全取消，粮食进口完全自由矣。

　　在英国以外，他国亦有行活动分级税则者。法以一八一九年七月十六日法律，分国内为三区：如谷价在第一区为二十三法郎，第二区为二十一法郎，第三区为十九法郎，则每公石（hectolitre）除固定税则外，——外船来者，征一．二五法郎；本国船来者，征〇．二五法郎，——再征附加关税一法郎。如物价下落，则每落一法郎加征一法郎附加税。如第一区落至二十，第二区落至十八，第三区落至十六，则禁止粮食进口。一八二一年，更重分为四区，而提高禁止粮食进口之价格，但谷价上涨，并未如期实现。此外比利时亦以一八三四年七月三十一日法律，实行活动分级税则于农业关税。

欧战前后，活动分级税则问题，又重行讨论，德国 Harm 及 Henningsen（"Die gleitende Skala für Getreidezölle"）主张重行活动分级税则，而 Diehl（"Eine neue Verteidigung der beweglichen Getreidezölle" J. N. S.，iii. F，102 Bd.，p. 94，et seq.）则严格批评之。战后奥国以一九二四年九月五日实行活动农业保护关税（每百公斤征税〇．二五至四金克郎），捷克继之，但不久又皆废止。

一般主张活动分级税则之理由，可分二组：

（1）按物价平准而上下其税则，可以关税高低抵消物价上落，而避免物价之过剧变化。因物价高涨，关税降低，则输入必增，结果物价又得其平。反之物价跌落，关税提高，以限制输入，则物价又可渐涨，而回复原状。故在活动分级税则之下，物价变化无固定税则下之剧。因在固定税则之下，不为从价，即为从量：如为从价税，则物价愈高，征保护关税愈重，结果物价必更暴涨；反之物价下落，则保护关税愈轻，于是物价更趋跌落。若为从量税，则物价高时输入固易，物价低时输入固难，但其平衡物价之功用，终不及活动关税之灵活。

（2）所谓避免物价之过剧变化，其意自在求一"通常价格"（a normal price）。而此通常价格，可由活动税则之作用而常保平衡。因活动税则之中，已定通常价格最高及最低之范围，若去此范围愈远，——例如物价过低，则关税比例提高，以阻制输入，而使物价归于平衡。英一八二八年税则，谷价由六十七先令增至六十八、六十九，每增一先令关税减二先令；但谷价如增至六十九以上——去通常价格愈远，——则关税减低三先令，以便利输入，而平衡物价。

但此种优点，是否能完全实现？直至今日为止，多数专家之意见，皆以为活动分级税则未必有此利益。德国方面，在争论农业保护税时，Diehl 详细分析一八一五年至一八四六年间英国之经验与意见，以为活动分级税则，并不能达到其任何目的，故反对德国采取该税则。此外法国 Amé,① 美国 J. S. Nicholson② 德国 Conrad③ 皆反对活动分级税则。其理由分述如下：

（1）关税税则并不能单独支配谷价，至多不过为支配谷价之一因子。——即使能影响谷价，亦非唯一的重要的势力（predominant influence）。故目前之问题，在关税税则之增减，影响于谷物之供给，至何程度。试就活动分级税则，一考察之：

在活动分级税则之下，税则之提高或减低，可影响于谷物之供给，而尤可支配谷之输入。税则增高，输入减少，税则减低，输入增加。此增加或减少之输入，共本国之谷产，合成通常之物价（normal price）。今如通常谷价为 P，假定谷价涨 X，税则减低 Y；此减低之税则，可以促进输入，恰使谷价由 $p+x$ 落至 p，而复归于平。又如谷价继续上涨 x' 税则减低 y' 于是输入更增；而此增加之输入，恰足以使谷价由 $p+x+x'$ 落至 p，而又归于平。反之谷价跌落，税则上涨，亦有同样效果。今举例以明之：

国内米价每担八元　　税则二元　　洋米每担可卖六元

今国内米价涨至九元　　税则一元　　洋米每担可卖八元

国内米价涨至十元　　自由输入　　洋米每担可卖十元

国内米价之所以上涨，自原因于米产减少（如歉收），于是减低税则，奖励输入；而税则每减一元，洋商每担可多获利二元，于是竞争输入，而米价因复归于平。

---

①　Amé：“Etude sur les Tarifs de Douane,” ii. , p. 73 et seq.

②　Nicholson：“The English Corn Laws. ” pp. 92-3.

③　Conrad：S. V. S. P. , No. 90. “Die Stellung der landwirtschaftl. Zölle”.

此为活动分级税则理想的效果。但事实上并非如此简单：如供给与需要之弹性不相同时，即不能发生此效果。[1] 因米之供给方面，有时因歉收，战争，或其他关系，未必能因税则之减低而比例的输入；而米之需要方面，——虽弹性较少，——然亦视人民之购买力如何而定。且国内米之供给，亦非为绝对的，有时国内米商，收买谷物，抬高米价，在米价未跌以前，出售存米，于是物价上落，反因而更剧。

（2）故活动分级税则，不但不能维持谷价之平衡，且反足以促进投机，使谷价上落更剧。例如投机米商，在国内收买谷物，抬高谷价（所谓 bull-buying），于是关税税则，相应减低，此时输入谷物，有利可图，——依上例，关税每减一元，输入可多赢二元，——于是投机米商，竞购洋米，其所得之利，足以抵消高价收买谷物而有余。至于收买之后，自不必一次出售，致压低谷价；而逐渐将存米出售，合于其目的而获最大之赢利。如此，活动分级税则，不但不能平衡谷价，且反而足以使谷价异常上落不定。

（3）活动分级税则之错误，在误认过去之物价，为将来之物价。因税则所根据以上下者，为过去之物价；而所适用者，则为将来之物价。但将来之物价，未必与过去之物价相同，有时且完全相反。

以上，为反对之理论，尤以第二、第三立论，最为有力。但对于第三立论，可以用物价统计救济之；一九一二年，Henningsen 在 Kiel 大学 Harm 教授研究班上，发表"Die gleitende Skala für Getreidezölle"[2] 以为过去活动分级税则之失败，并非因原则错误，而在方法上之错误。关税税则，其应用在将来之物价，故不当专根据过去之物价，而当适应将来之物价。氏主张以三种曲线，求出将来之物价，而为活动税则之根据：

（一）过去十年之平均物价。

---

[1] "But if the elasticities of supply and demand are not the same, no such assumption is justified." Gregory, Tariffs. p. 138.

[2] No. 99 of the Probleme der Weltwirtschaft. Jena 1912.

（二）日日物价之上落（day-to-day fluctuations）即实际物价与通常物价（normal price）之差异。

（三）季节物价之上落（seasonal fluctuations）。

由此三种曲线，我人可得物价将来之趋势（trend），但所得者，仍为"mean price"而实际物价之上落，则不妨离此 mean price 甚远。反对者①并谓实行之时异常困难，并予输入以阻碍；但此种活动分级税则，较英、法所实行之税则，则已进步多矣。

至于吾国将来，关于农业保护，是否应行活动分级税则，余以为不妨尝试行之。盖吾国为农业国，谷价因收成丰歉而大有上落，以南京为例，米贵时二十余元一石，米贱时仅六元一石。

米价过昂，宜保护消费者，关税自应减低；而米贱时，则谷贱伤农，宜保护生产者，提高保护关税。至于一般反对活动税则之背景，或为古典学派，根本主张放任，反对干涉；或因工业国发展之结果，全然仰外来粮食之供给，本国农业无所用其保护。故英国始行活动农业税则，而终于放弃也。然而活动分级税则之理论，固甚为健全，如能加以方法上之修正，使税则适应将来之物价；再制止投机，加以监督，则活动分级税则之实行，或将在经济政策史上放一异彩也。

保护关税中之最普遍者，厥为工业保护关税。盖对外商业政策初起之时，以促进国内工商业为主；而对外贸易之扩充，尤以工业生产力之发展为前提。但新兴之幼稚工业，决不能敌技术进步，历史久长，资本雄厚，商场联络便利之外国工业，故重商主义要求增高关税，甚至禁止制造品入口，以保护本国工业。及自由贸易通行，曾一度取消保护关税；但自一八六〇年来之减税运动，为时不久，欧洲大陆各国，皆于一八七三年左右，先后回复保护关税，有计划的实行增税。在落后之农业国家，以扶植民族工业为理由；在先进

---

① Diehl: "Eine neue Verteidigung der beweglichen Getreidezölle." J. N. S. iii. F. 102 Bd., p. 94, et seq.

之工业国家，以促进已成之工业为前提，竞行保护关税，甚至自由贸易之母国——英国——虽因机器工业之先进，曾取得世界优越之地位，但今日处于新重商主义时代，各国竞事经济独立（Autarkie），提高关税壁垒，亦不能独外。初则扩大锁钥工业（key-industries）（即基本国防工业）以开其端，继则于一九三一年实行保护关税，放弃自由贸易。故今日工业保护关税，实为各国所通行；其保护不但限于量的方面，亦且及于质的方面，——例如同类商品，视其制造之程度，精粗之差别，分为各种税率。——不特仅保护"物质"而已，兼且保护劳力也。

工业保护关税中，亦有所谓活动税则（flexible tariff）。美以一九二二年九月二十一日，颁布"Fordney-Mc Cumber-Tariff"该税则以抵消国内及国外生产成本之差为目的，自命为科学的税则，故在三一五至三一七各条中规定，授权总统，得随时因国外竞争激烈，威胁本国工业，并根据税则委员会建议，可增加关税，必要时并禁止进口，以救济之。自后亦时时实行之。今日商战激烈，关税壁垒增高，禁止进口或将某种商品输入规定定额（Kontingentierung），置在国家管理之下（例如一九三二年十二月一日丹麦政府提案，将二十类商品输入置于政府管理之下），更数见不鲜矣。

第二节　中国内地关税
——常关税、子口税、复进口税、转口税

清初关税，即后世所谓常关税；其江苏、浙江、福建、广东四省之海关税，亦与通商以后各国订立条约，设立通商口岸之海关税不同。盖当时关税，尚非边境税性质，故不分内外也。关税有正税、商税、船料税三种：正税按出产地道征收之；商税则从价征收，均为对于货物之通过税；船料税按船之梁头大小征税，沿于明之钞关，对船而征税者也。

清初常关，分设户工两关：户关如京师之崇文门、左翼、石翼；直隶之通州坐粮厅、天津关、山海关、张家口、龙泉、紫荆、独石、潘桃等口，多伦诺尔；盛京之奉天牛马税局、凤凰城、中江、胡纳、胡河；吉林之宁古塔、辉发、穆钦、伯都讷；山西之杀虎口、归化城；山东之临清关；江苏之江海关、浒墅关、淮安关、扬州关、西新关（淮关兼辖庙湾口，扬关兼辖瓜州口）；安徽之凤阳关、芜湖关；江西之九江关、赣关；福建之闽海关、闽安关；浙江之浙海关、北新关；湖北之武昌关兼辖游湖关；四川之夔关、打箭炉；广东之粤海关、太平关；广西之梧厂、浔厂是也。工关均收木税，有以户关兼者：如盛京之浑河、大小凌河等处；吉林之辉发、穆钦、宁古塔、三姓等处；直隶之大河口、古北口、通永道等处；山西之杀虎口、武元城；山东之临清关；江苏之龙江关、宿迁关、瓜仪由闸；安徽之芜湖关；浙江之南新关；湖北之荆关直辖田东；湖南之辰关；四川之夔关所辖渝关是也。户工各关，统曰常关，均置官掌其治禁。亦有特设监督者，如崇文门等是；亦有以外官兼管者，如闽海关由福州将军兼管；又如杭州之南新、北新二关，由该省织造兼管等是。其余各关，则由督抚委巡道监收；其系落地税者，或归工关或户关兼理，或归并地方官管理。民国改元，因循旧制，殊少更改。

至于税制方面，清初颇为谨严：如罢抽税溢额之例，如议准刊刻关税条例，竖立木榜于直省关口孔道，晓谕商民；[1] 又屡次敕定各关征税则例。然至乾隆初年，已有私增口岸滥设税房之举；江苏浒墅关一处，历年添设口岸有五十二处之多；[2] 又有铺户代客完税，包揽居奇积习，常关积弊，已肇于斯时矣。至各关税则，有为康熙时所定者，[3] 有为雍正初年所定者，有为乾隆中年所定者，历时既久，

---

① 康熙五年，议准刊刻关税条例，竖立木榜于直省关口，并商贾往来孔道，遍行晓谕；或例内有加增之数，亦明白注出，以杜吏役滥征之弊。

② 见《东华录》乾隆四年御史舒赫德参奏浒墅关监督海保一案。

③ 康熙二十三年，始定福建、广东开海征税则例；二十八年，又议定江、浙、闽、广四省海关征税之例。

早已不合时用。民国三年秋，财政部呈准修改税率办法，以划一税率为主旨，通令各常关，以从价二分五厘，即以海关税则之半额为全国各常关税则之标准；其有旧则不及海关税则半额者，按海关税则半额增征之；如等于或超过海关税则半额者，均仍其旧；并与税务处商定，五十里内外各口常关及各内地常关，一律办理。据当时统计局之《行政统计汇报》，此种办法，除江海、琼海等一二关外，各关已次第推行云。至各关征税之种类，互有异同；就大体言之，要以货物之通过税为主，帆船之船钞为辅，正税之外，并有附加税及手续费；故课税之繁琐，税吏之留难，仍所不免焉。

民国以来，承袭清旧，分常关为内地常关，五十里内常关，五十里外常关三种。其五十里内外常关，本同归关道管辖；及光绪二十七年和约告成，赔款过巨，常关亦在抵押之内，其在通商口岸之关，应归海关兼管。自后遂以五十里内之各常关，属于海关税务司；而是项税款，亦与海关入款，同作偿付赔款之用。裁厘以后，各常关本应一律裁撤。故《十八年度财政报告书》云：

> 政府为奖励国内商业计，自二十年一月一日起，将复进口税、子口税及五外常关概行取消；国外进口货之五内常关税亦已废止。至土货常关税，俟出口税则修正后，亦当即予取消。政府裁除以上各税后，损失极巨；顾为国内商业之利益计，亦愿忍痛为之。

又《十九及二十年度财政报告书》云：

> 二十年一月一日政府裁撤厘金，修正关税后，又明令撤消五十里外常关税、五十里内常关洋货税、内地子口税、复进口税。同年六月一日又撤消五十里内常关税。此皆政府彻底裁厘之明证也。现国内贸易所纳之关税，只来往国内各口洋土货税一项而已。政府裁撤上述各项关税后，国库损失至巨；际此国计枯绌，百废待举之时，政府之毅然行此者，实望此举之终有裨益于国内之商业也。据十九年税收统计，政府除厘金之损失达八千万元外，其他税收上之损失，约两千万元。观下列十九年之诸项收支可知：

表 1-3-3　1930 年关税收入

	单位（元）
复进口税	6 298 000
内地子口税（人）	2 305 000
内地子口税（出）	943 000
常关税及船钞	9 908 000
合计	19 454 000

据上引《财政报告书》而论，似国民政府之财政政策，专以国民经济利益为归，不顾财政上巨大损失，毅然将各种常关税、复进口税、内地子口税，凡有害于国内商业者，一概裁撤。国内财政著作家，其专以官冕堂皇之决议案及法令报告书为根据者，亦必作此结论无疑。然吾人一细察实际情形，则与《财政报告书》所列不但相差甚远，甚且完全相反。据二十二年五月《财政公报》裁撤杀虎关一则，摘录如下：

> 准太原绥靖公署代电称："塞北关与杀虎关自裁厘后，虽均是关税；惟杀虎一关，东有张多关，西有塞北关，税收不旺。拟将杀虎关裁撤，改为塞北分关，以免进出口货之偷漏，并请将税率酌量增加至百分之二十五，应请早日核复，俾资筹备"。……已分令塞北、杀虎两关监督，定于七月一日，将杀虎关实行裁撤，改为塞北分关，归塞北关监督署兼辖。

按张多关、杀虎关、塞北关，虽为边境常关，含有陆路关税性质；然其机关组织，征收方法，常关税则，与其他内地常关无异。观上引代电中，拟将税率增加至百分之二十五，其不遵海关进出口税则可知。况张家口常关在万全县，杀虎口常关在右玉县，塞北常关在归化县，我国虽因习惯关系，蒙古伊犁地方与俄国通商，历来无税，而以张家口等常关，征收关税；[1] 然我国已因此而失外蒙，长

---

[1]　清同治八年（一八六九）中、俄《改订陆路通商章程》，第一条载有俄商由恰运俄国货物路经张家口，按照运津之货总数任听酌留若干于口销售；第五款载其酌留张家口之货，仍按照各国税则。在张家口交一正税。由此可见中、俄陆路通商，以张家口征收进出口税。

此以往，决不能放弃万全、右玉、归化以北数千里之地，置诸无税区域。由此观之，此种常关早应取消，宜在今日实际边界，严格设置陆关，以征进口税，盖明甚矣。

至于取消复进口税及内地子口税一节，亦属有名无实。按子口税（transit duty）本为海关征收之一种特殊关税，为免除商埠与内地间往来之外国贸易货物之通过税而赋课者也。通常进出口货物，于纳正税值百抽五外，兼纳正税之半（即值百抽二．五），即可免除内地各子口税，故一称子口半税。其进口货子口税之特权，仅限于进口洋货，税率为进口税率之半；而出口货子口税之特权，则仅限于对外出口土货，其税率亦为出口税率之半。此种制度，盖以中国为原料供给地及工业品销场，故洋货进口土货出口，纳子口税后，在内地即得通行无阻，其目的盖在于保护外国商业。至于复进口税（coast trade duty）一称沿岸贸易税，系对于本国土货，由此通商口岸运往彼通商口岸所课之税，——无异于海路内国常关，——因其税率为进口税之半，故又曰复进口半税。[①]　其目的；亦在保护外国船之沿岸贸易权。例如洋货由国外进口，仅纳百分之五之进口税，即可任凭转运他口，不再征税；而土货出口，既纳百分之五之出口税，如运往他口，另须纳二．五复进口税。是同一货品，洋货所负关税只百分之五，而土货则至七．五。若至内地竞销，则洋货纳子口半税后，即可畅销无阻；而土货则须逢关纳税，过卡抽厘。总之子口税与复进口税，皆系保护洋货抑制土货，加重土货成本，使不得与洋货竞争，其为害本国商业，明眼人早已见及。十四年十二月十日，关税特别会议中国代表，曾宣言复进口税与不出洋之土货出口税同时废除。[②]　及二十年一月一日裁厘以后，子口税更无存在理由。国民

---

　　①　复进口半税，始于咸丰十一年（一八六一）《长江通商收税章程》，该章程规定洋商运贩土货，自此通商口岸至彼通商口岸，须于正税之外，另纳复进口半税；并规定洋商自纳出口之正税及复进口半税后，不论再往其他通商埠，均不另课任何关税。嗣后中国与各国所订商约，大致均有同样之规定。

　　②　见贾士毅《关税与国权》第四编二八九页。

表 1-3-4 1923—1932年关税收入情况

年别	进口税	出口税	复进口税	转口税	内地子口税	船钞	其他附加税等	共计
十二年 1923	32 570 272 两	22 669 975	2 651 886		3 210 564	2 401 554	—	63 504 251
十三年 1924	38 104 525	23 137 455	2 550 864		3 114 732	2 687 555	—	69 595 131
十四年 1925	36 366 981	24 568 778	2 641 030		3 679 174	2 614 040	855 664	70 725 667
十五年 1926	42 855 027	26 263 787	2 793 370		3 311 483	2 898 610	2 313 685	80 435 962
十六年 1927	34 903 322	25 461 617	2 486 401		3 135 012	2 748 776	46 748	68 781 876
十七年 1928	46 499 394	27 057 564	2 699 203		3 110 437	2 965 928	—	82 332 526
十八年 1929	107 251 967	36 293 157	3 635 676		2 472 028	3 177 265	—	152 830 093
十九年 1930	135 840 256	35 547 839	4 042 015		2 083 058	3 106 590	—	180 619 758
二十年 1931	201 981 127	30 700 261	—	10 042 372	—	3 363 670	1 025 967	247 113 397
二十一年 1932	151 663 470	17 186 747	—	13 191 188	—	2 739 392	15 560 673	200 241 470

上表中复进口税及内地子口税，自二十年一月一日起停止征收；转口税自二十年六月一日改称今名，从前所征数目系包括于出口税栏内。

政府之裁撤子口税及复进口税，本属当然之事。然夷考其实，二者表面上虽经裁撤，然出口税中仍有转口税（interport duty）者，代之而起。所谓转口税，即系国内贸易出口税，自二十年六月一日起，改称今名。但国内贸易之出口货，仍输入本国，为奖励本国沿岸贸易起见，决不可再征通过税性质之转口税。且关税特别会议中，中国代表亦曾宣言："嗣后对于本国土货，由本国此一口岸运往彼一口岸，并不征收出口税"。今反设转口税，所谓"裨益于国内商业"云何哉！据二十一年度《海关中外贸易统计年刊》卷一，十二年至二十一年海关各项税收详见表 1-3-4：

　　　　至于厘金一项，自二十年一月一日起确已裁撤，在中央以五种
　　统税——卷烟、火柴、水泥、棉线、麦粉——及增加关税，以补损
　　失；在地方则举办营业税以补不足。其经过情形，已详于第一编中，
　　兹不复赘。

总之吾国今日内地通过税，虽厘金及常关已次第裁撤，然足以为国内商业之阻碍者，尚大有税在。转口税及西北常关税即为显例。将来不谋国内商业发达，统一关税制度则已，否则转口税必须取消①而边境常关税，尤须亟谋改革也。

表 1-3-5　附常关一览表

内地常关	兼管	地点
一、崇文门税关	兼管左右翼两局	北平
二、临清常关		山东临清
三、淮安常关		江苏淮安
四、凤阳常关		安徽蚌埠
五、赣关常关		江西赣县
六、闽安常关	系由闽海关兼管	福建闽侯

---

① 二十四年五月，有裁撤转口税之议，但以抵补方法尚未筹妥，始终未能实行。

（续表）

内地常关	兼管	地点
七、武昌常关		湖北武昌
八、新堤常关		湖北汉阳
九、辰州常关		湖南辰州
十、宝庆常关		湖南宝庆
十一、潼关常关		陕西潼关
十二、嘉峪常关	系由甘肃安肃道尹兼管	
十三、夔关常关		四川夔州
十四、成都常关	有永宁、广元两关附	四川成都
十五、宁远常关		湖南宁远
十六、雅安常关	有打箭炉关附内	川边
十七、太平常关		广东曲江
十八、浔州常关		广西浔州

B. 五十里内常关

一、津海关		河北天津
二、山海关	山海常关即牛庄钞关	辽宁营口
三、大连关		辽宁金县
四、胶海关		山东胶州湾
五、东海关	即烟台大关	山东福山
六、江海关	即江海大关	江苏上海南市
七、芜湖关	即大江常关	安徽芜湖
八、九江关		江西九江
九、闽海关	即南台总关	福建闽侯
十、厦门关	附石码常关	福建思明及龙溪
十一、浙海关	即宁波大关附镇海关	浙江鄞县及镇海
十二、瓯海关		浙江永嘉
十三、宜昌关暨沙市关	即荆州常关	湖北宜昌

（续表）

十四、粤海关	附江门关及甘竹关	广东省城，新会、顺德
十五、潮海关		广东汕头
十六、琼海关	附北海常关	广东琼海及合浦
十七、梧州关		广西苍梧

C. 五十里外常关

一、津海常关		河北天津
二、山海常关		辽宁营口
三、东海常关		山东福山县烟台
四、江海常关		江苏上海县南市
五、扬由常关		扬关在江苏江都钞门关，由关在江都三岔河镇，泰关在泰县南门外。
六、芜湖常关		安徽芜湖西门外
七、闽海常关		福建闽侯南台中洲
八、厦门常关		福建厦门岛美道头
九、浙海常关		浙江鄞县江东
十、瓯海常关		浙江永嘉东门外
十一、荆州常关		湖北宜昌
十二、粤海常关		广东番禺
十三、潮海常关		广东汕头
十四、琼海常关		广东琼海县海口

D. 沿边常关

一、张多关	附多伦常关多伦诺尔	察哈尔、万全
二、杀虎关	现改塞北分关	山西右玉
三、塞北关		绥远归化
四、伊犁关		新疆

（近二年来，财部于长城各口设卡抽关税，详后）

第三节 中国进口税则之沿革

中国关税片面协定及自主运动之历史，已于本书第一编中详加论列，无须再赘。兹所欲叙述者，为海关进口税则之沿革，试加分析如下：

中国进口税之协定，系始于清道光二十二年（一八四二）之中、英江宁条约，该约第十条，规定"进口出口货税饷费，均宜秉公议定则例，由部颁发晓示"，然其条文止此，尚并无税率应由两国协定之束缚也。至道光二十三年（一八四三）耆英等在香港议定《五港进出口应完税则协约》及《通商章程》，采用所谓值百抽五原则之片面协定税率，吾国关税，遂完全失其自主权；自后亘八十余年，迄未稍变。至民国十八年（一九二九）二月一日新税则实行，此片面之关税协定，始表面上宣告终止。今述其沿革如下：

（1）中国第一次之进口税则，为道光二十三年（一八四三）《议定通商进口税则》；当时国际贸易尚未发达，进出口货之种类甚少，税率表所定之从量税货物，进口货仅四十八种，出口货仅六十一种，其税率均照值百抽五计算而来。至税则表上未经揭载之货物，一律从价值百抽五；惟与欧、美贸易无直接关系之东方特产，如香料、木材等，均定值百抽十，为例外耳。

（2）此后第一次之修改，系在咸丰八年（一八五八），当时英国方面，因物价跌落，外商所纳关税，超过值百抽五，要求中国修改，因订《修改通商进口税则》，分进口货为十四类，税目共一百七十七目。

（3）第二次修改，在光绪二十八年（一九〇二）。当时因八国联军之役，各国议定摊还赔款，以关税为抵押；但关税自咸丰八年以来，已历四十余年，银价下落，物价上腾，所缴之税，远不及值百抽五，乃于《辛丑和约》第六条规定"进口货增至切实值百抽五"，而以前三年间之平均物价，为新税则征税之标准。惟是项平价物价，已较实施税则时之物价为低，故名为切实值百抽五，实仅值百三·七而已。是年进口税则中，共分进口货为十七类，六百八十九目。

（4）第三次修改，在民国七年（一九一八）。先是一九一四年八月，欧战爆发，物价腾贵，中国海关所征之税，逐渐减落，终仅至于值百抽三。至民国六年（一九一七），战事激烈，协约国方面，为使中国参战起见，同意修改税则，以为交换条件之一。于是以七年一月，开关税会议于上海，参加者凡十五国，[1] 议决以民元至民五之五年间平均物价，为新税则货价之标准；并同意停战二年以后，中国得全部或局部修改税则。但物价随时变动，协定税则既以从价税百分之五为标准，而又采从量税办法，故终未能切实征收，仅得值百抽三·五。税则中进口货凡分十五类，五百九十八目。[2]

（5）第四次修改，在民国十一年（一九二二）。先是华府会议，关于我国关税协议三步办法：第一步切实值百抽五；第二步抽七·五；第三步裁厘加税至一二·五。是年修改税则，即系第一步办法。当经议决以最近六个月之平均市价，为税则之标准。是年税则中进口货凡分十五类，五百八十二目。

上列各种进口税则，并见中国银行出版《最近中国对外贸易统计图解》（1912—1930），附《历年海关税则》中。

中国进口税则，虽经上举四次修改，然值百抽五之原则，始终未能推翻。华府会议《九国间关于中国关税税则条约》第三条，虽规定所谓"特别会议……准许对于应纳关税之进口货，得征收附加税。……此项附加税，应一律按值百抽二·五；惟某种奢侈品，据特别会议意见，能负较大之增加，尚不致有碍商务者，得将附加税总额增加之，惟不得逾按百抽五"。然各国原无诚意，迟迟不决。于

---

① 比、巴西、中国、丹麦、法、英、意、日、荷、挪威、葡萄牙、俄、西班牙、瑞典、美。税则公布后，中立各国，亦加以同意。

② 参阅 S. K. Chow："Tariff Revision in 1918 and 1922"（China Year Book，1923. pp. 518—525.）并华府会议中国代表《关于中国关税问题之宣言》。

是广东革命政府，以民国十五年十月实行征收二．五附加税，对奢
侈品进口，则增至值百抽十。当时列强虽有抗议，然未见效。十五
年末，北京政府始亦决定自十六年二月一日起实行二．五附加税。
据北京关税特别会议中国代表估计，实行二．五附加税结果，海关
税收每年约增三千万元，仅敷清理债务之用而已。

民国十七年末（一九二八），国民政府已与美、德等十二国结关
税自主条约，[①] 遂于是年十二月七日，公布《海关进口税税则》，以
十八年二月一日，开始实行。此进口税则，表面虽为自主税则，然
实际仍为协定税则，盖即十四年、十五年之交北京关税特别会议；
英、美、日专员所修正之七级税率是也。按此修正案，最高附加税
率为二二．五，最低为二．五，故其税级如下：

表 1-3-6　《海关进口税税则》（修正案）附加税税率

正税	附加税	总额
5%	2.5%	7.5%
5%	5%	10%
5%	7.5%	12.5%
5%	10%	15%
5%	12.5%	17.5%
5%	17.5%	22.5%
5%	22.5%	27.5%

税率虽分为七级，然大量输入品，尽列在最低税率之中：如最
低一级税率（庚类），关税特别会议中国所提原案，不过包括十
目；而英、美、日修正案，则增至六十一目；此外如棉织品、毛织
品及海味、糖、纸等项，均占进口货中之重要位置，修正案所定税
率，悉较原案为低（例如本色棉布品，十之八九只征七．五%）；以

---

① 参阅朱偰著《一九二八年国民政府修改不平等条约之成绩与批评》，载《东
方杂志》二十八卷。

言自主，实犹未也。其较旧税则稍进步者，旧税则改订之期，多规定十年，而现行税则，仅以一年为限，此其一；旧税则系与各国协定，而现行税则，虽属依据关税特别会议成案，然究以国定税则形式出之，此其二。至于实质上之进步，除税率增至值百抽二七·五以外，固未有也。

当时关税既经自主，且一年以后可以改订税则，于是国内要求保护关税之呼声，甚嚣尘上。在学术界方面，则阐明保护关税与财政关税之分别，以为中国目前所需要者，为保护幼稚工业之关税，非增加税入之财政关税。在工商界方面，则在新税则颁布以前，即已有所表示，要求保护关税；及新税则既已颁布，责难之声四起，以为新税则之政策，为增加税收而非保护本国工商业；故要求一年以后，更订税则之时，对于本国已成立或可发展之工业，当提高关税，加意保护；对于原料、半制造品、机器，凡为中国工业化所不可少者，则减低关税，以减轻国内工业成本。其所要求最高之关税，有至百分之百者，如对于水泥（85%）、纸烟（100%）、火柴（90%）、丝（100%）、洋磁器（50%）、铁钉（30%）、伞（50%）曹达（20%）、饼干（50%）、人造丝制品（60%）、酒类（100%）、洋药品及家庭日用品（50%）、粗棉织品（20%）、白棉布（25%）、棉及人造丝混合织品（50%）、毛织品（50%）、棉衬衣（50%）、日本百合粉（?）（100%）。至于对原料之输入，则要求减低关税，如烟叶（10%）、卷烟纸（10%）、工业用之酒精（5%）、机器（5%）、羊毛线（10%—12.5%）、药材（7.5%）家庭工业及化装品原料（7.5%—15%）等。[①]

自十八年二月一日新税则实行以后，关税收入，异常增加。但税入虽增，然一方面因世界经济恐慌发生，进口贸易减少；二因银价跌落，外债负担加重，故实际增加，亦至有限。政府方面至此，

[①] 本段见德译《中国新税则》（"Der neue chinesische Zolltarif vom 1. Februar 1929" hrsg. vom Ostasiatischen Verein，Hamburg-Bremen）序中。

恐银价继续跌落，而外债还本付息，皆须以金计算，为避免将来汇率上落不定起见，下令自十九年二月一日起，海关改征金单位。自此以后，海关两不再为纳税标准；新海关金单位，重 0.601 866 格兰姆遂取而代之矣。

当时英镑、美金，尚未跌落；金本位币制，尚不失为国际本位，故海关金单位折合各国金币，得以固定，其比例如下：

表 1-3-7　海关金单位折合各国金币

英金	19.726 5	瑞士佛郎	2.073
美金	0.40	比币	2.877
日金	0.802 5	瑞典丹麦	1.492
法佛郎	10.184	瑙威通币	
马克	1.679	奥币	2.843
和币	0.995	新嘉坡币	0.705
义币	7.600	卢比	1.096

至于应纳之关税，则照《进口税则暂行税则》第一款，如下计算得之：

凡应从价纳税之进口货，其完税价格，应以输入口岸之趸发市价，作为计算根据。此项趸发市价，无论系何种货币，均应按照特定公布之兑换率，折合海关金单位；惟此项市价，应视为超过完税价格，其超过数目为：

（甲）该货税率之数。

（乙）该货完税价格百分之七。

（附注）核定完税价格之公式如下：

（趸发市价×100）/（100＋税率＋7）例如（海关金单位 60×100）/（100＋12.5＋7）＝（海关金单位 6 000）/（119.5）＝海关金单位 50.21 完税价格

按进口货完税价格（duty-paying value），最难测定，从价税技术上之困难，亦盖在此。普通海关所用方法，不外二种：（一）由进口商人，呈交货帐（Fakturen），必要时由输出口岸本国领事馆签字证明（consular authentication）；① 如报价太低之时，海关有照价收买及公开拍卖之权。② 惟货帐可以伪造，即使由领事馆签字证明，然领事馆并非商业专家；而公开拍卖之时，往往得不偿失。（二）故欧、美诸国，或用专家估定（Schätzung durch Sach verständige）以代之或二者兼用，以补前者之不足。然一切用专家估价办法，皆不免有缺点：实业界之工商人，有专门知识，但未必公允；海关职员，较能公允，但未必有专门知识。且海关一涉估价，即须有种种设备，随时与外界通商情，③ 行政经费，必多增加。故每次须估定价格，作为纳税标准，实不胜其烦；从价税之缺点，其要亦在乎此。故在今日关税技术之中，从价税实已成为过去。今中国海关税则，既仍保留若干从价税，则上列公式，实为不得已之折衷办法。盖既以输入口岸（如上海）之趸发市价，作为计算根据，则此趸发市价，自已包括运费及税率在内。故欲得其完税价格，必先减去税率及运费，此运费即定为完税价格百分之七。虽不免任意规定，然从价之缺点，已略可消弥矣。

关税征金，在中国以前，凡货币跌落之国家，已有行之者。征金结果，一切关税自然增高，其比例与本国货币视国外正金跌落之比价相若。征金之目的，大多为财政政策，盖关税征金以后，政府得大量现金税收，将来付息还本（指外债而言）之时，可不受汇率上落及缺少现金之影响。故俄国以一八七六年十一月十日颁布法令，自次年七月一日起，关税改征现金，自此以后，关税收入，几增百分之三十三。奥匈帝国自一八七八年六月二十七日起，关税亦由征银改为征金，较前增高百分之十五。意以一八九三年十一月八日，

① 美国一八九〇年六月十日颁布之 Customs Administrative Act 即用此法。详参阅 Gregory：Tariffs. p. 313。

② 比利时、英属印度、南美诸国行之。详参阅 Gruntzel：System der Handelspolitik. S. 328。

③ 例如美国之 Board of General Appraisers。

西班牙以一九〇二年二月二十二日，皆改征金。墨西哥及中南美各国，在欧战以前，亦有局部改征金者。大战告终，中欧诸国，因货币跌价，改征现金，或须缴高额之附加税（Zollaufgeld，Agio），以偿损失。至于中国关税征金，目的亦无非使外债付息还本之来源（关税收入），不受金贵银贱之影响。除此以外，更有影响于币制之改良者，则新定之海关金单位，每个含纯金 0.601 866 格兰姆，即甘末尔委员会所建议金本位制之单位是也。论者以为甘末尔委员会之成功，实只此而已。

自第一次自主税则颁布以后，表面上似已达到关税自主之目的，实则与中国对外贸易关系最密切之国家——日本——尚未订有商约，未得谓为真正自主。十九年五月六日，中、日始订立关税互惠协定，此属于单一税则，或双重税则之问题，容另辟专节论之。

十九年末，财政部又新制定税则，以同年十一月二十九日经立法院通过，十二月二十九日国民政府公布。此新税则以二十年一月一日发生效力，凡分十六类六百四十七目（十七年十二月七日税则分十二类七百十八目，此新税则增多四类，——毛及其制品类、丝及其制品类、烟草类、烛皂油脂蜡胶松香类——减少七十一目）。其最高之税率，为百分之五十，最低之税率，为百分之七．五。各类货物之中，奢侈品及酒类（如啤酒、白兰地酒）之税率最高，丝织品及毛织品次之，盖以保护国内丝织及毛织业，而限制外来竞争也。自第十六类（杂货类）以后，照英文字母首字次序排列，往往加以 n. o. p. f.（not otherwise provided for）以未列名概括之。其最后六四七目，规定本税则未列名货品，一律征从价百分之十二．五，盖系统未精，不得已之办法也。

此新税则实行不及二年半，国民政府又以二十二年五月二十二日，公布修正国定进口税则。先是二十一年八月一日，已加修正一次，公布增加海关进口税税则，凡加奢侈品八类。至二十二年五月十五日，中、日关税协定，三年期满，已由财政部下令总税务司着依照十九年十二月二十九日公布之进口税则征收。嗣后财政部因鉴于事实上之所需，对原有税则，觉有重加修改之必要，经国定税则委员会之研究，正式修正，于二十二年五月二十二日公布，即日发生效力。全税则凡十六类六百七十二目，视旧税则增加二十五目。其十六类列如下：

    （1）棉及其制品；

    （2）亚麻、苎麻、火麻及其制品；

    （3）毛及其制品；

    （4）丝及其制品；

    （5）金属及其制品；

    （6）食品饮料及草药；

    （7）烟丝；

    （8）化学产品及染料；

    （9）烛皂油脂明胶松香；

    （10）书籍、地图纸及木造纸质；

    （11）生熟兽畜产品及其制品；

    （12）木材、木、竹、籐及其制品；

    （13）煤、纸料、沥青、烟膏；

    （14）磁器、搪磁器、玻璃等；

    （15）石料、泥土及其制品；

    （16）杂类。

此税则最高之税率，为从价百分之八十，最低税率为百分之五。其未列名货品，则一概征从价百分之十五。视十九年十二月二十九日税则，一律加重。此次修改原因，盖因金价低落，关税减短，为增加税入起见，不得不加以修正也。其动机由于财政政策，而非由于保护政策，盖明甚矣。

二十三年六月三十日，财政部又公布《海关进口新税则》。本税则凡分十六类六百七十二目，[①] 与旧税则相同，最高税率为从价百分之八十，最低税率为百分之五，其未列名货品，则一概征从价百分之

---

①　原税则载《工商半月刊》第六卷第十四号。

二十。本税则与二十二年五月二十二日税则不同之点，可分析如下：

（1）改从量税为从价税 按旧税则最大多数为从量税，从价税仅占少数。此次新进口税则，则六百七十二目中，有二百七十三目为完全从价税，其他一半从量一半从价之税目，尚不计在内。按有效之保护关税，厥为从量税，尤以当各国实行汇价倾销之日，实行从量税为宜。今改从量税为从价税，则汇价跌落，税额亦随之跌落，不但不能保护本国工商业，且从而便利倾销。新税则原则上之缺点，以此为最甚。

（2）加重机器及工业原料进口税。本税则对于机器及工业原料进口，大多加重税率。如棉花（从每担二．一〇增至每百公斤五海关金单位，每百公斤较前增一．五三金单位）、工具用钢（从10%增至12.5%）、农业机器（从5%增至7.5%）、电机（从7.5%增至15%）、缝纫机针织机（从7.5%增至10%）、发动机（从7.5%增至10%）、漂白粉（从10%增至15%）及其他电机及化学原料等，皆有增加（详见后表）。机器及工业原料成本，因此加重，影响于本国工业极为不佳。

（3）减低印花及染纱织品、纸类、鱼介等税率。新税则对于外货倾销，不但不思抵制，反减低税率以诱致其倾销。兹分别讨论如下：

（a）印花及染纱织品 按新税则号列，自三九号起至六八号止为印花品，及染纱织品，六九号为棉质橡皮雨衣布，七〇号为未列名棉布，计共三十一目，税率皆有减低，最少不及百分之十，最多且在百分之三十以上，减低税率之最普遍者，为百分之十六．七，即旧日从价税之值百抽三十者，均减为值百抽二十五是也。① 按最近六七年来，日本国内棉工业日趋精美，印花及染纱织布之输入，比例上年有增加。自二十二年五月《中日关税协定》满期，中国改订新税则后，日本输华棉布锐减；尤以印花布一项，减少至百分之六十（二十二年六月至二十三年五月输入值一八二九〇〇〇金单

---

① 详参阅王子建《海关改税与棉工业之前途》，载《东方杂志》第三十一卷第十八号。

位，上年同时期为四五九一〇〇〇金单位）。今新税则独对印花布及染纱织品减税，而本色布反一仍旧制（与关税保护劳力之原则相背），日本之倾销政策，可谓如愿以偿矣。

（b）鱼介海产品 旧制以担为单位，新制以百公斤为单位。今按百公斤合一六五三五担，[①] 依此折算率，比较新旧税则如下：

表 1-3-8 海产品新旧关税税率比较

货品	旧税则（每担）	新税则（每百公斤）	每百公斤减
鲍鱼散装	31.00（金单位）	42.00（金单位）	9.258 5（金单位）
鲍鱼罐装	13.00	18.00	3.495 5
黑刺参	31.00	43.00	8.258 5
黑光参	21.00	30.00	4.723 5
江瑶柱	29.00	40.00	7.95
鱿鱼墨鱼	10.00	14.00	2.535
未列名咸鱼	1.40	20%	10%
海带丝	1.40	1.70	0.614 9
海带	1.00	1.30	0.353 5

（c）纸类 兹根据新旧税则，比较如下：

表 1-3-9 纸类新旧关税税率比较

货品		旧税则（每担）	新税则（每百公斤）	每百公斤减
单面上蜡双面上蜡白或染色印图纸		7.30	9.60	2.47
平面或起纹形白或染色蜡光纸薄面花纹纸		8.70	13.00	1.385
未列名有光或无光白或染色有隐纹或无隐纹之写字纸印书纸	（甲）不用机制木造纸质制成者	5.10	6.60	1.732 85
	（乙）其他	4.60	6.00	1.606 1

---

① 1 Kilogramme = 220.46 lb.　　1 Picul = 133 1/3 lb.　　220.46/133.33 = 1.653 5.

按中国造纸工业，系新起之工业，资本微弱，厂数亦不过二三十家，而外纸输入，则为数颇巨（二十一年达五千三百八十余万两）! 今不事保护，反减低税则，实令人不解。①

（4）与《中日关税互惠协定》精神一贯　由上分析之研究，可见新税则所减免之税目，为印花及染纱织品、鱼介海产品及纸类；而《中日关税互惠协定》所谓互惠之商品，亦以棉货类、鱼介及海产品、麦粉及杂品为主要四类。试再进一步对照细目，则所减低及互惠之商品，尤多相同，——尤以鱼介及海产品最为明显——然则二十三年六月三十日之新税则，谓为吸收中、日关税互惠部分在内，亦无不可。

由上所论，可见二十三年六月三十日之进口税则，实为关税自主以来最倒行逆施之税则，对于方法则改从量为从价，对于原料及机器则加重税率，对于主要倾销外货则减低税率。当局之财政收入政策与资本主义之压迫，交织成此不合理之进口税则，则吾民族工业，又安得而不破产耶？

第四节　财政关税抑保护关税

按《十八年度财政报告书》，谓"关税完全自主之第一次新税则，自二十年一月一日起实行。新税则草拟时，根据以下诸项原则：

（一）发展国内工业所必需之原料，当减轻其进口税。

（二）国内工业之须发展者，政府当尽量扶掖之，使不受外货竞争之影响。

（三）抵补裁减各税。

①　其他人造丝、糖类、水泥，税率并未减低；一般以为新税则对于"棉纱、布疋、人造丝、糖类、纸类、鱼介等税率大为减少"（参阅许涤新《日货倾销与海关进口新税则》，载《东方杂志》三十一卷十八号），或未对于各项分别加以计算。

　　但实际上一考查关税自主以后所颁布四次税则，——十七年十二月七日、十九年十二月二十九日、二十二年五月二十二日及二十三年六月三十日进口税则——则财政报告书中所举三原则，并未完全贯彻［澈］。其为政府屡次修改税则之动机，而为关税政策之中心者，厥为增加税收而已。试先一考察对于原料进口之税率。

　　中国今日工业发展情形，尚极幼稚；与十九世纪初期欧洲大陆上保育学说（Erziehungs theorie or "the infant industry argument"）之要求保护关税，以保育幼稚工业，其阶段正复相当。凡李斯特当时列举之理由，主张德国当行保护关税者，亦完全适宜于今日之中国。李斯特之言曰：

　　惟有广土众民之国家，天财丰富，农业发达，文化及政治进步，方可运用保护政策，促进并保护国内生产力，以与头等农工商业国家（Agrikultur manufaktur handelsnationen），与海陆列强，并驾齐驱。①

　　李斯特以为进口税则，当视国内资本与劳力之增长或国外资本劳力流入之增加而增高，然后再逐渐减低；氏并谓如能预先规定一等级（Skala），使国内工业知所适从，更为适宜。惟如一种工业，在初起之时，保护税率从百分之六十至四十，不能发展；继续保护税率从百分之三十至二十，亦不能维持，则缺少根本条件，不必再加保护。李氏并以为在天然环境适宜，保育得法，工业可以发展之国家，只须继续有效保护，无论何种工业，皆可发达，故氏反对保护限于若干年之建议，而积极提倡民族工业。

　　且近年以来，由于政治的及经济的原因，各国竞放弃自由贸易政策，励行保护关税。此种趋势，自欧战以来，日益加甚，所谓新重商主义（Neumerkantilismus），风行各处。其原因，颇为繁多，如因战争反常之需要而引起之过于工业化（Überindustrialisierung）；由于卡特尔、托辣斯而造成之向外倾销；更因大多数交战国家，货币

---

　　① F. List："Nationales System der politischen Ökonomie," K. 26.

跌落，或故意放弃金本位，实行通货膨胀，而引起之汇价倾销（exchange-dumping）；及因商约磋商困难，不得不取讨价还价手段，而提高关税进口税则者。美国自欧战以来，屡次提高进口税则（例如一九二二年九月二十一日之 Fordney-Mc Cumber-Tariff），往往与欧洲各国（尤以与西班牙及法国为甚），发生关税战争。即自由贸易之母国如英国，亦已放弃一向奉行之自由贸易政策，而实行保护关税。[①] 及一九三三年世界经济会议失败，关税休战问题无从解决，各国关税壁垒，愈趋森严。总之今日国际局势，为一新保护关税时代，经济的国家主义，及经济独立（Autarkie）之运动，风行全球，处此时代，非行保护政策，盖无以图国民经济之生存也。

尤以今日之中国而论，土货滞销，国内工业破产，他方面洋货倾销，日甚一日，非切实行保护关税，不足以言救济。惟对于工业化所必要之机器原料进口，不但不当征以重税，且当免税或减轻税则，以资鼓励，而减轻国内工业成本。况以今日工业国家而论，对于原料进口，而征以财政税者，可谓绝无仅有。故工业原料进口，以不征税为原则。惟中国关税政策，则正与此相反；财政关税，亦实行于工业原料方面，专以增加关税收入为目的。试比较十一年、十八年、十九年、二十二年及二十三年税则如下：

表 1-3-10 　最近五次海关进口税则对于原料及机器税率之变迁表

品名	单位	十一年税则（海关两）	十八年税则（海关两）	十九年税则（金单位）	二十二年税则（金单位）	二十三年税则（金单位）
棉花	每担	0.8	1.20	2.10	2.10	百公斤 5.00
棉胎	每担	从价 5%	从价 7.5%	从价 7.5%	3.30	百公斤 5.50
苘麻	每担	0.22	0.33	0.58	0.90	百公斤 1.50

[①] 　一九三〇年五月十日，英格兰银行及其他各大银行召集会议，宣称传统的自由贸易政策，不得不放弃；而以保护关税代之。及一九三一年联立内阁成立，则以实行保护关税，为大政方针之一端。

（续表）

品名	单位	十一年 税则 （海关两）	十八年 税则 （海关两）	十九年 税则 （金单位）	二十二年 税则 （金单位）	二十三年 税则 （金单位）
亚麻	从价	5%	7.5%	5%	7.5%	7.5%
苎麻	从价	5%	7.5%	5%	7.5%	7.5%
火麻	从价	5%	7.5%	5%	每担 0.90	百公斤 1.50
羊毛	每担	2.80	5.60	5.90	6.00	百公斤 10.00
生铁 铁砖	每担	0.11	0.22	0.35	0.30（?）	百公斤 0.70
工具用钢	从价	5%	10%	10%	10%	12.5%
农业机器	从价	5%	10%	5%	5%	7.5%
电机	从价	5%	10%	7.5%	7.5%	15%
缝纫机 针织机	从价	5%	10%	7.5%	7.5%	10%
发动机	从价	5%	10%	7.5%	7.5%	10%
Motor Tractor	从价	5%	12.5%	15%	15%	15%
Motorcar	从价	5%	12.5% 22.5%	30%	30%	30%
煤车 煤水车	从价	5%	12.5%	5%	5%	5%
客车货车	从价	5%	12.5%	5%	5%	5%
脚踏车	从价	5%	12.5%	15%	20%	20%
硼酸	每担	0.96	A. 1.44 B. 12.5%	A. 2.20 B. 10%	A. 1.41 B. 2.59	百公斤 A. 3.10 B. 5.30
盐酸	每担	0.24	0.36	0.55	0.55	百公斤 1.40
硝酸	每担	0.55	0.825	1.60	1.60	百公斤 3.90

(续表)

品名	单位	十一年税则（海关两）	十八年税则（海关两）	十九年税则（金单位）	二十二年税则（金单位）	二十三年税则（金单位）
硫酸	每担	0.18	0.27	0.55	0.55	百公斤 1.80
漂白粉	每担	0.28	0.42	从价 7.5%	10%	15%
电石	每担	—	—	1.40	1.40	百公斤 3.10
人造肥料	从价	5%	7.5%	7.5%	10%	10%
绿酸钾	每担	0.38	—	0.85	1.00	百公斤 1.70
燐	每担	2.20	—	5.80	5.80	百公斤 9.60
纯碱	每担	0.13	0.325	0.77	0.77	百公斤 1.50
烧碱	每担	0.36	0.90	1.50	1.50	百公斤 2.90
酒精	每加伦	0.03	0.105	0.24	A. 0.40 B. 0.20	公升 A. 0.088 B. 0.044
板条	千条	0.25	0.50	1.00	1.10	1.50
柚木	千英方木尺	6.70	13.40	28.00	32.00	立方公尺 19.00
未列名木材	从价	5%	香木 17.5% 他种木 10%	10%	15%	20%
装饰木	从价	5%	12.5%	12.5%	15%	20%
煤	每吨	0.34	0.51	0.89	1.80	A. 2.80 B. 1.80
煤砖	从价	5%	—	10%	15%	15%
焦炭	从价	5%	—	7.5%	10%	10%
安尼林染料	从价	5%	17.5%	25%	35%	百公斤 0.83

（续表）

品名	单位	十一年税则（海关两）	十八年税则（海关两）	十九年税则（金单位）	二十二年税则（金单位）	二十三年税则（金单位）
柴油	每吨	0.97	2.425	2.90	2.90	A. 2.90 B. 33.60
煤油	10美加伦	箱装 0.14 散舱 0.12	0.877 0.847	1.75 1.70	1.43① 1.33	1.80 （10美加伦） 0.45 （10公升）
椰子油	每担	0.50	1.75	2.70	2.70	百公斤 4.50
石蜡	每担	0.38	0.57	0.98	1.00	百公斤 2.60

　　上列各种原料及机器，皆为中国工业发展多少所不可缺者，宜如何免税或减低税率，以减轻成本，而发展本国工业！但比较此五税则结果，税率逐步增高，如以棉花而论，为主要进口货之一，② 又系国内纺织工业所不可少之原料，但进口税则，则从每担八钱增至一两二钱，又增至二．一海关金单位，最后增至百公斤五海关金单位，五六年之中，增加几近五倍。又如工具用钢，亦从从价百分之五增至百分之十二．五，化学人造肥料亦然；盐酸则从每担二钱四分增至三钱六分，又增至〇．五五金单位，最后增至百公斤一．四〇金单位，硝酸则从每担五钱五分增至八钱二分五厘，又增至一．六〇金单位，最后增至百公斤三．九〇金单位。可见《财政报告书》中所称第一原则，——即对于工业原料进口税之减轻——全未实行。

　　至于第二原则，即保护本国工业以限制外货竞争，在新税则中亦未能完全贯彻。我国工业中之最需保护者，据一般常识而论，为布业、为丝业、为毛织品、为磁业。然据二十二年五月二十二日进口税则，其保护关税不外如下（括弧中为二十三年《新进口税则》

---

　　①　煤油之减税，因近年来苏俄倾销，油价跌落，既系从量税，自不得不减税以适应之。

　　②　民国二十一年占进口净数百分之一一．三三居第二位。

之税率）：

> 棉及其制品　大多为从价百分之二十五（同）
>
> 印花绉布丝光洋纱　从价百分之三十（从价百分之二十五）
>
> 未列名棉布　从价百分之三十（从价百分之二十五）
>
> 亚麻苎麻火麻苘麻及其制品类　大多从价百分之七·五至百分之十五（同）
>
> 工艺用呢绒　从价百分之十五（同）
>
> 毡呢毡套　从价百分之四十（同）
>
> 丝及其制品类　大多从价百分之八十（大多从价百分之六十至八十）
>
> 磁器（化学用及科学用磁器不在内）　从价百分之四十（从价百分之五十）

按保护关税之最高者，有至百分之百以上者，对于特种奢侈品，且可征至百分之二百、三百，甚且禁止进口者。上列保护税率，最高不过百分之八十，自嫌过低。且国内丝业之所以破产，一方面固因捐税繁重，人民购买力跌落使然；他方面洋棉布、麻布、呢绒倾销，实为主要原因。盖丝之为物，本可以替代，一般购买力跌落，洋布价廉，自舍丝织品而取洋布也。但二十三年新税则对于棉织物之关税，则最高不过百分之二十五，其不足以遏止倾销，保护本国布业丝业，已彰彰明甚。况本国产品，在享受些微保护关税以外，又受有重重阻碍，使其不能发展，试列举如下：

（1）出口税则繁重，影响输出贸易，与他国之奖励输出，何啻天壤！

（2）转口税尚未尽除本国贸易之出口货物，亦须纳出口税，阻碍国内贸易之发展。

（3）此外更有苛捐、杂税，——如产销税、牙税、及营业税附加，——并各种消费税（火柴、水泥、棉线，……）以加重其成本，妨碍其运输，使不能与外货竞争。

（4）各商埠租界依旧仍在，外商可在租界内建设工厂，雇工制造，廉价销售，以免纳进口税，且可进一步享受中国进口税之保护。上海之日本纱厂，即其显例。

由此观之，本国工业既无充分保护，又受种种阻碍；处此世界经济恐慌时代，外受洋货倾销之威胁，内受苛捐杂税之重压，救死不暇，遑言发展？总之今日欲谈救济国内工业，当先废除苛捐杂税，先去国内商业之障碍，然后保护关税，方能奏效。否则障碍不除，国内商场不得发达，对外贸易必无从进展，虽有保护关税，亦无济于实也！

第五节　倾销货物税

近三十年来，商战激烈；销路争夺，日甚一日。一方面虽有保护关税，以制止之；然他方面倾销盛行，往往冲破关税壁垒，大批货物，横决而入，保护关税，亦无如之何。此所谓倾销（dumping, Schleuder konkurrenz），在英、美立法中，或称谓不正当（unfair）之竞争，或称为不合法（unlawful）之竞争，大都指商品输出，在输入国减价出售，视输出国（即出产国）之趸卖价格，更为低廉，以争夺销路，扩充商场。倾销结果，消费者虽一时蒙其利，然不过为暂时性质，过此以后，往往更须出高价补偿；至于生产者则深受其害，往往因卖价压低，企业倒闭，损失至巨，而失业问题，亦随之俱来。倾销发生之原因，可分为四类：

（1）输出奖励金　产糖各国，至一九〇二年止，往往用国家输出奖励金，以鼓励输出。于是糖可以减价出售，往往可抵消他国之保护关税而有余。例如每百公斤糖入口，征进口税六个金单位；但输出国给与奖金，亦为每百公斤六个金单位之数，如此，保护关税可完全失效。

（2）卡特尔及托辣斯　卡特尔及托辣斯，在国内有保护关税之保护，可操纵商场，在国内高价出售，在国外廉价出售；或因生产过剩，在国内不能销售，则以廉价倾销于国外，以征服商场，扩大销路；而以国内之高价，补偿减价出售之损失。凡用此法征服海外商场者，即非卡特尔、托辣斯，皆属倾销。例如德国 Chlorodont 牙膏，在本国售价大瓶九十分尼（约合华币一元），而在中国则仅售四角。

（3）汇价倾销（exchange-dumping，valuta-dumping）　欧战以还，交战诸国，或因币价跌落（inflation），或行通货膨胀政策，使本国货币汇兑价格跌落，其影响，本国商品售价低廉，可以在国外畅销，与输出奖励金之影响，初无二致。与前述二种倾销所不同者，在汇价倾销之下，往往外国物价平准，高于本国。币价愈跌，倾销愈甚，终至该外国通货收缩（deflation）而后已。世界经济恐慌发生以还，英、美、日、瑞典、挪威各国，相继放弃金本位，如美金前值五元，今仅值二元八角；日金前值二元，今仅八角左右，汇价既跌，物价自廉，以此方法倾销，突破关税壁垒，争夺商品销路盖为今日商战利器。而受其影响最深者厥为中国。

（4）社会倾销　社会倾销，都由社会立法之差异而起。如甲国劳工保险，工厂设备，皆不发达；生活程度，又甚低廉，向劳工立法进步之乙国输出商品，则其价必廉，乙国商品，必难与之竞争。美国近年来对于苏俄及其他各国之倾销税，即属此类。

制止倾销，不外二法：一为制定倾销货物税法，二为规定抵消关税（Ausgleichszölle，counter vailing duties）。中国税则，既为单一税则（Einheitstarif，"single-line" tariff），则另定抵消关税——实为差别关税（Unterscheidungszölle，differential duties）之一种——自不可能。故只有制定倾销货物税法，以制止不当之竞争。二十年二月九日，国民政府曾公布《倾销货物税法》（但始终未实行），其第二条规定倾销之意义及其范围：

凡外国货物在中国市场之趸售价格，有下列情事之一者，视为倾销：

一较其相同货物在出口国主要市场之趸售价格为低者；

二较其相同货物运销中国以外任何国家之趸售价格为低者；

三较该项货物之制造成本为低者。

凡外国货物向中国输出时之出口价格，有前项第一款、或第三款之情事时，亦视为倾销。

前二项出口价格及趸售价格之计算，均应除去运输保险税捐及其他必需费用。

此种规定，尚称恰当，依此法律，倾销实包括二种情形：（一）较其相同货物在出口国主要市场之趸售价格为低者；（二）即使二地趸售价格相等，或在中国市场之趸售价格，竟较出口国之趸售价格略高，但运费、保险税捐、及其他必需费用，须从趸售价格中除去，故仍属于倾销货物范围。此种规定，盖师一九○六年澳大利亚之 industries preservation act 而略加变通，盖澳法明白分开二者；中国之倾销货物税法则仅加以笼统之规定耳。[1]

该倾销货物税法之缺点，在未能规定一种税率，制止汇价倾销。盖现代倾销之有效且最通行者，实为汇价倾销（exchange dumping），利用通货膨胀政策，降低本国货币汇率，而冲破他国之关税壁垒，以侵夺商场者。此种汇价倾销，实为现代商战之最大武器，英、美、日各国，竞用此法，而酿成所谓通货膨胀战争；日本货物之所以能在华倾销，如水银泻地，无孔不入者，端亦在此。但倾销货物税法对之，竟无法制止；盖其在中国市场之趸售价格，未必低于本国，亦未必低于其运销中国以外任何国家，更不必低于制造成本；其所以减价倾销原因，全在货币跌落，汇价低降，因而本国物价平准，低于他国；商品竞争，可收倾销之效。战后西班牙、意大利、法国、捷克，曾规定附加税系数（Zuschlagskoeffizienten）以增高进口税，制止汇价倾销。其方法，某国货币之汇价跌落，则对该国货物进口

---

[1]　Austria Industries Preservation Act，1906 - 10. Part III：Competition shall be deemed unfair if . . .（f）the goods are imported by or for the manufacturer，etc. , and are being sold in Australia at a price which is less than gives a person importing them *a fair profit* upon their fair foreign market value or their fair selling value if sold in the country of production together "with charges to port of final shipment to Australia. "

税，应比例的增高；其税率增高之数，即汇价跌落之数，故汇价愈跌，附加税愈高，以制止倾销，而保护国产。例如：

> 未列名本色棉布从价征百分之二五。
>
> 原值美金一元，合国币五元，征国币一.二五元。
>
> 今美金跌落五分之二，仅值三元，只征〇.七五元。
>
> 倾销附加税，当比例增至从值五分之二，为一.二〇元。
>
> 正税〇.七五元，加附税一.二〇元，合为一.九五元。
>
> 此五分之二，即为附加税系数。
>
> 依此类推，立公式如下：
>
> $\$1 = \$5$，$5 \times 25/100 = 1.25$　　　　卖价 $= 5 + 1.25 = 6.25$
>
> $\$1 = \$4$，$4 \times 25/100 + 4 \times 1/5 = 1.80$；卖价 $= 4 + 1.80 = 5.80$
>
> $\$1 = \$3$，$3 \times 25/100 + 3 \times 2/5 = 1.95$；卖价 $= 3 + 1.95 = 4.95$
>
> $\$1 = \$2$，$2 \times 25/100 + 2 \times 3/5 = 1.70$；卖价 $= 2 + 1.70 = 3.70$
>
> $\$1 = \$1$，$1 \times 25/100 + 1 \times 4/5 = 1.05$；卖价 $= 1 + 1.05 = 2.05$

实际上美金跌至国币二元或一元，为仅有之事，故以汇价跌落之数为附加税系数，已足以应付。如此，方可以制止汇价倾销，以保护垂亡之国内产业，其关系实至为重大。且现今商战最大之利器，厥为汇价倾销，英国行之于先，日、美继起于后，狂流所及，国内棉织业、丝业、面粉业、米业、茶业等，皆频于危殆，今日不再设法救济，则都市经济，必随农村经济之破产，而同归于尽。故本书特提出制止汇价倾销问题，并再三致意，认为目前关税问题中之重要问题焉。

中国工商业，近年来（一九三二——一九三四）因银价跌落和缓，加以国际贸易，年年入超（民国十八年入超三万五千三百万万两；十九年五万万两；二十年六万九千八百万两；二十一年八万六千七百万元；二十二年七万三千三百万元），故银货外流（二十一年生银出超为七百三十四万五千两，二十二年为一千九百九十三九万四千两），[①] 在

国内引起通货紧缩（deflation），及物价下落之现象。结果工商业倒闭，经济恐慌随之而起。例如中国纱厂至一九三三年（二十二年）年底完全停工者，其锭数约在六十万枚以上，计占华厂总锭数三分之一左右。江、浙两省丝厂共二百七十八家，一九三三年年底尚勉强开工者仅十四家；上海丝厂六十五家，同年年底勉强开工者仅两家。其他如面粉业、米业、茶业等，莫不呈同一衰落之象。中国国产受外国汇价倾销而陷于危殆之境地，即此已可见一斑矣。自一九三四年二月以来，美国更有提高银价之计划，一方面贬美金之值，他方面提高银元之购买力，无非为更进一步之汇价倾销，盖无论美金跌落或华币提高，其表现先在汇价方面：美金跌落，美汇固跌；华币提高，美汇亦跌；而其影响，则同为汇价倾销。将来银价果能提高，则现银必愈向外流；通货收缩，必将加甚；结果物价跌落，生产停顿，金融呆滞，失业递加，入超增多，其影响于我国工商业，盖有不堪设想者。则汇价倾销税之实行，更为刻不容缓矣。[1]

第六节　单一税则抑双重税则

中国税则，自道光二十三年（一八四二）以来，即为单一税则（Einheitstarif，"single-line" tariff）；其原则为"一种商品，一种税率"（one article one rate）。易言之，即关税税则，对于无论何国商品，皆一律待遇；又因仅由本国立法规定，故亦称国定税则（der autonome Tarif）。单一税则，既完全由本国规定，似可实行保护关税政策矣；但实际则不然，单一税则之前提，为经济孤立，不受他国牵制，我无求于人，人亦无求于我。但以今日世界通商频繁之程度而论，经济孤立，殆不可能，通商各国之中，有为条约国，有为非

---

[1]　参阅朱偰著《银价变动之趋势与中国之对策》，载《东方杂志》三十一卷十号；《征银出口税后补救之对策》，载同上第二十三号；《汇价倾销税释疑》，载同上第三十二卷第六号。

条约国；有为最惠国，有为互惠国；有为商业关系良好之国家，有为对我实行报复之国家（关税战争）！如一律待遇，必引起轻重不均，而不利于本国之现象。例如与我通商各国，有为最惠国，有为非最惠国，有为无条约国；若一律适用单一税则，则对于无条约国之税率，亦必用对于最惠国之税率，而此无条约国，对我且未尝订立商约，遑言最惠国待遇？又如民国十七年所订中美、中德、中挪、中比、中义、中丹、中葡、中荷、中瑞、中英、中法、中西十二条约，皆有最惠国待遇一款；而民国十九年五月六日中日《关税协定》，则有互惠国待遇规定，于是发生国际法上之问题：我国仅有单一税则，对日既行互惠，对其他条约国则为最惠，将以对日互惠之部分公诸最惠国待遇诸国，抑将对日另有税则，而对其他诸国则行单一税则乎？如以对日互惠之部分公诸最惠国，则最惠各国受利益过多，我国未必得同样之优待。如以单一税则行于最惠各国，而对日另行特别税则，则不特引起最惠各国之抗议，亦且破坏单一税则之根本原则。今中日《关税协定》互惠部分、虽已满期，似已不发生问题，然处今日商战激烈之时代，势不能长守单一税则，必将采取最高税则及最低税则（Maximal-und Minimaltarif）或普通税则，及协定税则（General-und Konventionaltarif），方可以应付裕如。兹进一步研究中日《关税协定》如下：

　　十九年五月六日，各国承认中国关税自主已一年有半，日本始与中国缔结《关税协定》。该协定中，始则规定最惠国条款，其范围且扩大至船钞及"与关税及船钞有关之一切事项"；且最惠待遇之标准，非如普通最惠国条约之以第三国人民为标准，而甚至以"本国人民"为标准。① 此种规定，影响于本国航业及"输出奖励金""退还原料进口税""出厂税"等保障本国工业之设置，已极为重大。次则规定互惠税率，其原文如下（《中日关税协定附件一》）：

　　自本协定发生效力之日起，中国政府将于三年期内维持附表甲

---

　　①　该《关税协定》第二条。

部之第一、第二、第三款应征之税率，并于一年期内维持该附表甲部第四款应征之税率。各该税率为对于日本国境内出产品或制成品向中国境内输入之各该款货物，在各该时期内所征之最高进口税率；但关于税率之增加，经中国政府在该表内声明保留者，不在此限（但其增加，亦不得超过从价百分之二十五）。自本协定发生效力之日起，日本政府将于三年期内，维持附表乙部所列三款之税率。各该税率为对于中国境内出产品或制成品向日本境输入之各该款货物，在该时期内所征之最高税率。⋯⋯

附表（甲部）

项目号数	货物种类	一九二九中国海关进口税则号数
一	棉货类	1 至 10，12 至 14，22 至 24，26 至 32，37，38，40，43，46，47，51，53，58，59。
二	鱼介及海产品	196 至 199，202，205，206，213，216，217，218，231。
三	麦粉	280
四	杂品	302，567，568，603 至 605，(a)，612，647，652，(b)，666（b），677（c），685，706，709（f），709（g），710，715。

附表（乙部）

项目号数	货物种类	现行日本进口税则号数
一	夏布	299，5（宽过 48 生的密达者除外）　　c-1，a-1 至 a-4，　c-2，a-1 至 a-4。
二	绸缎	303，3 之 A. a 及 b，
三	绣货	308（以手工制成者为限）

试一对照附表甲部与民国十七年十二月七日海关进口税则（即七级税则），则附表甲部所列各种货物，享受互惠税率者，即为日货进口之大宗。盖日本所要享受互惠税率者，即为日货输入中国之最多者也。故本书不惮烦琐，列之如下：

（一）棉货类　一至十为本色市布、粗布、细布本色粗细斜纹布；本色洋标布；本色仿制土布；本色平织、斜纹、绒布、棉法绒；及漂市布、粗布、细布（税率统为百分之七．五）。十二至十四为漂粗细斜纹布及漂洋标布、漂标布（税率同上）。二十二至二十四为染色素市布、粗布、细布、洋素绸；染色素粗细斜纹布；染色洋标布、拷花宁绸、素宁绸、真假洋红布（税率同上）。二十六至三十二为漂白或染色、素或织花、绉地丝光洋纱；漂白或染色、素或织花、绉纹呢；本色、漂白、染色、染纱织绉布；白或染色、素或织花羽绫、羽缎、羽绸、冲西缎、泰西宁绸、斜羽绸、横工布、十字纹绸、细哔叽、立巴次布、粗条子布、席法布、水云缎；白或染色、素或织花、羽茧、经面羽缎、条子羽绸；白或染色、素或织花、罗缎、泰西缎；平织、斜纹、绒布、棉法绒（税率大半为百分之七．五，亦有百分之一〇）。三十七为制袜衫用或针织锦布（百分之七．五）。三十八为印花细洋纱、印花软洋纱、印花稀洋纱、印花市布、印花粗布、细布、印花洋标布、印花粗细斜纹布、印花横工布、印花哔叽、印花羽布、印花席法布（百分之一〇）。四十为印花绉布（百分之一〇）。四十三为印花羽缎、缎布、洋纱、羽绸、台布、泰西缎、羽绫、斜羽绸、粗条子布、罗缎、水云缎（百分之一〇）。四十六、四十七为未列名染纱织棉布（百分之七．五）及未列名棉布（百分之一〇）。五十一为棉纱（百分之七．五）；五十三为未装饰或装饰腿带（同上）；五十八为起毛针织卫生衣类（同上）；五十九为未起毛汗衫裤（同上）。

（二）鱼介及海产品　一九六为散装鲍鱼（百分之一〇）；一九七为黑刺参（百分之一二．五）；一九八为黑光参（同上）；一九九为白海参（同上）。二〇二为江瑶柱（百分之一〇）。二〇五为干鳖鱼（百分之七．五）；二〇六为鱿鱼、墨鱼（同上）。二一三为未列名咸鱼（同上）。二一六为散装虾干、虾米（同上）；二一七为海带丝（同上）；二一八为海带（同上）。二三一为鲍鱼（百分之一〇）。

（三）麦粉　二八〇为杂粮及杂粮粉（免税）。

（四）杂品　三〇二为香菌（百分之一二．五）。五六七为面盆、碗、杯、有耳杯（百分之七五）。五六八为未列名搪磁铁器（百分之一七．五）。六〇三为磁钮扣（百分之七．五）；六〇四为螺钿钮扣（同上）；六〇五（a）为角、骨、蹄、象牙核制钮扣（同上）。六一二为他类柄布伞（同上）。六四七为镜子（同上）。六五二（b）为胶皮鞋、胶皮靴及胶皮制全部或一部之足袋类（百分之一七．五）。六六六（b）为每打价不过四十海关两之钟及具备钟之各机件，可作一单件者（百分之一〇）。六七七（c）为每打价不过十五海关两之呢制（非獭制或非毛制）帽及便帽（百分之一二．五）。六八五为内服或外用药材，或配制药品或药料（百分之一五）。七〇六为每打价不过十五海关两之自动调温器，及其零件（百分之一二．五）。七〇九（f）为电气机器及其零件（百分之一〇）。七一〇为玩具及游戏用品（同上）。七一五为每件价不过四十海关两之车辆及脚踏车（例如双轮脚踏车等）之未经另行特载者（百分之一二．五）。

上列各种商品，无异为重要进口日货表，税率大多为百分之七．五，次为百分之一〇及一二．五，极少为百分之一五及一七．五者。以二十一年进口值而论，棉货中本色市布，粗布、细布达一、三八八、三一四金单位，本色粗细斜纹布达一八六．〇五七金单位，本色洋标布达一四八、九一五金单位，本色仿制土布达六〇六、七五〇金单位；漂市布、粗布、细布、竹布达四、〇三二、〇二九金单位，染色素粗细斜纹布达七八一、五二五金单位，……。总之中国进口货中，棉货占第三位（8.55%）；而棉货进口之中，则日本占第一位，此大宗日货，税率多为百分之七．五，三年以内，不能加税！至于第二类鱼介及海产品，亦为主要进口日货，据二十一年海关中外贸易统计年刊进口货物类编，其值如下：[①]

散装鲍鱼	二五 六九九 G. U.
海参	四五〇 三九七 G. U.
江瑶柱	三二三 七〇七 G. U.

① 朝鲜、中国台湾、关东租借地尚不在内。

鱿鱼墨鱼	三二八 五八八 G. U.
干鳖鱼	一六五 二二六 G. U.
未列名咸鱼	三二六 九三二 G. U.
散装虾干虾米	五六 一六九 G. U.
海带	一一三一 五六七 G. U.

合计亦近三百万海关金单位，约合六百万元，税率多为百分之十及十二·五，三年内亦不能加税。他若麦粉为我国面粉工业之劲敌；杂货类所列，亦妨害我国幼稚工业及手工业之发展，不利于中国国民经济，若是之巨，谓为关税条约之大失败，不为过也！

至于附表乙部所列，——即中国货物享受日本互惠税率者，——则不过夏布、绸缎、绣货三类十一目，以视附表甲部日本所受优待之货物四类六十三目，相差已甚悬距。再以贸易额相比，中国出口货中之夏布、绸缎、绣货，总不过六七百万元；而日本所受互惠税率之进口货，总计约在一万万五千四十二万五千两以上。① 更以税率拟之：进口日货六十三目中，十分之九为值百抽七·五，值百抽十及值百抽十二·五者，占绝对少数，至最高之值百抽十七·五，则仅有二目。反观日本进口税则，则夏布每百斤抽十二元至八十元（约为百分之十五至一百）；绸缎从价抽百分之百，关税税则之高如此，从近年来我国经营朝鲜贸易者之呼吁，即可见其一斑。故无论从互惠之品目、贸易额或税率观之，所谓互惠，其悬距若此；决非真正之互惠税则，而为八十年来残余变相之片面协定明矣。

第七节　中国出口税问题

出口税泛论　在今日对外商业政策中，出口税（Ausfuhrzölle，export duty）已成例外，惟尚有三种理由，可以征收出口税；即

---

① 《东方杂志》二十七卷九号《中日新关税协定》。

（一）财政的，（二）商业政策的，及（三）警察的理由是也。分论如下：

（一）财政的理由（der fiskalische Grund）征收出口税之目的，完全在增加国库收入。惟欲征收此种出口税，须有特别条件：一、本国对于出口商品，享有天然专利（例如智利之于硝，西班牙、葡萄牙之于木塞，意大利之于硫黄）；二、或至少对于出口商品，拥有巨量之生产额，足以左右世界商场之物价（例如古巴之于烟草）。但如天然专利之地位，一旦动摇；或世界商业竞争情形，已不利于本国时，则必须放弃出口税。例如中国之于茶，昔为出口大宗，但自印度锡兰茶发达大量输出后，中国即不得不取消茶之出口税（二十年五月七日《出口税则》）。故从商业政策立场而论，中国今日殊无理由再征收财政的出口税。

（二）商业政策的理由（der handelspolitische Grund）商业政策上之出口税，目的在保留本国工业原料，而使外国工业不得竞争吸收之。但若一国工业尚未发达，工业化尚甚幼稚，则此种出口税殊不关重要。且在今日世界贸易之下，最大之经济区域，即所谓地大物博之国家，亦未必能供给应有尽有之原料。例如英国殖民地遍布五洲，但棉花及若干种金属仍须从他国输入；美国地大物博，拥有巨量之煤、铁、铜、煤油、棉花等，但羊毛、丝、苘麻、火麻、亚麻、镍、锡、胶皮等，皆须从外国输入。故欲使本国工业常保原料之供给，仅恃出口税尚嫌不足，更须进一步运用其他方法。[①] 在欧西各国，今日征收此种出口税，亦属例外。

（三）警察的理由（der polizeiliche Grund）警察性质的出口税，目的仅在克服一时国内之紧急情形，或缓和恐慌。例如一国歉收，饥馑发生，谷价飞涨，则自须征米出口税，以救济之。然此种情形，为变态而非常态，究属例外。

---

① 一九一六年七月十四至十七日之巴黎经济会议决案附件 C，协约国即议决互相帮助供给原料，以谋战时本国工业不因原料缺乏而趋于停顿。

故在今日大多数欧、美各国，已完全废止出口税。惟热带各国，及殖民地性质之国家，尚普遍征收出口税。至于主要工业国家，或已完全废止出口税，或虽仍征收出口税，亦仅限于少数例外。

吾国出口税则之沿革 吾国出口税，与进口税同受片面协定之束缚，其经过情形已见第三章第三节，兹不再赘。自道光二十三年以来，吾国出口税则凡数变，兹扼要述如下：

(1) 道光二十三年（一八四三）《议定通商出口税则》 凡六十一目，以值百抽五为原则，而采取从量税规定。出口免税者，仅建筑材料及金银洋钱，各样金银类。凡出口货不曾列举者，即照每百两抽银五两纳税。

(2) 咸丰八年（一八五八）《修改出口税则》 按字母排列，达六七百目。仍以值百抽五为原则，而采从量税规定。出口免税者，有运往通商口岸分送之广告小册、华洋书籍、旧空木箱、金银，运往通商口岸分送之月份牌、日历、日记簿、海道图、地图、灵柩、手制挑花夏布物品、抽通花绸巾、抽通花夏布、绣货、蜜汁果品、金沙、发绺、运往外洋之纸伞、漆器、海南铜、各种期报、少数货样、运往外洋之绸缎等。

(3) 民国二十年五月七日《出口税则》 自咸丰八年迄民国十九年间，出口税税率，除税则项目略有增加外，并无若何变动。关税自主以后，于二十年五月七日颁布第一次《出口税则》，分六类二百七十目，税率大多数提高至百分之七·五。在此税则中，棉线袜、抽纱品、排花品、绣花品、花边、衣饰；绸缎、茧绸；他国钱币、金银条块；茶类；书籍、草帽缏及草帽；发网发绺、伞等，皆完全免税。但其目的仍在财政收入而不在保护本国工业，其说详后。

(4) 二十四年六月二十五日《修正出口税则》 二十四年夏，财部以金融紧缩，出口贸易不振，有减免出口税之议。六月二十五日，遂公布《修正出口税则》，仍分二百七十目，惟减税五十种（蛋类、油类、骨骼等），免税八十八种，列表如下：

（1）蜂蜜　　　　　（2）罐头肉　　　　（3）牛皮胶

（4）未列名动物产品（5）海参　　　　　（6）鱿鱼墨鱼

（7）干鱼　　　　　（8）鱼胶　　　　　（9）鱼肚

（10）咸鱼　　　　（11）鱼皮（鲨鱼皮在内）

（12）淡菜　　　　（13）虾干虾米　　　（14）鱼翅

（15）碎虾米　　　（16）未列名鱼介　　（17）靛

（18）姜黄　　　　（19）未列名植物性染料

（20）栗子　　　　（21）黑枣　　　　　（22）红枣

（23）荔枝干　　　（24）桂圆干　　　　（25）桂圆肉

（26）橄榄　　　　（27）橘子　　　　　（28）未列名果品

（29）未列名含有酒精土饮料　　　　　　（30）雪茄烟纸烟

（31）烟丝　　　　（32）未列名烟　　　（33）乳腐

（34）饲料　　　　（35）酱油　　　　　（36）粉丝通心粉

（37）未列名植物产品　　　　　　　　　（38）卷抽缝纫用棉线

（39）未列名棉线　（40）棉纱　　　　　（41）毛纱绒线

（42）棉布　　　　（43）未列名疋头　　（44）棉毯线毯

（45）毛毯棉毛毯　（46）毛巾

（47）未列名纺织品（破布除外）　　　　（48）黄铜及其制品①

（49）紫铜及其制品②（50）铅及其制品　（51）锡及其制品③

（52）锌及其制品　（53）砖瓦　　　　　（54）水泥

（55）大理石　　　（56）未列名泥土沙土及其制品

（57）青矾　　　　（58）明矾　　　　　（59）信石

（60）各种墨类　　（61）红丹铅粉黄丹　（62）碱（炭酸钾）

（63）雄黄　　　　（64）松香

（65）家用及洗衣肥皂　　　　　　　　　（66）香皂

（67）碱（炭酸钠）（68）火酒

---

① 锭块及旧废黄铜在外。
② 锭块及旧废紫铜在外。
③ 锭块在外。

（69）未列名化学品化学产品　　　　（70）蜡烛

（71）蜜饯糖果糖食　　　　　　　　（72）石膏

（73）火柴　　　　　　　　　　　　（74）本税则未列名货品

　　由此观之，名为八十八种，实际上完全免税者仅六十八目，局部免税者六种，合不过七十四目。且减免之出口税，不过三百万元左右，影响于财政不巨。然该出口税则公布后，孔祥熙犹谓减免出口税，因抵补办法尚未筹妥，七月一日仍未能实行；盖目前财政仍在困难之中，在未确定抵补前，一旦裁撤，财政势必受影响云云。[①] 可见政府仍以收入政策为重，而减免出口税及转口税终不免徒托空言也。

　　且又有进者，近年来之出口税则，目的不在奖励输出，保护工商，而专在谋税收之增加，可比较最近二次出口税则以明之：兹列表 1-3-11 于下，以资比较：

表 1-3-11　新旧出口税则比较

品名	单位	旧税则（附加）		二十年出口税则	二十四年税则
灰丝（厂丝在内）	每担	2.50 两	1.25	7.50	7.50
干蛋	每担	1.50	0.75	4.50	从价 2.5%
鲜蛋	每千	0.28	0.14	从价 7.5%	从价 2.5%
冰湿溼〔疑为"溼"〕蛋	每担	0.225	0.112 5	1.50	从价 2.5%
皮蛋	每千	0.35	0.175	0.66	0.5
桐油	每担	0.30	0.15	1.60	1.60
棉花	每担	0.35	0.175	1.20	1.20
豆类	每担	0.06	0.03	0.09—0.18	0.09—0.18

---

　　①　二十四年六月二十七日《大公报》。

品名	单位	旧税则（附加）		二十年出口税则	二十四年税则
花生	每担	0.15	0.075	0.23—0.29	百公斤 0.10—0.20
山羊毛	每担	0.18	0.09	1.45	1.45
山羊绒毛	每担	从价5%	2.5%	6.90	6.90
绵羊毛	每担	0.35	0.175	2.00	2.00

　　按以上各种货品，皆为中国出口大宗，然因世界经济恐慌关系，皆输出不振，从商业政策立场而论，当即取消出口税，并奖励输出，以挽救入超。今不此之图，二十年出口税则，反普遍加重出口税二倍至五倍；二十四年出口税则，仅对于蛋类稍有减轻，然又徒托空言，未能实行。结果输出大减，入超增加，而税收亦因之减少。或谓羊毛输出，为保留本国工业纺织原料起见，应征重税，但不知中国毛织工业尚极落后，过剩之羊毛，不得不输出也。由此可见二十年之《出口税则》，无异加重一般出口货负担；二十四年《出口税则》，虽减免百余种，然大宗出口货物，仍未能减免。其为财政政策，而非保护政策，彰彰明甚。故吾人欲求挽救入超，增加输出，必自取消出口税始。

第四章

盐　　税

资料及参考书　我国盐法方面，书籍极富；资料及参考书，多至不胜枚举。然对于四千年来盐法沿革，作一系统的叙述；对于今日盐税实况，及将来改革方向，作一科学的探讨，则尚未之见。兹之所录，亦不过较有价值之参考书及资料耳。

关于盐税一般的研究，可参考下列各书：

（1）Erich Trautvetter：*Die Salzsteuer*（Handbuch der Finanzwissenschaft. Zweiter Band. SS. 252-257.）

（2）Karl Bräuer：*Salzsteuer in Hdw. d. St.* 对于各国盐法，分析颇详，盐税立法，亦往往备举。然对于东亚各国盐法，则极为简略。

（3）Buschmann：*Das Salz*，*dessen Vorkommen und Verwertung in sämtlichen Staaten der Erde.* 2 Bde.，Leipzig 1906，1909. 此书虽较旧，然对于战前各国产盐销盐及盐税情形，叙述綦详；尤以"Salzhandel"一章，堪作参考。

（4）Dowell：*A History of Taxation and Taxes in England.* 2 ed.，London 1888，p. 3ff.

至于中国盐税及盐法方面，其重要参考书列下：

（1）左树珍著《中国盐政改革史》，此书余未之见，《中国盐政纪要》左树珍序中尝言"余猥以谫材，夙惎谈盐，研究兹事者，三十余年，不揣固陋，妄有撰著：思欲上考往古，下胪近今，述为《中国盐政史》；绵历岁月，迄未脱稿"。又金国珍君《中国财政论》

（二二五页）尝引该书。

（2）左树珍著《历代引法通论》，不见单行本，林振翰于其所著《中国盐政纪要》下册录其全文。此文详叙历代引法，原原本本，无一字无来历；其指陈引制弊端，尤有独到之处。

（3）林振翰著《中国盐政纪要》，分上下两册，十九年十二月一日商务印书馆出版。第一编沿革，第二篇场产，第三篇运销，第四篇职官，而以盐务专著及附录殿后。

（4）《中国盐政实录》，民国二十二年十一月南京财政部盐务署盐务署盐务稽核总所出版，凡分四册。第一章总叙，第二章至第二十四章，分叙淮北至西康二十三省区；此外更有各种附录，盐务大事表，以及各种统计表。第四册专录各种重要档案、法规及各项盐务通行规程。本书搜罗资料，不为不详尽；惟以编辑者非一人，故不能统一，及互相矛盾之处颇多。

（5）林振翰《淮盐纪要》《川盐纪要》《浙盐纪要》及《盐政辞典》，皆由商务印书馆经售。林字蔚文曾掌各地盐政，由川而浙、而淮、而松江，所著当尚能近实。

（6）刘存良著《中国人民之盐税的负担》（载《中国经济》第二卷第二期）对于盐税正税及附加税之比例、名目、高度及成本运费与盐税之关系，搜罗极富，分析亦精，为真材实料之作。

（7）田斌著《中国盐税与盐政》。

关于资料方面，可因时代先后，分类列举于下：

（1）《清盐法志》三百卷，民国九年北京盐务署印行内分：

通例九卷。

长芦二十九卷。

东三省十一卷。

山东二十四卷。

河东二十一卷。

陕甘五卷。

两淮六十卷。

两浙三十卷。

福建二十四卷。

两广三十卷。

四川三十卷。

云南十四卷。

援证十三卷。

每区之下，再分《场产》《运销》《征榷》《缉私》《职官》《经费》《建置》《杂记》各门，虽未能跻于近代科学之著作，然实为治中国盐法重要资料之一。

(2)《盐法通志》。

(3) 盐务署二十二年十二月编《现行各区盐税税率表》。

(4) 盐务署二十四年二月编《全国盐区现行税率表》。

(5) 二十三年十一月《盐务稽核所统计报告书撮要》(左树珍编)。

(6) 民国二十二年《盐务稽核总所税警年报》。

(7) Chief Inspectorate of Salt Revenue. Annual Report：22nd Year of the Republic of China.

民国以来，盐务官厅暨关系方面所出版印行之资料，汇列如下：

(1)《民国盐政史》，尚未出版，通目已分载《盐务公报》第八、九、十、十一、十二各期。

(2)《盐务讨论会会议汇编》，民国十七年十二月财政部盐务署出版。

(3)《民国十八年盐务年鉴》，十九年五月出版，财政部盐务署编辑，凡盐务现行之制度，及十八年份产销状况、征榷情形，皆附有统计图表，为比较可靠之资料。

(4)《盐务公报》，财政部盐务署编印，自民国十八年一月份起为第一期，按月发行一期；至二十三年一月中止，已出版至三十三期（二十年九月份）。其性质为公报，举凡一切命令、法规、公文、调查、统计，皆载在内。各期所插各盐区产销缉私图，尤足以供参考。

（5）《盐务汇刊》，财政部盐务署、盐务稽核总所合编，自二十一年八月份起，为第一期，嗣后按月出版两期；至二十三年一月十五日止，已出版至三十四期。内容分图画、特载、纪事、法规、公牍、统计、转载、杂俎、附录各类，往往有重要之文字及资料，足供参考。

挽近以来，关于改革盐务，废除票本，实行新盐法，专家及一般文人，发表文字颇多，皆可汇为一类，作为中国盐务改革问题之资料：

（1）丁恩（Richard Dane）《改革中国盐务报告书》，见《中国盐务实录》，亦载林振翰《中国盐政纪要》。

（2）梁启超《改盐法议》，载林氏《中国盐政纪要》。

（3）张謇《改革全国盐政计划书》（同上）。

（4）张謇《重申改革全国盐政计划宣言书》（同上）。

（5）景学钤《盐政问题商榷书》（同上）。

（6）景学钤《就场征税与就场专卖之比较》（同上）。

（7）景学钤《票本问题》（同上）。

（8）景学钤《盐票之废制问题》（同上）。

（9）左潜盦《盐法改革问题之释疑与辟谬》，载二十年四月二十六日至二十七日天津《大公报》。

（10）林振翰《收回淮南鄂湘西皖四岸盐票折略》，载氏之《中国盐政纪要》。

（11）林振翰《以价廉质美之宗旨达福国利民之目的为治盐惟一政策议》（同上）。又载《盐务公报》第十一、十二两期。

（12）诸青来《盐法平议》，载《东方杂志》二十八卷九号。

（13）于去疾《新盐法与稽核所》，载二十年六月二日至四日天津《大公报》。

（14）朱偰《吾国盐法中之专商制问题》，载中央大学《社会科学丛刊》第二卷第一号。

第一节　盐税泛论

盐税系一种日用品之消费税,其应否成在在理论方面颇多争论。反对盐税论者,谓盐系人生不可少之生活品,故人人需盐,无可避免租税。盖盐税之影响,有如人丁税,人口多之家庭负担重,人口少之家庭负担轻;贫困之阶级负担重,富有之阶级负担轻。再者盐税之为物,亦不能分为几级税率,使贫困者减轻租税,以均负担。此种论辨,在理论上固无可置疑;但其理由尚未能认为十分充足,足以根本否定盐税之存在。盐税之征收,既无人可以避免,则盐固甚宜为消费税之对象;就租税理论言之,合乎普遍之原则。再者就实际而论,盐税收入异常稳定,除货币跌价之时外,如税率不变,税入往往相等。例如德国自一九一四年至一九二一年,除战争激烈之二年外,盐税收入常为七千万马克左右。至于对于人口众多之家庭,及贫困阶级负担过重一点,亦只限于盐税税率过高之时;但盐之成本,至为轻微,租税须超过成本十余倍以上,方有如此不公平之影响。例如德国盐税税率,自一九一四年至一九二一年为一 dz 十二马克,平均每人盐税负担,为一马克,不为过高。中国盐税税率,在二十三年一月一日改用新市秤以前,为平均每担十三元左右,而盐之平均市价,则为每担十五元左右,盐税占盐价百分之八十六,税率不免苛重矣![1]

再就国民经济而论,征收盐税,亦并无若何严重影响。盐在今日,固多用作工业原料(盐酸)及农业肥料(加里盐),但盐税之收入,初不专恃工业及农业用盐。一般立法通例,对于工业及农业用盐,往往减轻税率或免税,以保护实业。对于盐之征税,既无消极

---

[1]　参阅《中国经济》第二卷第二期刘存良作《中国人民之盐税的负担》。实际上中国盐价,亦较德国为贵:德盐二磅,价十五分尼(合一角六分左右);而中国精盐一磅,则价一角。以二国生活程度较之,盐价相去远矣。

之理由，足以根本反对；在他方面复有积极之理由，可以提倡：盖盐之产地有限，易于监督；盐税收入，易于稳定；且征收盐税，如采取就场征税之形式，亦不致扰及经济生活内部也。

有此种种理由，故反对盐税论者，在各国立法上，向未占优势。今日欧、美大多数国家——并苏俄在内——皆征收盐税，或行专卖。德虽于一九二六年三月三十一废除盐税〔见《减轻租税法》（Steuer milderungs gesetz）〕，然其主要原因，由于当时联邦政府及国会中各政党皆主张减轻人民负担，而非由于根本反对盐税也。

对于盐之征收方法，西方财政学者，分析颇为简单；良以欧、美对于盐之行政经验，无我国之丰富，亦无我国悠久之历史，故不能与我国之盐法比拟。普通论盐税者。不外分为下列各种：

（1）关税制（Zoll）。

（2）就场征税制（Fabrikatsteuer）。

（3）专利制（Monopol）

制造专利（Erzeugungsmonopol）

专卖（Handelsmonopol）

完全专利（Vollmonopol）① 中国行盐制度表

A. 自由制（无税）　隋、唐（睿宗以前）

B. 就场征税（Fabrikatsteuer）　东汉（光武帝又和帝至献帝）南北朝

C. 关税制（内地无税）　（在中国未尝实行）

D. 专利　Monopol　官制　Erzeugungsmonopol　官制、官运、官销（Vollmonopol）汉武帝　官制、官运、商销　官制、商运、商销

专卖　Handelsmonopol　官专卖　民制、官收、商运、官销、唐常平盐

就场官专卖　民制、官收、官运、商销、民制、官收、商运、商销、唐肃宗（第五琦）

① 所谓完全专利，包括盐之制造、运输、贩卖及输入而言。参阅 Trautvetter：Die Salzsteuer.（Handbuch der Finanzwissenschaft. 2. Band，S. 253.）

　　licence　特许专卖　Steuermonopol（或称委托专卖）　民制、官收、商运、商销蔡京之长引、短引、元代之引法、明代之开中法　民制官督、官运民销、官运商销、商运民销、商运商销、民运民销、民运商销 票——纲——引

第二节　盐税之沿革

　　盐法历史之悠久，制度之复杂，盖无有过于中国者。其中废兴递嬗之迹，因革损益之故，盖有不可胜道者；盐法专家，穷年累月，犹未能窥其全豹；兹之所述，亦不过欲讨论现状必先明其历史，略辑重要沿革为一节，以为研究今日盐税之初步。

　　在秦汉以前，文献缺乏，盐法不得而考。《史记齐世家》："桓公既得管仲，……设轻重鱼盐之利"，世之言盐法者，遂莫不推源管仲。惟《管子》一书，近人以为战国末年所作，未必为管仲时代之制度；然有其思想，必有其背景，所谓"正盐筴"① 及"北海之众，无得聚庸而煮盐，……盐必坐长而十倍。……请以令籴之梁、赵、宋、卫、濮阳，彼尽馈食之国，无盐则肿，守围之国，用盐独甚。桓公曰诺，乃以令使籴之，得成金万一千余斤"；② 俨然官制官运官销制度，虽未必为管仲之政，然在战国以前，必有行之者无疑。及秦盐铁之利，二十倍于古。③ 汉兴，循而未改。④ 武帝元狩四年，以东郭咸阳孔仅为大农丞，领盐铁事，而桑弘羊贵幸，议置盐铁官；明年孔仅咸阳言：

　　　　山海天地之藏，宜属少府；陛下弗私以属大农佐赋，愿募民自给费，因官器作鬻盐，官与牢盆。浮食奇民，欲擅斡山海之货，以

---

　　① 《管子海王篇》。
　　② 《管子轻重甲篇》。
　　③ 《汉书食货志》。如淳注曰：秦卖盐铁贵，民受其害。
　　④ 马端临《文献通考》。

致富羡，役利细民，其沮事之议，不可胜听。敢私铸铁器鬻盐者，釱左趾没入其器物。

于是使仅咸阳乘传举行天下盐铁作官府，除故盐铁家富者为吏，吏益多贾人矣。① 盖师管子之意而变通之，为官制官卖制度。元封元年，桑弘羊为治粟都尉，领大农，尽干天下盐铁；② 置盐官者凡二十八郡。③ 元帝初元五年，罢盐铁官；④ 永光三年，复盐铁官。王莽始建国二年，初设六筦之令，命县官酤酒卖盐铁器。⑤ 总之终西汉之世，为官专卖制，历代相承，无所更改也。

光武中兴，废专卖之制，凡郡县出盐多者，置盐官，主盐税。⑥ 章帝元和元年，尚书张林上言县官经用不足，宜自煮盐。⑦ 和帝即位，罢盐铁禁；⑧ 诏"纵民铸煮，入税县官如故事"。⑨ 盖东汉之世，以盐税为主，官自煮盐为例外也。

魏武从荀彧言，遣谒者仆射监盐官司隶校尉治弘农，关中服从。⑩ 降及六朝，经制无常：晋较盐运，制课调；⑪ 陈以国用不足，立煮海盐赋。⑫ 隋开皇三年，通盐池、盐井，与百姓共之，⑬ 禁榷既罢，浸为无税主义矣。

唐开元以后，置盐铁使，检校盐铁之课。乾元元年，第五琦变盐法，就山海井灶近利之地，置监院，游民业盐者为亭户，免杂徭；

---

① 《汉书食货志》。
② 同上。
③ 《文献通考》。
④ 《汉书元帝纪》。
⑤ 《汉书王莽传》。
⑥ 《续汉书百官志》本注。
⑦ 《资治通鉴》及《后汉书朱晖传》。《通考》以为明帝时事，据《朱晖传》则在章帝元和中，通考误。
⑧ 《文献通考》。
⑨ 《后汉书和帝纪》。
⑩ 《三国志卫觊传》。
⑪ 《晋书》：杜预拜度支尚书，较盐运，制课调。
⑫ 《陈书世祖本纪》。
⑬ 《文献通考》。

盗鬻者论如法。① 刘宴继之，法益完密：

> 自兵起流庸未复，岁赋不足供费。盐铁使刘宴以为因民所急而税之，则国用足。于是上盐法轻重之宜，以盐致多则州县扰；出盐之乡，因旧监置吏亭户，粜商人，纵其所之。江岭去盐远者，有常平盐，每商人不至，则减价以粜民，官收厚利，而人不知贵。宴又以盐生霖潦则卤薄，暵旱则土溜坟，乃随时为令遣吏晓导，倍于劝农。吴、越、扬、楚盐廪则数千，积盐二万余石。②

综其大要，盖为民煮、官收、官粜、商销，与后世所谓就场官专卖性质相近。宴罢，盐法浸坏。降及五季，晋行两盐钱，又征商税；天福七年，宣旨下三司，应有往来盐货悉税之，过税每斤七文，住税每斤十文。③ 一盐二税，盖自此始。后周世宗显德元年，始划分末盐（海盐）、颗盐（池盐）销地，盖"食末盐州郡，犯私盐多于颗盐界分"，而"末盐煎炼般运费用，倍于颗盐"，故分割十余州令食颗盐，以省运力而减犯禁。④ 自是曹、宋以西十余州皆食颗盐。⑤ 销盐之有分界，自后周显德始。

宋初盐法无常，官鬻（一称官般，官自般运，置务发卖，淮、浙、京东、闽上四州及两广行之）通商（京西、陕西、河北），随州郡所宜。太宗雍熙二年，行折中法，《宋史食货志》云：

> 雍熙而后，用兵切于馈饷，多令商人入刍粮塞下，酌地之远近而为其直，取市价而厚增之，谓之交引；至京师给以缗钱，又移文江、淮、荆、湖，给以茶及颗末盐。

《文献通考》亦引止斋陈氏曰：

> 雍熙二年三月，令河东北商人，如要折博茶盐，令所在纳银赴

① 《唐书食货志》。

② 《唐书食货志》。宴置四场十监，岁得钱百余万缗，以当百余州之赋；又置巡院十三，以捕私盐者。

③ 《五代会要》。此种通过税，有类后代之盐厘。

④ 《旧五代史食货志》。

⑤ 同上。

京请领交引。盖边郡入纳算请，始见于此。

我人研究中国盐政史，于此宜注意者，盖有二点：一则令商人入刍粮塞下，以济军饷，盐之有国防政策，自此开始。一则交引之名，始见于史，然此所谓引，实为一种证券，非即以引为盐，关于此点，左树珍《历代引法通论》，尝详论之：

> 宋雍熙间，行折中法。……其法昉于唐之飞钱，凭引支货，合券而取，譬如以券兑钱，非即以券为钱，以引支盐非即以引为盐。一则积钱为本，一则入中算请，故交引者本系一种折中券，券即引也。

及太宗端拱二年，置折中仓，听商人输粟京师，优其直，给茶盐于江、淮。① 盖在京入中斛斗算请，始见于此。其后虚估日高，交引愈贱，京师有坐贾，置交引铺，隶名榷货务，收蓄贸易，以射厚利。由是虚估之利，悉入豪商，盐法寖坏。仁宗庆历末，范祥始创钞法，就折中旧制，酌议变通：禁输刍粮，专令商人入中现钱，计钱给券，谓之盐钞。每盐一席，估定价格，通算钞钱，印书钞面，商人输钱请钞，按券支盐，名曰盐钞，类如一种实钱券，所谓现钱法也。现钱法者，盖以革虚估之弊，视场盐之产量，为出钞之多寡，盐有定额，钞有定数，并储缗钱为盐钞本，以待商人至者；若所估盐价过低，则官为买之，使不得为轻重，钞价既平，盐法亦通。② 惟《宋史食货志》所论盐钞法，与上引略有出入，摘录如左：

> 初盐钞法之行，积盐于解池，积钱于京师榷货务，积钞于陕西沿边诸郡。商贾以物斛至边入中，请钞以归。物斛至边，有数倍之息，惟患无回货，故极利得钞，径请盐于解池，而解盐通行之地甚宽；或请钱于京师，每钞六千二百，登时给与，但输头子钱数十而已。以此所由，州县贸易者甚众。……

---

① 宋史食货志。
② 左树珍《列代引法通论》。

由上引各种交引及钞法观之，或为国防政策（A），或为粮食政策（折中仓）（B），或为财政政策（纳银赴京请领交引）（C）。兹分析各家所说，制图解如左：

(A) 国防政策

(1) 宋史食货志之交引　　　　　　(2) 宋史食货志之钞法

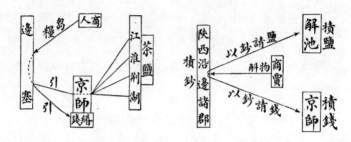

(B) 粮食政策

(1) 宋史食货志之折中仓及文献通考引止斋陈氏之折中仓

(C) 财政政策

(1) 文献通考引止斋陈氏说之纳银赴京请领交引　(2) 范祥之钞法

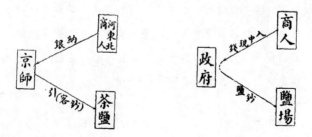

及徽宗崇宁间，蔡京始变法，俾商人先输钱请钞，赴产盐郡授盐，欲囊括四方之钱，尽入中都，以进羡要宠，钞法遂废，商贾不通，边储失备。[①] 盖由国防政策，寖沦为聚敛政策矣。

引法之起源　引法之起，已伏于钞盐法之中。《文献通考》引东莱吕氏曰：

> 自蔡京秉政，废转般仓之法，使商贾入纳于官，自此为钞盐法[②]请钞于京师，商贾运于四方，有长引、短引，限以时日，各适所适之地远近以为差。……

盖运盐限定时日地点，与以引，自此始矣。宋高宗时，赵开改变盐法，置合同场，收引税钱，此引课法之由来也。总之两宋时代，初行官般，继以客钞，终入于引，由官收官运商销以至于官收商运商销，盖已开后代票引之端。至其目的，则皆为聚敛，故宋史食货志曰：

> 唐乾元初，第五琦为盐铁使，变盐法，刘晏代之；当时举天下盐利，才四十万缗。至大历末，增至六百万缗，天下之赋，盐利居半。宋朝元祐间，淮盐与解池等，岁四百万缗，比唐举天下之赋，已三分之二。绍兴末年以来，泰州、海宁（当为海陵之误）一监，支盐三十万席，为钱六七百万缗。则是一州之数，过唐举天下之数矣。

元至元十六年，立诸路转运盐使司。[③] 至元十九年，议设盐使司，卖盐引法；又令运司官亲行调度盐引。[④] 盐商购引后，赴场领盐运卖。盐引之名，由此始著。二十年又颁《至元新格盐法》，其第十一款云：[⑤]

---

① 《宋史食货志》。

② 吕氏以钞盐法创始于蔡京，实误。惟当时盐引亦曰盐钞，蔡京令川、陕、京东西诸路，废除交子，更用钱引，钱引者，本以代盐钞，故钞之与引论其性质，同为一种兑换券是以盐法变更以后，虽用引制仍名钞盐也。

③ 《元史世祖本纪》。

④ 同上。

⑤ 《元典章》。

诸盐法并须见钱卖引，必价钞入库，盐袋出场，方始结课。其运司官如每事尽心，能使盐额有余，官吏守法，商贾通便，课程增多者，闻奏升赏。

至元二十一年，立常平盐局。① 时中书省奏盐每引十五两，国家未尝多取，欲便民食；今官豪诡名罔利，停货待价，至一引卖八十贯，京师六百二十贯，贫者多不得食。② 议以二百万引给商，一百万引散诸路立常平盐局，或贩者增价，官平其直以售，庶民用给，而国计亦得。世祖从之，故立常平盐局。是则在行引而外，又兼采官卖制矣。二十二年诏依旧制，凡盐一引四百斤，价银十两，以折今钞，为二十贯。③ 后屡增盐价，元贞二年，一引为六十五贯④，至大二年，增为至大银钞四两，增旧价三之一；天历二年，增为钞三锭。⑤ 盐课愈重，盐价愈高，张士诚、方国珍啸聚海滨，遂以亡元，盐法之坏，亦为一因也。

明洪武初，诸产盐地次第设官：都转运盐使六：曰两淮、曰两浙、曰长芦、曰山东、曰福建、曰河东。盐课提举司七：曰广东、曰海北、曰四川、曰云南，云南提举司凡四：曰黑盐井、白盐井、安宁盐井、五井。又陕西灵州盐课司一。⑥ 官制既备，定盐引条例；又规定两淮岁办盐数，每引四百斤，给工本米一石，两浙如之；后分一引为二引，而以四百斤者为大引，二百斤者为小引，名曰"改办小引盐。"⑦ 洪武三年九月，始募商纳米中盐⑧，是为

开中法之起源　《续文献通考》云：

---

① 《元史世祖本纪》。
② 当时每引有卖一百八十两（潭州）、一百七十两（江西）、一百二十两者（大都）。参阅《元典章》。
③ 《元史世祖本纪》。
④ 《元史成宗本纪》。
⑤ 《元史文宗本纪》。
⑥ 《明史食货志》。
⑦ 《明会典》。
⑧ 《续文献通考》。

中书省言：陕西、河南军储，请募商人输粮，而与之盐。凡河南府一石五斗，开封府及陈桥仓二石五斗，西安府一石三斗者，并给淮、浙盐一引。河东解盐存积甚多，亦宜募商中纳，凡输米西安、凤翔二府二石，河南、平阳、怀庆三府二石五斗，蒲、解、陕三州三石者，并给解盐一引。

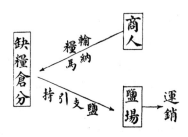

其输粮之多寡，益视距离之远近而异。洪武二十八年，定开中纳米则例，出榜召商，于缺粮仓分上纳，仍先编置勘合并底簿，发各该布政司并都司卫分及收粮衙门收掌。如遇客商纳粮完，填写所纳粮并该支引盐数目，付客商赍赴各该运司及盐课提举司，照数支盐。其底簿发各运司及盐课提举司收掌，候中盐客商纳米完赍执勘合到，比对石朱墨字号相同，照数行场支盐。① 可见开中之法，无非令商人输米以佐军食，于盐法之中，寓有国防政策之意焉。宣德三年，更定纳米中盐例，减轻输米之数，以招徕商人；其甘肃、大同、宣化、独石、永平道险远，趋中者少，许寓居官员及军余有粮之家，纳米豆中盐；② 边防政策之意更显。正统三年，更召商纳马中盐，每上等马一匹一百二十引，中等马一匹一百引，令客商中纳官盐。③ 景泰元年，命中纳边粮兼纳谷草秋青草；④ 时边围多故，密云、隆庆仓、古北口俱令减纳粮米，兼纳草束⑤，盖一以储军需，二以致米商

---

① 《明会典》。
② 《续文献通考》。
③ 《明会典》。
④ 《明史食货志》。
⑤ 《续文献通考》。

耳。成化二年，富人吕铭等奏请中盐，运米赴辽东，中旨允之；御马监李棠，亦请运米辽东，于是两淮存积盐五万五千引，中存积盐万引，盐产囤积过多，盐法之坏自此始矣。① 至弘治五年八月，户部尚书叶淇请召商纳银运司，类解太仓，分给各边。②《续文献通考》云：

> 初各边开中，商民招民垦种，筑台堡，自相保聚；边方菽粟，无甚贵之时。成化间，始有折纳银者，然未尝著为令也。至是户部尚书叶淇，淮安人，盐商皆其亲识，因与淇言：商人赴边纳粮，价少而有远涉之虞；在运司纳银，价多而得易办之利。淇然之。内阁徐溥，淇同年最后，淇遂请召商纳银运司，类给太仓，分给各边；每引输银三四钱有差，视国初米值加倍，而商无远运之苦。一时太仓之银，累至百余万；然赴边开中之法废，商屯撤业，菽粟翔贵，边储日虚矣。……

赴边开中之法既废，边储萧然，国防政策，一变为财政收入政策，与蔡京之改变钞法，以聚敛为目的者，先后如出一辙焉。③

弘治十三年，奏准客商收买余盐，买求掣挚，至二千斤以上者，照私盐例发遣。④ 实开后世余引之端。嘉靖四十年后，每正盐一引之外，许带余盐一引，正盐在各边报中，上纳粮草；余盐在各运司查照题定则例，征银解部，永为遵守。⑤ 盖嘉靖之时，盐价十倍于前，而工本不及十一，于是私盐盛行，故给事中管怀理谓欲通盐法，必先处余盐；欲处余盐，必多减正价；大抵正盐贱则私贩自息，故主张"定价每引正盐银五钱，余盐二钱五分，不必解赴太仓，俱令开中关支；余盐以尽收为度，正盐价轻既利于商，余盐收尽又利于

---

① 《续文献通考》。
② 《明史食货志》。
③ 开中之法，后世仍有行之者：如嘉靖八年，议准今后各边开中，淮、浙等引盐，俱要查照旧例，召商上纳本色粮料草束，不许折纳银两；其商人自出财力，开耕边地上纳引盐者听（《明会典》）。
④ 《明会典》。
⑤ 《明会典》。

灶"。① 惟户部复以为余盐银仍解部如故，而边饷益虚矣。观于嘉靖时延绥用兵，辽左缺饷，尽发两淮余盐七万九千余引，于二边开中，可见余盐充斥之一斑。

纲盐法之起源 万历四十二年，盐引壅积，巡盐御史龙遇奇，请立盐政纲法，以旧引附见引行，淮南编为十纲，淮北编为十四纲，计十余年旧引尽行；从之。自是盐课解太仓者几倍。② 时袁世振为盐道，更详立纲法，分为十纲，每年以一纲行旧引，九纲行新引。行旧引者，止于收旧引本息，而不令有新引拖累之苦；行新引者，止于速新引超掣，而更不贻旧引套搭之害，两不相涉，各得其利。③ 凡纲册有名者，据为窝本，纲册无名者不得加入，专商之制，实始于此；而根窝之害，专商之弊，亦皆源于此。

崇祯间，每盐引加征银两，以充边饷；又于湖广、武、汉等府，增行淮引，每引复派练剿诸饷不等。④ 税捐繁兴，明亦以俱亡。

综观有明一代，初行开中之法，重在边防，故"仓卒用兵，虽百万之输，取足目前，各边倚恃，名曰飞粮"，⑤ 其弊虽繁，其利至博。弘治以后，叶淇改行折色，赴边开中之法废，一变边防政策而为财政政策。嘉靖以后，盐价高涨，余盐充斥，私盐盛行，盐政已坏。万历以降，改行纲盐，专商之制，实始于此。及崇祯派练剿诸饷，加征正课，盐法败坏，已不可为矣。

清初废开中之法，令商纳课行盐，科则画一，浮派不加。各省行盐，惟云南向用票照，不领部引；其他各省，皆须颁给部引，以资信守。故所行之法，除云南而外，皆为纲法。道、咸以后，淮、浙、福建等处先后改行票盐，均已停引不领；而长芦、山东、河东、两广、四川等处，则犹按年请领部引，未之或废。太平天国时代，

① 《明史食货志》。
② 《续文献通考》。
③ 同上。
④ 《江南通志》。
⑤ 《山东旧志》巡盐御史高世魁疏。

盐法破坏，军兴饷绌，始创抽厘之法；光绪以降，赔款练兵，遂有加价之实。兹分段说明于下：

（1）顺治元年至道光十一年（纲法通行时代）

顺治元年诏，"盐课前代天启崇祯年间，加派名色甚多，深为商厉，今著尽行蠲免，止按万历年间旧额，按引征课"。顺治二年，又谕各运司："盐法明末递年加增，有新饷、练饷及杂项加派等银，深为商厉，今尽行蠲免，止照旧额按引征收；本年仍酌免三分之一"。顺治八年，又谕各盐运司："止许征解额课，不许分外勒索余银"。① 盖清朝初主中原，自必减租免课，以市好于百姓耳。

至于职官方面，则以户部山东清吏司掌盐课之政令，凡盐法籍灶与商于官，令出盐行盐，量天下食盐之户，而均布之；凡盐有海盐，有池盐，有井盐，有土盐，有口盐，皆视其产之多寡，与其运之远近，以配引；其课则别以灶课、引课、杂课、税课、包课而榷之，凡贡盐、官盐、铒盐、各以其地供焉。其各省盐政，在顺治初年，制度如下：长芦、两淮、两浙、河东，置巡盐御史各一人；直隶、山东、山西、河南、江南、江西、浙江、湖广、陕西，盐政一年更差；其福建、四川、广东、广西、云南、贵州六省盐务，旧隶巡按，后改隶巡抚。② 自后巡盐御史，废置无常。道光元年，奏准浙江盐务，复归巡抚兼管；长芦盐务，专设盐政管理；两淮盐务，专设盐政管理；两浙盐务，浙江巡抚管理（兼辖江苏、江西、安徽等处）；福建盐务，闽浙总督管理；两广盐务，两广总督管理；河东盐务，山西巡抚管理；四川盐务，四川总督管理；云南盐务，云南巡抚管理；陕西汉中府盐务，陕西巡抚管理；甘肃花马、小池盐务，陕甘总督管理；贵州盐务，贵州巡抚管理。③ 十七年，又奏准山东盐务，山东巡抚管理；两淮盐务，改归两江总督管理。咸丰十年，又

---

① 《清盐法志》卷三（通例三，征榷门）。
② 参阅《清盐法志》卷五（《通例五职官门》）。
③ 《清盐法志》卷五（《通例五，职官门》）。

奏准长芦盐务，统归直隶总督管理（兼辖直隶、河南等处）。① 于是各省各纲盐政，概由总督巡抚兼任矣。盐政之下，则有都转运盐使，司运使，盐道，掌督察场民之生计，与商之行息，俾商无滞引，民免澹食；分司、运同、运副、运判，掌分司产盐之地，而纠察之；监掣同知，掌掣盐之政令；盐课提举司，提举分辖盐井之政；盐课司大使掌盐场及池井之务；盐引批验所大使，掌批验盐引之出入；库大使掌盐课之收纳，而监理其库贮。其官制复杂如此，官愈多而扰民愈甚矣。

（2）道光十一年至太平天国（淮浙福建等处改行票盐时期）

道光十一年以后，淮北因引滞不通，改行票盐。陶澍创之于淮北，陆建瀛踵之于淮南，皆著成效。其改票原因，详见道光十一年两江总督兼盐政陶澍奏中：

> ……淮南商力虽疲，然自开纲以来，尚捆运五十余万引；淮北则只捆二万余引，较定额不及十分之一，实属疲惫已久。臣前与尚书王鼎等会议时，即经声请另行筹办。本年奏准借动带运残盐课银二十万两，将官收灶盐，督商办运，均系择其畅销之岸，先行运往，以冀早将库项收回，而滞岸仍无盐济售。民间既无官盐，不得不买向民贩；灶丁积有余盐，亦不能不卖与民贩。臣体察情形，拟将畅岸仍归商运；其余滞岸，即仿照山东、浙江票引兼行之法，于海州所属之中正、板浦、临兴三场，分设行店，听民投行购买，运往售卖；择各场要隘之地，设立税局，给以照票，注明斤数及运往何处售卖字样；凡无票及越境者，仍以私论。如此通融办理，俾灶丁民贩，皆获有生计，而所收税银，又可补正课之不足。

由上引奏文中绎之，改票原因，盖有三端：（一）道光年间，纲法已敝，盐课重而盐价高，商盐壅而国课亏，势不得不改制。（二）官盐既昂，私盐盛行，奏中所谓"民间既无官盐，不得不买向民贩；灶丁积有余盐，亦不能不卖于民贩"，盖即指私盐，惟奏中不

---

① 《清盐法志》卷五（《通例五，职官门》）。

便明言耳。① （三）两淮纲食引盐，向定每引三百四十四斤；乾隆十三年，每引增给十斤，十六年又赏加十斤，不在原定成本之内。如此大量批发，在盐引壅积之时，自不能行，不得不改行票盐，减轻科则，降低盐量，以便零贩。改票以后，有《票盐设局收税章程》，② 摘录如下：

　　一　由运司印刷三联空白票式，一为运署票根；一留分司存查；一给民贩行运。

　　一　每盐四百斤为一引，场盐照现在钱价，合银六钱四分；抽税照商运科则，酌减四分之一，计银七钱二分；又倾镕解费，设局设卡经费，各衙门书役纸饭委员薪水，缉私经费等项五钱二分。通计一引四百斤，共库平纹银一两八钱八分，此外不得分毫需索。……

　　一　……每票买盐，自十引至百引以上为一票，不得过于零碎；惟食岸八县及向无额引之海州、安东二州县，距场均在五百里以内，应酌量变通：海、赣以百斤起票，余准一引起票，以便民食。……

至道光十三年二月，奏准湖运畅岸，亦照淮北滞岸章程，招商贩运，一律改行票盐。自是票盐推行渐广，至道光三十年三月，淮南亦改行票法。及咸丰军兴，岸悬商散，北则军队林立，饷盐充斥；南则江运梗塞，片引不行，票法于是始坏。

（3）太平天国时代（盐法崩坏时期）

道光三十年（一八五〇）太平天国发难，军事直接间接③所及，蹂躏几遍本部各省，沦陷至六百余城，洵为清朝一代之巨变。虽始末不过十五年（同治三年——一八六四——乱平），然影响所至，一

----

① 道光十二年五月，两江总督兼盐政陶澍奏中有云："……淮北十数年来，引滞岸悬，几于无课可收，且虚糜调剂银两，不下百万。……且如辛卯一纲，淮北配运，不及十分之一，各岸久为私贩占据。今民贩之赴场，既由州县给照，票盐之出场，又有卡员验放，与其任无课之私盐肆行侵占，不若行少课之票盐，尚可稽查。……"可见私盐充斥之一斑（《清盐法志》卷一百十五）。

② 《清盐法志》卷一百十五（《两淮十六运销门》）。

③ 太平亡后，余党或由江西入福建、广东，或经四川入陕西、甘肃，或勾结捻、练，或招纳蓝（大顺）、李（短搭），扰乱区域极广。

切文物制度，莫不发生剧变，而盐政为尤甚。盖盐政素分场产、运销、征榷三部，首尾相连，息息相关，有一受其扰乱，则其余二部莫不受其影响；尤以运阻销滞，为害最烈。举其要者言之，可列如下：①

（1）场产方面：

（a）灶户失业或弃业　如淮南自运阻销滞以后，灶户失业甚伙。四川自咸丰九年蓝、李倡乱以后，灶户煎丁，多弃业为匪。

（b）盐产减少或增加，以至过剩减少者如两淮（因运销阻滞），增加者如四川（因淮盐不能行于两湖），过剩者如两浙（咸丰三年以后，销滞商逃，盐产遂形过剩）。

（c）盐场破坏　如淮南场垣废弃，四川井灶破坏。

（d）盐具散失　如淮南灶户停煎后，埠荒鐅废，大局全隳。

（2）运销方面：

（a）运道梗阻　在引岸制度之下，运道一阻，全局扰乱。当太平天国时代，兵戈云扰；尤以两淮之因江运梗塞，长芦之蒙捻祸，四川之遭黔匪，河东之因豫、陕道路梗塞，陕、甘之蒙回、捻，运销大半阻滞，引岸制度破坏。

（b）引地糜烂　各纲行盐之地沦为战区，户口流亡，民生凋敝，行盐量自然减少。如山东之捻匪，两淮、两浙、两广、四川行盐区域之遭太平天国踩躏，其尤著者。

（c）商贩星散　各纲引岸，或因运道中梗而隔绝，或因兵匪滋扰而糜烂，盐商既无业可营，自然星散。两淮、两浙、两广、长芦皆有此现象。

（d）私盐充斥　引制既坏，商贩星散，私盐充斥，为自然之结果。

（3）征榷方面：

（a）科则减轻　销路既滞，引积商亏，如淮北本有带纳悬引一

---

①　参阅何维凝《太平天国时代中国盐政概观》，载中央大学《社会科学丛刊》第一卷第二号。

项，每纲计三十一万余两，带课而不加盐，至此不得不暂停。

（b）引额减少　运销既滞，引额自减，淮北、河东，即其显例。

（c）奏报延迟　如淮北奏销，向在开纲一年后造报，军兴以来，旧纲积滞；咸丰十一年，干支为辛酉，应办庚申纲，乃当时丙辰纲尚未奏销，积压至五纲之多，即国家迟收五年之正课。山东、两广、四川亦然。

（d）奏销困难　如淮南引地，自太平军据金陵扰镇、扬，片引不行，课额全虚；嗣以湖北借食川盐，湖广借食粤盐，江西借食闽、浙之盐，淮南额引更无从整理；奏销制度，完全瓦解。

（e）销不及额　其有勉强奏销者，亦往往销不及额，如广东在咸丰、同治年间，每年奏销不过七成而已。

军兴以后，盐政大坏，于是当局方面，不得不有所设施，以图补救。其在场产方面，则抚恤灶户，整理盘䤾，保护盐场，以增加生产（两淮行之较力）。在运销方面，则兴革较多，影响较大，分述如下：

（1）变更运道　如淮北江运八岸，议改湖运；淮南之盐，本全从瓜、仪出江，咸丰三年因江运梗阻，改由江都县属之白塔河等口渡江，至东坝起驳换船直达芜湖。

（2）借运邻盐　如湖北借食川盐，湖南多食川、粤私盐，江西则赖粤私及太平军之私盐，后改买浙盐。

（3）平准盐价　自淮盐不行，两湖、江西，求盐不得，盐价骤贵；湖南卖米一石，竟不能易盐十斤。故咸丰三年，有积盐平价之举，始于沙市，亦唐常平盐之遗意也。

至于征榷方面，因税收锐减，为谋补救起见，更多改革。[1]　兹分述如下：

---

①　《骆文忠公奏稿》卷三："国家两淮盐课正杂各款每岁共银六百余万两，为经入一大宗。三载以来，兵饷增数千万之出，盐课失二千万之入。……以此言之，则采买淮盐之举，不独为筹饷计，在所必先；即为剿贼计，亦刻不容缓也明矣"。

(1) 正课　以淮南为例，其演进可分四期：

(a) 就场征税时期　咸丰三年（一八五三）江运既阻，淮盐不行，两江总督怡良为维持盐课收入起见，试办就场征税，其方法：（一）减科则，每引以六百斤出场，作为引半完课，每大引应完报部正杂两款一两七钱三分，经费银四钱五分，各衙门帑利及解部纸石朱等项一概暂停。（二）发执照，由运司衙门印发编号三联大票，交分司加印，分别填明发场，俟商贩请运缴课后给发捆运。（三）严掣验，运盐出场，须经出江官卡秤掣稽查截票盖钤，不得绕越，违者以私盐论。（四）改运道，除江、甘五岸听其运销外，其有愿赴淮南引地销售者，应由江都县白塔河等口渡江，绕道芜湖，沿途不得私售。故虽系就场征税，但仍非自由交易。本时期因兵戈满地，运道阻梗，故销路仍无起色。

(b) 设厂抽税时期　咸丰四年，怡良以淮引梗滞如故，灶丁失业将及二载，激变堪虞，复试行设厂抽税。其原则不外便小贩，以恤灶艰，便盐可零售；轻税率以便小贩，使有利可图，庶几招贩较易。其法如下：（一）招小贩厂由场设，任听小贩下灶自与灶户买盐，并改引为斤，使盐得以零售。（二）减税率岸盐每百斤抽税三百文，食盐每斤抽钱三文，以银一两合钱二千计，每引四百斤，仅得六钱耳。（三）发执照其盐计票不计引，岸盐以百斤起票，由运司印发分司转给各场，随时填给商贩，票根送司备查，是谓大票；附场食盐则另给小票。故改引为票，无非化整为零，化大为小，以便运销耳。设厂抽税后，税收仍无起色，惟设厂抽税本意，原在恤灶，当太平声势方张，淮南二十余场灶户所以不曾变叛者，未始非此政策之力也。

(c) 设局征税时期　设厂抽税后，税收既无起色，乃于咸丰七年改行设局征税，于恤灶之外兼重保课。其法于泰州设立总局，另于东台、丁堰设立分局，凡商贩愿运盐者，无分岸食，每担百斤均令完银一钱五分。此外更验票禁私（于要隘派员验票，以防偷漏）；并设法收益（令商人多措资本，赴场收益，售盐后仍须辗轳转输，源源接济，务使灶户糊口有资，方可禁私行官）；禁革"黑费"（场盐无论发贩运栈，除捆、忙、驳、杠，应得工资照常发给外，其余一切黑费概行禁革，各路查缉弁丁亦不准私收船头钱，验票礼等，以轻成本）；更限制运道，堵拿邻私，或以禁私，或以恤商，或以裕课，颇为重要之改革。

(d) 设栈收盐时期 设局征税，目的虽在缉私裕课，然其手段，不过遏私而已。咸丰九年（一八五九）复厉行设栈收盐，不准贩户下场，以谋根本解决。其法如下：（一）整顿场产厘定桶价。由分司督令场员，一方面严禁偷漏；一方面广招场商，多备资本，源源收买，务使盐尽归垣。场商收盐须付桶价，随时酌定，不准奸商克扣，以利灶户。（二）整顿运输，厘订场价。凡运商或场商运盐，均将承运引数，每半年派定一次，匀分十档，由局给照下场，运盐至栈，议价发售。其所议之价，往往使承运者得有微利，以广招徕。（三）整顿税收限制捆盐。除场商运商外，其余大小商贩，一概不准下场捆盐，必须先赴总局按引纳课，一面就栈买盐，请领照票，方可贩盐。

总之，就场征税承纲法积弊之后，当引岸破坏之秋，初则重在维持大局，征税犹不甚轻；继则设厂抽税减轻税率，以恤灶艰，七年以后，设局设栈，于恤灶而外，兼重裕课，税率虽未加而章程则日趋严密：综其目的，无非为维持或增加税收。然终太平天国时代，兵戈云扰，以同治元、二年而论，税收不过盛时十分之一耳。

(2) 盐厘 盐厘与货厘，虽同属消费税中通过税之范围，其征收之方法亦相似，然分布之情形，则颇有差异：盖货厘以省为单位，并无引岸之限制；而盐厘则以引岸为标准，有境界之束缚故也①（例如湖南欲设卡抽收粤盐厘金，粤省得以本区盐市之利害反对之）。就盐厘分布之情形观察之，可分为下列各类：（一）入境抽厘，即甲区之盐输入乙区引地，由乙区所抽之厘。（二）出境抽厘，即甲区之盐输入乙区由甲区所抽之厘。（三）境内抽厘，即各区在本区行盐地

---

① 《清盐法志》卷一百三十四：同治三年六月，两江总督兼盐政马新贻札请裁撤河南固始、息县之盐厘厘卡，并札准禁止河南信阳州抽收簰捐。

方内所抽之厘。（四）过境抽厘，即甲区之盐运往乙区经过丙区由丙区所抽之厘。其目的无非在收入，以筹军饷。兹分述如下：

（a）入境抽厘，两淮谓之邻税。咸丰军兴，江运阻塞，两湖、江西不得淮盐；而借运邻盐，又价贵不能胜私。于是部议仿明代立厂抽税之法（王守仁），设卡抽厘，化私为公，颇有自由贸易之意味焉。其法初行于湖南（对川、粤盐），其后推行于湖北（对川盐）、江西（于省城百货厘金局内兼设盐厘总局，各路邻私，每六百斤征钱四千八百文；后厘金局改为牙厘局，盐厘亦并入办理）。

（b）出境抽厘，惟四川行之。当咸丰军兴，长江运阻，淮盐不能西上，全赖川盐接济。川省当局见盐商获利厚而税收日绌，因议抽厘裕课。咸丰五年，始行余盐抽厘（于夔关设卡抽厘，凡无引余盐，每百斤抽银一钱三分）；十年，更行引盐抽厘（设局于重庆，凡犍、富各厂济楚引盐，花盐一包榷厘钱千百五十，巴盐一包榷六百五十，各余盐一包榷厘千五百，计引则五六斤榷一钱，每年约抽银二三十万两）。①

（c）境内抽厘，即就本区行盐地方设法抽厘。如广西于咸丰三年在梧州设立总厂，于粤盐入桂要隘设立分厂，抽收盐厘，化私为官（所谓隔省抽厘）；贵州亦于川、楚邻境盐斤往来之区，设局抽厘；河南亦于同治元年，于龙王庙等处抽芦盐厘金。此外四川行厂垣抽厘（又曰引厘），两淮、两广则行防地抽厘，皆军事机关设卡征收，盐政愈趋败坏矣！

（d）过境抽厘，山东曾一度行之。盖长芦之盐行销河南，必由船运经过山东之馆、陶等处，再折入直隶大名府境内，陆运至河南。咸丰十一年，督办直隶、山东军务胜保有于馆、陶抽厘之议，嗣以长芦通纲报效银二万两未行。至同治元年四月，遂奏准防河需费，于馆、陶设局抽收芦商船盐厘金，按包计京钱三百六十文为章。② 同治二年四月，奏准停办。

---

① 《四川盐法志》卷二十四。
② 《清盐法志》卷二十三（长芦十四，《征榷门》，商课上）。

（3）饷盐　军兴以后，淮北、淮南等区，有以盐抵饷者，——一如战时之以米麦等食粮发放，以抵军饷——谓之饷盐。咸丰十年三月，袁甲三奏请将淮北盐课尽数抵作皖饷；是年七月，又奏总兵李世忠驻守徐州所需勇粮，请拨盐引令其自行销售。同治元年，胜保亦请将淮北票盐，先捆十五万包，运至三河尖一带销售，以应军急。自此而后，驻军往往擅自提盐抵饷，寖成通例；夹带私引，弊不胜举。同治二年，始谕将饷盐分别截留，以裕正课。①

（4）报效及捐免等　咸丰军兴，筹饷困难，各地盐商，有捐输以助饷者；有一次报效以免重税者；有捐免充商者，其原因皆以粮饷支绌，不得不强制或利诱商人捐款，以助军饷。分析如下：

（a）捐输　同治四年六月，两江总督兼盐政李鸿章札淮运司：西盐招商局：刻下粮台进款支绌，亟须设法筹补；因查淮南运商场商，自开办新章以来，获利较厚，各该商亦素知急公，且防剿各路，半属淮盐引地，应由该司道等劝谕输捐，以资接济。十二月，西商吉大昌等捐银六万两，照金陵善后捐案给予奖叙。②

（b）报效　咸丰十一年十一月，长芦拟于山东馆、陶设卡抽厘，各盐商呈请通纲报效银二万两，免其抽厘，奏请照准。③

（c）捐免　咸丰三年，奏准河东捐免充商之例，准令运商孙庆余等一百余家捐输军饷银三百余万，永免签商，将河东引盐山、陕改为官运官销，河南改为官运民销。④ 盖河东商课极重商力甚困；办运既难，签商弊遂不可胜言，故有捐免充商之举也。

总之太平天国一代，为清朝盐法之枢纽，其影响于后世，至深且巨；一见于票商之推行，二见于盐厘之创设，他如，就场征税及设栈收盐等举，虽成效不著，然不失为后世行就场征税之参考，其为近代盐政史上之重要关键，盖非偶然也。

---

①　同上卷一百十五（《两淮》十六《运销门》）。
②　《清盐法志》卷一百五十三（《两淮》五十四，《杂记门》四）。
③　同上卷二十三（《长芦》十四，《征榷门》四十八）。
④　《清盐法志》卷七十八（《河东》五，《运销门》）。

(4) 太平天国以后至清末（循环转运）

同治三年，金陵克复，太平天国平定，曾国藩总督两江，整顿票法，详见同治三年五月定《己未纲票盐章程》，① 及《楚西各岸运盐章程》。② 兹举其要点如左：

（1）改复票盐旧制所有饷盐、捐盐、北盐、毛盐，一概停止；招集新旧票贩，运盐储坝，完纳现课。淮北每引例定正盐四百斤，分捆四包，每包连卤耗一百一十斤。淮南旧例六百斤成引，外加卤耗六十斤，每引分装八包。③

（2）接开新纲规定引额淮北奏销，前已奏至戊午纲为止，接开己未新纲，规定正额二十九万六千九百八十二引（旧销四十六万引）。其淮南行盐：江西口岸，每年定运十万引，湖北每年定运十六万引，湖南每年定运八万引。

（3）核定正杂各款淮北每引实收一两六钱八分一厘，此外不准另索分毫。

（4）裁并各处厘金军兴以来，长、淮处处设卡，节节抽收，商贩视为畏途。至是淮南行总抽分解之法；淮北则于五河及正阳关设卡，分作两处抽收，每包各收厘钱五百文；经此两卡抽收之后，给予厘票，他卡验票放行，不准重抽，以轻商本。

（5）计算成本余利淮北每引正杂课经费银一两六钱八分一厘，盐价驳价每引七钱，运脚辛工约六钱，共计二两九钱八分一厘；故西坝各栈售价，每引至贱不准跌至三两二钱以内（本）。至正阳关、三河尖售价，每引约在十两内外；坝盐出湖，加以运脚厘金，不过七两上下，故可得余利三两左右。

淮南盐课较重，杂项颇多，共计西岸成本每引约九两七钱九分；楚岸成本十两一钱九分。正盐六百斤，西局售价银二十一两，汉口

---

① 同上卷一百十五（《两淮》十六，《运销门》）。
② 同上卷一百十六（《两淮》十七，《运销门》）。
③ 凡行鄂、湘、江西者，以五百引起票，名曰大票；行安徽者，以一百二十引起票，名曰小票。

售价二十四两，除由局扣存各卡厘银，公费，给还商本银外，西商得一分半息银一两四钱七分，鄂商得一分半息银一两五钱三分。其卤耗包索余斤，均准贴商，以广招徕。

此外更严杜夹带重斤，禁止出湖改捆；淮南更加重邻私厘税，设立督销局以规复引地，保价缉私：是则处大乱之后，法弊坏生，私盐横行，非严禁无以缉私，非重征邻税无以杜倾销也。

同治五年以后，更行循环给运之法；质言之，即于票法之中，参以纲法，凡原有票贩，须接认后运，不愿者禀退，违规者扣除，按照引纲，年年递运，永远循环，作为世业。兹就同治五年九月署两江总督兼盐政李鸿章所定《鄂湘西皖循环给运章程》，[①] 摘要如下：

(1) 酌定循环引额 于票法之中，参用纲法，即就已认之贩，循环给运。鄂岸以丙寅春秋两纲十二万引，湘岸以乙丑秋纲丙寅春纲十二万引，西岸以丙寅春秋两纲丁卯春纲十五万引，皖岸以乙丑秋纲丙寅春纲七万二千引为定额。如鄂岸售出丙寅春纲一票之盐，即给丁卯春纲一票之引；他岸照此递推，均以原请花名接任后运，不愿者禀退，犯规者扣除；仍由运司及督销各局，另招补数。傥无禀退扣除之引，毋庸另再招商，以示限制。

(2) 完纳预厘报效 酌定鄂、湘两岸，每引应完盐厘一两；西岸每引预完盐厘二两；皖岸定章本应先缴报效每引一两九钱，此次循环给运，应由商贩在于各督销局将每票应缴预厘报效，照章完纳，始准给发咨文，接办后运。其各局所收预厘报效银两，按月报明，统解金陵充饷。

(3) 领咨投局挂号 扬州淮南总局按《续运咨文》内商名引数，登簿挂号，按月开折，报明运司查考，将来买盐之次第，即以挂号之先后为断。

(4) 酌发买单运盐 商贩买盐，挨次给单。

(5) 照单应分纲分 由淮南总局刊刻纲分戳记，嗣后发给买单及

---

① 《清盐法志》卷一百十七（《两淮》十八，《运销门》）。

护照舱单，核明系何纲之引，分别加戳，以便稽考。

（6）分纲更易的保 分纲更保，按票出结，并每人结保，至多不得过五票，以示限制。循环给运以后，李鸿章即责盐商捐输（鄂岸每引六钱，湘岸每引五钱，西岸每引一两四钱，皖岸每引一两），作为清水潭工捐，一时专商之制，似有复活之势。此后专商制与自由商制势力之消长，请于下节专论之。

第三节　专商制问题

吾国盐法史上，制度复杂，历史悠久，最难解决者，厥为专商制问题。自二十年五月三十日《新盐法》公布，规定"盐就场征税，任人民自由买卖"，迄今已及四年；而引商、票商、引岸之制，至今依然存在。于是一般观念，以为吾国今日盐法，一如宋、元、明、清以来"产盐有定场，销盐有定地，运盐有定商"之特许专卖制。实则引商、票商之制，今日已在崩溃中，其崩溃之程序，远起于道光中之改引为票，近自民国三年之开放引岸，其渐也久；——至于同治五年后所行之循环给运，不过专商制之回光返照耳。兹先述专商与自由商势力之消长，再论其解决之方案焉。①

吾国盐法史上，专商势力极盛时期，盖为清朝乾、嘉两朝。当时国富兵强，商力殷阜，凡遇国家有大工大账，靡不捐输巨款，所谓"报效"是也。捐输之原因不同：有因水旱偏灾筹济赈款者；有因军事孔亟，报效饷糈者，有以巨寇荡平，备充赏赉者；有以河防紧急，愿佐工需者。就捐输之多寡，可见商力之赢绌，而专商势力之盛衰，亦于此可见端倪。兹举长芦、山东、两淮三纲捐输，以例其余。

---

① 参阅拙著《中国盐法中之专商制问题》（载中央大学《社会科学丛刊》第二卷第一号）。

芦商捐输数目次数，就《清盐法志》卷三十三所记，列表 1-4-1 如下：

表 1-4-1　清代长芦盐商捐输数目及用途

朝代	数目	用途
雍正一一	100 000 两	充军需
乾隆九	100 000	拨济务公用
乾隆一三	200 000	以金川用兵以佐军需
乾隆二四	200 000	因西域荡平以备甘省屯田之费
乾隆三八	600 000	因金川荡平以供军营赏赉
乾隆五三	350 000	因台匪荡平以供军营赏赉
乾隆五七	350 000	因廓尔喀荡平以备凯旋赏赉
嘉庆四	396 000	因川楚教匪荡平解交部库
嘉庆六	26 000	棉袄粥赈银及天津急赈银
嘉庆一一	60 000	以黄河改溜从开山归海稍助工需
嘉庆一三	150 000	以济南河工需
嘉庆一八	130 000	因直隶长垣及山东定陶等处剿捕土匪以备赏需
嘉庆一九	60 000	抚赈豫东灾黎堵筑眭工
嘉庆二四	60 000	备进庆节赏需
嘉庆二五	100 000	因武陟工需
道光二一	40 000	因天津海口调兵防堵以备赏犒之需
咸丰六	23 700	因天津办理军务

上共二百九十四万五千七百余两。

东纲盛时，凡遇国家大工大役，往往与芦纲合力捐输，兹据《清盐法志》卷七十二，列表 1-4-2 如下：

表 1-4-2　清代山东长芦盐商捐输数目及用途

朝代	数目	用途
乾隆二四	200 000 两	以西域荡平备军屯赈务之用
乾隆三八	300 000	以大兵进剿金川供军营赏赉

（续表）

朝代	数目	用途
乾隆五三	150 000	以台湾荡平少抒报效
乾隆五七	150 000	以大兵进剿廓尔喀备凯旋赏赉
嘉庆四	204 000	以川楚教匪荡平备安抚地方用
嘉庆六	50 000	于临清东昌一带被水地方备赈济用
嘉庆八	30 000	为本省工赈之用
嘉庆一一	140 000	以黄河改溜高堰无虞稍助工需
嘉庆一三	80 000	以济南河工需
嘉庆一六	400 000	芦东商人合捐抵补直隶兴修水利之款
嘉庆一八	70 000	因直隶长垣及山东定陶等处剿捕土匪
嘉庆二四	40 000	备进庆节赏需
嘉庆二五	50 000	因武陟工需

上共一百八十六万四千两。

两淮盐商，夙号殷富，当乾、嘉盛时，凡有大工大役，报效、捐输，动逾百万，兹根据《清盐法志》卷一百五十三及一百五十五（助饷及助工），列表 1-4-3 如下；其零星助赈之款，犹所不计焉。

表 1-4-3　清代两淮盐商捐输数目及用途

年代	数目	用途
雍正一一	100 000 两	以佐边饷
乾隆三	300 000	兴修淮扬水利以佐大工
一三	800 000	以佐军糈
二〇	1 000 000	因伊犁荡平以备赏需
二三	1 000 000	因西北荡平
二四	176 000	挑河并修建桥梁银
三八	4 000 000	以备金川军需之用
四七	2 000 000	以充东省工赈
五三	2 000 000	因大兵进剿台湾以备赏需
五三	2 000 000	以荆州隄塍被水冲漫备工赈之需

（续表）

年代	数目	用途
乾隆五七	4 000 000	因后藏奏凯在即以备赏需
六〇	2 000 000	因湖南苗匪聚众以备凯旋赏需
嘉庆四	2 000 000	因川陕匪扰以备善后之用
五	500 000	以川楚匪扰备凯旋之用
五	500 000	以备邵家坝工需
六	2 000 000	备川楚军营赏卹之用
八	1 000 000	川陕军营大功告藏备赏卹之用
八	1 100 000	以备衡家楼工需
九	1 400 000	衡工合龙着后之用及高堰工用
道光二〇	300 000	江省海防及筹备善后之用
同治四	60 000	因粮台进款支绌
八	300 000	小逻堡赈工需
光绪一四	600 000	因郑工决口
光绪一七	1 000 000	因部库奇绌
二〇	1 000 000	专备江南海防之用
二一	130 000	拨充铁厂经费
光绪二二	1 000 000	办理江南海防善后款
二四	2 000 000	昭信股票
三三	1 000 000	以充江南办理新政之需

上共三千八百二十六万六千两。

由上观之，可见乾、嘉之际，为专商极盛时期，捐输报效，动逾数十百万。当时盐商不但垄断盐务，亦且行贿舞弊干预朝政。景学铸尝辑《盐务掌故录》，① 引某笔记载乾隆朝长芦盐务密参案云：

> 乾隆为前清国运最隆盛时代，亦为盐商势力最膨胀时代。而长芦盐商，又以近水楼台，为全国商人领袖，内自宫禁，外至王公大臣，无不联络一气，朝廷一举一动，督抚所不知者，而盐商无不先

---

① 《政衡》第一卷第四期，惜未注明引自何种笔记。

知。有某御史者，素以崛强著称，一日上一密奏，举发长芦盐商种种积弊，牵涉盐政运使，并内务府及宫中阉宦时通消息等语，直言不讳。奏章之末，有云：长芦盐商势力通天，臣明知此奏，即使派大员查办，其结果可以预言，无非以事出有因，查无实据了之；然臣明知无益，既居言责，不敢不言。乾隆帝阅至此，大怒，当即面谕该御史，即日前往密查，不得以虚应故事塞责。向来参案，从无以原参人为查办大臣者，上既出此破格之举，该御史亦出意外。照向例，查办大员一奉旨，即不准回家，乘舆加封，不准见客，即投递书函，亦一律禁止。某御史上奏时，并不知有出差之事，一切行装被褥，均未预备，又不敢回家，当日投宿旅店，派仆归家收拾行装，及长行四人肩舆。次日黎明即起行，未出城，轿杠忽断，舆夫跌伤甚重，不得已，借住小客栈，改换驴车。当日已不能起行。次日车始备齐，行至芦沟桥，驴忽倒毙，车夫亦中暑晕去，只得在桥之左近，觅一小店住宿。奉旨已三日，仅行十八里，若照此走法，非一月后不能抵津，万一风声泄漏，证据消灭，其将何以复命。于是辗转愁思，不能成寐。忽觉风动窗开，烛光扑灭，似有人入内；某御史急唤随从，燃烛起视，但见桌上插一利刃，刃下一信，封外书某大人亲拆，抽视之，只一北京四恒金店之汇票，订银六十万两，余无一字。某御史一睹此汇票，知长芦盐商所为，如不收彼之贿赂，即当以白刃相加，明知前进万无生理，且银至六十万两，彼已布置完备，用何法可以脱此危险，亦一难事。最后得一妙法，将汇票在烛上烧去，当夜即装病，次日命仆报宛平县，请顺天府尹代奏。上派太医院前来看视，确系中途冒暑，由太医用药调治。数日后，某御史请都察院代奏：臣于某日面奉谕旨，前往天津查办事件，因中途患病多日，现在病尚未愈，应否扶病前往，抑暂准回京就医，俟病愈再往。乾隆帝批云：某既中途患病，准其回京就医，毋庸前往。盖帝之左右，亦早已布置妥贴矣。此一起秘密大参案，遂无形消灭。盐商势力通天，即此可见一斑，后更无人敢捋虎须者。始知某御史第一天轿杠断舆夫伤，第二天骡马毙车夫病，均系盐商所为，俾阻行期，得以从容布置也。迨至宫禁打通，皇帝受贿，某御史即不自请回京销差，上亦必撤回其使命矣。

此段记载姑无论为"掌故"抑为史实，然有此传说，必有其背景，盐商势力通天，洵非虚语。又如康熙、乾隆，屡次南巡，种种供应铺张，用钱如水，一切费用，多出两淮盐商报效；而扬州亦因盐商聚集之故，蔚为东南第一都会，宫观楼阁池亭台榭之名，盛极一时。惟道光以降，商力渐疲，盐商报效之数愈少，而自动与强迫之势亦殊。道光十一年淮北改引为票，实为专商制崩坏之第一声。惟专商制历史悠久，根深蒂固，虽中经洪、杨之役，势力稍杀，然自同治五年循环给运以后，颇有重兴之象。专商制之没落，尚有待于民国以后矣。

主张废除专商最力之第一人，厥为丁恩氏（Richard Dane）。丁氏于其《改革中国盐务报告书》中，论专商制之弊端云：

> 中国政府并以各处专运之权，准给专商，遂致将应行收入之巨款，放弃一大部分。盖就当时所征之重税率而论，税率（疑为税收）当属甚巨也。政府既准予专运，实无异将行政权送于专利商人之手；政府对于专利商人觅卖盐斤，所定之价格，务使彼等得获厚利，故盐商对于民间，遂得为所欲为矣。

氏并列举专商之弊，以为专商所运之盐数较所准放运之盐数为多，并不实行设法阻止；而所收之税，课项繁多，税则亦至不统一，碍难切实稽核。故氏主张采取印度盐税制度，以竞争愈烈盐价愈低为宗旨。其在长芦一章中，申述反对盐斤专运专卖之理由，更为明显：

> ……凡善办盐务者，于政府及人民两方面皆同一注重；因如果盐斤运售愈多，则其价愈贱，价愈贱，则销数愈增，而政府收入亦必愈巨。此所谓互相为因，互相为果也。惟中国所行专之之制，则与此种要义完全相反：凡专商若运少数盐斤，而按高价出售者，则其所获之利，较诸建筑运多数盐斤，而按廉价出售者为丰。因筑运之数少，则所需收益运盐之资本自可较省，而完纳官税亦不必多。此理虽甚明显，惟中国之士大夫，皆未尝知之也。其中最错之点，则以为对于运盐事宜，非加以取缔干预不可，故与其与多数之人交

手办事商缔条件，则莫如与一公司或个人之为易。于是每每责成一私人或公司担任运盐事宜，一经批准之后，该专商如见得有大利可图，即向官员行贿，使为包庇。如值政府财政窘急之秋，则以毁家纾难爱国情殷为辞，报效款项，政府必乐受之。于是遂藉此要求，准将盐斤加价，政府情不可却，每为照准；故长芦及其他引岸之专商，得将批发盐价继续增加不已者，皆赖此伎俩也。且盐价既经官定，则不愁有人与之竞争；倘遇发生意外事故，如铁路被水冲断等事，致使运盐之费较昂者，专商必多方藉口停运。盖非得厚利，不肯从事；而人民之缺盐淡食，国税之蒙受影响，皆所不计。总而言之：凡专商皆只知自顾其私利而已。……

丁氏之论，实至为澈透。或对于"因筑运之数少，则所需收盐运盐之资本自可较省，而完纳官税亦不必多"，加以怀疑；以为筑运之数，非实际销盐之总额；盐商所利，在报销之数少，但正引以外，有所谓卤耗，更有所谓夹带，销盐之总额，未必即为筑运之数也。按卤耗之数，向有定额，如同治三年所定楚西各岸运盐章程，皆规定以六百斤为一引，外加卤耗六十斤，包索三斤半，"其卤耗包索余斤，均准贴商，以广招徕"。① 是则卤耗占正盐百分之十，向之以六百斤分摊正杂课及厘税者，今以六百六十斤分摊，虽为卤耗，同可作为正盐看待。至于夹带，则无论引法、票法、循环给运，皆在禁止之列：两淮旧纲引式规定：②

> 起运官盐，每引二百斤为一包，经过批验所依数擎秤盘；倘有夹带私盐，随发有司追断。……

至于票盐，则详列包数斤数，"毋许票盐相离"，③ 自亦禁止夹带。又同治 3 年所定楚西各岸运盐章程亦云：④

---

① 《清盐法志》卷一百十六第十三页（《淮盐运楚章程》第五条）。
② 同上卷一百十三第一页。
③ 《清盐法志》卷一百十三《淮北三联大票式》。
④ 同上卷一百十六第十三（《淮盐运楚章程》第三条）。

……如有包外夹带私盐，毋论本商及船户水手，均照贩私例治罪。各商亦宜实给水脚银钱，毋稍克扣，免致水手带私，连累本商；一经查出重斤，照全船包数扣算，将盐充公。……可见法律方面，无论如何，夹带皆所禁止。至于实际上盐商夹带营私，自为不可讳认之事实。但夹带愈多，则所需收盐之成本愈多；至于运费方面，或可徼幸蒙混，或冒充官盐，如淮盐运楚西各岸，照每引"炮船江船商伙辛工栈租等费银四两四钱四分二厘"付价，则夹带愈多，运费亦愈高。[①] 惟夹带本为私盐，徼幸冒过，可不纳官课耳。故就大体而论，专商与其多运而廉价出售，自不如少运而高价居奇也。至于筑运正引，其理更明：例如某岸因人口增加，本可销盐七百引，此七百引之资本运费租税，自较五百引为多。今盐商利于少运，以使求过于供，而垄断盐价，于是仍照向例运盐五百引，以专其利。于是政府税收短少，人民有缺盐淡食之虞，盐价高涨，一般平民之负担加重矣。总之盐商之利，即政府及人民之害；而盐商之害，即政府及人民之利，其利害关系之冲突，固不待丁氏而后阐明；惟经丁氏之说明而益彰耳。

丁氏之计划，拟先从长芦着手，于民国三年七月一日起，先开放直隶官运引地三十五县，口北官运引地十三县，河南官运引地十五县，共计六十三县（后增至七十四县），为自由贸易区，使"制盐最精者，可享最畅之销路，盐质因是将通共改良"。惟专商惧盐价跌落，侵及未开放引岸之专利权，群起反对，竟因此中止。故丁氏《改革中国盐务报告书》为之说曰：

> 引岸之病民，尽人知之；今拟破除引岸规划改良，其所以为国利民福者，至深且远。乃以长芦之失败，而整顿全国盐务计划，遂因中辍。……其专卖之制废除，则盐价必落，而搀和杂质之弊，亦可袪除。价廉物美，则用之者必多；销路（?）既废，税收不患不

---

①　西岸楚岸淮盐运费，在同治三年皆为四两四钱四分二厘。参阅《清盐法志》卷一百十六同治三年所定各章程。

旺，种种利益，相因而至，岂必加税而后收入始增！不图竟为保全一班专商利益起见，而置无数贫困小民于不顾！……

虽然，丁恩氏之建议，虽暂归失败；然氏之精神，则已得胜利矣！此后全国引岸，本氏之精神，继续开放者，有下列各处（据《中国盐政实录》第三册《盐务大事表》）：

民国三年以来各纲专商自由商之消长，及开放引地表，见表1-4-4。（根据中国盐政实录分目及盐务大事表编成）

表1-4-4　民国开放盐引地表

年月		开放引地	备考
	三	皖豫引岸皖北十九县汝光十四县	淮芦并销四年复皖北十九县仍为淮盐引地
	四	山东临沂六岸	淮东并销
	五	淮北近场五岸	
	五	淮北徐淮六岸	
	七	定常阴沙为特别区域	淮浙并销
	九	发还淮北新旧票本筹备废引	据第二章第一节三年取消票权十年取消引权
	九	鄂西五府一州	十年奉令暂缓开放仍淮川并运
		以上两淮	
五	十	永武经销地	
七	六	台州引地	
九	六	象山南田二县引地	
九	九	宁属象山	
十	二	宁属引地	十一年十月取销宁属开放，宁波引地自由贸易制度奉令取消
十	四	余姚销岸	
十	九	台州引岸	
十一	五	余姚引岸	
十二	十一	取销绍萧专商五月已拟定绍萧开放	

（续表）

年月	开放引地	备考
二十一 七	温处盐务收回官办准散商自由营运	
二十一 十	温处两属	
	以上两浙	
六 二	丁恩议开放闽北三十一县	
七 八	闽北闽侯等二十六县	
八 十	三都属之霞浦等五县	每担盐税二元
九 十	莆田等二十四县	因各该属与盐场毗连每担税一元五角
十一	诏浦云霄两属	于是福建全属均成自由贸易地
十七		福建盐务改为官专卖
十八 十		延建邵及其他各属改为包商
	以上福建	
四 十一	平南柜雷州琼州及广东沿海各地	惟据盐政实录第十一章第一节民国成立将中西北三柜属于省配者悉行开放改为自由售卖制其沿海各埠亦先后取消商运改为自由
十七 六	（省政府取消包商制）	又据同上第十一章第三节沿海之潮桥恩春琼崖及南柜雷属各分区与省配中柜之中山县均系包商运销与大事表所载颇有出入
	以上两广	
五 六		取消运盐十八公司
五 九	各场引盐听商自由购运	据十二章第一节因自由贸易形成专商垄断故有包税之制
十二 八	鄂西引地	准淮北济南场盐行销
	以上川南	
五 六		取消盐运公司

（续表）

年月	开放引地	备考
五 十	川北引盐实行自由购运	
十一 四	射蓬射洪两场销岸合并准商人自贩运	据第十三章第三节川北引商惟射蓬简阳有之今射蓬销岸亦已取消则全区几尽为自由贸易制矣
	以上川北	
二十一 五	核准白磨两区改行自由运销暂行办法	
	以上云南	
三 一	汝光销岸（十四县）	
三 一	取消直豫两岸各官运局开放六十一县	四年又将开放各州县取消改归芦纲商人承办名为芦纲公运十四年又收回官办十五年复包归商办
三 一	口北十三县	按口北盐商资本甚微皆为自由贩运
三 一	河南之孟津襄城巩县叶县陕州南名宝丰方城八县	改为芦潞并销
四 十二	永平七县归自由贩卖商人接办	十三年十二月由裕蓟公司承办
六 八	山西太原附近之平定乐平孟县寿阳辽县榆社和顺阳曲榆次九县	
八 八	晋北太谷等八县	据第十五章第二节豫省之巩孟八县汝光十四县晋省之平辽7县阳榆十二县及察省之张北等十四县宝昌康保两治局热河省之承德等十五县概为自由贩运
	以上长芦口北	
三 一	东盐之虞城商邱九县安徽宿涡二县	

（续表）

年月	开放引地	备考
六　九	取消涛雒盐运销临郯费沂引商专利	七年七月涛雒临郯四县改由东纲公所承办
二十三　三	涛雒处临郯费沂四县	据财政公报第六十二期补
	以上山东	据第十八章第一节东岸十八县涛雒场所销日莒两县及青岛之一部为自由商性质
五　八	陕岸潞盐改为自由贩运	
七	河南巩孟八县	潞淮并销（见前）
	以上河东	

以上为民国三年来络续开放之引岸；此外如辽宁、口北、甘肃、新疆、西康，则或系新设之盐区，或本无确定之引商票商制，故亦属于自由商制。惟民国三年所开放之引岸，尚并非纯自由贸易制，——如当时长芦开放直、豫两省之七十四县，初定直隶、河南贩盐人额，为三千名或三千五百名；丁氏主张自由竞争，减低盐价，故赞成三千五百名；但商人实得领证券者，不过九百五十五名。贩盐既有定额，又须领贩盐特许证书，故丁恩氏于四年四月二十六日意见书中有云：①

　　现在名为自由贸易之办法，完全失败，亟须本会办法提议：嗣后各该县内，应不用特许证书，并应饬知分所，以后无论何商，凡属殷实可靠，愿在各该县内售盐者，即可准其向丰财芦台石碑等处，照章缴税运盐前往销售。该分所、应在天津地方及各报纸上照此宣布；而七十四县各知事亦应照此出示晓谕，俾众周知。所有持有特许证券各商，仍可准其照旧营业；至于外来各商之竞争，当可迫其将盐价减轻也。

质言之，丁氏主张用纯粹自由贸易之制；而中国盐务当局（张

---

① 丁恩《改革中国盐务报告书》第三章。

弧）则未能完全采取，盐商且肆意攻击，谓洋商将营盐利，以激起国人反感。于是丁氏改革长芦盐务之计划，竟归失败；其他各处所谓开放，仍有新商领运之事。① 故初期所谓开放，系妥协办法，名为自由贸易，实仍多少含有特许专卖之意义也。

惟近二十年来，循环发生内战，国民经济凋敝，而盐税盐价，则有增无已；盐商之折本破产者，日渐增多。于是销额短绌，私盐盛行，政府为维持税收起见，不得不取消专商，实行自由贸易。二十二年三月财政部致上海盐务稽核总所电中，尝概乎言之：②

> 查鲁省涛雒区临、郯、费、沂四县销盐事宜，自由专商承办以来，历年销额十分短绌，较之估计销额，相差甚巨；衡诸以前自由贸易时期，亦有逊色；而私贩私销，反有日益猖獗之势。长此以往，影响国税收入，殊非浅鲜，亟应澈加整理，以裕课收。兹规定自本年四月一日起，将该临、郯、费、沂4县，一律改为自由贸易区域，所有原来专商制度，应即废止。……

由此观之，盐税愈重，盐价愈高，结果私盐愈盛，而税收反日绌。于是专商制度，自身已不能维持，固不待新盐法之规定，而自己已趋于崩溃也。综观专商制度之历史，其极盛时代为清朝乾隆之世，尤以长芦盐商，势力通天，内自宫禁，外至王公大臣，无不联络一气，朝廷一举一动，督抚所不知者，而盐商无不先知。长芦盐商之行贿，两淮盐商之报效，尤为显例，而受其害者，无非国家及人民。降及清季，盐商已衰，至于民国三年以来，则破产者愈多。总之专商制度，今日已在崩坏过程中，嗣后只须顺应其趋势：

（一）凡专商票商销盐短绌，而私盐盛行者，则专商票商自己难以维持，即可取消其特许权。

（二）凡包商合同期满，即开放为自由贸易区域。

如此，则特许专卖制度，可无须用激烈之手段，只须顺应其趋

---

① 三年一月开放汝光销岸，归新商豫丰厚领运。
② 《财政公报》第六十二期。

势，已可指日廓清，而收自由贸易之利。惟特许专卖制虽除，然产盐销盐之地，是否完全听其自由，抑对于全国销盐区域，当按其人口密度，供求关系，及交通地理情形，加以划分销路范围，略采今日销路卡特尔（Absatzkartell）之意，则颇成问题。愚以为自由竞争之极，必趋于无政府状态，而今日经济之趋势，亦莫不以制裁代自由，计划代无计划，则将来吾国盐务问题，亦必须有相当之计划。就管见所及，此计划必须包含下列各部：

（一）产额——视天然环境及全国之需要而定。

（二）销路之分配——视供求关系，及交通地理之情形而定。

（三）税收——视财政之需要及人民之负担而定。

如此，方可收自由竞争之利——改良盐质，降低盐价，增加税收——而无自由竞争之害——无政府状态。来日之理盐政者，其再三注意焉。

第四节　现今行盐制度之分析

如上节所论，专商制度已濒崩溃，故吾国今日之盐制，既非专商制，亦非自由买卖制，而为过渡之办法。兹根据《中国盐政实录》，将吾国今日盐制大别如下：

（1）自由商制　凡开放区域内，无论何商，均可自由营运。若辽、鲁、豫、晋、陕、甘、新、苏、浙、湘、鄂、赣、皖、川、滇、黔、粤、桂及察哈尔、热河、绥远、宁夏、青海、西康等省之九百七十一县属之，其地域辽远，约占全国百分之四十八。

（2）票商制　凡持有执照之商人，于指定区域内，均准按纲循环办运。若湘、鄂、赣、皖四省之一百六十七县属之，约占全国百分之八。

（3）专商制　凡在指定区域内，只准持有执照之某商专营盐务，是为专商，习惯上所谓引商是也。苏、冀、鲁、豫、浙、皖、赣等省之三百六十七县属之，约占全国百分之十八。

（4）包商制 商人于指定区域及核准期限内，认额承办盐务，若冀、晋、陕、苏、浙、赣、川、滇、闽、桂之三百七十三县属之，约占全国百分之十八。

（5）官运制 由官就场买盐，分运各仓存储，各商贩就近向仓购盐销售。若吉、黑二省之九十二县属之，约占全国百分之四。

（6）官卖制 凡盐斤之收售，悉由官经营，若滇之八十八县及闽省之章浦、东山二县属之，约占全国百分之四。

盐务稽核所与盐务行政机关未合并以前

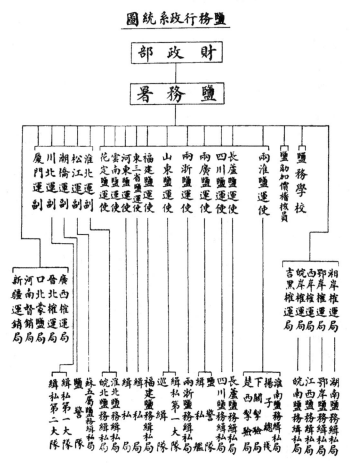

鹽務行政系統圖

综上六类而论，又可归纳为三：自由商制为一类；票商、专商、包商、可总称为特许专卖类，官运官卖为一类。今所欲研究者，即特许专卖制、目前尚剩余之势力，及其与他种制度地域上之分配是也。

兹再根据《盐政实录》及其他资料，确定今日六种行盐制度之区域如左，以明现情，并备参考：

(1) 自由商制

（A）淮北 淮北额引，原为三十六万引，其引权引额，于民国十年一月起一律给恤（每引给恤二元二角）废除，渐趋就场征税制度矣。①

安徽皖北岸十九县及滁、来、全三县。②

河南豫岸十四县。

湖北应、京、天三县及鄂西（川、淮并销）三十县。

江西建昌五县。③

江苏近场五岸（灌云、涟水、赣榆、东海、沭阳）及近场六岸（淮阴、淮安、泗阳、宿迁、睢宁、邳县）。

山东六岸（日照、莒县、郯城、费县、临沂、沂水）。

（B）湖南粤盐引地（本为桂阳等十一县，外侵销衡山等二十二县）。

（C）江西粤盐引地（北柜配销之赣县、南康、上犹、崇义、大庾五县及潮桥配销之寻邬、会昌、瑞金、云都、宁都、石城、兴国七县）。

（D）福建粤盐引地（潮桥区配销之上杭、武平、永定、长汀、连城、清源、宁化、归化八县）。

（E）两浙：

---

① 参阅《中国盐政实录》第二章淮北第三节运销。（二十五页）

② 民国九年，滁、来、全三岸招商租票承运，近于包商制。十三年，滁、来、全盐税统于起运时先缴，已近于就场征税制。

③ 民国三年，详定建昌专岸招商租票承运，原限三年，已屡次展期。

厘地温、处两属三十一县。

开放之引地台州、象山、南田、余姚。

开放之销岸余姚销岸。

开放之肩地萧山、绍兴。

自由贩卖之盐场芦沥、黄岩。

（F）两广：

中柜（广东之广州等三十县，广西之怀集等四县）。

西柜（广西之苍梧等八十三县，贵州之锦屏等九县）。

北柜（广东之清远等十三县，江西之赣县等五县，湖南之桂东等十一县）。

东柜（广东之惠阳等十县，江西之安远等五县）。

南柜（广东之电白等九县，广西之隆川等二县）。

平柜（广东之合浦等四县，广西之博白等四县）。

潮桥（广东之潮阳等十五县，福建之上杭等八县，江西之寻邬等七县，已见于前）。

琼岸区（广东之琼山等十三县）。①

（G）川南、富荣、井仁、云阳、大宁、盐源等场。

（H）川北票盐之大部分。

（I）长芦：

豫省巩、孟八县，汝、光十四县。

晋省平、辽七县，阳、榆十二县。

热河省之承德等十五县。

（J）口北全区。

（K）辽宁全区。

---

①　据《中国盐政实录》第十一章广东（二十六页），沿海之潮桥、恩春、琼崖及南柜，雷属各分区，与省配中柜之中山县，均系包商运销，其包额各有一定数目，期满取消。惟据同书《盐务大事表》，则平、南、东各柜及潮桥、雷州、琼州与沿海各地，均先后开放，行自由贸易制度。今据《盐务大事表》更正。

（L）山东东岸十八县及涛雒场临、郯、费、沂、日、莒六县，与青岛之一部。

（M）河东山西三十五县，陕西十五县，河南三十二县。

（N）晋北全区。

（O）甘肃全区。

（Q）新疆大部。

（R）西康。

(2) 票商制

票商与引商之别，据胡钧《中国财政史》，为下列各点："引商由来甚久，票商盛于道、咸以后；引商则为官定其贩卖区域，票商则于行盐引地内，可以自由销售：如淮南票商，凡在淮引界内，均可销售；引商则必划定何州何县为其专卖区，越境以盗鬻论。引商纳课而不纳厘，票商则兼纳厘。要之两商特许有定数，行盐有定额，纳课有定期则皆相同"。按票商与引商之别，固在贩卖区域之范围大小，惟非如胡氏所谓"淮南票商，凡在淮引界内，均可销售"。按道光三十三年四月，两江总督兼盐政陆建瀛奏定淮南票法，规定行销省分："行销不分纲食，只分四路：湖广为一路，江西为一路，安徽为一路，江苏为一路。凡请运湖广盐者，准在湖北、湖南所属各府州县，凡系淮南行销引地境内城乡市镇，水陆随商发卖；惟不准越出湖广淮引界外，如旁侵他省及两粤、闽、浙、川、潞引地，逾境盐以私论"。① 可见贩卖区域，仍有范围。再票商发生之初，尚无厘金，则所谓"引商纳课而不纳厘，票商则兼纳厘"，亦未必尽然。总之引商票商，各有其历史背景，惟自票商循环给运以后，二者几无甚区别矣。

（A）淮南四岸湘岸、鄂岸、皖岸、西岸。

（B）两浙纲地浙嘉善等三十二县，皖广德等七县，赣玉山等

---

① 《清盐法志》卷一百十六第七页。

七县。

（3）专商制（即引商制）

（A）淮南外江内河食岸二十一县。

（B）两浙海沙场及引地苏省吴县等二十三县，皖岸郎溪一县。

（C）川北简阳之引商。

（D）长芦冀、豫两岸。

（E）山东纲岸八十三县及江苏徐五属。

（4）包商制（因合同期限关系，随时改变）

（A）湖南川盐区域（澧县等六县，及侵销龙山等十五县。）

（B）两浙北盐、长林二场及崇明场。

（C）福建。

（D）两广省配中柜之中山县，及省配广属各县。

（E）川南包税之区。

（F）长芦：

蓟、宝、宁等六十一县（德兴公司）。

津、武二县（利津公司）。

永、平七县（裕蓟公司）。

（G）河东：

晋岸包商四十五名（四十四县）。

陕岸包商三名（十九县）。

（H）新疆唐朝渠。

（5）官运制

（A）新疆精河、达板、七角井三区。

（B）吉、黑二省。

（6）官专卖制

（A）福建漳浦、东山二县。

（B）云南八十八县。

第五节 引岸问题

引岸与专商，发盛于清代。引岸者，政府行盐之销地，例如两淮则分纲岸、食岸，四川则分计岸、边岸，山东则分引地、票地，两浙则分纲地、帑地、肩地、住地，云南则曰票地。凡盐运至落地，俗称为岸，引者运盐之税单，此引岸名称之由来也。盖销盐有定地，起源甚古，后周世宗显德元年，即已划分末盐（海盐）、颗盐（池盐）销地；至蔡京定长引短引，行之东北、东南两区，实为引制之萌芽。今日残余之引岸，沿自明季，经三四百年经济之递嬗，交通地理之变迁，早已不适产销情形。故侵销、倾销之争，时有所闻。今将现行划分销区办法，略述如下：①

（一）两淮

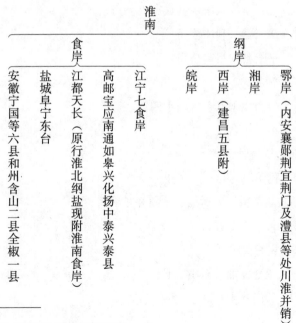

---

① 参照《清盐法志》各区运销门。

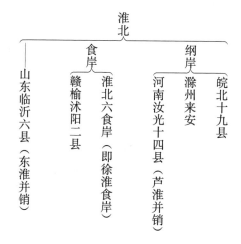

（二）两浙

浙江本省。

江苏苏、松、常、镇、太各属。

安徽之广德、建平、歙县、休宁、婺源、祁门、黟县、绩溪八县。

江西之上饶、弋阳、玉山、广丰、铅山、贵溪、兴安七县。

（三）福建——本省闽侯等五十五县（其长汀八县为粤盐行销区）。

（四）两广

本省南海等八十县　广西怀集七十五县　湖南酃县十一县江西赣县十七县　福建长汀八县　贵州荔波十县（仅锦屏一县淮粤并销）

（五）四川

本省票岸　富顺、隆昌、犍为等七十八县。

外省票岸　陕西南郑等二十一县，川、甘并销。

本省引岸　分成、华等十七岸。

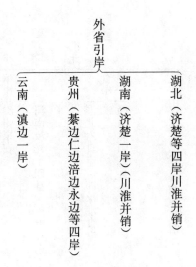

外省引岸
- 湖北（济楚等四岸川淮并销）
- 湖南（济楚一岸）（川淮并销）
- 贵州（綦边仁边涪边永边等四岸）
- 云南（滇边一岸）

（六）云南　本省昆明等八十七县，贵州盘县等四县。

（七）长芦　本省全境，河南五十二县，口北十三县，山西二十县。

本区　河北岸　河南岸　平岸　津岸　永七岸

借销　口北十三县　平辽七县　阳榆十三县　巩孟八县（芦潞并销）　汝光十四县（芦淮并销）

（八）山东

东岸　（民运民销区）荣城文登诸城等十八县。

纲岸　本省历城等八十三县，及河南商邱等十县，江苏铜山等五县，安徽宿等三县。

鲁淮并销区　本省临沂等六县。

（青岛区产盐，并输出至日本、朝鲜等处）。

（九）河东

晋岸　本省安邑、解县等四十四县。

陕岸　陕西朝邑等三十五县。

豫岸　河南陕县等二十四县（内巩孟八县为芦潞并销区）。

芦蒙土潞并销区　平、辽及太原、太谷等二十县。

（十）东三省　辽、吉、黑三省，并边门附近之蒙古各部落。

（十一）陕甘 陕西肤施等五十四县，甘肃平凉等二十五县，甘肃天水等二十县（兼销漳县土盐），及甘肃西和等七县（兼销西和土盐）。

以上为现行分区大概，其新疆、西康、青海等处，则向系边地，内地行盐制度所不及，故从略。在当时划分之初，未尝不按产销及交通情形，引岸之制，有如销路卡特尔（Absatzkartell），使生产与消费得以协调，不致因漫无统制而沦于无政府状态，其意未尝不佳。惟事过境迁，今日产销情形及交通地理都已改变，例如：

（1）粤盐侵销淮南、湘岸、衡山等二十二县。

（2）鄂西川、淮并销区域，川商淮商互争引权，历久不决。

（3）山东临、沂六县因淮盐销入，改为东、淮并销。

（4）芦盐之借销山西中部等。

可见今日有重行斟酌产量消费，交通情形，重加划分之必要。至若《新盐法》之完全取消引岸，全任自由竞争，漫不加以统制，恐亦非事之所能行。盖专商制可以取消，且应加取消；惟销路卡特尔性质之引岸，是否可以取消，则又为另一问题。今日经济趋势，事事由自由而趋向制裁，食盐为人生必须品，关于战争尤为密切，其不能完全放任也明甚。《新盐法》或宜于平时，惟决不适于战时。故吾人于研究盐法沿革之余，对于引岸之意义，不得不加以再三之注意焉。

第六节　盐税与人民负担

盐税负担，在中国今日已臻极重，试以中国盐价与外国相比，中国精盐一磅，价洋一角；而德国精盐二磅，则不过十五分尼（约合华币一角五分）。再以国内物价相比，则在南京及浙西一带，盐一斤价四百文，而米一斗，则不过六七角，盐价既昂，一般平民负担加重，于是淡食节盐，放弃腌制之弊，不一而足。推其原因，不得不归咎于盐税之繁重。

中国盐税，种类向极复杂，税则亦至为纷歧。当清朝末年，各区税则，畸重畸轻，至不齐一；而名目且多至七百余种。[①] 民国以来，略加整理；二年善后大借款成立，以盐税为担保，并设立盐务稽核所，以英人丁恩充会办兼盐务顾问，始有统一盐税税则之议。二年十二月，公布《盐税条例》十三条，规定以司马秤为盐务课税衡量；《盐税条例》第三条，规定盐税税率，每百斤二元五角。七年三月二日修正《盐税条例》第二条，复规定"每盐百斤，课税三元；但工业渔业用盐，不在此限"。然此种条例，迄未能实行，军阀割据时代，各省于正税以外，复纷纷加征附税，于是全国各盐区税则，又增至四十余种；且有甲乙两省，边境毗连，而每担税则相差至数元者；即一省之中，税则亦未能统一。及二十年三月，为通盘筹画全部整顿计，将各省盐税附加，一律划归财政部统一核收整理。二十一年七月，复将各轻税区域，略为提高，重税区域，逐渐核减，以归于一致。综观各区现征盐税，总分正税附税二种；正税之中，又有场税岸税之别；附税之中，又有中央附加地方附加之别。

兹根据盐务署二十四年二月编《全国盐区现行税率表》，列简表如下（鱼盐、酱盐、卤块、卤饼税率除外）：

（1）淮北

销地	正税 场税	中央附税	其他 附加	合计	备考
皖北二十县	3.70	附加 1.00 蚌埠销税 1.00	镣亏费 0.30 建坨费 0.10	6.10	
河南汝光十五县〔河运肩挑 车运〕	3.70 3.00	同 附加 1.00	同 同	6.10 4.40	到豫后 另征销税
湘鄂西皖四岸	3.00			3.00	到岸后另 征岸附各税

---

① 《中国盐政实录总叙》九页。

（续表）

销地	正税 场税	中央附税	其他 附加	合计	备考
鄂西三十县 （襄阳荆门等）	3.50			3.50	到岸后另 征其他税捐
建昌五县	3.00			3.00	到岸后另 征其他税捐
近场五县 （灌云等）	2.70	附加 2.00	同	5.10	
近场六岸 （淮安等）	2.70	附加 2.00	同	5.10	
山东六岸	3.20	附加 1.00	同	4.60	
平均	3.166		·	最高 6.10 最低 4.60	

注 各岸到岸后，往往另征岸税，详见各表，故附加税无从平均。

（2）淮南

销地	正税场税	中央附税	其他附加		合计		备考
海门	2.02	2.50	镑亏 0.30 南盐 0.30 北盐 0.25		南盐 5.10 北盐 5.05		
阜宁盐城 东台南通	1.75	2.75	同		同		
常阴沙	3.40	2.25	镑亏 0.30 南盐 0.15 北盐 0.10		南盐 6.10 北盐 6.05		
兴化宝应	1.50	3.00	镑亏 0.30 南盐 0.30 北盐 0.25		南盐 5.10 北盐 5.05		
如皋	1.50	3.40	同		南盐 5.50 北盐 5.45		

(续表)

销地	正税场税	中央附税	其他附加	合计	备考
泰县泰兴扬中江都高邮天长	2.25	3.25	同	南盐　6.10 北盐　6.05	
仪征	2.35	3.15	同	南盐　6.10 北盐　6.05	
江宁江都六合高淳溧水句容	3.25	3.25	同	南盐　7.10 北盐　7.05	
京市	3.25	3.25	镑亏费　0.30 场警费　0.20 整理费　0.10	7.10	
东台轻税区	1.15	1.00	镑亏费　0.15 场警费　0.20 整理费　0.10	2.60	
安徽滁来全三县	3.75		镑亏费　0.30	4.05	到岸后另征岸税
湘鄂西皖四岸	3.00			3.00	到岸后另征岸附各税
平均	2.429			最高　7.10 最低　2.60	

（3）湘岸

销地	正税岸税	中央附税	其他附加	合计	加场税3元
长沙浏阳湘阴宁乡常德桃源靖港益阳汉寿	1.50	4.95	镑亏费　0.30 筹备费　0.20 赈捐　0.24 平浏路捐　0.31	7.40	10.40
湘潭湘乡漈水	1.50	5.03	平浏路捐　0.23 其他同	7.40	10.40
南县	1.50	5.26	镑亏费　0.30 筹备费　0.10 赈捐　0.24	7.40	10.40

（续表）

销地	正税岸税	中央附税	其他附加		合计	加场税3元
沅江	1.50	4.95	同平浏路捐	0.31	7.40	10.40
醴陵	1.50	5.11	同平浏路捐	0.15	7.40	10.40
新化	1.50	5.11	同		7.40	10.40
岳阳平江衡山草市	1.50	5.11	同		7.40	10.40
临湘华容攸县	1.50	5.35	同（？）		7.40	10.40
津市安乡	1.50	5.50	镑亏费 筹备费	0.30 0.10	7.40	10.40
溆浦沅陵辰溪古丈泸溪	1.50	4.35	同平浏路捐	0.15	6.40	9.40
永顺龙山保靖永靖乾城凤凰麻阳五村高村	1.50	4.25	镑亏费 筹备费	0.30 0.10	6.15	9.15
衡阳	1.50	4.65	同		6.55	9.55
宝庆武冈	1.50	4.45	同平浏路捐	0.20	6.55	9.55
芷江晃县靖洪江会同县绥宁通道黔阳	1.50	3.55	镑亏费 筹备费	0.30 0.10	5.45	8.45
祁阳耒阳常宁	1.50	3.10	同		5.00	8.00
零陵新宁城步东安	1.50	2.10	同		4.00	7.00
茶陵	1.50	4.10	同		6.00	9.00
平均	1.50					最高 10.40 最低 7.00

（4）鄂岸

销地	正税岸税	中央附税	其他附加		合计	加场税
武昌鄂城大冶荆门等二十五县	1.50	5.50	镑亏费　0.30 筹备费　0.10		7.40	10.40
麻城黄安应山黄梅罗山礼山	1.50	4.70	同		6.60	9.60
随县襄阳枣阳宜城	1.50	4.20	同		6.10	9.10
郧县郧西均县房县竹溪保康光化谷城	1.50	4.20	同		6.10	9.10
襄阳宜城枣阳郧县郧西均县房县竹溪保康光化谷城　十一县（按此十一县复出）（盖指淮北之盐）		5.20	同		5.60	9.10
以上淮盐						
同上（青盐）		5.20	筹备费　0.10		5.30	9.10（注）
同上（川盐）	2.50	5.20	镑亏费　0.30 筹备费　0.10		8.10	9.10
南漳钟祥潜江监利荆门江陵当阳远安宜昌石酉公安松滋枝江宜都竹山（淮盐）		6.50	同		6.90	10.40
同上（青盐）		6.50	筹备费　0.10		6.60	10.40（注）
同上（川盐）	2.50	6.50	镑亏费　0.30 筹备费　0.10		9.40	10.40
巴东秭归兴山长阳（巫盐）	1.00	1.50	筹备费　0.10		2.60	3.90
平均	1.714					最高　10.40 最低　3.90

注　连同淮鲁区征收 3 元 8 角在内（此系由场直放之盐）。

（5）西岸

销地	正税岸税	中央附税	其他附加	合计	连场税
南昌新建余干都昌等五十二县	1.50	4.25	镑亏 0.30 筹备 0.10 公路捐 1.25	7.40	10.40
建昌专岸南丰等五县	1.50	4.25	同	7.40	10.40
平均	1.50				10.40

（6）皖岸

销地	正税岸税	中央附加	其他附加	合计	加场税
怀宁桐城庐江东流等二十一县	1.50	4.20	镑亏 0.30 筹备 0.10	6.10	9.10
合肥舒城潜山	1.50	3.20	同	5.10	8.10
望江宿松太湖秋浦	1.50	5.20	同	7.10	10.10
滁来全	0.75	2.45	同	3.60	6.60
嘉山县	淮南 0.75 淮北 2.00	2.45 2.45	同 同	3.60 2.40	6.60 6.10
平均	1.20				最高 10.10 最低 6.10

（7）两浙

销地	正税场税	中央附加	其他附加	合计	备考
纲地 浙江平湖等三十四县安徽广德等七县江西玉山等七县	3.20	3.50	镑亏 0.30 建坨 0.10	7.10	玉山另征浙盐口捐2元1角
肩住地 杭县等十二县	3.60	2.25	镑亏 0.15 建坨 0.10	6.10	
杭上四乡	3.10	0.95	同	4.30	

销地	正税场税	中央附加	其他附加	合计	备考
引地 鄞县慈溪镇海奉化	2.85	2.00	同	5.10	
厘地 温属处州泰顺	2.15	1.80	同	4.20	
温属永武缙	2.70	1.25	同	4.20	
温属永嘉城厢	2.05	1.30	同	3.60	
温属永嘉孝义乡	1.00	2.20	镑亏 0.30 建坨 0.10	3.60	
温属近场永嘉 瑞安平阳	1.60	1.90	建坨 0.10	3.60	
台属临天仙	1.20	2.30	同	3.60	
台属象南	1.00		同	1.10	
黄湾轻税	2.00		同	2.10	
鲍郎轻税	1.50		同	1.60	
芦沥轻税	0.70		同	0.80	
余姚鸣鹤清泉穿 长大嵩轻税	1.00		同	1.10	
定海轻税	0.70		同	0.80	
宁海北半县轻税	2.50		同	2.60	
乐清玉环轻税	1.60		同	1.70	
宁海塘里葭芷 海门新亭轻税	1.20		同	1.30	
黄岩轻税	0.80		同	0.90	
宁海东乡轻税	0.90		同	1.00	
沈家门楚门坎 门闽盐	岸税 1.30		同	1.40	
平均	1.757			最高 7.10 最低 0.80	

（8）松江

销地	正税场税	中央附税	其他附加		合计	备考
吴县常熟无锡吴江上海南汇川沙	3.20	3.60	锛亏 0.30 建坨 0.10		7.20	
江苏奉贤等十六县安徽郎溪一县	3.20	3.60	同		7.20	
常阴沙	3.20	2.50	同		6.10	
上海南汇川沙宝山结一九减地	3.20	2.00	同		5.60	
上海租界	3.20	2.00	同		5.60	
崇明启东	1.50	2.35	锛亏 0.15 建坨 0.10		4.10	
横沙各岛	1.00		建坨 0.10		1.10	
平均	2.643				最高 7.20 最低 1.10	

（9）山东

销地	正税场税	中央附加	其他附加		合计	备考
纲岸历城长清等八十县	2.50	2.50	锛亏 0.30 建坨 0.10		5.40	
昌乐益都临朐	3.30	0.90	同		4.60	
潍县	2.30	0.90	同		3.60	
东岸掖县昌邑等十八县	1.20	1.00	同		2.60	
纲岸河南商邱等十县	2.00	1.50	同		3.90	外加销税 2.50
纲岸江苏铜山等五县	2.50	2.00	同		4.90	
纲岸安徽宿县涡阳二县	2.50	2.00	同		4.90	

（续表）

销地	正税场税	中央附加	其他附加		合计	备考
鄂西	3.50		镑亏	0.30	3.80	
胶济路软水用盐	2.50	2.50	镑亏　0.30 建坨　0.10		5.40	
平均	2.48				最高 6.40 最低 2.60	

（10）长芦

销地	正税场税	中央附加	其他附加		合计	备考
冀岸河北清苑新城等四十三县	3.70		镑亏　0.30 销地捐　1.00 河工捐　0.50 缉私费　0.033 产地捐　0.50 加征产捐　1.00 军事附捐　1.00 整理费　0.10		8.133	
冀岸沧县大名邯郸七十九县	3.70		无军事附捐余同前		7.133	
天津武清	3.70		有军事附捐余同前		8.133	
永七岸卢龙昌黎等七县	3.70		同		8.133	
豫岸开封许昌虞武五十三县	3.00		镑亏　0.30 产地捐　0.50 军事捐　0.70 缉私费　0.033		8.033	到豫后另征销税 3.50
河南汝光十五县	3.00		同		8.033	同
河南巩孟八县	3.00		同		8.033	同

（续表）

销地	正税场税	中央附加	其他附加	合计	备考
口北察哈尔十四县热河十五县	3.70		镑亏 0.30 产地捐 0.50 河工捐 0.50 缉私费 0.033 整理费 0.10	5.133	
晋北太谷太原等十七县	2.75	0.50	产地捐 0.50 河工捐 0.50 缉私 0.033 镑亏 0.30 晋附捐 1.50	6.083	所有场税中央附加均在晋北缴纳
平均	3.028			最高 8.133 最低 5.133	

（11）河东

销地	正税场税	中央附税	其他附加	合计	备考
安邑临晋绛县等四十四县	2.50		镑亏 0.30 督销费 1.30 运费提成每里1厘	4.10有余	
汾阳孝义武乡等十县	2.50		镑亏 0.30 督销费 0.70	3.50	
阳曲太原榆次等二十四县	2.50		镑亏 0.30	2.80	
陕西朝邑长安等三十五县	2.50		镑亏 0.30	5.30	到陕另征销税2.50
河南陕县洛阳等二十五县	2.50		镑亏 0.30	6.30	到豫后另征销税3.50
河南巩孟 八县	2.50		镑亏 0.30	6.30	同
平均	2.50			最高 6.30 最低 2.80	

（12）晋北

销地	正税场税	中央附税	其他附加	合计	备考
中南路（芦盐）	2.75	0.50	锛亏 0.30 晋附捐 1.50	6.083	加芦收河工捐5角产地捐5角缉私费3分3厘
绥磴碛曲（吉盐）	1.50	0.50	锛亏 0.30 晋附捐 1.20	3.50	
绥包（蒙白盐）	1.50	0.50	同	3.50	
碛曲（蒙白盐）	2.00	0.50	同	4.00	
碛曲（蒙花盐）	2.00	0.50	同	4.00	
碛口（陕北土盐）	1.50	0.50	锛亏 0.30 晋附捐 1.00	3.30	
北路（土花盐）	1.50	0.50	同	3.30	
北路（土红盐）	1.50	0.50	同	3.30	
北路（土白盐）	1.25	0.50	同	3.05	
晋北（口北盐）	2.00	0.50	晋附捐 1.20 锛亏 0.30	4.00	正税附税及锛亏口北征收
平均	1.75			最高6.083 最低3.30	

（13）口北

销地	正税场税	中央附税	其他附加	合计	备考
察哈尔多伦沽源张北十八县（青盐）	2.00		锛亏 0.30 食户捐 1.00 救国捐 1.00	4.30	
热河（青盐）	2.00		锛亏 0.30 附捐 3.00	5.30	
绥远丰镇集宁陶林（青盐）	2.00		锛亏 0.30	2.30	

（续表）

销地	正税场税	中央附税	其他附加	合计	备考
晋北大同天镇浑源左云（青盐）	2.00	0.50	镑亏 0.30	2.80	
察哈尔（白盐）	1.50		镑亏 0.30 食户捐 0.60 救国捐 0.60	3.00	
热河（白盐）	1.50		镑亏 0.30	1.80	
绥远（白盐）	1.50		同	1.80	
晋北（白盐）	2.00	0.50	同	2.80	
察哈尔（土盐）	1.50		镑亏 0.30 食户捐 0.30 救国捐 0.30	2.40	
绥远（土盐）	1.50		镑亏 0.30	1.80	
晋北（土盐）	2.00	0.50	镑亏 0.30	2.80	
平均	1.77			最高 5.30 最低 1.80	

（14）辽宁

销地	正税场税	中央附税	其他附加	合计	备考
辽吉黑三省	3.00		镑亏 0.30 附加 3.00	6.30	
平均	3.00			6.30	

（15）陕甘

销地	正税场税	正税销税	其他附加	合计	备考
陕西肤施等三十五县（甘蒙青）		2.50			在甘另征场附各税
陕西南郑等二十一县（甘川）		2.50			在川另征场附各税

（续表）

销地	正税场税	正税销税	其他附加			合计	备考
陕西富平等六县（卤泊滩盐）	晒盐 0.40					0.40	
陕西朝邑等六县（朝邑土盐）	0.40					0.40	
甘肃一条山分局	3.00		镑亏 0.30 保运 0.75			4.05	
甘肃雅布赖分局	3.00		同			4.05	
甘肃高台分局	1.70		同	0.30	0.30	2.30	
甘肃漳县分局	2.20		同	0.30	0.40	2.90	
甘肃固原分局	2.00		同	0.30	1.00	3.30	
甘肃西峰镇分局	2.00		同			3.30	
甘肃哈家嘴分局	2.00		同	0.30	0.30	2.60	
甘肃白墩子分局	2.20		同	0.30	0.40	2.90	
甘肃马莲泉分局	2.20		同			2.90	
甘肃盐关分局	1.70		同	0.30	0.30	2.30	
甘肃小红沟分局	2.00		同			2.60	
甘肃凉州分局	3.00		同	0.30	0.70	4.00	
又	2.20		同	0.30	0.40	2.90	
甘肃北湾分局	2.20		同			2.90	
甘肃汤家海分局	2.20		同			2.90	
甘肃苏武山分局	2.20		同			2.90	
甘肃临夏分局	1.00		同	0.30	0.30	1.60	
甘肃夏河分局	2.00		同	0.30	1.00	3.30	
甘肃喇牌分局	1.50		同	0.30	0.30	2.10	
甘肃甘盐池分卡	1.70		同			2.30	
甘肃河北查验所	1.00		同	0.30	0.40	1.70	
甘肃曲子镇分卡	2.00		同	0.30	1.00	3.30	

（续表）

销地	正税场税	正税销税	其他附加			合计	备考
甘肃杨家洼分卡	2.00		同			3.30	
甘肃八盘分卡	2.00		同	0.30	0.30	2.60	
甘肃刘家湾分卡	1.70		同			2.30	
甘肃通渭分卡	1.00		同	0.30	0.40	1.70	
平均（专指甘肃）	1.99					最高 4.05 最低 1.60	

（16）福建

销地	正税场税	中央附税	其他附加	合计	备考
闽北南平建瓯闽侯等二十八县	2.00	4.00	镑亏 0.30 建垞 0.10	6.40	
福清平潭二县	2.00	1.50	同	3.90	
福鼎莆田仙游晋江等十县	2.00	0.50	同	2.90	
闽南思明同安金门等县	2.00	0.50	同	2.90	
龙溪龙岩海澄长泰等九县	2.00	3.00	同	5.40	
漳浦云霄诏安等县	2.00		同	2.40	
长汀上杭连城武平宁化八县	2.00	0.50	同	2.90	该属于二十三年十二月核准由石码包商试办运销闽盐
出口浙江盐	1.00			2.40	到浙后另征岸税 1.40
出口广州盐	0.20				到粤后另征岸附各税

（续表）

销地	正税场税	中央附税	其他附加	合计	备考
出口潮桥盐	0.40				同
平均 （出口盐在外）	2.00			最高 6.40 最低 2.40	

（17）两广

销地	正税	中央附税	其他附加	合计	备考
省河（场盐）	省配　2.20		镑亏　0.30	2.50	
同上（借配闽盐）	省配　2.20		同	2.50	
潮桥桥上（场盐）	从省配 2.20		镑亏　0.30 剿匪　0.15	2.65	
潮桥桥上（闽盐）	岸税				现无借配 暂从缺
潮桥桥下（场盐）	从省配 2.20		同	2.65	
潮桥桥下 （借配闽盐）					现无借配 暂从缺
惠来特别区	附场　2.20			2.20	
海南	坐配　1.50		购舰机费 0.30	1.80	
梅来分区 分界销地	附场　1.00		镑亏　0.10 购械　0.20	1.30	
平南柜雷州 恩春安铺及 特别区	坐配　1.50		镑亏　0.15 购舰械　0.30	1.95	
同上	附场　1.00		镑亏　0.10 购舰　0.20	1.30	
东江海陆丰	坐配　1.80		镑亏　0.15 购舰　0.30	2.25	
同上	附场　1.60		镑亏　0.10 购舰　0.20	1.90	

（续表）

销地	正税	中央附税	其他附加	合计	备考
广西边区	省配　2.20		镑亏　0.30	2.50	
同上	坐配　1.50		镑亏　0.15 购舰　0.30	1.95	
广西内地	省配 2.20 岸税 2.00		镑亏　0.30	4.50	
福建西部	从省配 2.20		镑亏　0.30 剿匪　0.15	3.383	外闽收场税4角峰市收岸税3角3分3厘
同上	岸税				现无借配暂从缺
赣南（惠盐）	坐配　1.80		镑亏　0.15 购舰　0.30	4.05	到赣后另征口捐1元8角
同上（雄盐）	省配　2.20		镑亏　0.30	4.60	到赣后另征口捐2元1角
同上（潮盐）	从省配 2.20		镑亏 0.30 剿匪　0.15	4.65	到赣后另征口捐2元
湘南（水运）	省配　2.20		镑亏　0.30	6.80	
同上（陆运）	省配　2.20		同	6.80	先由广东代收湖南统税1元5角到衡阳后再补收2元7角
贵州	省配　2.20		同	4.50	过桂征收过境税2元
平均	1.83（注）			最高6.80最低1.30	

注　岸税在外

（18）云南

销地	正税场税	中央附税	其他附加	合计	备考
黑井区（阿陋井）	4.00		镑亏 0.30 军饷捐 2.00 人马脚捐 0.07 盐股捐 1.00	7.37	
又（元水井）	3.50		镑亏 0.30 军饷捐 2.00 人马脚捐 0.07 盐股捐 0.20	6.07	
又（黑井）	3.00		镑亏 0.30 军饷捐 2.00 人马脚捐 0.07 盐股捐 0.80	6.17	
又（琅井）	3.50		镑亏 0.30 军饷捐 2.00 盐股捐 0.60	6.40	
白井区（白盐乔后云龙喇杂各井）	3.50		镑亏 0.30 军饷捐 2.00 盐股捐 0.60	6.40	
磨黑区（磨黑石膏按板香盐益香各井）	3.50		镑亏 0.30 军饷 2.00 盐股捐 0.60	6.40	
腾龙内边	3.50		同	6.40	
腾龙近边	1.00		军饷捐 2.00	3.00	
腾龙极边	0.10		军饷捐 2.00	2.10	
开广边岸	3.50		镑亏 0.30 军饷捐 3.60	7.40	
阿敦维西中甸（砂盐）	销税 3.00			3.00	
羊拉猛丁（砂盐）	销税 1.50			1.50	
平均	场税 2.91 销税 2.25			最高 7.40 最低 1.50	

（19）川南

销地	正税场税	中央附税	其他附加	合计	备考
富荣济楚计岸（花盐）	1.00		剿匪费 0.30	1.30	到湘鄂后另征他税*
富荣渠河计岸（花盐）	2.50		镑亏费 0.30	2.80	
富荣泸南计岸（花盐）	2.50		同	2.80	
富荣涪万计岸（花盐）	2.50		同	2.80	
富荣泸南计岸（巴盐）	2.50		同	2.80	
富荣涪万计岸（巴盐）	2.50		同	2.80	
富荣綦涪边计岸（巴盐）	2.50		同	2.80	
富荣綦边边岸（巴盐）	2.50		同	2.80	

（1）鄂西　到岸后另征岸附各税九元五角，共十元八角。

（2）湘澧属（津市水运）连同在鄂征收岸税二元五角，附税五元五角；及在湘征收岸税六角五分，附税九角，又附加一元八角，共十二元六角五分。

（3）同上（津市陆运）连同在鄂征收岸税二元五角，附税五元五角；及在湘征收岸税四角，附税六角，又附加一元八角，共十二元一角。

（4）同上（里耶水陆运）连同在鄂征收岸税二元五角，附税五元五角；及在湘征收岸税五角，附税四角，又附加二元，共十二元二角。（以上据二十二年十二月各区盐税税率表添）

富荣涪边边岸（巴盐）	2.50		同	2.80	
富荣仁边边岸（巴盐）	2.50		同	2.80	
富荣陆运票岸（花巴盐）	2.20		同	2.50	
犍场纳万川计岸（巴盐）	2.10		同	2.40	
犍场滇永边岸（巴盐）	2.10		同	2.40	

（续表）

犍场滇边计岸（巴盐）	2.10	同	2.40	
犍场永边计岸（巴盐）	2.10	同	2.40	
犍场府河计岸（巴盐）	2.10	同	2.40	
犍场南河计岸（巴盐）	2.10	同	2.40	
犍厂雅河计岸（巴盐）	2.10	同	2.40	
犍厂陆运票岸（花巴盐）	1.70	同	2.00	
乐厂府河计岸（巴盐）	2.10	同	2.40	
乐厂南河计岸（巴盐）	2.10	同	2.40	
乐厂雅河计岸（巴盐）	2.10	同	2.40	
乐厂陆运票岸（花巴盐）	1.70	同	2.00	
乐厂水运票岸（花巴盐）	2.10	同	2.40	
云阳南楚川楚计岸（花盐）	1.40	同	1.70	
云阳陆运票岸（花盐）	1.20	同	1.50	
大宁巫楚川计岸（花盐）	1.40	同	1.70	
大宁巫楚楚计岸（花盐）	1.40	同	1.70	
大宁陆运票岸（花盐）	1.20	同	1.50	
井仁陆运票岸（花巴盐）	1.50	同	1.80	
盐源陆运票岸（巴盐）	1.40	同	1.70	
奉节陆运票岸（花盐）	1.20	同	1.50	
资中陆运票岸（花巴盐）	1.50	同	1.80	
开县陆运票岸（花盐）	1.20	同	1.50	
彭水陆运票岸（花盐）	1.20	同	1.50	
邓关陆运票岸（巴盐）	1.40	同	1.70	
忠县陆运票岸（巴盐）	1.20	同	1.50	
大足陆运票岸（花盐）	1.20	同	1.50	
平均	1.86		最高　2.80 最低　1.50	

（20）川南

销地		正税场税	中央附税	其他附加	合计	备考
南闽 （水花及陆花）		1.04		镑亏 0.20	1.24	
射蓬	水花	1.32		同	2.118	加护商费等项 0.498
	陆花	1.10			1.30	
	引花	1.61			1.81	
	水巴	1.41			2.108	同上
	陆巴	1.12			1.818	
	引巴	2.00			2.698	
三台	水花	1.32		同	1.52	
	陆花	1.10			1.30	
	水巴	1.41			1.61	
	陆巴	1.12			1.32	
乐至蓬遂 中江	陆花	1.10		同	1.30	
	陆巴	1.12			1.32	
蓬中西盐	陆花	1.07		同	1.27	
	陆巴	1.12		同	1.32	
绵阳	陆花 陆巴	1.10		同	1.30	
南盐	陆花	1.04		同	1.24	
	陆巴	1.07			1.27	
又陆巴		1.12		同	1.32	
射洪	水花	1.32		同	1.52	
	陆花	1.10			1.30	
	水巴	1.41			1.61	
	陆巴	1.12			1.32	
简阳	水花	1.47		同 剿匪费 0.30	1.97	
	陆花					
	水巴					
	陆巴					
	引巴	1.74		同	2.24	
平均		1.258			最高　2.70 最低　1.24	

注　二十四年二月《全国盐区现行税率表》，除上列二十区外，尚有河南、陕西、宁夏、青海四区。本书以河南、陕西，本非盐政区域，已分别归入长芦、河东、山东、甘肃等区。至宁夏、青海，因盐政尚未成熟，故从略。

　　由上二十表所列，可见盐税税率，尚异常纷歧，一省之中，多至数十种；最高最低相差，多至六元五角（鄂岸），以言统一，相去尚远。且此尤不过据政府报告，若川南、川北，盐税附加由军队直接征收，或由各处收税局代征者，尚不在内。兹将此二十区之平均场税，平均岸税；最高负担，最低负担；以及其与民国二年《盐税条例》施行前扼要列成一表，作为政府方面资料之总汇焉：①

表 1-4-5　二十区平均场税、平均岸税、最高负担、
最低负担及与民国二年税率统计表

区别	平均场税	平均岸税	最高负担	最低负担	民国二年税率
淮北	3.166		6.10	4.60	1.830
淮南	2.429		7.10	2.60	2.558
湘岸		1.50	10.40	7.00	
鄂岸		1.714	10.40	3.90	
西岸		1.50	10.40	10.40	
皖岸		1.20	10.10	6.10	
两浙	1.757		7.10	0.80	1.229
松江	2.643		7.20	1.10	
山东	2.48		6.40	2.60	1.030
长芦	3.028		8.133	5.133	2.316
河东	2.50		6.30	2.80	1.757
晋北	1.75		6.083	3.30	
口北	1.77		5.30	1.80	
辽宁	3.00		6.30	6.30	0.716
甘肃	1.99		4.05	1.60	
福建	2.00		6.40	2.40	1.037

---

　　①　民国二年税率，系包含正杂各课在内。参阅刘存良《中国人民之盐税的负担》（载《中国经济》第二卷第二期）。

（续表）

区别	平均场税	平均岸税	最高负担	最低负担	民国二年税率
两广	1.83		6.80	1.30	2.125
云南	2.91	2.25（销税）	7.40	1.50	3.151
川南	1.86		（济楚）3.65（其他）2.80	10.80 1.50（注）	0.699
川北	1.258		2.70	1.24	
平均	2.273	1.633			1.677

注 四川盐税附加，由军队直接征收或各处收税局代征者，皆不列入，故川南、川北较轻，并非实在也。

由上表，可见全国平均场税为二·二七三元，其非产盐之区，尚须加平均岸税一六三三元。今将湘、鄂、西、皖四岸平均岸税（一·四七八），加淮南场税（二·四二九），得三·九〇七元，与云南销税（二·二五元，因为砂盐，无场税）及全国平均场税（二·二七三）平均，得全国平均正税为二·五八三元。由此可见二十四年平均"正税"，视民国二年"总税"，已超过一·五四倍，而中央附加及各省附加尚不在内。①

地方附加税之起源 地方擅自征收盐税附加，盖起自民国二年以后，盛于军阀割据时代，迄今犹通行于各区，而尤以两广、四川、湖南、河北等省区为甚。初，善后大借款成立，以盐务为抵押，盐税收支之权，皆操诸外人之手，因条约关系，地方军阀，自不能任意全部截留税款；于是地方附加及盐斤加价，乃层出不穷。其始作俑者，厥为四川；四川于民国二年即有盐税附加，名曰"船费捐"。

---

① 其算法如下：
2.273×16＝36.368 （16区平均场税相加）
3.907×4 ＝15.628 （湘鄂西皖四岸平均正税相加）
      2.250 （云南销税）
      _____
      54.246
54.246÷21＝2.583 1

及民国十三年，统计该省盐税附加名目，已达二十六种之多。① 民八以后，内乱日甚，各省财政，愈趋困难，地方军阀，除部分截留盐款外，到处擅征附加。川、湘作俑于前，鄂、赣仿行于后，于是各省群起效尤，或名"加价"，或名"食户捐"，或名"军事协饷"，……名目复杂，不一而足。兹根据刘存良《中国人民之盐税的负担》，至民国十五年止，各省附加税额如下：

表 1-4-6　民国十五年止各省盐附税额表（以担及元为单位）

四川	7.159（非以担及元计者尚不在内）
湖南	6.600
湖北	4.500
江西	5.300
江苏	4.600
浙江	1.050
山东	3.350（食户捐工捐等尚不在内）
河南	2.500
安徽	1.000
福建	2.500
直隶	2.000
东三省	2.750（四八盐厘等尚不在内）
广西	2.240
平均	3.566（原文为 3.500 盖误算）

可见至民十五为止，地方附加平均已达三．五〇四元，较同时期正税多百分之二十八强。民十五正附税平均数相加，为六．二九六元，（2.730 + 3.566 = 6.296）几为民二总税之四倍。

---

① 参阅姜启周《我国盐税之概观》，载六卷九号《银行月刊》；及贾士毅《民国续财政史》第二编一九二——一九四页；《四川各地盐斤附加税目表》。

国民政府成立以来，地方附加，仍有增加趋势。① 即据二十四年
二月《全国盐区现行税率表》而论，各区地方附税名目如下：

淮北　建坨费。

淮南　场警经费，整理费，建坨费。

松江　建坨费。

两浙　建坨费。

福建　建坨费。

湘岸　筹备费，赈捐，平浏路捐；剿匪军费，教育费，路股，口捐。

鄂岸　筹备费。

西岸　筹备费，公路捐，口捐。

皖岸　筹备费。

山东　建坨费。

长芦　销地捐，产地捐，河工捐，缉私费，加征产捐，军事附捐，整理费。

河东　督销费，运费提成。

晋北　晋附捐（为防止倒灌芦岸起见）

口北　食户捐，救国捐（察哈尔等）；附捐（热河）。

辽宁　附加。

两广　剿匪费，购舰械费。

云南　军饷捐，人马脚捐，盐股捐。

川南　剿匪费（其他不详）。

川北　护商费，剿匪费（其他不详）。

甘肃　保运费。

宁夏　附加。

青海　食户捐。

中央附加之起源　国民政府成立，举行北伐，就革命军势力

---

① 　参阅刘存良《中国人民之盐税的负担》第十一表，及第十二表。

所支配之区，加收北伐费；及全国统一，北伐费依然未废，改其名曰中央附加。故有中央附加者，亦限于中央政府号令所及之地，不过十一区。今据二十四年二月《全国盐区现行税率表》，列举如下：

表 1-4-7　全国盐区现行税率表

区别	税名	税额	缘起
淮北	中央附加 蚌埠销税	1.00 1.00	十七年四月北伐时所加军费原为蚌埠榷运局征收撤消后由淮北照收一元
淮南	中央附加	1.75（或 2.25） 0.75	十七年北伐时所加之军用加价（一元）及军费（〇.七五）原系苏省附税二十年二月后由部收回征收
松江	中央附加	2.50　1.10	十七年北伐时所加军费原系苏省地方附税二十年三月收回部征
两浙	中央附加	2.50（不等） 1.00	十七年北伐时所加之军用加价（一元）及军费（一.五元）原系省附税二十年三月由部收回征收
福建	中央附加	4.00（不等）	原系省附税每担征三元二十一年二月每担加征附税一元分与各地驻军作为护运费
湘岸	中央附加	0.24（不等） 4.71	原为军费一元五角二十三年一月改秤减为二角四分系地方各捐费合并之数由部统一征收
鄂岸	中央附加	5.50（不等）	附加原征六元二十年三月经部统一核收二十三年一月改秤核减五角
西岸	中央附加	0.50　3.75	原征一元五角为北伐军费二十三年一月改秤减为五角原系省附税四元五角二十年三月收回部征改秤后减为三元七角五分
皖岸	中央附加 加价	1.50 2.00 0.70	十七年北伐时加征军费原系省附税二十年三月由部收回征收系于十五年七月起征

（续表）

区别	税名	税额		缘起
山东	中央附加	1.50	1.00	十七年北伐时所加军费原为鲁省四成附捐一·七二元二十一年七月收回二十二年二月后减为一元
晋北	中央附加		0.50	二十二年十月均税案内附加五角弥补晋省军费

此外二十年三月，政府因金贵银贱，须抵补偿还外债镑亏，通令全国各区收税机关，一律于四月一日起，每担增征镑亏费三角。自是各区都有镑亏费之名，惟不一致，大多数为三角，少数为一角五分及一角。（两广平南柜雷州、恩春、安铺及特别区，以及东江海、陆、丰等）。故中央附加之起源，大别可分为四：一为北伐军费，二为地方附税而收回部征者，三为加价，四为镑亏。严格而论，北伐军费早应裁撤；地方附税本应取消，今改归部征，不过"以暴易暴"；至于加价，近年来异常频繁，自当加以限制；而镑亏费自银价飞涨以后，亦失其意义。故详细考之，所有中央附加，无一非苛政也明矣。

盐税改用新衡制　二十二年十二月二十七日，财部训令各区盐税征收机关改用新衡制，限于二月一日以前，次第施行。[1]"诚以我国旧制度量衡器，易地则异，备极参差，病商扰民，莫此为甚，改用新制，以便利日用，纳民轨物"。然此为官样文章，质言之，政府之目的，不过为增加税收已耳！按新秤一斤，不过旧秤之十三两六钱，故新秤百斤，不过旧秤八十五斤。易言之，同量之盐，向之按八十五斤纳税者，今须按百斤纳税，无形中增多十五斤之税率。故新秤实行以后，盐税税收大增，观于二十三年度盐税收入为一七五、九五〇、〇〇〇元，而二十二年度不过一五九、八〇五、一〇〇元，一年之中，竟增加一千六百万元以上，与其归功于"稽核所之整

---

[1]　《财政公报》第七十一期，秘字第一六九七号训令。

理"，莫若明指为改行新秤之结果也。当改制之初，安徽①河南②各省，商民皆呼吁力争，尤以河南民众代表朱照熙、杨炳振等电文，措辞切迫，理由充实，摘录以见民瘼：

> ……及十九年……河南盐务局奉令设置，改征销税，每引（四百斤）原定十元。其施行之初，该局过局长，曾经宣扬中央德意，此系暂时税率，日后定援淮北之例，减至四元为度。言犹在耳，不图比年以来，不惟未能照减，且又递加为十四元八角；且长芦方面在军事时期，附收之军事产地等捐，每引六元，现在大局底定，晋北等属，早经豁免，则豫省仍复如故。然吾民众正在痛苦呻吟之下，尚拟仰赖赈恤，藉镇喘息，而财部改用新秤，仍按旧税之令又下矣！

> 查此项新秤，较之向来之司马秤，每引四百斤，溢盐一百零八斤，向之按四百斤缴税者，今则更为五百零八斤，是旧日每引征四担之税者，今则纳五担之税有余矣。以产销正附各税计之，每引增加九元二角有奇，除产区正税不计外，而吾豫民额外负担，每引竟达三十元左右。全年行销，以六十万引核计，无形担任一千八百万元之巨！……

"苛政猛于虎"，于此可见一斑矣！

现今中国人民对于盐税之负担　刘存良君尝本其搜集研究所得，制成一简表，以见民国二十二年中国人民负担盐税之高度。其结论，全国盐税负担，正税平均每担二．八二元，附税平均每担七．二一七元，总计平均每担一〇．〇三七元。最高者为湖南（一八．五）、湖北（一四．九）、安徽（一四．七一）、江西（一二．五五）、即所谓湘、鄂、赣、皖四岸是也。而地方征收机关之"陋规"（如掣验费、请咨费、布告费、执照印刷费等，尚不在内）。

按盐之成本，在吾国至为低廉（平均每担〇．三〇元），各地

---

① 见二十三年三月三十一日《大公报》。
② 见二十三年三月十九日《大公报》。

盐价，视运费而异。盐价在今日，高至十五元左右一担者，全然原于盐税过高。据刘君搜集资料，盐税与盐价之比，在民十七年如下：

表 1-4-8　1928 年盐税与盐价比价

湖南	每担价	16.481 元	纳税	12.911 元	税额占市价	78.33%
安徽		11.580 元		9.000 元		75.94%
江西		15.720 元		11.980 元		76.28%
湖北	每小引价	95.930 元		53.763 元		56.04%

平均在百分之七十以上。嗣因盐税继续增加（平均在十三元左右），盐之市价亦续增至十五元左右。如是，盐之售价中，当有百分之八十六为盐税。自改行新市秤以后，旧制百斤改作一百八十斤（弱）计算，易言之，又增税百分之十八。于是吾国盐税之重，遂开古今中外未有之先例矣！

第七节　盐税与财政收入

自清季以来，盐税收入日趋增加，泊乎今日，关盐统三税，已并为国家财政之三大来源。盖自民国二年善后大借款成立，盐务稽核所设立以来，盐税收入，日见增进。民国元年度预算，虽列盐税茶税收入，为四千六百三十一万二千三百五十五元。[①] 但据熊希龄于二年十月二十七日致各省督军、省长之通电，自民国成立起至彼时止，除中央协助各省银元一千四百万外，其各省解交中央之税款，仅有银元二百六十万元。可见中央盐税之收入，至为渺小。兹根据二十三年十一月《盐务稽核所统计报告书撮要》及历年度《财政报告书》，列表 1-4-9 如下，以见税收增加之迹：

————————

① 　参看第一编一二八页。

表 1-4-9 《盐务稽核所统计报告书撮要》及历年度《财政报告书》

年别		全国税收总数（连东三省在内）	增加率（以第二期平均数为百分之百）	除东三省外其他各区税收数	历年度财政报告书实收
民二		68 483 300 元	74.01		
开办（第一）时期	三	68 483 300	74.07	62 539 300	
	四	80 503 400	87.07	73 713 300	
	五	81 064 800	87.68	73 903 600	
	六	82 245 800	88.96	74 004 100	
	七	88 393 700	95.61	77 628 400	
平均数		80 138 200	86.68	72 357 740	
组织完成（第二）时期	八	87 822 500	94.99	77 463 700	
	九	90 052 400	97.40	81 759 000	
	十	94 883 100	102.63	83 977 900	
	十一	98 106 700	106.11	87 935 800	
	十二	91 406 700	98.87	80 597 300	
平均数		92 454 280	100.00	82 346 740	
地方当局干涉（第四）时期	十三	87 908 600	95.08	75 584 400	
	十四	91 931 600	99.43	78 544 000	
	十五	86 317 200	93.36	67 431 600	
	十六	59 753 300	64.63	44 519 500	
	十七	54 276 600	58.71	37 567 200	29 542 421.46
平均数		76 037 460	82.24	60 729 340	
恢复及整理（第四）时期	十八	85 370 500	92.34	61 070 700	122 146 170.67
	十九	129 693 000	140.28	104 581 100	150 484 086.72

（续表）

年别		全国税收总数（连东三省在内）	增加率（以第二期平均数为百分之百）	除东三省外其他各区税收数	历年度财政报告书实收
恢复及整理（第四）时期	二十	155 112 600 （158 933 500）	167. 77	134 227 600	144 222 716. 24
	廿一	145 292 200 （166 890 700）	157. 15	142 184 800	158 073 565. 54
	廿二	159 805 100 （184 511 000）	172. 85	159 805 100	177 375 273. 57
平均数		135 054 680 （145 079 740）	146. 08	120 373 860	
廿三		＊175 950 000	190. 31		

说明　（一）二十年至二十二年各年份东三省税收数，系按十八、十九两年之平均数（二四、七〇五、九〇〇元）估计而来，故第一栏括弧中之数，即加东三省之数所得者。（二）《财政报告书》所列收入，系会计年度（即从甲年七月一日至乙年六月三十日），本不能与上栏并列，惟足以观实收之数，故注明添入。（三）有＊者系据《二十一、二十二会计年度财政报告书》添（其增加率亦据此数计算得来）。

综观上表，凡分四时期：第一时期为开办时期，各区税收，总平均数为八千十三万八千二百元，指数为八六．六八。第二时期为组织完成时期，各区税收总平均数为九千二百四十五万四千二百八十元，指数一百。较之第一时期增加约一千余万元。第三时期为地方当局干涉时期（实即军阀割据时期），各区税收，总平均数为七千六百零三万七千四百六十万，指数为八二．二四。较之前期暴落近二千万元，即较之开办时期，亦减少四百十万元。尤以民国十七年一年，减落为最甚。盖当时军阀割据，劫夺盐款，加以交通破坏，运销困难，税收自一落千丈。① 第四时期为恢复及整理时期（实为加税时期），各区税收，总平均数为一万三千五百零五万四千六百八十元，指数一四六．〇八。较之前一时期，增加几达一倍之多。于此吾人宜注意者，二十年九月十八日以后，东北盐税丧失，每年平均损失税收二千四百七十万元（东三省十八、十九两年之平均数），而全国盐税收入，不但不见减少，反仍能增加。其原因并非如《盐务稽核所统计报告书》所云，"不能不归功于稽核所之整理"，实全由于改秤及加税。国家固能免强维持且增加税收，然而小民之生计加重矣。

更据《二十一、二十二会计年度财政报告书》，二十三年盐税收入，达一万七千五百九十五万元，指数为一九〇．三一。二十三年度

---

① China Year Book 所载历年税收，与上表颇有出入，著者尝整理之，列成一表，兹附于下，以与稽核所统计对照。吾国统计不发达，官方公布数字，往往自相矛盾，吾人秉态度，自以并列对照为宜：该表以一九二六（民十五）一九二七（民十六）税收为最少，谓 "The total Salt Revenue 1926 ... amounted to $ 64，287，000 which shows a decrease of $ 9，347，000 as compared with the revenue realised in 1925（$ 73，634，000），and also constitutes a serious decrease on the revenue realised in all former years since 1915. This decrease is due to the difficulty and ancertainty of transportation in areas affected since 1925 by civil wars，owing to the disorganisation of railway lines and the commandeering of other means of transportation for military* operation in many provinces，and to military interference with the salt administration in the majority of the provinces." *China Year Book* 1928. p. 640。

1913	$ 11,471,242. 26 = 1,158,000 £
1914	60,409,675. 75
1915	69,277,536. 42
1916	72,440,559. 89
1917	70,627,000. 00
1918	71,566,000. 00
1919	80,607,000. 00
1920	79,064,103. 33 = 17,909,000 £
1921	77,987,838. 17
1922	85,789,000. 00
1923	79,545,000. 00
1924	70,544,475. 86
1925	73,634,425. 21 = 8,561,000 £
1926	64,287,617. 52
1927	57,900,000. 00 = 5,438,000 £

预算，且列盐税为一万九千三十五万三千八百五十一元，占经常岁入（七七三、四七〇、〇九一）四分之一。加以盐税税收，多为内外债担保，综计以盐税或盐余为担保之内外公债，有下列各项：

（1）清光绪二十一年瑞记洋款　盐税之抵借外债，始于瑞记洋款。当时因中日之战，赔款达二万万万两，限七年内分八期偿还，第一期、第二期各限六个月，每次五千万两，定约后十二个月偿清。顾政府无力偿还，因于二十一年夏借入外款三宗，其一即为瑞记洋款，凡英金一百万镑，利息六厘，以关税及江苏之盐课厘金作抵。该款业已于民国四年偿清。

（2）续借英德洋款　光绪二十四年，日本赔款第四期又至，清廷无法偿还，乃续向汇丰、德华两银行，借款一千六百万镑，以关税为担保，其不足之数，则以苏州、淞、沪、九江、浙东等处货厘，宜昌、鄂岸、皖岸等处盐厘（内宜昌盐厘并加价一百万两；鄂岸盐厘，五十万两；皖岸盐厘，三十万两）共五百万两作抵。惟自民四以后，盐税项下即未付此项本息，现由海关拨付。

（3）庚子赔款　光绪二十六年，八国联军进占北京，辛丑和约结果，中国赔款四万五千万两，以海关收入及盐余作担保。嗣因关税偿付有余，专由关税项下拨付。

（4）英法兴办实业借款　光绪三十四年，为续回比国芦汉铁路债款，向汇丰、汇理两银行，订定兴办实业借款五百万镑，以浙江新旧盐斤加价（六十万两），江苏盐斤新案加价（七十万两）湖北川淮盐新旧加价（六十万两）直隶盐斤新案加价（二十五万两）及其他杂款共库平银四百二十五万两作抵。自民国十一年起，每年由盐税项下，拨还三百余万元。

（5）粤汉、川汉铁路借款　宣统三年，向英、德、法、美银行团，订借汉、粤、川铁路借款六百万镑，以湖北川淮盐局年额四十万两，湖北川淮盐新加二文捐，年额三十万两，湖南盐道库正厘年额二十五万两，及两湖百货厘金等共计五百二十万两，作为担保。该债现完全由盐税项下拨付。

（6）克利斯浦借款　民国元年，因善后大借款不果，向克利斯浦公司（Crisp）借款五百万镑，备还从前借款，并整顿政务，及兴办实业之用，以盐课羡余作抵。今该款本息，皆仰给盐税。

（7）善后大借款　民国二年四月二十六日，五国善后借款订定，债额二千五百万镑，以盐税，关税，及直隶、山东、河南、江苏四省所指定之中央税项为担保。其特别条件，则为盐务稽核所设洋会办，将来盐务进款，存于五国银行团，非经稽核总会办签字后，不得提款。嗣因关税有余，十三年起已改由关税拨付矣。①

（8）日本政府青岛盐业偿价库券　民国十二年，为给价收回青岛日人盐业，发行偿价库券日金一千四百万元，以关盐两余作抵。曾于十二年由盐税项下拨付一百三十六万余元，十三年又拨付六十六万余元。

（9）十一年九六公债日本部分　十一年初，梁士诒组阁，发行九千六百万元盐务公债，即所谓九六公债，以为付还以盐余担保之一切短期借款之用。原定办法，以盐余作担保，在第一年内，由盐余中拨出一千二百万元，以后六年中，每年拨出二千万元（其中一大部分，系由增加之关税收入中提出）。关于债额之分配，外国债权者分得三千九百万元，中国债权者分得四千九百四十万元，政府保留七百六十万元自用（此数已由财长张弧支作行政费）。此所谓外国债权者，即指日人，即 Edward Kann 在 China Year Book 1931 所列以盐税为担保之偿还内外短期公债三千九百六十万八千七百日金是也。惟此项债券，虽经指定由盐余项下拨付，并俟关税实行切实值百抽五之日起，改由所增关余项下拨付，然迄未履行。故实际属于无确实抵押品之内债，因含有日本部分，故并列于此也。

此外以盐余为担保，而举行之小额外债，更有二十六款之多，② 总

---

① 刘存良《中国人民之盐税的负担》，更列有日本银行团借款，系民六日人代垫之款，总额为二五、〇〇〇、〇〇〇元，民七，民八，民九共拨还二千数百万元，民九以后，即未再付。本书以该项垫款属于西原借款，合同秘密订立，国人迄未承认；故未列入正文。

② 参阅刘存良《中国人民之盐税的负担》（盐税与外国人一节），载《中国经济》第二卷第二期。

计以盐税及盐余为担保而发行之外债额，共约十万万元。以上各款大多业经偿清，或自始即未履行，或改在关税项下拨付。所余者惟英、法兴办实业借办、粤汉、川汉铁路借款，克利斯浦借款三种而已。兹将该三款截至二十年底之负债额，及偿清年月，列表 1-4-10 于下：

表 1-4-10　以盐税为担保的外债情况

债别	发行总额	已偿还额	现负额	偿清年月
英、法兴办实业借款	5 000 000 镑	3 500 000 镑	1 500 000 镑	二十七年十月五日
粤汉川汉铁路借款	6 000 000 镑	1 283 000 镑	4 717 000 镑	四十年六月三日
克利斯浦借款	5 000 000 镑	946 577 镑	4 053 423 镑	四十一年九月
合计	16 000 000 镑	5 729 577 镑	10 270 423 镑	

由上表所列，三债至二十年底所负债额，尚有一〇、二七〇、四二三镑，须二十年后始能偿清，即平均每年须从盐税项下拨付五一三、五二一镑，以偿外债。

盐税除作外债担保外，又往往为内债抵押；自国民政府成立以来，此种趋势更甚。驯至数十年后之税收，尽作内债付息还本之用，此盐税之所以频频加税改秤，而无法减低也。兹将以盐税为担保之内国公债，列表如左：

（1）直隶公债　清光绪三十一年，袁世凯为直隶总督，以北洋陆军扩充需费，遂发行地方公债四百八十万两，指定永平七属盐款余利银十五万两，及其他杂款，作为担保。民六以前，每年由盐税项下拨还七十余万；民六以后，即停止拨付。

（2）湖北公债　宣统元年，湖北为偿还内外各债，发行地方公债二百四十万两。民六以前，每年由盐税项下拨付十五万元左右；民六以后，亦停止拨付。

（3）民国十一年特种盐余库券（即一四库券）十一年一月发行，定额一千四百万元，拨充旧历年关军政各费之用。虽名盐余库券，但无确实担保。截至二十年十二月底止，已偿还一〇、五〇〇、〇〇〇元。

（4）民国十一年偿还内外短债八厘债券（即九六公债）该债以九千六百万元为额，其中三千九百万为外国部分，四千九百四十万为中国部分。条例第五条，规定"在抵押善后借款所余之盐税项下……照本债券基金数目，第一年一千二百万元，第二年至第七年每年二千万元，每月平均拨交盐余借款联合团所指定之银行，专款储存，以备到期偿还本息之用。俟关税实行切实值百抽五之日起，改由所增关余项下拨充；倘所增关余不敷应拨之数，仍以盐余补充之"。按此项规定，并未切实履行。

（5）十六年盐余国库券 十六年七月发行，定额六千万元，发行额五百万元，以江苏、浙江两省盐税收入作抵。二十一年二月底还清。

（6）二十年盐税短期库券 二十年八月发行，债额八千万元，以盐税为担保。至二十七年一月偿清。

（7）二十年赈灾公债 二十年九月发行，债额八千万元，实发行额三千万元，分十年还本。条例中仅规定"由财政部于国税项下，指定基金拨充"，实际上亦由盐税项下偿还。

上列各债，或停止拨付，或已偿清；所余者惟"盐税短期库券"及"二十年赈灾公债"，仍按期由盐税项下拨付。兹将二债截至二十年底止之负债额列表 1-4-11 如下。

表 1-4-11　二十年赈灾公债负债情况

债别	实发行额	已还额	未还额	偿清年月
盐税短期库券	80 000 000 元	4 000 000	76 000 000	二十七年一月
二十年赈灾公债	30 000 000	—	30 000 000	三十一年二月
合计	110 000 000	4 000 000	106 000 000	

上列二项债款，约共一万万元，距当时十年后方能偿清。即每年须从盐税中平均拨偿一千万元。

由上观之，盐税在经常收入中之地位，既如是重要（约占后者四分之一）；而债务之负担，又非短期所能偿清（克利斯浦借款，直至四十一年始能完全偿还），则从财政政策观点立论，诚有不能减轻之困难。惟盐税负担，近十年来几加重一倍，民国八年至十二年平均税收为九二、四五四、二八〇，指数一百；而二十三年盐税收入，竟达一七五、九五〇、〇〇〇，指数一九〇·三一。结果江、浙一带，盐价高涨至四百文一斤，且高于米价；盐价既昂，缉私又严，于是民间无力购盐腌菜，一年菜蔬收益，尽听其毁弃。可见盐税减既不能，加税又绝对不可。然则惟有逐渐设法减低，一方面以直接税替代间接税，使盐税可以逐渐减轻，他方面再不得以盐税作抵发行公债，加重人民将来盐税之负担。至若盐税税率宜切实划一，附加税宜认真减免，则又为当然之事。是则吾人于研究盐税之余，由博返约，综合各方面观察所得，所切实希望于理财当局者也。

第八节　新盐法及其批评

吾国盐法积弊，尽人皆知，而其症结所在，厥为专商及引界。于是立法院诸公，于二十年五月三十日，议决并由国府公布《新盐法》，思一举而廓清积弊。其重要规定如下：

（1）盐就场征税，任人民自由买卖，无论何人，不得垄断（第一条）。

（2）盐就其使用之目的，分左列三种（第三条）：

一　食盐（包括酱类腌腊及其他制食品之用盐在内）。

二　渔盐。

三　工业用盐及农业用盐。

（3）盐非经政府之许可，不得采制（第九条）。

（4）政府应于盐场适宜地点，建设仓垈，为储盐之用（第十四条）。凡制盐人制成之盐，应悉数存储政府指定之仓垈，不得私自存储（第十五条）。

（5）盐场设置监秤员，专司仓坨储盐之出纳；凡盐无盐质检查员之检定证，不得存入；无完税凭单或免税凭照，不得秤放（第二十条）。

（6）凡由仓坨售出之盐，由场长召集全体制盐人之代表，按盐之等次，及供求状况，议定场价公告之；场价有变更之必要时亦同（第二十二条）。

（7）食盐税每一百公斤一律征国币五圆，不得重征或附加（第二十四条）。

此《新盐法》之规定，一秉自由精神；盖盐法之支离破碎，至清季而极，引有专岸，商有专商，举凡场产运销征榷，无所不用其统制，则《新盐法》"就场征税，自由买卖"之原则，亦物极必反之定例也。惟今日经济之一般趋势，由自由而趋向制裁；自由竞争之极，必引起若干弊端。况盐为人生必需品，尤为战时财政及战时经济重要之手段，如整理场产，抚恤灶户，改变运道，平准盐价，必要时且可借盐封锁敌区，充实国防，皆为历史上常有之实例。则盐不能完全放任，毫无统制，其理至明。故吾人以为《新盐法》或可实行于平时，决不能实行于战时也。

抑又有进者，《新盐法》公布，距今已四年余，除政府在淮北零星建筑仓坨外，可谓完全未曾实行。此中原因，固有多种；然财政当局惧改革后税收减少，实为最实际之原因。盐税收入为国民政府财政之一柱石，其不敢轻于尝试，作孤注之一掷，至为明显。但《新盐法》亦决不能长此搁置，等于具文。为今之计，应一方面本废除专商开放引岸之精神，继续做去；他方面出以渐进的手段，凡专商销不及额，税收短绌者，即取消其资格，开放为自由贸易；包商合同期满，即刻废止，则不难逐渐进于自由贸易之阶段（据《盐政实录》，票商制约占全国百分之八，专商制约占全国百分之十八，合不过百分之二十六；且专商制已在总崩溃之中，盐商破产负债不能偿还者，时有所闻）。如此则一方面财政收入不受损失，他方面《新盐法》可以逐渐推行自由贸易之实现，当在不远矣。

第五章

统　税

（卷烟、火柴、水泥、棉纱、麦粉、薰烟、火酒、啤酒、洋酒）

资料及参考书　关于消费税之理论方面，可参考下列各书：

（1）J. Popitz："Allgemeine Verbrauchsteuer"；"Aufwandbesteuerung im allgemeinen" 二文皆载 *Handbuch der Finanzwissenschaft*. Bd. II. SS. 180-210。

（2）Erich Trautvetter："Sonstige Verbrauchssteuern" 内包括盐税、糖税、灯类税、煤税、水力税、火柴税、纸牌税七种，亦载 *Handbuch der Finanzwissenschaft* Bd. II. SS 252-273。

至于中文参考书方面，则有财政部卷烟统税处编《卷烟统税史》，介绍见后（第六章）。

资料方面，则有左列各种法令：

（1）十七年一月十八日财政部《征收卷烟统税条例》。

（2）十八年二月六日财政部《修正征收卷烟统税条例》。

（3）十八年三月《新订卷烟统税分等征收标准及税额表》及《新订雪茄烟统税分等征收标准及税额表》（七级）。

（4）十九年九月《卷烟税改七等为三等暂行办法》。

（5）二十一年三月二十六日《卷烟统税改行二级征收制度修正过渡办法》。

（6）二十二年十二月四日财政部税字第九八九号训令（加征卷烟、水泥、火柴统税）。

（7）二十年一月二十八日《棉纱火柴水泥统税条例》。

（8）十八年九月《火柴税法草案》及《火柴税法草案理由书》（甘末尔财政设计委员会）。

（9）十八年十二月《水泥税法草案》（同上）。

（10）十七年六月十四日财政部《征收麦粉特税条例》。

（11）十八年二月六日财政部《修正征收麦粉特税条例》。

第一节　消费税泛论

消费税（Aufwandsteuern）之理论，至为简单：人人须有消费，而消费之时，即为负担能力之表现，国家欲求大宗收入，则莫若征消费税。惟对于生活必需品，征收消费税，则违反租税原理。盖收入愈少，对于必需品支出之比例愈高；今对于生活必需品一律征税，则所得愈少者，负担愈重。其结果必强迫平民对于生活必需品之消费，加以限制，甚或完全放弃（盐税！淡食！）影响于卫生健康，至为不佳。故麦粉税、肉税等，限制平民之食用；水泥税限制平民之居住；棉纱税限制人民之服用；火柴税、煤税加平民以日用品之负担，无不加重衣、食、住之消费，从租税原理立场，皆当反对者也。

消费税最适宜之对象，厥为奢侈品（如住宅奢侈税 Wohnungsluxussteuer、汽车捐、筵席捐、戏院捐、犬税等）。此种租税，往往可以直接从消费者征收，故为直接税而非间接税，其税率不妨甚高。但奢侈品本身非大量消费，且往往可以他物替代，税率过高之时，且可完全放弃，故租税收入往往不甚多。

消费税税收大宗，多来自征收"可以缺少之大宗消费品"。

此种消费品，因习惯关系，虽征重税，仍有人消费（如烟酒、卷烟、雪茄等）故为税收最大之来源。因此今日各国趋势，莫不以此为消费税之中心，而对于生活必需品，不再征税。若德国之销场税（Umsatzsteuer）及今日已废止之煤税，非财政极端困难，不轻于征收也。

昔日之消费税，因技术简单，多为从量税（Mengensteuer）。今日之趋势，则消费税征税之标准，除量以外，尤注重质，往往将税率按消费品之质地价格，分为数级，故为从价税（Wertsteuer），以适合消费者之负担能力及所得情形。此种考虑，在以间接税为国税系统之国家，平民负担已过重者（如中国），尤较以直接税为中心收入之国家为重要。

今日消费税系统，因所得税代兴，已失去其昔日之地位。惟无论何国，尚不能完全放弃消费税。欧战之时，且又一度为财政重要来源，在交战各国，占租税收入三分之一且至二分之一以上。盖若专行所得税或财产税，则租税负担必较重，一次付税必较多，结果必引起匿报及漏税等情；而消费税则因数目颇多，以无数消费行为为征税对象，既分散在若干次，而税额亦微，故感觉较轻，而税收则广。故在经济落后之国家，无不以消费税为财政之中坚（中国之关、盐、统，为财政柱石，即其显例）。

第二节　五种统税之沿革

五种统税系卷烟、棉纱、火柴、水泥、麦粉之税，其五种统税并称，始于民国二十年。先是十九年十二月三十一日下令裁厘，本拟举行特种消费税，以为抵补；但考虑结果，于二十年四月三日下令停办特种消费税，谓该税"难保不沿袭积弊，成为变相之厘金，有违初愿，应即立时宣告免予举办，用示政府体恤商民有加无已之至意"。① 自后遂专办五种统税，以为中央裁厘之抵补。在实行之初，除卷烟统税特设卷烟统税处②外，所有统税货物凡经过海关者，由海

---

① 特种消费税，曾经十七年冬五省裁厘会议议决，由财政部举办者三种（糖类、织物、出厂税实不能并列）由财部委托各省财政厅举办者十六种，拟按地设局，归并一局办理。后曾由财部公布特种消费税条例，参阅贾士毅《民国续财政史》第二编四二九—四四三页。

② 参阅十八年三月九日《财政部卷烟统税处组织章程》。

关负责代征，不另设办事处；继于二十年一月设统税署，于各省设统税局，办理卷烟、棉纱、火柴、水泥、麦粉统税一切事项。二十一年七月，财部本其归并各项税收机关之政策，将烟酒、印花税处与统税署合并，另设税务署以总其事。自此烟酒、印花、雪茄、卷烟、棉纱、火柴、水泥、麦粉等税，概归税务署办理。此征收机关之沿革也。以下更分别论述五种统税税率之变迁。

(1) 卷烟统税

缘起 民国四年，北京政府筹备烟酒公卖，曾由外交部对各国声明；公卖费仅征之于土烟、土酒；其洋烟、洋酒，另定办法，再行通告。此为洋烟、洋酒在内地征收消费税之先声。嗣后公卖实行，各省烟酒局有向洋烟征收费款者，外商借口违反条约，拒绝缴费；各国公使，复纷纷提出抗议，成为悬案，历久不决。直至民国十年，全国烟酒署以卷烟为奢侈品，应征重税，近年销场日盛，在吾国尚无统一征税之规定，因于是年八月间，与英美烟公司签定声明书十一条，并由烟酒署拟订《纸烟捐征收章程》，于十年十月一日施行。其规定征收办法，计分两种：（一）出厂捐，专征在华制造之品，无论等级高下，每箱五万枝，征出厂捐银二元；每五千枝征银二角，即以五千枝为单位；不及五千枝者，亦以五千枝计算。纳税凭证，以印花行之，概由全国烟酒署制发。

（二）内地二五统捐，凡在华制造品及舶来品均应完纳，从价征收百之二五，估价标准，则按照海关进口纸烟估价计算，其捐率分四等，列表 1-5-1 如下：

表 1-5-1　海关进口纸烟捐率标准

分等	枝数	纳捐银数
一等	50 000 枝	12. 375
二等	50 000 枝	7. 125
三等	50 000 枝	4. 125
四等	50 000 枝	2. 25

第一项之出厂捐，不论租界内地，一律照纳，旋即改分七等征收。第二项之二五捐，则仅销内地之纸烟纳之。声明书有效期间，定为八年（自十年十月一日起至十八年九月底止）。当由全国烟酒署于上海设立纸烟捐务总局，设分局于汉口、天津，设督察处于山东；其他商埠及重要地方，则设查验所分所及分卡，专司查验，以杜走漏。全年出厂二五两捐，约可收银三百万元，[①] 此创办纸烟捐之缘起也。

嗣后浙江等省，以卷烟一项，原定统捐捐率甚轻，尚可酌量增加，或征收卷烟特税，或征收吸户捐，其税率为百分之二十至四十不等。各外商烟公司，据声明书十一条之规定抗议，纷争不决。十四年复经烟酒署召集英美烟公司代表磋商，续订声明书四条，规定运销各省卷烟，除原纳出厂二五两捐外，另纳保护捐一道，捐率倍于内地纳捐，即百分之五，由署制定保护捐印花，发交烟公司贴用，捐款如数拨交各该省收用，作为抵补取消特税之款。然各省以税率相差过巨，或表示反对，或意存观望，经年未能实行。十六年北京政府以军需困难，订定纸烟出厂加捐办法：凡在华制造卷烟，除纳每五万枝之出厂捐外，应另纳出厂加捐一道，方准起运，捐率为百分之六，五，按海关估价计算。然其时长江一带，已入国民政府范围，仅天津、青岛两局，遵令加征。是年国民政府奠都南京，即于六月公布《征收卷烟税章程》，规定进口及国内制造之卷烟，均应缴纳特税百分之五十；所有向征烟捐名目，一律取消；于各省设立卷烟税总局，专司稽征之责。嗣以商力不能负担，开办之初，暂行七折缴现，实收百分之三十五。施行未久即改统税。此卷烟征税之沿革也。

改办统税　卷烟统税肇端于粤，试行于鄂，其时革命筹饷，名曰印花税，税率百分之二十，嗣加至百分之五十。当武汉政府时代，将卷烟旧征之二五捐吸户捐特税一律取消（只留出厂捐一项），改办统税，于十五年十二月公布施行，税率为百分之一二，五，先就湘、鄂、赣三省试办，是为统税创办之始。十六年奠都南京，六月财政部公布

---

① 《卷烟统税史》第二章第七页。

《征收卷烟税暂行简章》，税率增至百分之五十，称为特税，因税率过高，又减为七折征现，然烟商观望，税收未见增进。及宋子文复长财部，拟减轻税率，以纾商困，且以特税为昔时省税名词，既为国税，直隶中央，未便沿用，况统税制甚简易，一旦继续施行，则租界商埠，自无扦格之虞。于是设筹备处于上海，于十七年一月十八日，颁布《征收卷烟统税条例》八条，《征收办法》十三条，并与英美烟公司及各洋商订定合约九条。其规定要点，为实行就关就厂征收，不论租界内外，一体施行。税率则国产为百分之二二·五，舶来品为百分之二十（另纳海关税百分之五及二五附税），统以海关估价为标准。其进口纸烟及国内制造纸烟，分为七等，每等所纳统税如下：①

表 1-5-2　进口纸烟及国内制造纸烟征税税率

等次	进口纸烟	国内制造纸烟
头等（每五万枝箱下仿此）	249 元	280. 125 元
二等	159	178. 875
三等	114	128. 250
四等	84	94. 500
五等	57	64. 125
六等	33	37. 125
七等	18	20. 250

雪茄烟之税率，则分六等如下：

表 1-5-3　进口及国内制造雪茄烟税率

等次	进口雪茄烟	国内制造雪茄烟
头等（每千枝下仿此）	18 元	20. 250 元
二等	7. 80	8. 775
三等	4. 50	5. 065

---

①　见十七年一月十八日财政部与英美烟公司订定合约第一条。

（续表）

等次	进口雪茄烟	国内制造雪茄烟
四等	2.25	2.531
五等	1.20	1.350
六等	0.90	1.013

　　按此种税率，不但不保护国产，反轻征舶来品，衡之各国关税重征奢侈品之原则，相去殊远也。

　　第一次实行加税　自十七年二月卷烟统税开办以来，税收日增，惟施行区域，不过苏、浙、闽、皖、赣五省；而从前南北各省抽收特税，往往有值百抽五十以至七十者，若一律令其减轻以就统税，自非将统税税率量予提高，无法推行。乃于是年十一月间，召集华洋烟商讨论加税问题，当经决定实行加税。又以舶来烟品进口之数，日见增加，若不将税率稍示差异，殊非维护国货之道，故此次加税，舶来品除关税七五外，与国制品一律再征统税百分之三二．五，于十七年十二月一日，开始征收。加税后之税率，列表如下：①

表 1-5-4　卷烟、雪茄烟应纳统税税率

	等级	每千枝海关估价		应纳统税	
卷烟	一等	十二两五钱以上		404.625 元	每五万枝箱
	二等	八两五钱以上		258.375	
	三等	六两五钱以上		185.25	
	四等	四两五钱以上		136.5	
	五等	三两以上		92.625	
	六等	一两五钱以上		53.625	
	七等	一两五钱以下		29.25	

　　① 《卷烟统税史》一三七页。

（续表）

	等级	每千枝海关估价		应纳统税	
雪茄	一等	四十两以上		29.25	每千枝
	二等	二十两以上		12.675	
	三等	十两以上		7.313	
	四等	五两以上		3.656	
	五等	三两以上		1.95	
	六等	三两以下		1.463	

实行加税以后，税收状况，日有起色，惟实行者，仍不过五省；山东虽于十七年六月，先行开办，然名实不符，且亦未能完全受中央节制。及十八年四月，西征军底定武汉，湖北首先改办统税，湖南继续施行，由是河北、广东，先后开办，广西、河南，继续推行。然格于军阀割据之势，以言财权统一，则犹未也。

十八年二月六日，财部复公布《征收卷烟统税条例》，即规定统税税率为百分之三二.五，追认已成之事实也。

改七等为三等 十九年九月，财部为增加税收起见，重定卷烟税率，公布《卷烟税改七等为三等暂行办法》。其税率如下：

一 凡五万枝卷烟登记售价在五百四十元以上者，为第一级烟，应纳统税二百二十五元。

二 凡五万枝卷烟登记售价在一百五十元以上至五百四十元者，为第二级烟，应纳统税五十六元。

三 凡五万枝卷烟登记售价在一百五十元以下者，为第三级烟，应纳统税三十二元。

当时呈奉行政院指令，准予试办三个月，定于十九年十月一日起实行。

新三级统税制 二十年二月一日，财部为增加税收起见，实行增税，此项新三级税制，实行至二十一年三月二十日止，其税率如下：

  一 每五万枝烟价在五四〇元以上 三〇五元（原定二二五元）

  二 每五万枝烟价在一五〇元以上 八一（原定五六）

  三 每五万枝烟价在一五〇元以下 三九（原定三二）

  由三级改为二级 二十年十一月一日，取消进口统税，明定进口卷烟税全部以金单位征收，税率为从价百分之五十。二十一年三月，财部为增加税收起见，于三月二十一日公布《卷烟统税改行二级征收制度修正过渡办法》，规定"自三月二十一日起，凡在统税区域各地方出厂之卷烟均应一律黏贴新二级制之印花，以符税则"。其税率如下：

  甲等（每五万枝） 九五元

  乙等（每五万枝） 五五元

  自此以后，吾国卷烟统税，遂由三级制而入于二级制时期。

  第五次加税 二十二年十二月四日，财政部以税字第九八九号训令，于十二月五日起实行加税。其理由，为"国库支绌，建设大政，剿匪军事，在在需款，所有现行卷烟、水泥、火柴等项统税税率，允宜分别酌量增订，以裕库收"。[1] 其加税税率如下：

  第一级（每五万枝售价在三百元以上） 一六〇元

  第二级（每五万枝售价在三百元以下） 八〇元

  第二级烟最高售价如非烟厂所在地，准放宽二十元，即每箱除税计算，不得超过三百二十元；第一级最高售价，不加限制。他方面并限制设厂地点（沪、津、汉、青），资本（五十万元以上），禁绝手工卷烟，严格查缉，以杜漏税。

  统观卷烟统税，由七等而三等，由三级而二级，前后加税，凡共五次。兹作简表 1-5-5 如下，以见其增加之迹：

---

  ① 《财政公报》第七十期四十页。

表 1-5-5 卷烟批发售价变迁情况

等级	*以一·一四五乘海关估价为批发售价 关估价为批发售价	十七年一月十八日	十七年十二月一日	十九年十月一日	二十年二月一日	二十一年三月二十一日	二十二年十二月五日
一等	$1 073.44 以上	280.125 元	404.625	第一等 $540 以上 225	305	第一级 $300 以上 95	160
二等	$729.94 以上	178.875	258.375				
三等	$558.16 以上	128.250	185.250				
四等	$386.44 以上	94.500	136.500				
五等	$257.63 以上	64.125	92.625	第二等 $150—540 56	81	第二级 $300 以下 55	80
六等	$128.81 以上	37.125	53.625				
七等	$128.81 以下	20.250	29.250	第三等 $150 以下 32	39		
税率		22.5%	32.5%			90%—47%	120%—36%**

* 卷烟批发售价之标准，原系按照海关估计伸算而定，其计算方法，系以一·一四五乘海关估价，亦即随之更改，其计算方法，以前旧标准不再列入。五后，统税进口税改为百分之七。自海关进口税改为百分之七·五后，即以此标准伸算，重行分等。本表七等批发售价，为简单起见，即依此标准伸算，以前旧标准不再列入。

** 下烟批发售价每箱一百一十元计算，二十一年三月二十一日办法，税银五十五元余，即银六十五元余，成本为六十五元五角，即值六十五元五角，收税五十五元，是值百抽九十有余。二十二年十二月五日改为八十元，即每价八十元，收税八十元，亦税八十元，成本为二百二十元，即值二百二十元，亦税八十元，是值百抽三十六。至三百元元之上烟，亦税八十元，成本为八十元，亦税八十元，是值百抽三十六。本表即以此为最高最低代表。

一·一四五乘海关关税方法，系以一·一四五乘海关关税方法，亦即随之更改，其计算方法。一·一四五乘海关关税（原估价 100 + 海关免税部分 0.07 + 海关关税部分 0.07 + 0.075 = 1.145，故十八年七月以后，应从 100 + 0.07 + 0.075 = 1.145，故十八年七月以后，以即标准伸算。0.05 = 1.12。自海关进口税改为百分之七·五后，即以此标准伸算。

由上表观之，可见等级愈分愈少，而下级烟税率愈趋愈重。如第六等（批发售价＄128.81-＄257.63）卷烟，原定税率每五万枝三七．一二五元；第一次增为五三．六二五元；改为三等，则在一百五十元以上者为五十六元；新三级税则，增为八十一元；又改为二级，为五十五元；最后增至八十元。又如第七等税率，初为二〇．二五元；继为二九．二五元；改为三等，则为三二元；实行新三级税则，增为三九元；又改为二级，则为五五元；终增至八十元。税级愈分愈少，无异减低上等、中等烟之税率，而增加下烟之负担，与消费税分级宜多以适合人民负担能力之原则，正相违反。乃财政部为增加税收计，徒以下烟销路最广，竟不惜反其道而行。其结果租税不能如期转嫁，而纸烟业之成本日重，不能与洋商竞争。故二十三年三月二十日华商卷烟二十四厂联名呈请修改税制有云：[①]

　　……税率良恶之分，不外二端：一、负担是否平均；二、能否保护本国商业。但此次财政部所定之税率，则适与此两原则相反，此不能不为我爱民之政府一陈之也。……

大抵上中烟多半由英、美制造，华商则以制造下烟为特多；上中烟多用美叶，下烟则多用国产美种烟叶及土叶。因税率高低与出品上中下之别，英、美与华商常居对立之地位。税率分级多，则上中下烟之负担，随烟质之高下而分别重轻，故下烟之负担较轻，华商居有利之地位，国产烟叶亦随而畅销；税率分级少，则上中下烟之负担，距离不甚相远。甚或下烟之负担，超过上中烟之负担至一二倍，故上中烟之负担较轻，英、美居有利之地位，国产烟叶亦随而滞销。依历年之经验，七级税最有利于华商，三级税次之，二级税则英美显受特惠，华商无复抗争之力。故七级税时代，华商共有百五六十家；二级税行，纷纷倒闭，今则仅存四五十家，年来且销数锐减，并多亏累矣。……卷烟税在七级制时，大约为值百抽三二．五，财政部现定之税率，果为值百抽几乎？下烟以售价每箱一百二

――――――――――

①　见二十三年三月二十日上海《申报》。

十元计之，从前税银五十五元余，为成本六十五元，即值六十五元者，收税五十五元，是值百抽九十有余也。现改为八十元，即值价六十五元者，收税八十元，是值百抽一百二十有余矣。三百元之上烟，现亦作二级收税，就售价三百元论，除税八十元外，成本为二百二十元，即值价二百二十元者，收税八十元，是值百抽三十六也。……本年改税结果，下烟则由值百抽九十者，增至值百抽一百二十有余，上烟则由值百抽四十七者，减至值百抽三十六也。……轻重悬距若此。

厂商之言，至足促财政当局深省，减轻上中烟之税率，而加重下烟之负担，"是无异将华商之手足重重束缚，而授洋商以飞机大炮，俾以进攻"。同时南洋兄弟烟草公司发表宣言响应，语更中肯：

> 窃查近日民众等二十四家烟厂，以现行卷烟税率，重征下烟，轻征上烟，高低待遇不平，呈请政府改善一案，……查……卷烟虽属奢侈品，其为实业则一，纵不能行保护税则，至少亦当平等待遇，使华商与洋商争一日之长。今民众等二十四厂所言统税七级时代，华商烟厂多至百五六十家；二级时代，纷纷倒闭，现仅存四五十家，与及"前者华商销数多而纳税少，后者华商销数少纳税反多。"两节，情真事确，一字一泪。现行新税率第二级，售价放宽至三百元，上烟税愈减，此仅存四五十家，其有不殉此税率而倒闭者几希。敝公司同为华商，差幸稍有上烟出品，其中亦稍沾余惠；但坐视同业沈沦，问心亦殊不忍。且也上烟税轻则销畅，下烟税重则销滞，而下烟烟叶，均为国产，倘因此停顿，则农民生计断绝，又岂忍坐视数省农民饿死而不顾乎？……①

但财政当局，则以"财政困难，国难严重，剿匪建设，在在需款"为由，概与拒绝。惟在财政政策方面，则加税已达到其目的，据《中央银行月报》第三卷第五号（二十三年五月份）载，"目前百

---

① 二十三年三月二十八日上海《申报》第三张。卷烟税改制后，土烟叶销运果锐减，见同年三月二十一日上海《申报》。

业极形衰落，而全国统税收入，反见月有增加。上月份已达一万万
元（按为一千万元之误）以上，较去年同期激增二百七十余万以上。
孔部长开源节流政策，已有显著之效果。兹特探志三月份统税收入
于下：

表 1-5-6　1934 年 3 月统税收入情况

卷烟税	7 137 603 元
棉纱税	1 929 945 元
麦粉税	401 366 元
火柴税	340 847 元
水泥税	255 501 元
薰烟税	107 932 元
机制酒税	44 271 元
合计	10 210 469 元

去年同期七 四七三 三七五元，比较增二 七三七 〇九三元云"。
卷烟、火柴、水泥三项统税加税后，财部预计每年可增税收二千万
元，[1] 可谓如愿以偿。据《中行月刊》第十卷第四期（六三—六四
页），二十三年全国统税收入，计一万一千七百六十一万元，较前年
之八千七百六十六万五千元，增加约三千九百九十四万四千元。各
税收入数目，以卷烟税收入为最巨，占总额六六.七％。然百业凋敝
而税收反能激增，其固孔部长开源节流之功，有裨于国计民生耶？
抑竭泽而渔，只图一时之收入耶？是不待作者之辨白，夫人而可以
知之矣。

据二十三年度《中国银行报告》，是年上海烟厂，尚能勉强维持。
"全国七十余卷烟厂，大半设于上海，兹就沪地华商加入卷烟业同业
公会之四十六家言之：二十三年度全体营业，以价值论，约仅二十二
年之七成；以销路数量论，则与去年不相上下。华商全体销额四十余

---

[1]　《中央银行月报》第三卷第一号第一二三页。

万箱，外商销路则大减。据估计去年全国中外各厂合计营业额达二万万元，华厂约占十分之六。华厂所以能与外商竞争者，盖因国民经济困难，购买力弱，以前喜吸上等洋货香烟者，纷纷以较廉之国货香烟代替之；且华商烟厂更能减低售价，加送赠品，竭力宣传，薄利多卖，故能稍获盈余"。然此为二十三年度非常之情形，二十四年以来，各地金融产业，更趋恶化，长此以往，因税率待遇之差别，华商终难与外厂竞争也。故吾人关于卷烟统税之结论为：

（一）多分税级，以适合人民之负担能力；

（二）加重上中烟税率，减轻下烟税率，以减轻国产成本，而推销土烟叶。

(2) 棉纱、火柴及水泥统税

沿革　中国对于火柴水泥，除关税外，在内地向无专税。十八年甘末尔财政设计委员会，为征收大量消费品以增加税收起见，建议当局行火柴税及水泥税。是年九月，该会提出《火柴税法草案》及《火柴税法草案理由书》；同年十二月，更提出《水泥税法草案》。及二十年一月一日裁厘，举办五种统税，以为抵补；财政部遂于一月二十八日公布《棉纱火柴水泥统税条例》，实行征税。其规定税率如左（第三条）：

一　棉纱统税税率

甲　本色棉纱在二十三支以内者，每百斤征收国币二元七角五分。

乙　本色棉纱超过二十三支者，每百斤征收国币三元七角五分。

丙　其他各类棉纱，照海关估价征收统税百分之五。

二　火柴统税税率

甲　长度不及四十三公厘，或每盒支数不过七十五支者，每大箱征收国币五元。

乙　长度在四十三公厘以上，五十二公厘以下，或每盒支数不过一百支者，每大箱征收国币七元五角。

丙　长度超过五十二公厘，或每盒支数在一百支以上者，每大箱征收国币十元；

火柴每大箱内容五十小箱，每小箱内容一百四十四盒，共七千二百盒。但火柴之出厂或进口不足一大箱者，仍须依照上列税率，按其数量比例，征收统税。

三　水泥统税税率

水泥每桶重量三百八十磅者，征收国币 6 角；盛包装或小桶之重量超过或不及三百八十磅，其差额在十分之一以上者，得按照其重量比例征收之。

自该条例颁布以后，棉纱、火柴、水泥三种统税，税收并不甚旺，以二十二年而论，棉纱统税收入达一八 六三六 二九四元，占全体统税百分之二一、三；火柴统税达三 五四五 三五〇元，占全体统税百分之四；水泥统税达七四〇、一九二元，仅占全体统税百分之〇.八。三种合计犹不敌卷烟统税远甚。于是财政部为增加税收计，于二十二年十二月五日，实行加税。

加税之目的，固在增加税收；然据财部负责人谈，亦有其他用意，兹姑采录，以与加税后之影响对照。（一）水泥年来国内建筑进步，一般商人因之增加价目，每桶达六七元之多，而国内厂商向纳统税每桶六角，此次增加六角，合成每桶一元二角，较之外商缴入口税，及另加统税外，国内厂商受益仍较外商为多，决不影响本国工商业发展。（二）火柴亦为消耗品，（!）每年输入达一万万之多，亦应加以限制；且此次虽中外货品一律增加，而国人所设之厂，仍能免缴关税，故对于国营火柴前途，或可收相当保护之效云。[1] 至加税税率，据二十二年十二月四日财政部税字第九八号训令，列之于下：

一　火柴

硫化磷火柴

甲级每小盒装七十五至八十枝　　一〇.八

乙级每小盒装一百枝至一百零五枝　　一三.五

---

[1]　《时事月报》二十三年一月号刘振东编《财政部实行增加三种统税》。

安全火柴

甲级七十五枝至八十枝　　一三.五

乙级一百枝至一百零五枝　　一七.四

丙级一百十五枝至一百二十枝　　二一.〇

二　水泥　每桶重量一百七十公斤，征税一元二角。

加税后之影响，可略如下述：吾国火柴工业，为较有希望之新兴工业，其自行制造，始于清光绪十五年四川重庆之森昌泰。嗣后两湖、广东、京、津、上海、各处，相继设立。民国以来，火柴一业，尤为发达，尤以民国九年为全盛时期，是年新增之厂，达二十三家之多。嗣以欧战告终，洋货倾销，十六年以还，瑞典火柴股份公司，与日本燐寸会社合并，垄断国际火柴业，力谋吞并吾国火柴业。其吞并之法，不外利诱倾销，或实行收买（以东三省受影响为最甚）。其在长江方面，则投巨资于上海日商燧生火柴厂，贱价倾销，以谋压倒吾国火柴业。二十年虽增高火柴进口税率，一时火柴业有复兴之象（二十一年火柴厂增十一家）；然外商一变其输入政策，而实行在内地设厂，一方面既可免除关税运费，他方面又可利用吾国低廉之人工，加以外商技术精良，货本雄厚，殊非吾国火柴所能敌。而政府不但不思维护，候乃反于此时增加火柴统税，以助长洋商倾销，火柴商之呼吁，置之不顾，是诚不识是何居心矣！

再者火柴统税，事实上亦未能全国一致。据二十四年四月二十日河北华商火柴厂电国府，"……近来山东发行假花，山西拒绝命吏，外厂弁髦法令，其下偷上纵者更层出不穷。守法商厂生路尽绝，而主管机关，依违瞻顾，莫名究竟。谨请命钧府院部处速为斩截之处置，否则明白废止火柴统税，并返还已纳未销税款"，读此亦可见火柴统税之未能推行华北矣（见二十四年四月二十一日《大公报》）。

据《中国经济年鉴》调查，全国火柴厂盛时达二百零二家，现存仅百三十家，其中山东二十三厂、江苏十四厂、广东二十六厂、四川十一厂、辽宁十厂、吉林七厂、其他三四厂不等。近国内火柴业，鉴于外力之严重，自动联合，以谋减少同业之竞争，而以全国火柴同业联合会为最有力云。然既困于统税，又厄于资金，殊难与洋商竞争也。

复次论水泥业 中国之有水泥工业，始于清光绪二年。嗣后法、日商人，多来华设厂，中国方面，亦自办中国水泥公司（龙潭）西村士敏土厂（广州）等八厂，共为十二所。据专家推测，吾国水泥消费量，每年约五百万桶，现时国人自营之水泥工厂，年产额为二百八十万桶，其不足之二百二十万桶中，一百五十万桶购自大连小野田水门汀会社大连分行及日本之浅野水泥会社，余则由香港、安南、德国、俄国等地输入。近日本浅野及小野田两会社，在华竭力倾销，每桶市价较国产水泥，削减一两以上。据《中国经济年鉴》，各厂出品之市价如下：

启新洋灰公司（马牌）

桶	四 . 四五两
袋	四 . 〇五
华记湖北水泥公司（塔牌）桶	六 . 五〇

华商水泥公司（象牌）

桶	四 . 五五
袋	四 . 〇〇
铁桶	三 . 八〇
中国水泥公司（泰山牌）袋	三 . 七五
浅野水泥会社（船牌扇子牌）桶	三 . 六〇
小野田水门汀会社（龙牌）桶	三 . 五五

查水泥进口税，每桶约需银一两，统税（未加税以前）每桶约四钱三分，自日本运华水脚，每桶约银五钱，由厂运货下力每桶约银二钱，佣金杂费约银四钱，纸袋及包装费共约银四钱，以上共计银二两九钱三分，而成本尚未计及。今在华售价只卖三两五钱五分，可见其对吾国水泥业竞争之剧烈。今财政当局不思救济，以制止倾销，乃反增加统税一倍，以加重本国水泥成本，"保护"云何哉！

至于棉纱统税，原定税率，本色棉纱在二十三支以内者（粗纱）每百斤征收国币二元七角五分；其超过二十三支者（细纱），每百斤征收国币三元七角五分，——此种规定，已不利于华商。据财政部税务署制《二十一年度国内制棉纱各支产销数量商籍统计表》，凡二十三支以下者为粗纱，二十三支以上者为细纱。粗细纱本色之产量销量商籍如下：

表 1-5-7　二十一年度国内制棉纱各支产销数量商籍统计表

粗纱	产量	华商	3 985 539. 643	74. 2%
		日商	1 234 944. 561	22. 9%
		英商	153 317. 930	2. 9%
		合计	5 373 802. 134	100%
	销量	华商	3 784 661. 135	
		日商	1 225 561. 100	
		英商	163 595. 077	
		合计	5 173 817. 312	
细纱	产量	华商	396 739. 648	37. 0%
		日商	671 160. 339	62. 6%
		英商	4 280. 814	0. 4%
		合计	1 072 180. 801	100%
	销量	华商	363 440. 394	
		日商	699 576. 299	
		英商	3 362. 815	
		合计	1 066 379. 408	

由上表，可见粗纱产量，华商占百分之七四·二，足见粗纱事业之兴衰，即华商纱业之兴衰。细纱产量，日商占百分之六二·六，足见细纱事业之兴衰，大部分即为日商纱业之兴衰也。[1]

---

[1]　参阅梁潜翰《从统税制度观察我国纱业之危机》（载《东方杂志》第三十一卷第二十四号）。

今秉此前提以考察棉纱统税税率。该税率仅分二级，就税级而言，未免太简，不能因质之粗细而分为多级，以适合人民之负担能力。再就税率而言，粗纱、细纱，虽有一元之殊，然支数愈高，价格愈贵，支数愈低，价格愈贱，今在同一级中，须纳同样之税，故支数愈高之纱，即愈占便宜。例如第一级，每包一律抽税八元五角八分，则其实在税率，在

十支　　为从价百分之五．二

十二支　为从价百分之五．一

十六支　为从价百分之四．八

十七支　为从价百分之四．七

二十支　为从价百分之四．六

又如第二级，每包一律抽税十一元六角二分五厘，则其实在税率，在

三十二支　为从价百分之四．九

四十二支　为从价百分之四．一

六十支　　为从价百分之二．七

由此观之，支数愈高，即纱愈细，而税率反愈低，违反消费税之原则。再从华商、日商之关系考察之：日商纱厂所出之纱，多为四十支以上之细纱；华商纱厂所出之纱，多为二十支以下之粗纱。[1]于是日商实在税率，平均仅纳从价百分之三左右；而华商则纳百分之五以上。故此种税率，优待日商而妨碍本国纱业，自不待言。

自棉纱统税实行以来，本国纱业，日渐衰落。其原因虽有多端，然税制实为其中心分子。吾国纱业，在民国二十一年，已呈初期恐慌。至二十二年而恐慌益深，衰落更甚，倒闭停业，时有所闻。是年四月，华商纱厂联合会曾议决"自四月二十二日起至五月二十一日止，各厂实行减工，每星期六、星期日日夜工，一律停止工作，

---

[1]　参阅财政部税务署制《二十一年度国内制棉纱各支产销数量商籍统计表》。

或减百分之二十三"，然滞销困难情形，仍未稍减。乃于五月十日，复由各厂大会通过"本业艰苦情形，日趋严重，断非减工百分之二十三所能救济，减工一月期满后，自本月二十一日起，各厂停工或减工，悉听各厂斟酌本身情形，自由办理"。查最近二年纱厂停工数目，有如下表 1-5-8：①

表 1-5-8　1932—1934 年纱厂停工数目

年别	停工锭数	平均停工钟点	半年间总锭数停工周数
二十一年上半年	2 385 360	—	—
二十一年下半年	657 790	2 039	2.26
二十二年上半年	2 696 022	630	2.33
二十二年下半年	1 119 344	1 725	3.16
二十三年上半年	1 224 267	1 583	3.89

在此纱厂纷纷停工倒闭声中，乃财部于二十三年十月，反有增加棉纱统税之议，且努力筹备，势在必行。于是全国华商纱厂联合会，以十月二十八日，议决反对增加棉纱统税。继以各方反对，中央遂将此案交财部重予考虑。盖棉纱工业，正在极度恐慌之中，政府既无法救济，安可再加重棉业负担，以助长外货倾销？但棉纱工业，已一蹶而不振，果也申新第七纱厂，于二十四年三月，因负债过巨，被汇丰银行非法拍卖。按申新于过去一年中，已陷困境，总经理荣宗敬曾一度辞职，但政府与社会，始终未能切实援助。及事件发作，某报记者，走访荣氏，荣谓：

> 救济纱业，徒托空言；征收税款，且复加厉。为本人计，不如将各厂一齐停闭，金钱精神，反少损失。

又申新负责人谈，颇有足以见财政当局摧残实业之真相者：②

---

① 《纺织时报》，一一一一号，三三八〇页。
② 参阅郭斌佳《申新事件与我国纱业》（载《东方杂志》三十二卷七号）。

此次七厂被拍，实有万分苦衷。自政府高唱救济纱业界以来，迄今只有空谈。以前如财政当局，对申新各纱厂之统税，尽可记帐；但结果非特未能记帐，而税务当局，竟派职员，每日坐提。中国纱业原在衰落中，且华商金融界，苟稍可通融，则申新七厂，亦不致押与外人。故于迫不得已之下，向汇丰押款。而汇丰款项，到期又不能延缓。今汇丰既勒令赎还，而申新则无从筹措，亦唯听人宰割而已。在申新本厂，无论出卖停工，所少只一营业机关。但政府总合申新各厂，每天所征统税，约在二万元之谱。今以第七厂计，每天将少收一千余金，月需四万余元。……

财政当局"竭泽而渔"之下策，于此数语中描摹尽致。而吾国领袖工业之被财政当局摧残，于此亦可见一斑。

今后欲言救济棉纱业，最简截了当，厥为废除棉纱统税，提高进口纱布税。若不得已而求其次，则亦有二端，可供采用：

（一）或采用从价税办法，棉纱统税一律值百抽五，不致有畸轻畸重之弊。

（二）或参照海关税率，改纱税为五级。梁潜翰君尝建议如下：

（甲）不过十七支 每担征五.三金单位之三分之一，约等于三元一角八分。

（乙）过十七支不过二十三支 每担征五.八金单位之三分一，约等于三元四角八分。

（丙）过二十三支不过三十五支 每担征七.九金单位之三分一，约等于四元七角四分。

（丁）过三十五支不过四十五支 每担征八.九金单位之三分一，约等于五元三角四分。

（戊）过四十五支及其他棉纱 从价值百抽七.五。

盖使统税与关税保持一致，统税税率较海关减少三分之二，"不特对华商纱厂，已收保护之效；即外人纱厂，亦无反对之理由"。如此修改税率，犹不失为中策。若迁延不决，坐观成败，则纱业行将破产，"皮之不存，毛将焉附？"财政当局当知所以适从矣。

(3) 麦粉统税

麦粉之征收特税，始于十七年六月十四日，是日财部公布《征收麦粉特税条例》，规定"凡国内所产机制及由国外运入之麦粉含有营业性质者，均照本条例之规定征收麦粉特税"（第一条）。盖以代麦类厘金之特税也。至于非机制麦粉概不征收特税。其税率如上表（第四条）：至于征收机关，则就麦粉出产丰富之省区，设立麦粉特税局，征收麦粉特税。其分区如下：

表 1-5-9　麦粉特税税率

粉别 ＼ 税率	征收百分之五以每包为纳税单位
本国机制麦粉行销内地者	每包纳特税大洋一角
本国机制麦粉运销国外者	于出口时每包退还特税大洋五分即实征五分
舶来机制麦粉	每包纳特税大洋一角

甲　苏浙区（皖省附之）

乙　直鲁区（晋省附之）

丙　鄂豫区（赣省附之）

丁　吉黑区

麦粉特税局隶属财部赋税司，并得就机制麦粉出产之地，酌设分局及查缉所，处理征税及稽征事务（第六七条）。

十八年五月二十四日，财部又公布《修正征收麦粉特税条例》，在机制麦粉以外，又加入麸皮一项，其麦粉税率不改，麸皮税率规定如下：

本国机制麸皮，经由海关出口，无论运往国外国内，均须征收特税，每包在五十一斤以上者，大洋五分；五十斤以下者，大洋二分五厘，上以重量，概用司马秤计算（第四条丙项）。

以上税率规定，对于本国机制麦粉及舶来麦粉，同一待遇，在洋麦进口未征税以前（即完全免税），此种规定，不啻抑制本国新兴之麦粉工业，使不能与舶来品竞争。及二十年裁厘以后，麦粉特税，亦列入五种统税，以抵补裁厘损失。然此税一方面既妨碍本国粉业之发展，他方面复加重平民之负担，从国民经济立场言之，自当废除，无庸疑义者。

吾国之有自办机制面粉厂，始于清光绪二十四年，欧战之时，各国运销减少，上海各厂，所出面粉，远销海外，年达二三百万担。故营业发达，获利丰厚，实为上海面粉业之黄金时期。及大战既终，洋粉复来，销路既为侵夺，原料又值歉收；一时勃兴之面粉业，渐呈不振之象。重以统税负担，金融紧急，已愈趋愈下，入于衰落之境。据二十三年实业部编《中国经济年鉴》，全国粉厂，总数不下一百五十余家；除业经倒闭或停止者约二十家外，现存者尚有一百三十余家。其中上海华商十七家，日商一家（三井），哈尔滨十四家，天津六家。"其所以如此不振者：（一）由于麦粉特税之束缚；（二）由于资本薄弱。前者足以阻碍国货之销路，滋长外粉之操纵；后者足以继绝小麦之进收，限制面粉之生产"。[1] 故欲救济本国面粉工业，一方面在重征洋粉进口税，而其尤为重要者在废除麦粉统税。

（4）薰烟、火酒、啤酒、洋酒统税

在五种统税以外，尚有薰烟、火酒、啤酒、洋酒四税，亦属于统税范围。先言薰烟统税。十九年十月三十日，财政部公布《薰烟统税局组织规程》，于山东设薰烟统税专局，直隶财部（第一条）。税率暂定为每百斤洋三元六角，由收买烟商一次缴纳，领帖印照，通行各地，不再重征。（第二条）二十年三月，将豫、鲁、皖三省薰烟合并设局办理，定名为豫鲁皖薰烟税局，设总局于青岛，设分局于蚌埠、许昌两地，更定税率为每百斤征收四元五角。据二十三年统税统计，薰烟每月平均收入三八九、六四五元，占统税全体收入百分之三．九八。二十四年五月，薰烟有加税之议，惟税率尚未发表。

次言火酒啤酒洋酒统税。洋酒税于二十一年八月，改定由征收海关进口税时一次征收，比较以前税收确定。二十二年税收，达一六、

---

① 《中国经济年鉴》第十一章工业（K）一七页。

四五〇元。啤酒税则于二十年五月仿照统税制，就厂征收，初为从价（百分之二十），后改从量。① 二十二年税收，达二八四〇二九元。火酒税系最近举办，其详尚不得而知，暂付阙如。

第三节　统税与财政收入

统税自举办以来，税收逐年增加，近两年来，骎骎然有与盐税并驾齐驱之势。论者每以关盐统三税，为国民政府财政收入之三大柱石，良非虚语。兹先根据历次会计年度财政报告书，以见其增加之迹：

十七年度

卷烟、煤油税　　二七 九六一 三三七.六〇

麦粉特税　　　　二〇三 七九二一.七一

十八年度

卷烟统税　　　　三六 五六六 五〇六.四一

麦粉特税　　　　三 九二四 二六〇.六七

十九年度（统税）　　　　五三 三三〇 七〇五.四六

二十年度（统税）　　　　八八 六六一 七九八.三八

二十一年度五种统税　　　七九 五九六 九九九.四〇

二十二年度五种统税及薰烟税　一〇四 九六七 九六四.七四

二十三年度（预算）　　　一一六 九五九 六七九

二十四年度（预算）　　　一一三 二九八 一七七

更据《二十一、二十二两会计年度财政报告书》，统计五种统税收入总数，二十二年分（注意，非会计年度）为八五〇〇〇 〇〇〇元；二十三年分为一一〇 〇〇〇 〇〇〇元。由此观之，统税收入，初不过三千万元，六年之中，激增至一万一千万元，与关税、盐税鼎足而三，并为中央财政重要税收。则财政政策之目的，诚可谓完

① 参阅《啤酒税暂行章程》，载贾士毅《民国续财政史》第二编三二九—三三二页。

全达到矣。

　　兹再分析各种统税税收之多寡及其百分率。先言卷烟统税。历年卷烟税收增加如下：

十七年（十一个月）	一二〇〇〇 〇〇〇元
十八年	三三〇〇〇 〇〇〇
十九年	三五〇〇〇 〇〇〇
二十年	五〇〇〇〇 〇〇〇
二十一年	五五二一〇〇三四
二十二年	五八四八三八三〇
二十三年	七一〇〇七九二一

　　二十二年份卷烟税收占全体统税百分之六六.七，二十三年份占全体统税百分之六〇.三八。居统税中之第一位。

　　次言棉纱统税，其增加如下：

二十年	一五四五〇〇八五.九六二元
二十二年	一八六三六二九四元
二十三年	二三四七六七三四元

二十三年各种统税收入百分比

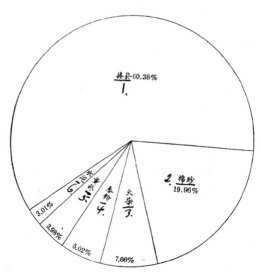

表 1-5-10 1934 年各月各种统税收入与上年同月同期比较统计表

	卷烟	棉纱	麦粉	火柴	水泥	总计	去年同期
一月	6 462 678 元	1 658 024	429 770	202 127	331 905	9 850 554	8 288 493
二月	6 398 610	1 421 693	359 222	203 077	230 812	9 473 628	7 479 728
三月	7 137 603	1 922 946	401 367	340 848	255 502	10 166 197	7 473 376
四月	4 954 893	2 235 154	463 761	1 134 935	270 451	9 204 617	6 811 800
五月	4 705 263	2 365 825	543 122	1 058 780	256 607	9 029 849	7 129 216
六月	6 132 814	2 286 292	540 777	1 136 198	407 640	10 651 268	8 080 976
七月	3 858 005	1 257 788	446 257	530 506	244 214	6 423 836	5 419 326
八月	5 336 776	1 937 490	587 897	828 362	299 492	9 205 340	6 613 605
九月	5 906 242	1 855 881	476 792	898 647	290 099	9 691 079	7 072 393
十月	6 874 648	2 355 627	578 163	907 069	306 362	11 575 084	8 214 153
十一月	6 449 202	2 148 875	541 036	1 015 246	331 009	11 093 334	9 131 003
十二月	6 791 187	2 032 139	532 382	754 315	320 097	11 245 454	9 770 995
总计百分比	71 007 921 60.38	23 476 734 19.96	5 900 546 5.02	9 010 110 7.66	3 544 292 3.01	117 610 240 100	
每月平均	5 917 327	1 956 395	491 712	750 843	295 358	9 800 853	
去年同期总计百分比	58 483 830 66.7	18 636 294 21.3	4 680 052 5.3	3 545 350 4.0	740 192 0.8	87 665 549 100	

* 二十二年总数内包含啤酒税二八四○二九元,洋酒税一六四五○元。

　　二十二年棉纱税收，占全体统税百分之二一．三；二十三年占全体统税百分之一九．九六，居第二位。

　　其他火柴统税在二十年不过二 九五〇 六五〇元；二十二年不过三 五四五 三五〇元，占全体统税百分之四；二十三年已达九 〇一〇 一一〇元，占全体统税百分之七．六六。水泥统税在二十年不过七 六四 〇一八元；二十二年不过七四〇 一九二元，占全体统税百分之〇．八；二十三年已增至三 五四四 三五八元，占全体统税百分之三．〇一。至于麦粉统税，在特税时代，不过二三百万元，二十二年已增至四 六八〇 〇五二元，占全体统税百分之五．三；二十三年增至五 九〇〇 五四六，占全体统税百分之五．〇二。此外薰烟税收在二十三年亦占全体统税百分之三．九八，驾水泥税而上之。此统税分析之大略也，如上图所示。

　　再二十三年度各月各种统税收入与上年同月比较如下，以见加税后税收之增加情形（薰烟占百分之三．九八，每月平均三八九 六四五元，从略）。

第六章
烟 酒 税

资料及参考书　我国烟酒税历史较短，故书籍资料，不若盐税之丰富。举其要者而言，有下列各书：

（1）《烟酒税史》，分上下二册，民国十八年十二月初版，整理烟酒税务委员会编，财政部烟酒税处发行。内容分沿革、区域、税制、公卖费、烟酒税、牌照税、卷烟税、洋酒类税、收支概况、整理概况十章，附录四种，为研究烟酒税重要之资料。

（2）《卷烟统税史》，财政部卷烟统税处编，民国十八年十二月初版。分概论、卷烟税之缘起及其沿革、改办统税、施行规划、实行加税、扩充统税区域、税收状况、杂录及结论九章。

（3）《广东烟酒税沿革》，国立中山大学法学院经济调查处丛书，余启中编，二十二年十月初版。上编税制，第一章为土烟酒类税之沿革，第二章为烟酒牌照税之沿革，第三章为酒饼税之沿革，第四章为洋酒类税之沿革，第五章为卷烟统税之沿革。下编税务行政，凡分六章。

至于烟酒税一般的研究，可参考下列各书：

（1）Erich Siegert：*Getränkesteuern*．（*Handbuch der Finanzwissenschaft*．2. Bd．SS．211-235）．

（2）Willy Pilger：*Die Tabakbesteuerung*．（a. a. O．SS．236-251）．

第一节　泛　　论

烟酒税之为租税，在欧、美各国多分别征收。烟自近百年来，几已成为世界各国通用之享乐品，其享乐之种类不一，在习用之雪茄、卷烟、管烟以外，更有嚼烟与鼻烟种种。烟叶多产自美洲，卷烟之制造，则多来自荷属南洋（Sumatra，Java）巴西、古巴（Havana）、美国，以及欧洲之保加利亚、土耳其、希腊等国。烟叶与其制造品，因其消费颇广，故自来即已视为适宜之租税，其征收之方法，不外左列各种：

（1）关税　不产烟叶之国家专征关税，或从重量，或从价值。

（2）租税　租税往往与关税并行，二者之税率高低须互成比例；征税方法，又可分为：

（a）原料税及面积税　普鲁士一八一九之重量税，及一八二八年之面积税。

（b）制造品税　一九一九年九月十二日后德国之烟税。

（3）专利

（a）完全专利　多行于制烟工业不甚发达之国家，例如意大利、法国、奥国种烟及制烟，皆在国家监督之下。

（b）局部专利　例如瑞典，烟叶之输入及制造，皆由国家经营。

（c）特许专利（即包租专利 Pachtmonopol）　国家将专利之权，包租于私企业，而得一种收入，例如西班牙。

酒税自数百年来，即已为各国通行之消费税，尤以啤酒、葡萄酒、白兰蒂酒，为一般征税之对象。其征收方法，亦有左列各种：

（1）关税

（2）内国消费税

（a）原料税及面积税

（b）生产工具税（如烧锅、缸房）

二者皆便于大企业，运用合理化及科学方法，从一定之原料及一定之工具中，增加生产量。

（c）半制造品税

（d）制造品税

出厂税（Versandsteuer）

商税（Handelsteuer）

意大利、英国

（3）专利

（a）完全专利　例如一九一八德之白兰蒂酒专利法

收买 Bezugsmonopol

制造 Herstellungsmonopol

输入 Einfuhrmonopol

提练 Reinigungsmonopol

专卖 Handelsmonopol

（b）局部专利　例如法国白兰蒂酒（专卖及输入专利）。

今日一般趋势，都以制造品税替代原料税，生产工具税及半制造品税；因后者多基于估计，非实际之生产量，且利于大企业，使小企业竞争立于不利地位；而输出之时，按制造品退税，隐然含有奖励输出之意，易引起生产过剩危险。尤以地亩税不计收获丰歉，不兼顾质与量；且在生产之始，即加以监督层层统制，扰乱营业过甚。至于制造品税，则征收时间，最近于消费，无过度扰乱营业之病。

烟酒税之理论，至为简单：烟酒非生活必需品，而为可以缺少之享乐品及刺激品，其过度之饮用，害及康健，家庭经济，及善良风俗。且此种消费，来自自由收入，为负担能力之表现。再者征税之后，因习惯关系，消费并不减少，故税收亦广。职此之故，烟酒税遂成为各国消费税中最通行之税。

第二节　中国烟酒税之沿革

我国酒税历史较长，而烟税则始于清初。秦汉以前，酒禁甚严，汉初文帝、景帝，犹频下诏禁酤。① 武帝天汉元年，初榷酒酤。自后专卖征税，变革靡常。清顺治康熙年间，颇重民食，以造酒糜费米粮，屡严北五省烧锅躐曲之禁。后禁令渐弛，乾隆年间，始征烧锅部课，缸房部课，为生产工具税。其详如下：

　　烧锅部课，缸房部课，起于乾隆年间，由商人起部领照，下之州县，岁征其课，上之藩司，汇于户部。课额关外小烧，岁征库平四百两，等而上之，以二百两为一级；大烧有征至千两者。关内小烧，岁征三十六两，等而上之，为四十二两。缸房发酵以缸，出酒之多寡，以缸计之。烧锅以池发酵，计课之法，则舍缸舍池而更以筒计也。②

此外关税旧例，酒十坛约计二百斤，税银二分，后虽稍有增益，亦不甚多。

烟草传入中国较晚，明代始有淡巴菰之名。③ 清初烟税不立主名，视同百货：常关税率，烟类酒类，虽曾分别规定，而关与关殊，大率轻不减百分之二，重不及百分之五。此外烟行酒行，年纳牙税，为营业税性质。乾隆年间，吉林将军创办烟税、酒税，黄烟百斤征银二钱，烧酒百斤征银四分。至内地州县，能征收杂税，颇不一律。自厘金通行，烟、酒、两项，列于百货之内，视关卡局所之所定税率，分别照征，往往各视其省之烟酒价格，自为制定。盖同、光以

---

① 文帝后元年诏戒为酒醪以糜谷；景帝中元三年夏旱，禁酤酒是。
② 《烟酒税史》第一章第一、二页。
③ 明季鸦片亦已传入，明神宗盖即以吸食阿芙蓉，至累岁不朝者：张万庆《明季咏史诗》云："倦勤当日说神宗，高卧深严秘九重。玉辇经时登汉阙，鸾章隔岁下尧封。千官补缺虚龙衮，四海军储废大农。纵使养痈终必溃，乾坤无恙且从容。"

前，烟酒之宜征以特殊消费税，尚未被注意也。

及甲午、庚子之役，赔款日重，户部设计筹款，于百货厘金中提出烟、酒、糖、茶四项，单独加成。自光绪二十二年起，四次加率，计为二十二年二成，二十六年二成，二十七年三成，三十年五成，皆照原有厘率，累进递加。至于各省厘率，省与省殊，县与县异，实无系统可言。惟烟酒之有专税，盖自此始。

民国肇建，整税理财，参考各国烟酒税法，乃有烟酒公卖之议。惟各国专卖制度，不外三种：一曰完全专利，即所谓官制、官收、官销，例如意、法、奥之于烟，德之于白兰蒂酒，瑞士之于火酒皆是。一曰局部专利，或为官制、商销、（瑞典之于烟）。或为专卖及输入专利（法之于白兰蒂酒）。一曰特许专利，即包租专利，例如西班牙之于烟是。当时欲行专卖，以前列二法，按之国情，均未适合。欲行完全专利，则公家尚未习制烟酿酒之方，而商人已坐失旧业，效未见而害已著。欲行局部专利，则不为官制、商销，即为商制、官收、商销。前者既不能行，后者成本过巨，筹措亦艰。若行官商并制，官收商销，则官商制本，既难强同，售出之价，又须一律，且国营企业，在当时尚属创举，势难顺利进行。于是采特许专利而变通之，以官督商销而定所谓公卖之制，一切经费均出之商，官家只须招商承办，而收公卖费率耳。

民国四年四月，财政部遂呈准特设全国烟酒公卖局，并拟定《全国烟酒公卖暂行章程》及《各省烟酒公卖局暂行章程》，其要点如下：

(1) 各省设烟酒公卖局，酌量烟酒产销情形，划分区域，设置分局，名曰某省第几烟酒公卖分局（《全国烟酒公卖暂行章程》第四条）。

(2) 公卖分局，于所管区域内，分别地点，组织烟酒公卖分栈，招商承办（同上第五条）。

(3) 各省烟酒公卖分栈，各于本区域内，有组织公卖支栈之权

（《烟酒公卖栈暂行章程》第三条）。

（4）各省烟酒公卖局，如于区域内之烟酒公栈，已经甲商禀准承办，不得再许乙商另行组织；但因有添设分栈之必要情形者，不在此例（同上第六条）。

（5）公栈招商承办，由局酌取押款，给予执照，经理公卖事务（《全国烟酒公卖暂行简章》第五条）。

（6）凡商民买卖烟酒，均应由公卖分栈代为经理（同上第六条）。

（7）公卖分局，每月于所辖区域内，先期规定烟酒公卖价格，陈报各该省局核定后，通告各分栈，遵照施行（同上第九条）。

（8）加收十分之一以上，至十分之五，定为公卖价格，随时公布（同上第五条）。

烟酒公卖既已实行，而烟酒征税仍旧，一税两征，自无逃于"重征"之弊。《烟酒税史》仅以"绝续之交，所资以调剂国用"为理由，殊嫌欠缺。自烟酒公卖实行，各省以奉加税另令，费税并进，率重民力不胜，于是有单独征费者；① 有部省协定，费税混合，由公卖费中提成划还省库，作为税款者；② 有烟酒异其征率者。③ 故自公卖法行，制度更为纷歧。是年各省公卖局先后成立，惟新省僻远，尚未举办；黔省开办月余，旋即停止。当时预算民国五年公卖费，可收一千万元。

烟酒公卖虽行，而税费纷歧加甚，于是财部于五年四月，设改良烟酒委员会；七月，又设统一征收筹备处，并派员分赴各省调查

---

① 单独征费之省，为直隶、山东、河南、山西、江苏、浙江、安徽、江西、陕西、四川、云南、广西、奉天、吉林、黑龙江、察哈尔、绥远等省区。率莫重于赣百分之二十五，莫轻于奉百分之十二，未几而减为百分之六。若直、豫、皖、秦、蜀等省，则为百分之二十。自后各省加率靡常，最高有加之百分之三十者（陕西）。

② 如湘省公卖费率原为百分之十五，九年并局归厅，费税混合为百分之三十，晰而分之，费税各占百分之十五。京兆费税每百斤并征二元五角，亦其一例。又如粤烟酒税习惯商包，自公卖法行，按比额加三分之一，未几而去税之名，统为公卖费。

③ 如闽酒征百分之五至百分之二十，烟征百分之十六至百分之十五，以品质之优劣而定。陇烟征百分之十六，酒征百分之二十。

烟酒产销公卖税厘一切状况。当时筹议烟酒收税统一之法，拟将所有税厘各捐，归并征收，除海关进出口税，照旧完纳外：烟叶，定为值百抽二十五；烟丝及酒，定为值百抽五十。此种公卖费额，应由向来税厘最重省分，定期实行。[①] 自后机关名称，变更靡常：初置全国烟酒事务署，六年七月，裁撤事务署，仍设全国烟酒公卖局；八年一月，复设全国烟酒事务署；九年二月，通令各省改公卖局为事务局。然当时军阀割据，政令不行，空谈整理，而税费紊乱如故。

第三节　中国烟酒税之现情及其改良方案

国民政府成立，旧烟酒事务署职权，由财政部所设之烟酒税、卷烟税两处，分别接管。二十一年七月，财政部本其归并各项税收机关之政策，将烟酒、印花税处与统税署合并，另设税务署，以总其事。自后烟、酒两税，暨印花、卷烟、麦粉、棉纱、火柴、水泥等税（按即各种统税，及烟酒印花税），概归税务署办理矣。

至于整理税制方面，则先于十六年公布《烟酒公卖暂行条例》，复于十八年八月公布修正《烟酒公卖暂行条例》，并拟订《烟酒公卖稽查规则》及《罚金规则》，一并公布实行。[②] 又财政当局，鉴于烟酒税务，历十四年而成绩不著，综其原因，属于上者，由各省之费率不一；属于下者，由商包之专重比较，不事整理，票照既等具文，虚实难于稽核。故于十七年八月，令各省废止商包制度；同年十二月，颁布《全国烟酒登记章程》，令各省筹办登记事宜。此外复于十八年一月，设立整理烟酒税务委员会，五月该会开会，各委员及苏、浙、皖、闽、直、鲁、豫、晋、湘、鄂、川、陇各省局均有提案，

---

①　贾士毅《民国财政史》第二编三百八十页。
②　并见《烟酒税史》第三章（二）公卖费。

东三省亦派代表列席，提出四十四案，表决由部通饬各省遵办者四案。法令既备，整理渐具端倪。兹依据十八年八月《烟酒公卖暂行条例》，略述现制如左：

（1）公卖暂行办法，以实行官督商销为宗旨（第一条）。

（2）各省设烟酒事务局，办理各省烟酒公卖事务；并得酌量地方产销情形，划定区域，设立分局或稽征所（第三条）。

（3）凡商民制销烟酒均应向该管分局或稽征所按照《烟酒商登记章程》之规定，申请登记（第四条）。

（4）分局或稽征所，每月于所辖区域内，先期查明烟酒卖价，呈报各该省局备案；省局汇齐各分局报告，呈报财政部查核（第六条）。

（5）烟酒销售，应由各该省局，规定价格，暂以百分之二十为烟酒公卖费率，如有特殊情形，得声叙理由，呈请另行核定。此项公卖费率，每年修正一次，先期由各省局开列烟酒各项名称量数卖价，并拟定征收费率，呈请财政部核定颁行（第七条）。

以上为条例规定，公卖费率为百分之二十；兹再进一步观察地方实际情形：

（1）江苏　国民政府成立，规定公卖费率，一律按时值抽收百分之二十，令苏局自十六年九月一日起照新章征收。旋烟酒各商，群以营业萧条，税项繁重，厘金未裁以前，实难再增负担，纷请缓免。迟至十七年七月一日，始实行加征至百分之二十，各栈所定费额，一律计成照加。又以包商制度，积弊甚多，根本整理，舍办理登记莫由，惟核实登记，非短时期所能藏事，于是定一过渡办法：凡现有各分支栈，十七年度届满，一律取消，每县设立稽征所；自十八年度起，实行裁栈设所，所长采投标制，以昭公开。于是公卖比额，由原定全年六十余万元（历年收数，至多不过五十万有奇，迄未足额），增至一百十六万余元。此取消包商，改行自由竞投之利益也。

（2）浙江　浙省烟酒公卖费率，向以百分之十五为度。十八年六月，财政部整理烟酒税务委员会开会，浙局提议设立浙西烧酒事务专局，凡杭、嘉、湖三属苏烧土烧捐费，统归该局征收，捐费各率仍旧，比额照原定二十九万五千元，加二成，共计三十五万四千元。原有一、二、三区分局，专管土黄酒捐费，以专责成。是年七月一日，专局正式成立，由浙局将二、三两区向征之苏烧、土烧捐费，一律划归专局办立，事权既一、税收激增。

（3）安徽　皖省公卖费率，原定从价百分之二十五。十七年十二月，皖局召集各县分局长到省会议，积极整顿税务办法。当经议决实行公卖价格，凡各分局征收公卖费，应遵照部令，按时值，征收百分之二十。当订定烟叶百斤作银二十元，按率征费四元。十八年七月间，凤阳商会以烟叶滞销（美国烟叶运华，每担只收税四元；门台子烟叶费税，合计须八元左右），请将公卖费减为每百斤征收二元二角，产税八角，以资维持，当经核准，暂予照减。可见百分之二十公卖费率规定，并未完全通行。

（4）江西　赣省公卖费率，原定从价百分之二十五。军阀割据时期，驻军干涉税政，把持分局，加以委商包办，税入锐减。十七年秋，财部鉴于该省税务混乱状况，委任专员，接收整顿，力祛包商旧习，但积弊已深，成效难著。且费款项下，原收之一成赈捐，一成五食物捐，本系附捐，十六年后，一并改为正税，呈奉部令照准。可见财部以财政收入政策为上，划一税制固其余事也。

（5）福建　闽省原定费率，为百分之二十。惟各县烟酒产销状况，各有不同，费率极为复杂。民国八年，据调查员报告，或值百抽二十，或值百抽一五，或值百抽七五不等。十八年三月，据闽局报告现行费率，或从价，或从量，亦未一致。

（6）湖北　鄂省公卖费率，原定从价百分之十二。十六年三月，以烟酒市价，继涨增高，各区征费，未能照市估算，公家损耗甚巨，由鄂局拟订《费税暂行条例》，将原征公卖费百分之十二，烟酒筹饷税捐百分之五，合并征收百分之十七，统按市价估本定率，呈准自四月一日起实行。

（7）湖南　湘省原定公卖费率，为百分之二十。民国六年二月，摊税入费，一道征收，共收百分之三十。十七年夏，仿照湖北办法，按实在市价，估计成本，不论本产外产，一律值百抽十七。于七月间呈准中央核定施行。十八年五月，该局呈报烟酒类调查表，所填税率，仍为百分之十七。

（8）广东　粤省烟酒公卖，向与各省不同：民国元年，烟丝捐、酒捐改为烟酒税后，民二复加征五成。四年筹备烟酒公卖，以烟酒甫经加税，商民反对，仅就原有烟酒税加成征收，①包商承办。六年一月，复将税费两项合并征收，改称公卖费。烟类公卖费仍包商承办，酒类公卖则与原有酒税及沽酒牌照税合并征收，每埕加征公卖费一毫（合为五毫）。嗣后战乱频仍，财政之权，每为军队所劫夺，税制异常紊乱。十四年国民政府在粤成立，十五年新开办烟酒类税，及北伐筹饷，加倍征收，惟对于外销烟类，则减轻税率。十七年十月，粤省烟酒税局会同财政厅，将以前各项税章合并修正，颁布《烟类税费征收规程》及《酒类税费征收规程》，税则始渐趋划一。嗣于十八年及十九年间，烟酒事务局继续召开第一二次税务会议，对于烟酒税则，复略有修改。土烟丝每排（净叶二十斤，连加制物料，共重三十二斤）大洋二元四角，运销外洋一元六角。外销烟叶税每百斤至多十二元，至少六元；内销烟叶税百斤至多一元五角，至少六角。土酒以埕为单位，容酒在十五斤以内者为小埕，在三十斤以内者为大埕，小埕课税大洋四角五分，大埕课税大洋九角。至于外省酒类，则露酒、汾酒、史国公、五加皮、虎骨木瓜酒、外省药酒，皆每百斤征收七元五角，绍酒每百斤三元六角。其外省土酒

①　当时粤省烟税甫经加五征收，包商认额由五十万递加至八十五万元；而酒税除经加五征收外，又于民四一月复加征一毫，今又办公卖，商民群起反对。折冲再三，始于四年十二月一日，先将烟类按照原定办法，加税三分之一为公卖费，包商承办，每年认缴二十七万元。至于酒类，直至五年五月底加税四分之一，包商承办。

税（如桂林三花酒），则以埕为课税标准：大埕一元二角，小埕六角。如以值百征税平均计算，则广东烟酒类税，最高有至值百抽三三·三八（外销烟叶税率）者，最低不过值百抽四·三一九（内销烟叶税率）者。①

（9）广西　桂省公卖费率，原定从价百分之十二。五年桂省独立，将公卖费率减为百分之十，并一律改收毫银，免纳补水，以示体恤。年来西南政局自成一体，中央权力未能过问，烟酒税真相，外间亦莫得而知也。

（10）山东　鲁省公卖费率，原定从价百分之十，嗣增为百分之一二·五，所收税费，均以制钱为本位，民国九年四月，始改征银元。十八年二月，据鲁省局报告现行烟酒费率，烧酒每斤收洋二分八厘，黄酒每斤收洋八厘八毫；烟叶、烟丝每斤收洋一分二厘，熏烟叶每炉收费九元，旋以就炉征税流弊滋多，改为就厂征税，每百斤征收公卖费洋二元五角，税洋一元二角，共计三元六角，一次统收。

（11）山西　晋省公卖费率，原定从价百分之十五。惟按之实际，费率未尽从价，亦并未尽按百分之十五征收。自十四年一月起，所有公卖费烟酒税，一律核加二成，故今日费率，大体为值百抽十八上下。

（12）河北　河北一省，旧分京兆、直隶两省区。京兆烟酒公卖费率，自百分之十至百分之五十不等。民国六年，始行费税并征，计酒百斤，征二元五角。直隶烟酒公卖费率，原定从价百分之二十。十年一月，因北方各省旱灾，照率增抽附加赈捐一成，以一年为期。十六年一月起，又加收军事附捐百分之六十。及至十七年夏，国民军既克北平，即将京、直两局合并为一，改组河北省烟酒事务局，所有一切税则及征收方法，于三个月内，暂照旧章分别办理。凡从

---

①　参阅《广东烟酒税沿革》第一章第八节附录（三）烟酒类税从价值百征率计算表。

前附加之讨赤捐、讨赤费、军事特捐、善后特捐，一律取消。嗣后相沿迄今，无多更改。

（13）河南　豫省公卖费率，原定从价十分之二，开办之初，征收制钱，折合银元解缴。惟按之实际，各区所征费款，多依包商承办；其征收之法，亦有未尽按价征费者。十六年六月，河南省政府成立，将各县栈处归并改为公卖费税稽征所；十七年九月，由局订定《公卖费征收暂行简章》；十八年七月，更修正《烟酒公卖费施行细则》，皆呈准照办。又该省各项烟酒费税，向皆附收五成（十四年起附加一成赈捐，十四年起附加四成旧钞基金），至是亦将附加取消，并入正税，公卖费一项，已增至值百抽三十矣。

（14）陕西　秦省公卖费率，初仅征十分之二；十年十月起，本产烟酒，增加公卖费为百分之三十，至十一月再增为百分之四十。十一年六月，因商民迭次要求核减，减为百分之三十五，再减为百分之三十，以二十分为经常费款，以十分为临时增加。

（15）甘肃　甘省公卖费，原定烟类百分之十六，酒类百分之二十，惟烟有陈烟、新烟之分，陈烟费率，则又特定为百分之十五，以示区别。甘省烟类，多运销东南，由陕省经过，凡出运过陕之烟，则由陕局代征公卖费百分之四，惟仍列入甘局册报。十五年十二月，曾通令加征费税，将烟酒公卖价格，分别加增五成或三分之二不等。当呈奉烟酒署核准施行。

（16）四川　川省公卖费率，原定从价百分之二十。五年以后，政局变幻靡常，省外各局所，悉受驻军监制，局长、所长，亦往往由驻军委任。八年呈准前靖国军总司令部，将各县征收局从征之烟酒税，归并公卖分局，一道征收，统名公卖费，值百抽二五，即将税捐名目，永远取销。然亦不过名目改变，驻军干涉财政，滥收税费，依然如故。

（17）云南　滇省公卖费率，原定从价百分之十五。五年十月九日，省当局以滇地瘠民贫，烟酒两项原有税厘附捐，已极繁重，加征公卖费过高，商力难胜，电部核准费率减为百分之十，十六年六月，据该局呈报烟类、酒类调查表，所填费率，仍照五年成案办理。

（18）辽宁　辽省烟酒公卖开办之初，适值欧战发生，边防紧急，又以南满路线三里以内，皆属外人势力范围，措施困难，十倍他省。当由段氏电准财部变通办理，存公卖之名，行加税之实，于四年十一月一日起，规定公卖费率，除本省各烧锅所产白酒每斤定价一角征费一分二厘外，其余各种烟酒均按值百抽十二，不设分局分栈，委托财政厅所管征收局代办，实行开征。五年七月一日起减半征收（值百抽六）。十六年又先后将烟酒两项费率各减二厘，实征百分之四，即白酒每斤定价五角，征费二分；烟叶每斤定价三角四分，征费一分四厘。十七年四月，因奉票跌落，又将白酒一项，规复从量旧制，每斤改征"均价大洋"六厘；[①] 其烟酒及杂酒，亦按"均价大洋"估价，值百抽六。截至十八年九月，迄无更改。

（19）吉林　吉省公卖费率，原定百分之十。五年一月，仿照奉天办法，规定公卖费率，除白酒每斤定价一角征收一分二厘外，其余酒类、烟类，值百抽十二。五年七月，因奉天公卖费率减半征收，各烧锅亦起要挟，准将各烧锅所欠五年七月至六年一月 7 个月公卖费款，准予减半缴纳，二月以后，一律仍照百分之十二征收。

（20）黑龙江　黑省公卖费率，原定从价百分之二十五。旋受奉、吉影响，各烧商群起反抗，烟酒公卖，无形停顿。五年一月，始拟订简章六条，将白酒一项，另行提出，参酌奉、吉办法，每斤定价一角，征费一分四厘；至外省输入之烟酒，及本省出产之烟叶，

---

① 辽省向无现大洋，所有公卖费款，始以小洋十二角核收大洋一元，名曰一二大洋。旋以奉票惨跌，至十七年四月，一二大洋一元，仅合现大洋一角八分，始由省局呈准省公署，改照按月均价大洋折收。此项均价大洋，由省署按月核定公布。例如四月份均价大洋，即以一二大洋二十元作一元核收，实际则是月均价大洋一元，即折收奉天小洋二百四十角。

并各种杂酒,均按市价值百抽十四。五年七月,因奉天公卖费减半征收,黑省各烧锅援例请求,将公卖费率核减二厘,改为值百抽十二,白酒则每斤征费一分二厘。十六年开办特税,由省当局规定将各烧锅应缴公卖费,连同原有酒税,及新办特税,归各烧商分别包定总额,每年分两期缴纳现款,以十分之六划作税费,十分之四划作特税。此又为烟酒税中之特殊情形也。

（21）热河　本区公卖费率,原定百分之十;惟热区产酒,系建池造酿,旧有酒捐,均属按池包缴,按季付款,故定变通办法,本产之酒,按池征费（整池一副,按全年出酒十万斤计,征公卖费大洋一千元,每尺合洋九角七分余;半池一副,按全年出酒六万一千五百斤计,征公卖费洋六百十五元）。其余输入暨小烧并零售之酒,及各种烟类,则仍照定章征收十分之一。七年五月,改定输入各酒每百斤征费二元,合十分之二。八年七月,始办烟叶产地费,每百斤征公卖费二元,招商包办。

（22）绥远及察哈尔　绥、察烟酒公卖,于四年冬筹备,合设归察烟酒公卖局于归化,综管两区烟酒事务。费率为从价百分之十八,嗣增为百分之二十。十一年八月,绥属改组绥远烟酒事务局,费率仍旧;察属改组察哈尔烟酒事务局,察西各属,值百抽十八,烟费以银为本位,酒费以钱为本位;察东各属,值百抽二十,统以洋为本位。十四年七月,照察东办法,一律值百抽二十。

由上文分析研究观之,可见各省烟酒公卖。异常纷歧,公卖费率,异常不一致。财政部所定划一费率百分之二十,迄未能通行。《烟酒税史》第十章,谓"十六年六月间,曾由部公布条例,规定费率,一律按市价抽百分之二十,……苏省于十七年七月起,首先改按新率征收,税则划一,收入日增;其鄂、赣等省原定税率,与新章不甚悬距（按鄂为百分之十七,赣为百分之二十五,相去新章颇远）,悉暂仍旧贯,以免纷更"。鄂、赣尚且如此,其他边远省分,更不必论矣!可见财政部整顿烟酒公卖,除收入增加外,可谓完全失败；烟酒公卖之有待于彻底改革，固不待言也。①

　　烟酒公卖以外，各省尚有烟酒税捐，自烟酒公卖推行以来，已近二十年，烟酒税捐，悉仍旧贯，积习相沿，莫能变革。《烟酒税史》论烟酒税与公卖费，其相异之点有五：

　　（1）公卖起于中央，烟酒税则成于各省。

　　（2）公卖费名称仅一，烟酒税则种类綦繁。

　　（3）公卖费有通行之章程，烟酒税则无一定之规则。

　　（4）公卖费有从价之规定，烟酒税则从价从量，参差不齐。

　　（5）公卖费自始即由烟酒局征收，烟酒税则或由厘局或归县署代征。

　　实则公卖与税捐，未必能如此分划清楚，费税并征之省份，即其显例。且既有烟酒公卖，复保留烟酒税捐，是一税两征，既不合于租税原理，又重病于商民。故吾人熟权轻重，考量利害，以国民经济为立场，以减轻商人负担及适合消费者之负担能力为依归，谨提议改良烟酒税各点，分清步骤，先后进行：

　　（一）废除烟酒税捐，实行烟酒公卖。

　　（二）统一烟酒公卖费率，全国切实遵行。

　　（三）烟酒应各按品质，分为数级，税率依品质而有高低，以适

---

　　①　二十二年夏，财政部拟定江、浙、皖、赣、闽、鄂、豫七省烟酒新税率，定七月一日起实行。土烟税每百斤，一律改征四元一角五分。惟土酒税仍不能一致，税率如下页：

（一）苏　高粱烧酒类、每百斤征收三元二角，绍酒烧酒类二元，土烧仿绍酒类一元四角，土黄酒类八角。

（二）浙　绍酒类每百斤征收一元四角，土黄酒类一元，生酒类三角，烧酒类三角。

（三）皖　烧酒杂酒类每百斤征收三元，绍酒类二元二角，土烧小麦米麦酒类二元。

（四）赣　乡绍酒类每百斤征收二元八角，土烧酒类一元六角，土甜酒类五角，土绍酒类二元二角半。

（五）闽　烧酒类每百斤征收七元，绍酒类四元，土烧酒类三元，土黄酒类一元八角。

（六）鄂　汾绍陈佘酒类每百斤征收二元一角三分，土绍南酒类一元二角半，米酒类六角，杂色类三元八角。

（七）豫　烧汾露料酒类每百斤征收六元八角，土黄酒类三元，酸醴类二元，南酒类九元八角。

合消费者之负担能力。

（四）烟酒进口税则，应较烟酒公卖费率为高，以保护本国烟酒业。

第四节 烟酒税之税收

欲研究烟酒税之税收，须分二方面着手：一为全国烟酒费税总收入之增减，于此可比较各省烟酒费税收入之盈绌。一为中央政府烟酒费税之收入，藉以观烟酒税在租税收入中之地位。兹分别立表说明之：

说明 表 1-6-1 根据《烟酒税史》第九章《收支概况》"历年全国烟酒费税收入表"十五种及《广东烟酒税沿革》（二八八页）"民国以来烟酒税费实收数额表"编成，其括符中之数目，即为根据后书填入者。由此表观之，各省烟酒税费收入，以广东为最多，辽宁、浙江次之，河北、吉林、山西、江苏、河南、山东等省又次之。

次为中央政府实际烟酒税之收入，兹根据历年预算及财政报告书，列表 1-6-2 如下（据主计处《岁计年鉴》及《财政报告书》）：

表 1-6-2　1928—1934 年烟酒税预算及实收统计

	预算	实收
十七年度	11 855 362.00	3 549 380.41
十八年度	25 600 601.00	6 830 995.48
十九年度	21 825 712.00	8 617 127.48
二十年度	33 232 703.00	7 625 785.51
二十一年度	33 216 335.00	9 506 988.69
二十二年度		13 073 584.79
二十三年度	23 104 873.00	

表 1-6-1　各省烟酒税费实收数额表

年	江苏	浙江	安徽	江西	福建	湖北	湖南	山东	山西	河北	河南	陕西	甘肃	四川	广东	广西	云南	贵州	辽宁	吉林	黑龙江	热河	绥远	察哈尔	合计
4年	163 184	298 705	75 324	143 905	13 942	133 849	67 139	78 621	32 227	150 851	68 151	43 328	7 462	359 183	49 500（1 274 000）	11 245	9 465	750		31 895	12 260	23 511	归蒙烟酒公卖局成立		1 774 497
5年	639 812	955 764	231 748	399 985	330 035	519 336	175 331	779 142	421 877	824 692	309 265	434 729	199 683		86 576（1 595 000）	114 958		取消公卖	573 527	594 909	254 327	178 315	87 832		8 112 843
6年	699 421	2 187 947	394 987	404 257	773 915	683 900	273 418	560 153	689 486	1 370 882	433 187	497 849	238 142		（2 008 000）	247 267			460 241	1 027 199	506 323	490 343	165 847		12 104 764
7年	749 923	2 050 789	460 905	371 189	594 150	557 407	140 980	662 520	827 402	1 749 571	572 912	265 027	342 621		（2 318 000）	415 130			465 665	870 920	671 193	385 978	232 545		12 386 627
8年	878 033	2 085 172	466 664	387 051	904 048	1 311 542 *	466 320	706 293	1 166 431	2 396 757	1 034 956	368 133	521 451		（3 146 000）	479 745			460 241	1 476 178	783 343	385 978 *	276 685		16 555 021

* 照预算数填示各省该税费收入最多之年

年	江苏	浙江	安徽	江西	福建	湖北	湖南	山东	山西	河北	河南	陕西	甘肃	四川	广东	广西	云南	贵州	辽宁	吉林	黑龙江	热河	绥远	察哈尔	合计
9年	898 383	1 989 624	474 109	336 678	576 147	578 728	586 232 *	943 676	844 321	592 313	428 547	457 084	471 172		（3 324 000）	477 053			535 315	1 375 571	632 989	379 758	230 075		12 807 773
十年	853 589	2 133 431	382 690	283 349	773 987	522 830	156 178	944 560	838 426	1 533 594	316 899	284 957	543 467		3 167 000	52 501			549 366	1 418 206	611 835	411 489	191 338		12 802 692
十一年	857 436	2 063 321	327 575	256 868	568 261	642 249	160 434	995 832	973 149	1 639 055	386 405	352 891	377 993		1 867 000	96 741			2 402 845 *	1 746 980	590 110	425 643	234 129		14 529 656
十二年	863 204	2 040 403	285 404	266 940	568 261	854 512	107 734	1 023 185	1 033 970	1 951 226	462 869	327 395	471 152		263 000	159 816			1 901 921	1 902 183	471 539	437 525	171 733	164 984	15 465 956
十三年	598 605	1 799 467	484 755	264 410	568 261	735 137	181 553	1 083 206	990 642	1 581 541	650 544	346 294	429 188		544 000	198 839			2 502 190	1 929 435	366 414	561 259	202 274	165 215	15 641 829

* 费税牌照三项合计

年	江苏	浙江	安徽	江西	福建	湖北	湖南	山东	山西	河北	河南	陕西	甘肃	四川	广东	广西	云南	贵州	辽宁	吉林	黑龙江	热河	绥远	察哈尔	合计
14年	796 270	2 095 389	969 510	259 954			192 603		1 156 236	461 650					190 243				2 756 307	1 680 043	713 100	375 290		223 562	11 874 157
15年	973 007	1 872 036	484 555	179 878			101 343		976 746	360 531				3 204 821	574 777	672 715			3 849 551	2 094 435	842 491	371 636		225 722	16 784 244
16年	836 403	2 422 387	265 297	565 000	476 305	550 933	206 357	1 083 987	910 944	1 720 994	1 080 000	600 000	764 517	5 613 198	764 912	110 717			3 230 490	2 094 435 *	842 485	373 622		278 996	24 791 979
17年	1 113 791	2 612 628	583 738	295 405	621 044	80 331	190 082	427 372	1 001 167	1 446 059	1 601 579	434 650	526 173	6 220 954	1 052 327	325 211			3 230 490 *	2 094 435 *	394 490	261 311		419 175	26 574 897
18年																									

* 照十五年或十六年编列

　　由表 1-6-2 观之，可见烟酒税税收年有增加，自十七年度之三百五十五万元，增至二十二年度之一千三百七十三万元以上，其增加之速，至足表现中国财政税收之弹性。然吾国烟酒税税收增加之可能性，尚不止此：观于十七年全国烟酒费税收入，为二千六百五十七万四千八百九十七元，而同年全国烟酒费税经费，根据各省册报，不过二百九十九万七百九十一元。烟酒税既为国家收入，则从纯收入减去经费，十七年税收当为二千三百五十七万七千一百零六元。然十七年度（会计年度）实际烟酒税收，不过三百五十五万元，与此数相差远甚。是固由于财权之未能统一，致烟酒税收，未能尽归中央；然由此亦可见烟酒税之发展，前途正未可限量。异日欲言整顿税制，增加税收，烟酒税必为最宜首先着手之租税也。

C. 转移税系统

第七章

印　花　税

资料及参考书　关于转移税理论方面，可参考下列各书：

（1） Ludwing Mirre： *Die Verkehrsteuern.* （Handbuch dor Finanzwissenschaft. Bd. II. SS. 274-309）.

（2） Koczynski： *Vom Ursprung der Stempelpapierabgabe.* （Finanzarchiv 22.441）论印花税之起源颇详。

（3） Meyer： *Wesen des Urkundenstempels* （Finanzarchiv 25.1）兼涉及契税。

（4） Friedberg： *Zur Theorie der Stempelsteuer* in Hildbrands Jahrbüchern 31.71）.

（5） *Deutsche Verkehrsteuer-Rundschau* 系一定期刊物，专讨论各种转移税及遗产税。

资料方面，有下列各种：

（1）十六年十一月二十一日财政部《印花税暂行条例》。

（2）十六年十一月十四日《化装品印花特税暂行章程》（以上现行条例）。

（3）元年十月二十一日公布及三年十二月七日修正公布之《印花税法》。

（4）四年一月十八日公布《人事凭证贴用印花条例》。

（5）九年一月公布《租界内华人实行贴用印花办法》。

（6）十四年九月全国印花税会议《印花税法修正案》（未公布施行）。

第一节　转移税泛论

所谓转移税（Verkehrsteuern），系一种类名词，凡租税之以法律上之财产转移（Rechtsverkehr）为征收对象者，皆称转移税。或译称行为税，[①] 实为未妥，关于此点，Ludwig Mirre 尝详论之：

> 所谓"转移"（Verkehr），并非指人或物由一地点至他地点之行动。如以法律上之转移认为一般转移之一种，实有未妥。……法律上转移之要点，并非外表货物由甲手至乙手之有形的移动，而为法律上无空间性私权之变更。……例如甲有一表在其袋中，不特实有其表已也，亦且对于表有所有权，即使该表被盗，法律上之所有权依然不变。……[②]

> 故一般译行为税者，但见其外表之行为，而未能翻译其真义，即"法律上之转移"是也。或直译为流通税或交通税，亦有望文生义之嫌。

转移税征收之对象，即为财产所有权之转移（包括发生、变更、转移、消灭四者）。关与理论方面，则大多数财政学家皆表示反对，认为在今日财政状态之下，为"不可避免之弊端"（a necessary evil）；将来若租税制度改进，宜以较良之税替代之。但在实际方面，则转移税为财政当局最喜征收之税，最足以达到财政政策之目的：第一征收简单，第二征收费较少，第三税收较多。且转移税征收结果，非若消费税之足以增高生活程度。例如置一土地，值五万元，须付契税三百元，则在置买土地人迳认为地价五万三百元，不断断计其

---

① 贾士毅："行为税，系以财产移转所生之特殊利益为税源。"（《民国续财政史》第二编五十九页）金国珍"行为税者，因经济的行为而享利得之时所课之税也。"（《中国财政论》四百七十页）何廉、李锐："印花税为行为税中（taxes on acts）最重要之一种，……"

② Ludwig Mirre：Die Verkehrsteuern.

负担也。职此之故，各国今日皆不能放弃转移税。

转移税之种类，包括颇广：除普通包括土地转移税（Grundbesitzwechselsteuer）、土地增值税（Wertzuwachssteuer）、资本转移税（Kapitalverkehrsteuer）〔其中又包括公司税（Gesellschaftsteuer）、有价证券发行税（Wertpapiersteuer）、交易税（Börsenumsatzsteuer）〕外，更包括交换券税（Wechselsteuer）、收据税（Quittungsteuer）、保险税（Versicherungsteuer）、赛马税（Rennwettsteuer）、彩票税（Lotteriesteuer）。Ludwig Mirre 更将纸牌税（或纸牌印花税）、日历税，股份有限公司之大多数票税（Mehrstimmrechtssteuer）等，亦列在内。

由上文观之，可见转移税之范围异常广泛。吾国转移税之系统，尚未完成。除土地增值税，已在第一章田赋中讨论，交易税已附在第二章营业税第五节交易所税叙述外，所余仅印花税（国税）及契税（地方税）而已。兹分别讨论如下。

第二节　中国印花税之沿革

吾国之有印花税，始于民国元年十月二十一日《印花税法》；惟开办之议，则溯源清季。先是光绪二十二年，御史陈璧，以赔款（中、日战争赔款）过巨，财政奇绌，奏请开办印花税。二十五年，出使大臣伍廷芳，奏请实施，当经旨饬各国使臣，搜集所驻国印花税章程，以资参考，但官民皆不知印花税为何物，大臣多持异议，卒未果行。光绪三十三年，禁止鸦片之议起，度支部拟举办印花税以弥补洋药厘金之损失，遂奏准《印花税则》十五条，并拟于翌年八月，先在直隶试办。嗣因天津商会反对，改于宣统元年正月，各省一律施行。但各督复奏，皆谓人民负担已重，请从缓举行。故终清之世，未能推行。

民国元年，根据前清《印花税则》，于十月二十一日颁布《印花税法》十三条，二年各省先后实行。三年十二月七日，又加以修正公布。四年一月十八日，又公布《人事凭证贴用印花条例》，规定出洋护照、国内游历护照、免税单照，以及各种证书、愿书、婚书，皆须贴用印花。又以印花税施行之初，曾照会各国公使饬居留中国之外人，一律遵贴印花，迄未就范，且租界内华人，亦以定章检查，租界无从执行，相率观望，遂于九年一月公布《租界内华人实行贴用印花办法》。十四年九月，财政部复召集全国印花税会议，讨论将税法重加修正，提交国务会议决议，由部呈请公布，适因内乱关系，未能公布施行。其修正案内容，系熔历来关于印花税法令于一炉，不以税率分类，而以课税性质为分类之标准。此印花之沿革大略也。北京政府时代印花税收，列表 1-7-1 如下：[①]

表 1-7-1　北京政府时代印花税收

二年预算	710 000 元		
三年预算	3 666 600		
五年预算	5 671 400		
六年预算	—	实数	2 492 299 元
七年预算	—	实数	2 845 586
八年预算	8 158 400	实数	2 727 386
九年预算	—	实数	2 994 676
十年预算	—	实数	3 315 714
十一年预算	—	实数	3 399 674
十二年预算	—	实数	3 074 977
十三年预算	—	实数	3 106 760
十四年预算	5 864 400		

① 贾士毅《民国续财政史》第二编五五六—五五九页。

第三节　中国印花税之现情及其改良方案

国民政府建都南京，为统一印花税起见，乃由财政部征集旧印花税法，暨各省单行章则，重行修订，于十六年十一月二十一日，颁布《印花税暂行条例》九条。该条例大致本元年及三年之《印花税法》，并将《人事凭证贴用印花税暂行条例》，亦包括在内。其要如下：

（一）凡本条例所列各种契约、簿据及人事凭证并第四类特种物品，均须遵本条例贴用印花为适法之凭证（第一条）。

（二）应遵照本条例贴用印花之各件，分为四类，税额如左（第二条）：

第一类　十五种

发货票

寄存货物文契之凭据

租赁各种物件之凭据

抵押货物字据

承种地亩字据

当额在四元以上之当票

延聘或雇佣人员之契约

以上七种，各贴印花一分。

铺户所出各项货物凭单

租赁及承顶各种铺底之凭据

预定买卖货物之单据

租赁土地房屋之字据及房票

各项包单

各项银钱收据

以上六种，银数在一元以上未满十元者，贴印花一分；十元以上者，贴印花二分。

支取银钱货物之凭折 每个每年贴印花一角。

各种贸易所用之帐簿 每册每年贴印花一角。

第二类　十四种

提货单

各项承揽字据

保险单

各项保单

存款凭单

公司股票

交易所单据

汇票

银行钱庄所用支票及性质与此相类似之票据

遗产及析产字据

借款字据

铺户或公司议订合资营业之合同

不动产典卖契据

承领或承租官产执照

以上十四种，银数在 1—10 元者，贴印花一分

10—100 元者，	二分
100—500 元者，	四分
500—1 000 元者，	一角
1 000—5 000 元者，	二角
5 000—10 000 元者，	五角
10 000—50 000 元者，	一元
50 000 元以上者，	一元五角

第三类　四十五种

出洋游历护照　　　　　　　　　　　　二.〇〇元

出洋游学护照		一.〇〇
出洋侨工护照		〇.三〇
国内游历护照		一.〇〇
行李护照		一.〇〇
运送现金护照		一.〇〇
免税护照		一.五〇
子口单		一.五〇
三联单		一.五〇
普通官吏试验合格证书		一.〇〇
高等官吏试验合格证书		二.〇〇
专门学校以上各学校毕业证书		〇.五〇
专门学校以上各学校修业证书转学证书		〇.一〇
中学校毕业证书		〇.三〇
中学校及与中学同等之学校修业证书转学证书		〇.〇四
留学证书		一.〇〇
检定小学教员证书		〇.一〇
受试验教员科目成绩证明书		〇.一〇
考准医士证书		一.〇〇
通译人证书		〇.五〇
请求入国籍志愿书保证书		〇.二〇
请求入国籍禀书		一.〇〇
取得国籍之许可执照		二.〇〇
新闻发电执照		一.〇〇
人民投递官署呈文申请书		〇.一〇
婚书		〇.四〇
人民请补请分执业田单	五亩以下	〇.〇三
	十亩以下	〇.〇六
	五十亩以下	〇.三〇
	百亩以下	〇.五〇

百一亩以上每百亩加贴〇．五〇

储蓄会单据	〇．〇一
甘结切结	〇．一〇
保结及各项担保字据	〇．二〇

（载有银数者，按第二类各项保单税额，贴用印花。）

电力汽力火力等机器事业或轮船汽车脚踏车等公司营业执照

甲级（资本一万元以上）	三．〇〇
乙级（资本五千至一万元）	二．〇〇
丙级（资本不满 五千元）	一．〇〇

轮船汽油船汽车脚踏车等执照

价值满一千元者	二．〇〇
不满一千元者	一．〇〇
脚踏车执照	〇．二〇

各项营业执照

资本五万元以上	二．〇〇
资本一万至五万元	一．〇〇
资本五千至一万元	〇．五〇
资本一千至五千元	〇．二〇
资本五百至一千元	〇．一〇
资本一百至五百元	〇．〇四
资本不满一百元	〇．〇二

旅馆客栈执照

资本五千元以上	二．〇〇
资本一千至五千元	一．〇〇
资本不满一千元	〇．五〇
募工承揽人特许执照	四．〇〇
人力车执照	〇．一〇〇

（自用者〇．三〇）

车轿执照马车执照　　　　　　　　　　一．〇〇

运货大车骡车肩舆执照　　　　　　　　〇．二〇

运送客货之航船快船执照　　　　　　　〇．一〇

各种采矿执照　五十亩以下　　　　　　二．〇〇

　　　　　　　五十一—百亩　　　　　五．〇〇

　　　　　　　每加一百亩，加贴　　　五．〇〇

烟酒营业牌照特种　　　　　　　　　　一．〇〇

　　　　　　　甲种　　　　　　　　　〇．五〇

　　　　　　　乙种　　　　　　　　　〇．二〇

　　　　　　　丙种　　　　　　　　　〇．一〇

卷烟洋酒运照　　　　　　　　　　　　〇．四〇

各种行帖上则　　　　　　　　　　　　二．〇〇

　　　　　　　中则　　　　　　　　　一．〇〇

　　　　　　　下则　　　　　　　　　〇．五〇

戏券游艺券　每位在五角以上　　　　　〇．〇二

　　　　　　每位不满五角者　　　　　〇．〇一

局票　　　　　　　　　　　　　　　　〇．一〇

第四种　四种

洋酒印花税　　　　　　　　　　　百分之三十

　　　　　　　　　　　　　（已划归烟酒事务局征收）

奥加可印花税（每一百斤）　　　　一二．〇〇

汽水印花税

舶来

每一磅瓶　　　　　　　　　　　　　　〇．〇二

每半磅瓶　　　　　　　　　　　　　　〇．〇一

　　　　　　　　　　　　　　（土制者照此减半）

爆竹印花税　　　　　　　　　　　百分之二十

　　　　　　　　　　　　　　　　　（缓办）

以上凡四类七十八种，所征收之范围，已至为广大（按立法院近已制定《印花税法》）。此外更有十六年十一月十四日之《化装品印花特税暂行章程》，凡本国外国制成之化妆品，应由制造工厂或贩卖商人贴用特种印花（第一条）。化妆品印花税率如下（价值不过五分者免贴）（第三条）：

（甲）价值在三角以下者		〇．〇一
（乙）价值在五角以下者		〇．〇二
（丙）价值在一元以下者		〇．〇五
（丁）价值在一元以上不过三元者		百分之十
（戊）价值在三元以上不过五元者		百分之十五
（己）价值在五元以上者		百分之二十

化妆品印花特税之用意，无非以化妆品均系奢侈性质，非生活必需品而为消耗品，故加重税率，以示寓禁于征之意耳。惟舶来品与国货同等征收，殊有失保护国货之本旨耳。

吾人对于印花税之建议印花一税；税收多而征收便，自比较属于良税，惟其范围过于推广，则繁扰商民之程度亦愈甚。综观吾国印花税法，民元不过二十六种，最高印花税不过一元五角；四年之《人事凭证贴用印花条例》，增加十种，最高印花税不过二元；民六以后，税目逐渐增加；至十六年遂增至七十八种，最高印花税且达四元、五元以上！且第三类中，学校之修业证书、转学证书、毕业证书，检定小学教员证书，皆须贴用印花一角、三角、五角不等，殊有害国家提倡教育之至意；而各种营业执照，多须贴巨额印花，一元、二元、三元乃至五元不等，亦足以妨碍工、商、交通业之发达。凡此种种税率，皆须减轻者也。

第四节　印花税之税收

北京政府时代印花税之税收，已详沿革一节，兹所欲论者，系印花税在今日财政收入中之地位。自废除招商包销，改由委员办理以来，施行实贴，积极整顿，印花税收，日有增加。至十七年度，上海租界亦逐渐推行印花税，税收骤增。二十三年以后，更革除强迫摊派印花之恶习，将印花税票改归邮局代售，成绩颇佳。计二十三年十一月份，邮局在各省市代售印花税票，总数达五十五万令九百余元，十二月份达五十八万八千六百余元，二十四年一月，竟达七十八万余元，内如苏、闽、鲁、冀、察五省及京、沪、平、青四特别市，而一月份售出印花数，已超过二十二年度各月。惟各省印花税未能完全报解中央，全国税收若干，亦无从知悉。兹根据各年度预算及报告书，比较历年税收如下：

表 1-7-2　1928—1935 年印花税财政预算及实收

	预算	实收
十七年度	12 751 000 元	3 034 342.96
十八年度	10 119 069①	5 426 844.40
十九年度	11 723 220②	6 111 114.80
二十年度	15 623 634	4 798 950.84
二十一年度概算	15 896 912	5 118 580.50
二十二年度		8 378 911.82
二十三年度	12 884 286	
二十四年度	12 000 000	

由上表，可见印花税收，预算历年皆在一千万以上，不免过高；实收则由十七年度之三百余万，增至二十二年度之八百三十七万八千九百十一元，增加甚速。异日全国财政统一，税收集中，则印花税收入，必占财政收入中之重要地位也。

何廉、李锐合著《财政学》二八一页，谓"最近财政会议（二

① 《岁计年鉴》作九 六四七 八〇〇元。
② 《岁计年鉴》作一〇 九七二 〇二〇元。

十三年五月）议决，将此税划归各省政府，以作废除苛税杂捐之补助，现已见诸实行。自兹以后，印花税改为省税矣"。按全国财政会议，不过议决"将中央印花税收入，提拨四成，以补助地方废除苛捐杂税后之不足"（见《二十一、二十二两会计年度财政报告书》），并非将印花税划归地方，故二十四年度总预算，仍列印花税为国税。何廉、李锐二君之说实误。

第八章

契　税

第一节　契税之沿革

考田房税契起源颇古。清顺治四年复准，凡买田地房屋，必用契尾，每两输银三分。康熙四十三年复准，田房税银，用司颁契尾，立簿颁发，令州县登填，将征收实数，按季造册报部查核。雍正四年复准，凡典当田土，均用布政使司契尾，该地方印契过户，一应赢余税银，尽收尽解。此契尾推行之沿革也。[①]

雍正十三年谕，民间活契典业者，乃一时借贷银钱，原不在买卖纳税之例，嗣后听其自便，不必投契用印，收取税银。[②] 可见买契有税，典契无税。雍正十三年尝一度废止契尾，[③] 惟实行不久，乾隆元年，又恢复契尾，"由布政司编给各属，黏连民契之后，钤印给

---

① 《大清会典事例》卷二百四十五。

② 《大清会典事例》卷二百四十七。

③ 雍正十三年谕：民间买卖田房，例应买主输税交官，官用印信钤盖契纸，所以杜奸民捏造文券之弊，原非为增课也。后经田文镜创为契纸契根之法，预用布政司印信，发给州县，行之既久，官吏贪缘为奸，需索之费数十倍于从前，徒饱吏役之橐，甚为闾阎之累，不可不严行禁止。嗣后民间买卖田房仍照旧例，自行立契，按则纳税，地方不得额外多取丝毫。将契纸契根之法，永行禁止（《东华录》雍正十三年）。

发；每奏销时，将用过契尾数目，申报藩司考核"。乾隆十二年，更详细规定契尾格式，"民间置买田房产业，令布政司多颁契尾，编列字号，于骑缝处钤盖印信，仍发给各州县，俟民间投税之时，填注业户姓名契价契银数目，一存州县备案，一同季册申送布政使司查核。如有不请黏契尾者，经人首报，照漏税之例治罪"。[1] 乾隆十四年，又减契尾二份为一份，"前半幅照常细书业户等姓名，买卖田房数目，价银税银若干；后半幅于空白处豫钤司印，将契价契银数目，大字填写钤印之处，令业户看明，当面骑字截开，前幅给业户收执，后幅同季册汇送藩司查核。其从前州县布政使司备查契尾，应行停止"。五十四年，更规定例禁，"民间置买田房，于立契之后，限一年内呈明纳税，傥有逾限不报者，照例究追，令直省各督抚刊刻告示，饬发所属州县，偏贴城乡，使愚民咸知例禁，有所遵循"。此契尾格式及征税之沿革也。

契税推行之始即有附加税。雍正七年题准：[2]

> 广东省文武闱乡试所需各项经费，除照例动拨正项外，尚有不敷之数，向在各州县业户买产每两例征契税银三分之外，又征一分充用，每年约征银二千五百余两。自雍正七年起，准为科场经费，造入奏销册内，同正额一例报销。

> 按《大清会典事例》，契税年有定额。如康熙十六年，增江南、浙江、湖广等省各府契税：苏、松、常、镇四府，大县六百两，小县二百两；安徽十府州，分别州县大小，自五百两至百两不等；杭、嘉、湖、宁、绍、金、严七府，大县三百两，中县二百两，小县百两；湖北大县百五十两，中县百两，小县五十两，僻小州县十两；此外亦有不定额尽收尽解者（淮安徐州府属及宝应、霍山等九州县）。康熙十七年，又增山东等省田房税契；二十年，增浙江省、台、衢、温、处四府契税；二十一年，增江西省萍、龙、永、泸、

---

① 　《大清会典事例》卷二百四十五。
② 　同上。

上、定六县契税。嘉庆十一年，定直隶省房地税契银三万一千五百二十三两三钱二分八厘。

降及清季，契税渐趋紊乱。买契一项，有按九分征收，或于正税外另征杂项者；典契一项，有按买契减半征收，或照买契一律征收者。宣统三年，度支部遂奏定《酌加契税试办章程》二十条：买契照湖北新章，收百分之九；典契照湖南新章，收百分之六，此外丝毫不准多收；从前附收款目，以及加收火耗经费等项，均在此九分、六分内，分别拨还。但所定率税过重，各省实行者，仍居少数。契税之整顿，尚有待于民国也。

民国三年一月，颁布《契税条例》，所订税率，仍沿前清卖九典六之旧例，此外另收契纸费，每张五角；先典后卖之卖契，仍得以原纳典契税额，划抵卖契税，但以承典人与买主，属于一人为限。其逾限不纳税者，除纳定率之税额外，并应处以纳税额十倍之罚金。匿报契价者，除另换契纸，改正契约，补缴短纳税额外，并处以短纳税额之二倍至十六倍之罚金（第七八条）。① 至于官署、地方、自治团体，及其他公益法人，为不动产之买主或承典人，免纳契税。嗣又恐税率过重，电令各省体察情形，于卖契百分之六以上，百分之二以上；典契百分之四以下，百分之一以上，自定税率，报部核准施行。于是有卖六典三者（山东、山西、河南、福建、广西、云南、陕西、甘肃、奉天、洮南等七县），有卖四典二者（直隶②、江西③、湖南、浙江、贵州、察哈尔），有卖六典四者（安徽、广东），他如苏省为卖五典二，闽省于卖六典三外，另照税价缴二十分之一为附加税，川省则典契税率为百分之三，卖契则依照各县向例，参

----

① 参阅二十三年全国财政会议河北省政府提案："为《契税条例》规定罚额过重拟请修正减轻以恤民艰而维税源案"。

② 卖契三分，另加学费一分；典契一分五厘，另加学费五厘。

③ 四年五月以前白契，应自同年六月一日起，六月以后成立之新契，应自成立之日起，分作四限，递加契税，以三个月为限。其在初限纳税者，按卖四典二征收；二限，卖典各加一分；三限，各二分，四限，各加三分，以展在五年年底为止。自六年一月一日起，如仍不投税，即应照例处以十倍之罚金。

差不齐。至于湖北、奉天（洮南等七县除外）吉林、黑龙江、新疆五省及归绥、热河两处，仍为卖九典六。于是契税税率，更轻重不齐矣。

民国四年三月，财部复以契税税率，参差不一，拟定《减轻税率办法大纲》：（一）契税税率，准按卖四、典二、征收。（二）前清白契，均免补税；民国白契，在三年六月以前，验明注册者，亦一律免税。（三）应税各契，准于验契后，限三个月缴税，仍照现行税率，将已缴验契等费，在应纳税款内扣除；如逾限缴税，即不准扣验契等费。以上各条，当经通电各省照办，然各省仍多因循，契税仍不能齐一，以至于今。民国六年夏，财部以民三《契税条例》变更甚多，当加以修订，于是有《修正草案》，规定卖契税率为契价百分之六，典契税税率为契价百分之三；但各省如因地方情势必需加重增收时，似可变通作为附加名目，另收附加税以资抵补，惟此项附加，至多不得过正税三分之一（第三条）。此外民国十一年五月，司法部呈准颁行《不动产登记条例》，于是各省纷纷举办不动产登记费。但契税与不动产登记，同为保障私权而设，今人民有不动产者，一方面既须向行政机关缴纳契税，他方面复须向司法机关缴不动产登记费，是一税而两征，违反租税原则。此一般主张废止契税及登记费，改办登录税所由起也。[①]

兹将北京政府时代契税预算数列如下，以备参考。

宣统四年	一五 一七四 〇七七元
民国二年	一二 二二三 一八四
民国三年	一六 二一三 四三五
民国五年	一五 三一五 〇三四
民国八年	一五 一七六 七二四
民国十四年	一四 七八七 六五一

---

① 贾士毅《民国续财政史》第七编八三—九〇页。

至于实收数，则往往不及千万，列之如下：[1]

表 1-8-1　1917—1920 年契税收入及契纸价格

	契税	契纸价
民国六年	8 204 325 元	780 336 元
民国七年	8 952 450	889 072
民国八年	9 865 697	926 883
民国九年	10 346 724	1 143 769

第二节　契税之现情

国民政府成立以来，即本国民党向来之主张，将田赋契税划归地方收入。十七年召集全国经济会议及财政会议，亦议决"划分国家收入地方收入暂行标准案，"将契税划归地方收入。同年十一月二十一日，各地收入标准重行修订，契税仍作为地方收入之一。于是契税与田赋，遂并为地方财政之重要税源矣。

自十一年《不动产登记条例》公布后，司法官厅即著手不动产之登记，登记之户，须纳不动产登记费，一税两征殊不合租税原理，且册籍未清，不肖之徒伪造契据，假借司法官厅证明因以成讼之事，亦时有发生。国民政府成立以来，拟从事土地根本之整理，于是司法官厅登记不动产一事，遂归停办。根据十九年六月三十日《土地法》，举行土地登记，为地政机关之事，经契据专员之审查，"声请为第一次土地所有权登记，按照申报价值、缴纳登记费千分之二；声请为土地权利取得设定移转变更或消灭之登记，应依下列规定缴纳登记费千分之一：

一　于有卖价时，依其卖价；无卖价时，依估定价值；

---

[1]　贾士毅《民国续财政史》第七编九一——九三页。

二　所有权以外之权利，依该权利价值"（第一百三十三条）。由是登记归土地局，契税亦有合并征收之可能性矣。

近年来各省契税收入，缺少真确之统计。二十一年夏，主计处虽分令各省报告二十年度之收数，然边远各省，仍多报册未齐。据贾士毅《民国续财政史》第二编（九九页），二十年度各省区契税预算，合计为二千三百八十万六千七百九十五元，其报册不齐者，则依据旧预算填入，故未得视为确数也。今据主计处二十二年《岁计年鉴》，将二十一年度各省市契税预算列下，以供参考：

表 1-8-2　1932 年度各省市契税预算

山东	1 410 000
河南	2 000 000
安徽	400 000
湖北	720 000
河北	2 045 652
广西	172 000
南京市	264 432
上海布	754 200
北平市	329 600
青岛市	25 600
威海卫	58 000
云南	77 008
察哈尔	192 195
山西	1 653 976
湖南	382 000
江西	162 000
宁夏	24 120
江苏	1 014 000

（续表）

热河	77 175
浙江	840 000
福建	802 800
贵州	581 315
甘肃	81 140
青海	14 797
总计	14 082 010

由二十一年度各省市普通预算及概算岁入观之，地方收入，以田赋居第一位（七九一三三三四九）营业税次之（三九七三五七九），契税又次之，此其大略也。

吾人关于契税之建议依现行之税制观之，人民欲取得土地房产所有权，须纳三种租税：一为契税，二为土地登记费，三为印花税（第二类中有不动产典卖契据，一百元以上未满五百元者，贴印花四分依次累进，至五万元以上，贴印花一元五角）。一税三征，殊违租税原理。在欧西各国，关于土地所有权之转移，亦不过征税二种，一为土地所有权转移税（Grundbesitzwechselsteuer）二为土地增值税，后者在吾国《土地法》中，亦有类似规定。如德国一九二五年八月十日《土地所有权取得税法》，仅征百分之三，法国一九二五年七月十三日《登录税法》，则征收百分之十二至十四.四，然无重征情形也。吾国既有印花税及土地登记费，契税即应取消，与土地登记费合并，仿法国成规，改办不动产登录税。后者之范围，应较契税稍广，盖契税仅征于卖契及典契，未能及于地上权承佃权、地役权租借权也。如此方可免除三次重复征收，而收划一整齐之效。

第二编

中国租税制度之改革

第九章
所得税问题

资料及参考书 关于所得税之一般研究，可参考下列各书：

（1）R. A. Seligman：*Income Tax. a study of the history*，*theory and practice of income taxation at home and abroad*. N. Y.，1914. 本书对于各国所得税历史，叙述颇详，所述理论，亦能简明扼要；末并对于美国所得税，提出"a practical programme"作为附录。

（2）F. Meisel：*Britische und deutsche Einkommensteuer*，ihre Moral und ihre Technik，1925. 本书比较英德二国所得税制度，讨论綦详；在其小范围内，搜罗颇广，系统亦完整。

（3）Wm. Sanders（Inspector of Taxes）：*The Practice and Law of Income Tax and Super Tax*. London [3] 1923.

Reddish and Teverson（Accountants）：*Principles and Practice of Income Tax*；*Super Tax and Corporation Profits Tax*. London 1924.

此二书关于英国所得税制度及立法，叙述颇详，尤以后举之书，兼论及一九一八年及以后之财政立法，并附录法律全文，可资参考。

（4）H. Teschemacher：*Die Einkommensteuer und die Revolution in Preussen*，1912. 本书详述普鲁士所得税之演进。

G. Strutz：*Handausgabe des Einkommensteuergesetzes vom 29*，3. 20，[3] 1921 mit Nachtrag 1922. 本书述战后德国联邦所得税法，并加以注解及意见。

一九二五年八月十日之联邦所得税法，及一九三〇年之紧急命令，见 *Die gesamten Reichssteuergesetze mit ergänzendem Anhang* Textausgabe von F. W. Koch. München 1930。

（5）Ch. I. Bullock：*The Federal Income Tax of* 1913.

T. S. Adams：*Fundamental Problems of Federal Income Taxation*.

T. S. Adams：*The Wisconsin Income Tax*.

以上三篇，论美国联邦及各邦之所得税，并载 *Selected Readings in Public Finance ed*. Ch. I. Bullock.（Boston,[3]1924）.

（6）E. Allix a. M. *Lecerclé*：*L'impôt sur le revenu. Impôts cédulaires et impôt général. Traité théorique et pratique*. Paris 1926. 此书叙述法国之所得税理论及实际情形甚详。

（7）关于英美德法以外重要各国之所得税立法及制度，参阅 J. Popitz：*Einkommensteuer im Hdwb.* der Staatswissenschaften。

关于生活限度之规定及累进方法之技术问题，可参考下列各书：

（1）R. A. Seligman：*Progressive Taxation in Theory and Practice*. New York，1908. 本书关于理论方面，及各国实际立法方面，叙述甚为详尽。

（2）E. Günther：*Existenzminimum und Steuermaximum*，1925. 本书对于生活最低限制，应如何计算，有何标准；生活最低限度定后，应如何累进，皆有详尽之答案。

（3）A. Voigt：*Mathematische Theorie des Tarifwesens*. Jena 1912. 本书以数学为出发点，论述各种所得税及其他租税之税则或税率。

（4）朱偰：《生活最低限度与累进税问题》，载武汉大学《社会科学季刊》第卷第号。

（5）朱偰著：《中国今日征收所得税问题》，载《东方杂志》第三十二卷第十一号。

关于资料方面因中国对于所得税尚未正式实行，故中文资料无多，列举如下：

（1）民国三年一月十一日《所得税条例》。

（2）民国四年八月《所得税第一期施行细则》。

（3）民国十年一月六日财政部第一号部令附《分别先后征收税目清单》。

（4）民国十六年八月财政部《所得税暂行条例意见书》，条例二十八条，《施行细则》十七条。

（5）民国十六年八月十八日中央党部《所得捐条例》及《所得捐征收细则》。（以上并见贾士毅《民国正续财政史》，金国珍《中国财政论》，前二种并载《中华民国六法全书》。）

第一节　所得税概论

所得税在今日各国租税系统中，已占主要地位。盖所得税之为租税，优点颇多，略分述之如下：

（一）合乎租税普遍原则　自负担能力学说通行以来，租税为人民对于公共团体之一种牺牲，故积极方面，人人皆须纳税；消极方面，无人得以避免。所得税在近代各种租税中，最为普及，举凡经济主体，凡有负担能力者，皆须纳税。

（二）合乎租税公平原则　租税既为公民对于国家之一种义务，而负担又务求其公平，故当按个人负担能力之大小，以定其纳税之多寡。其无负担能力者，当定一生活最低限度（existence minimum），许其免税。其有负担能力者，则又宜各按其负担能力之大小，而累进（progressive）征收。能适应此种公平要求者，厥为所得税。

（三）为财政上收入最多之租税　所得税之目的物，即为收入（income，Einkommen）。在今日之经济组织中，国家之公经济来源，全从各个人之收入而来。故国家之财政收入，并非原始的，往往经由第二手。而一切租税，除真正财产税（real property tax）外，最后亦无不征收个人收入。所得税不但以所得为租税之最后来源，且即以之为租税之目的物及纳税标准。惟其能普遍征收所得，故为财政上收入最多之租税。虽有时税率不免较重，然惟其直接从个人之收入征收，故可按个人之经济负担能力，而公平分配负担。

（四）为均贫富之重要手段　今日之经济组织，贫富不均，无庸讳言。故有租税政策，社会政策，以改良之。其中最重要之方法，厥为运用所得税。所得税于社会普通分配制度而外，又可为第二次之分配，富者多取，贫者免税，而渐进于贫富均等之社会。

此外更须加以注意者，所得税之出发点，为主体而非客体；其征收之对象，为人（person）而非为物。盖在个人主义之经济组织中，个人不但自由支配其劳力，且自由支配各种财货，故租税之对象，自以经济主体之"人"为宜。因如此，方可知个人之全部经济收入，而得知其经济负担能力。故德所得税立法，首先即规定"所得税按本法之规定，由自然人之收入中征之。"英国之所得税，虽较德国所得税偏重于物的方面，然今日亦以"人"为最后之目标。盖惟其以"人"为主，个人所得始成单位，所得税始能注重个人经济情形，——生活最低限度，累进征收，及家庭情形等，——而合乎租税公平原则。故各国租税制度演进，由物的税（Realsteuern）——一称客体税（Objektsteuer）——而进于人的税（Personalsteuer）——一称主体税（Subjektsteuer）——时，莫不以所得税为最主要之租税。

第二节　生活最低限度及累进征收方法

自所得税推行，以经济负担能力，为纳税标准，于是一方面规定生活最低限度，他方面采取累进征收方法。惟实际方面，运用时颇多争执，而争执中心，厥为下列二问题：

（一）生活最低限度，应以何者为标准而规定？

（二）累进税率，应依何种级数而推进？

此二问题，常成各政党间争议之源；即在学理方面，亦迄无解决方案，而提出所谓"客观标准"者。又因近世以来，国用日增，人民负担日重，故租税之如何公平分配，更成严重的问题。中国今日尚未实行所得税，故目前尚不发生生活最低限度及累进税问题；惟将来欲求改良租税系统，则必采用所得税；而生活最低限度之设定，累进税率之引用，尤为行所得税后急待解决之问题。故本节特标而出之，一方面作学理上之探讨，他方面亦处处着眼于实际问题，而为中国异日实行所得税时之参考焉。

（1）生活最低限度

"生活最低限度，"英文作"The minimum of subsistence"德文作"Existenzminimum"法文作"Necessaire Physique"。其意义为："所得税原则，既以个人之负担能力为征税标准，则凡所得仅能敷生活上之必要用度——即生理上之生活最低限度（das physiologische Existenzminimum）时，自当免税。"兹分下列各部，论列如下：

（1）生活最低限度学理上的研究

（a）生活最低限度学说之起源

生活最低限度学说之创始，一般溯源于边沁氏（Jeremy Bentham）。边氏为功利主义学派之祖，赞成租税之交易学说（give and take theory），主张比例征收制。边氏以为征税于生活必要之费用，不特不合于学理，亦难行之于实际。其说如下：

个人因贫乏不能纳税，强之纳税，必引起不良之结果。盖不特征收不易，且个人因此所遭之穷困亦将不堪设想。职此之故，人头税为不良之租税，盖人人皆有首，初不能因此证明人人皆有纳税能力也。

氏所以反对征税于生活必要费用者，因征收结果，必引起生理上之困乏，疾疫，甚至于死亡。所有此种苛税，氏称之为"剥蚀税"（misseated tax），因其剥夺贫者，而优待富者也。①

实则在边氏前数十年，法人福盘吕氏（Forbonnais），早已主张是说。氏谓：

---

① Bentham：Principles of the Civil Code. chapt. XV.

租税目的，在保护财产；但若并生存亦不能保，则财产实等于零。故每一家庭之必要生活费，实为一切收入享有免税特权之部分。只有过此最低限度以上之剩余，方可征税以为维持政府之用。①

当法国大革命前后，卢梭及其他作家，亦主张免征生活最低限度。至于英国，则斯特阿氏（James Steuart）为首先主张此原则者。氏谓：

按照平等与正义，一切征税，应平均比例征收，各按其多余之数目而定。除在每人生活必要费用以上之收入外，不得征税。

所谓"生理上的必要"（physical necessarians），为氏得意之名词，常反复见于其著作之中。②

一七六八年吴瓦得（Dean Woodward）主张同样学说，其词义更为明显：

在我人征收贫穷者之收入之前，应减去其自己及其家人绝对必需之生活费。无论何人，凡属其自己生活上所必需者，不负何种义务，以交于他人。无论何人对此，皆有完全的权利，而贫穷者之要求免税理由，亦建筑于其上。③

在英国初次实行所得税之有名论辨中，阿京兰（Lord Auckland）主张免征生活最低限度，定为 60 镑。④

德国初期财政学家，如著名之 Sonnenfels，亦有同样学说。氏虽属于比例征税学说一派，但亦主张免征生活最低限度，称之为"人类社会之神圣部分"（Der geheiligte Anteil der Menschheit）。氏更进

---

① 见 Forbonnais：Principes Economiques 1758. §5. 载 Guillaumin 编辑之 Melanges d'Economie Politique 1847，p. 204。

② 见 Steuart：Political Economy，1767. Book V. chapt xii. 载氏之 Works. Vol. IV，pp. 278，314，317. ……

③ 见 Richard Woodward：An Argument in Support of the Right of the Poor in the Kingdom of Ireland to a National Provision Dublin. 1768，p. 50。

④ 见 The Substance of a Speech made by Lord Auckland in the House of Peers on the Bill for granting certain Duties upon Income. 1799，p. 25。

一步主张，谓生活最低限度，当按照生活程度，为可以变易之数；盖一般而论，并无绝对固定之生活最低限度也。此种租税制度，根据于"身分相应之生活程度"（Standes maessiger Unterhalt）氏称之为"纯收入之征税"（Besteuerung des reinen Einkommens）。[1]

由此观之，可见生活最低限度应免征税之学说，由来已久，固非起源于边沁氏也。

（b）生活最低限度学说之派别

自后生活最低限度之观念，分为三派：

德国"纯收入学说"（Freieinkommenstheorie）一派，主张个人与其家庭之必要生活费，皆当免税。此派代表者，为 Behr，Jakob，Lotz 及 Fulda 等。试举 Fulda 之说为例：氏主张用比例征税法，征收于纯收入。所谓纯收入，氏定义为"在维持生活必要的，自己的及家庭费用以外之剩余，及保持其原来资本费用以外之剩余"。[2]

第二派观念，以 Biersack 为代表。氏虽亦属于纯收入学派，但其对于生活必要费用之观念，则稍有不同。氏限制所谓必要费用，以个人所绝对需要者为限，其家庭或其附属人之费用不在此内。[3]

第三派观念，更渗入生活程度观念，以为生活最低限度，多少含有除生活必要以外之享乐成分；易言之，即更含有文化的（kulturell）成分，而为依照身分阶级可变之数。依此派观念，生活最低限度非绝对的，乃为相对的。此说较以前二派，自为进步，但因此更难确定其标准。此派代表，如以上所述之 Sonnenfels，即为显例。

近代租税原则，已由利益学说（benefit theory）或保险学说（insurrance theory；Assekuranz Theorie）进至能力学说（faculty theory）。易言之，即由交易的或保险金式的租税学说，进至以个人

---

[1] 见 Sonnenfels：Grundsatze der Polizei，Handlung und Finanz 1795. iii，§94 可参照第五版 1787，p. p. 192-194；及 §102，iii，p. p. 214-216。

[2] Fulda：Handbuch der Finanzwissenschaft，1827，§140，p. 151.

[3] 见 Biersack：Ueber Besteuerung，1856，p. 40。

负担能力为标准之租税学说。故生活最低限度之学理，亦从能力学说出发。人民纳税以负担力为准；故若人民所入仅敷必要生活费，此外再无力负担时，自当免税。惟生活最低限度应如何规定？以个人必要生存为限？或并及家庭？以绝对必要生活费为限？或并及享乐的文化的分子？则仍为未解决之问题。

(c) 主张生活最低限度免税的一般理由

兹再将现代所主张生活最低限度免税之一般理由，简单列举如下：①

(1) 租税义务，在实际方面，有相当之限制。按国家之生存条件，固较属于国家之个人生存条件为重要，故国家在财政危急之秋，可要求无限制之财产捐助，甚或可要求个人牺牲生命。但国家对于个人，亦负有义务；国家不得诛求无餍，使个人生存发生危险。否则国家无异否认自己。故国家征税之权，只在个人收入得以维持生活，康健与工作能力外，尚有余力时，方始能成立。盖生活既能维持，复有余力以享受不必要之享乐时，始有纳税能力可言。故生活最低限度之标准，并非为与身分相应之生活需要，而为无条件必要之生活需要。

(2) 在现代文明国家中，生活最低限度若不免税，在财政上并非有利。盖救济贫困之费用，亦必相应增加。

(3) 生活最低限度得以免税，只能行于直接税方面。至在间接税，生活最低限度免税之原则，往往自动支配，因若无购买力时，即无间接税发生故也。惟在生活必要品方面，因加税结果，消费往往受其影响，虽有害于健康，然不得不减缩。于是生计困而子女多之家庭，其间接税负担，视富有之阶级，遂更感压迫。故生活最低限度之应免税，亦因此得一重要理由：生活最低限度免税后，可以相互作用，使此种不平等之负担，得此补偿而趋于平。

---

① 参考 Handwörterbuch der Staatswissenschaften, III. Band, 4. Auflage. "Existenzminimum und seine steuerfreiheit." pp. 191-198, Jena 1926.

（4）此外在征收手续及经验上，生活最低限度之宜免税，更有重要理由：盖征税于微小之收入，则编制与征收时，往往糜费时间劳力与金钱，结果征收费反超过税收，所得不偿所失。因纳税者众多，手续过于周折，而税额甚微；且强制征收结果，必引起困难，或致引起人民之愤怨。

（d）反对生活最低限度免税之一般理由

在反对方面，亦有各种理由，否定生活最低限度。代表之学者，如罗特克（Rotteck）解乃斯脱（Gneist）纳塞（Nasse）孔氏（Cohn）及赫尔特（Held），皆在原则上反对上述意见，其理由如下：

（1）孔氏谓：由近代国家观念出发，以为个人可以维持必要生活后，国家方可征税者，实不免错误。国家亦自有其必要，亦属于个人必要生活之一部，故国家之支出，亦为必要生活费之一。此种极端玄理的国家观，在实际上但不能通行。

（2）孔氏更以为生活最低限度免税，实际上不能实行：

……因为生活最低限度，不是一种物理上的，而是一种道德上的数量，其发展时已有历史上的背景；而别一方面，各邦支出在联邦政府总支出中，占如何地位，又只能由惯例的因子决定，按时间，民族，国家，宪法而有不同。……

但此种历史上的背景，因时代，因民族，因国家宪法而变更之环境，立法家固可临机应变，制定因时制宜之税法。立法家制定其他法律——如刑法时，亦往往如此。

（3）第三理由，专对生活最低限度之扩大而发，即家庭中人口愈多，愈得减少租税。反对者谓：即使要求人口增加，国家并无理由，在租税政策上明白肯定表示。但如承认生活最低限度，便不得专限于个人，对于家庭中人口，自亦须加以考虑。至于增加人口，在此全然为枝节问题；免税之于家庭人口增多，未必即为最后决定之主因。

（4）最后之理由，系从下列观点出发。大多数平民之势力，在近代国家内已逐渐增长。若再使此大多数平民，享有免税权，势必致滥用权力，提高生活最低限度。此与政治伦理一切原则，全然违反。此种理由，较有势力。但吾人须注意者，间接税无人得以避免；且当兵义务，又往往适为免税者所负担。再者学者之间，已有种种方案，使生活最低限度，可以视国用如何而规定，不致使富有阶级，独蒙其不利。①

以上为生活最低限度学说上之渊源，派别，主张者之一般理由，及反对者之一般理由。今日生活最低免税，已成一般公认之原则；无可疑义。兹再在实际政治上，作一比较的研究。述之如左：

（2）生活最低限度实际上之研究

（a）历史上的演进

生活最低限度得以免税，在租税立法中，多少加以承认。在上古时，已不少其例。中古时亦往往有之，例如在意大利之给内瓦（Genua）与威尼斯（Venice）；② 即在《可兰经》中，亦有相似之规定。至于近代，其原则遂更为确立。

生活最低限度免税，最宜行于以个人负担力为准之租税，而尤以所得税最为适宜。所得税逐渐推行，生活最低限度亦随之推广。

一七九八年，英国彼得（Pitt）氏所得税法，已规定生活最低限度：出收入在六十磅以下者，皆得免税。

一八四〇年四月六日，瑞士有名之巴塞勒（Basseler）所得税法，规定独身妇女，寡妇与孤儿，其收入不过五百法郎者，得以免税。其他雇员，手工业人，按日得资工人，与普通工厂工人，以其工资作准，亦得享此免税规定。③

德国所得税法，在一八四八年革命时代，亦有关于生活最低限度之规定。例如一八四八年六月四日巴威略税法，规定未结婚之人，

---

① 参阅 Ennst Günther：Existenzminimum und Steuermaximum. 及拙著《生活最低限度与累进税问题》。

② 见 Jiveking：Genueser Finanzwesen vom 12-14. Jahrh. , Freiburg 1898, p. 132。

③ 见 G. Schanz：Steuern der Schweiz, ii, p. 38。

每年收入不过二百五十弗洛林（Florin）者；子女三人以下之家庭，收入不过四百弗洛林者；子女三人以上（皆未能独立）之家庭，收入在五百弗洛林以下者，皆得免税。在当时收入及货币购买力观之，此种生活最低限度，实已甚高。结果有若干乡间村市，竟因此完全免税，于是不得不求限制。[1] 一八四八年七月二十八日巴敦所得税法较为审慎，规定独身之人，收入不过二百弗洛林；有家庭之人，收入不过三百弗洛林者，皆得免税。

（b）德国

德国联邦政府，在战后征收所得税。一九二〇年三月二十九日联邦所得税法，用他种方法规定：凡纳税者，皆可从其收入中减去一千五百马克，此一千五百马克，即为一般之生活最低限度。此外某人收入须负担家计者，可增多五百马克。家庭中每增一人，（年龄不过十六岁者）其收入在一万马克以下者，得再增七百马克。

德国所得税法，经过马克跌价时代，变更靡常。一九二五年四月二十三日之所得税法案，规定纳税者之收入，及属于其家庭者共同计算之收入，每年不过九百马克者，得以免税。收入至九百马克或超过此数目以上者，则六百马克作为生活最低限度，得以免税。但收入增至一万二千马克者，则无此免税办法。

德国今日所得税法，原则上仍根据一九二五年八月十日之新所得税法，此法经一九二六年二月二十六日之《统一工资税法律》及同年三月三十一日《租税减轻法律》之更改；复经白吕宁（Brüning）时代种种紧急命令之修改。该法规定每年收入在一千三百马克以下者，得以免税。有妻及子女一人者，得各再增一百马克。第二子女增一百八十马克，第三子女增三百六十马克，第四子女增五百四十马克，以后每增一子女，增加七百二十马克。但子女过十八岁以上，自己有工资收入者，不在此限。[2]

---

[1]　见 G. Schanz：Das bayerische Ertragssteuersystem und seine Entwicklung Farch. 17.（1900），p. 585。

[2]　见 Einkommensteuergesetz vom 10. August 1925，§ 50。

(c) 英国

在英国，比尔（Peel）于一八四二年重行所得税，其规定之生活最低限度颇高，为一百五十镑。此后之变更，见下：

一八四二——一八五三　　一五〇镑

一八五四——一八七六　　一〇〇镑

一八七七——一八九四　　一五〇镑

一八九五——一九一四　　一六〇镑

当欧战之时（一九一五——一六）生活最低限度下降至一三〇镑。从一九二〇至二一年后，为一三五镑；但收入若纯系工作所得，则为一五〇镑。已结婚者，增至二二五镑；纯系工作收入者，至二五〇镑。其收入丰富者，不减去生活最低限度。

(d) 法国

法国今日生活最低限度，为七千法郎。过此数目以上，则以六千法郎为生活最低限度。已结婚者，增至一万法郎；每多一子女，增三千法郎。在一万法郎以下，七千法郎以上之收入，享有减税办法，兹从略。

(e) 美国

据一九二四年六月二日《所得税法》，未结婚者，一千美金免税；结婚夫妇合计，二千五百美金免税。在十八岁以下，或因精神上或身体上不健全，不能自立，属于上述纳税人抚养者，每人增至四百美金。

试比较上述各国生活最低限度免税情形，则德国所规定之生活最低限度，较为最低。美国与英国所规定，则可谓已出于严格生活最低限度以上，近于所谓"文化的最低限度"（Kulturminimum）矣。

兹再列如下，以比较英美德法对于单独纳税人之生活最低限度：

美　　　　　一〇〇〇美金—四二〇〇马克

英

一般所得	一三五镑—二七〇〇马克
纯粹工资	一五〇镑—三〇〇〇马克
法	七〇〇〇法郎—一五四〇马克
德	一三〇〇马克—一三〇〇马克

由上，可见生活最低限度规定之困难。加以金钱之购买力，因时因地而异；间接税之负担，在各国有重有轻，影响于生活程度，而国家财用，亦有缓有急。有此种种关系，故生活最低限度之规定，实为一极困难之问题。在地大人众经济情形复杂之中国，解决此问题尤为不易。

（2）累进方法上之研究

关于累进方法，著者尝有《生活最低限度与累进税问题》（载《武汉大学社会科学季刊》）一文，兹不拟详细讨论。惟自有累进税则以来，累进方法之进步，拟简单述说如下：

（1）"之"字形曲线　所得税演进初期，即阶级所得税时，累进方法尚未发达，不以税率累进，而依绝对数累进。例如一切所得，在九百元与一千零五十元之间者，纳税六元；一切所得，在九千五百元与一万零五百元之间者，纳税三百元。依此累进而所得之曲线，为"之"字形曲线。其结果在一级之内，所得少者纳税反重，所得多者纳税反轻，其为不公平，盖不待言。

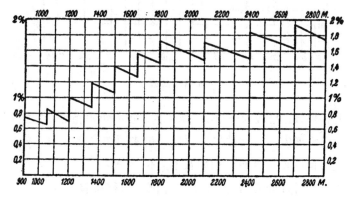

之字形曲线

1 000—1 100 元	1%
1 100—1 200 元	1.1%
1 200—1 300 元	1.2%
1 300—1 400 元	1.3%
1 400—1 500 元	1.4%
10 000—11 000 元	5%
11 000—12 000 元	5.1%
12 000—13 000 元	5.2%

以次类推

（2）梯阶形曲线（Stufen tarif）　累进方法进步，不以绝对数累进，而依税率（百分率）累进，即为梯阶形曲线。试立税则，绘图如下：

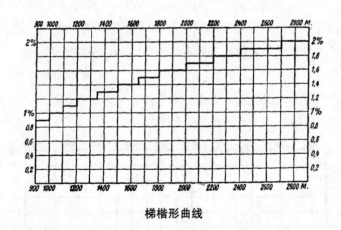

梯楷形曲线

此种税级，已较为进步，一级之内，税率负担相等，"之"字之曲线，已经消失。但此种累进方法，仍未尽善，往往因一元之差，而租税负担则增加甚重。例如八千元付百分之三，为二百四十元；八千零一元付百分之四，为三百二十元，所得所差不过一元，而租税则加重甚巨。税级愈大，此种缺点愈显。

（3）分级征收之曲线（Durchgestaffelter Tarif） 于是有分级征收之方法，以补救上法之缺陷。分级征收之理论，至为简单：所得大小所以不同者，并非所得本身根本不同；其所以不同，只在大所得超过小所得之部分。盖所得之基本部分（例如起初之一千元）其需要之切迫性相同，人人皆须有生活必需之支出，至于第二第三部分，则需要之切迫性递减，而负担能力递增。故累进税率，亦宜分级施行，举例如下：

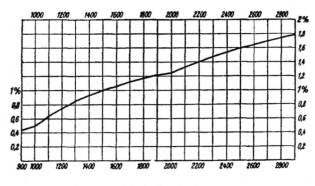

分级征收之曲线

500 元以下	免税
所得增加，500—1 000 部分	1%
所得增加，1 000—2 000 部分	2%
所得增加，2 000—4 000 部分	3%
所得增加，4 000—8 000 部分	4%

此种税率，累进较为缓和，梯字形曲线，已化为若干弧形曲线，互相联系。惟仍不能免去中间之屈折，大所得之税率累进程度，有时仍小于较小之所得。是无他，所得仍分为若干级故也。（此种累进方法，今日德国联邦所得税行之，为目前最进步之累进税则）。

（4）对数曲线（Der logarithmische Tarif） 此种对数曲线，系余在一九三二年所提出，尝与德国财政学家，如 Herkner 及 Karl

Bräuer 往返讨论，颇蒙赞许。其累进方法，至为简单：吾人所要求者，为一继续不断一贯前进上升之线，则直线形之税则，(Lineartarif)（即 $y=p(x-x_0)$，$p=$税率，$x=$所得，$x_0=$生活最低限度）似为最宜。惟直线上升，而至无穷大，即税率累进，亦可至无穷大。惟累进原理，在均贫富，并非并所得本身而没收之。故直线形税则，事实上不能实行。故当另求一种曲线，一方面徐徐不断上进，他方面愈高而累进之程度愈减，即不致发生没收情形。能达到此种目的者，厥为抛物线，即对数曲线。其公式如下：

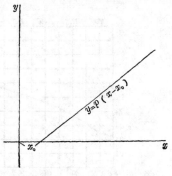

$x=$所得，$x_0=$生活最低限度

税率$(Q)=\log x/x_0$

$x=x_0$, $Q=0$

$x=10x_0$, $Q=1$

$x=100x_0$, $Q=2$

此种累进，自不免太缓，故当以常数乘之。以德国一九二五年八月十日之所得税税则为例，生活最低限度为一千三百马克，而一万三千马克之所得税为一二六二·五马克，约当百分之十。易言之，即所得增加十倍，税率累进至百分之十。于是得常数为十，公式如下：

$Q=10\times\log x/x_0=10\times\log x/1\ 300$

$x=1\ 300$, $Q=0$ $x=10\ 400$, $Q=9.030\ 9$

$x=2\ 600$, $Q=3.010\ 3$ $x=11\ 700$, $Q=9.542\ 4$

$x=3\ 900$, $Q=4.771\ 2$ $x=13\ 000$, $Q=10$

$x=5\ 200$, $Q=6.020\ 6$ $x=26\ 000$, $Q=13.010\ 3$

$x=6\ 500$, $Q=6.989\ 7$ $x=39\ 000$, $Q=14.771\ 2$

$x=7\ 800$, $Q=7.781\ 5$ $x=52\ 000$, $Q=16.020\ 6$

$x=9\ 100$, $Q=8.451\ 0$ 依次类推

$x=130\ 000$, $Q=20$

此种抛物形曲线，虽亦可为无穷大，然须所得至无穷大之时，

方可发生，在实际上，决不致实现者也。此常数可大可小，即累进可急可缓，是在租税政策之如何运用矣。试绘图说明如下：

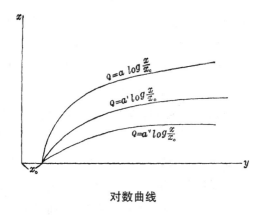

对数曲线

此种曲线，对于累进分配，至为公平，不但无"之"字形、梯阶形曲线之忽起忽落，即分级征收曲线之屈折，亦已完全消灭。此不特在外观形式之整齐，亦且在内部理论之严密也。（以所得大于生活最低限度若干倍，而定累进。）惟实行之初，当费一笔计算费，此其缺点耳。吾国一切落后，异日行所得税时，曷不迎头赶上，先实行对数累进法，为所得税史上放一异彩乎？

第三节　所得税与中国

（1）各国实行所得税之条件及由收益税系统过渡至所得税之办法

由上各章所论，可知中国今日之国家税，以消费税为主税，除一二财产转移税（印花税，交易所税）外，皆属于消费税系统（Aufwandsteuersystem）。而各省之地方税，则犹以收益税为主，（田赋，营业税，房捐等）尚属于农业税系统（Agrarsteuersystem）。但各国租税系统之发展，无论理论或实际方面，莫不以主体税系统（Personalsteuersystem）代客体税，（Realsteuern）而尤以所得税为一般公认之良税。盖近代国家观念，以有机体观为主；由此观点出发，租税为一种经济负担，为纳税义务人之一种牺牲。而公共团体对于个人所予之利益，又不能以具体之数额表示，因此纳税义务决不能按个人所受公共团体之利益程度，而分为数级。（如等值学说或保险学说所主张者。）故纳税之标准，亦只能以纳税人之经济负担能力为主；易言之，即租税负担与纳税人之经济负担能力相等，或各人之租税负担牺牲感觉相等时，方为公平。但个人之经济负担能力，最好以个人之收入表示之，故所得税实为最合宜之租税。即在实际方面，亦有种种原因，（例如经济生活之急速发展；所得之悬巨；企业领袖个人对于企业成功势力之增加；新企业形式之成立；旧日估计所得方法之缺点；新社会政策思潮之发达等）使各国先后放弃收益税系统，（Ertragssteuersystem 即农业税系统，）而皆采取所得税。所得税在理论上及实际上之优点，既不成问题，故吾人所当研究者，即为中国是否亦宜即刻采取所得税，而由农业税系统进于主体税系统。

　　请先分析中国目前之农业税系统。中国自古以来，即有一农业税或收益税系统，其中心即为田赋。但如 Karl Bräuer 所论，收益税系统在租税演进之历史中不过为一过渡阶段，为向一般所得税及财产税演进中之过渡现象。[1] 在此演进过程中，惟有纯粹之收益税（客体税）及征收全体所得之所得税（主体税）为二极端，形成演进之起点与终点。中国今日在纯粹之收益税外，更有进步之收益税，（营业税）已渐近于主体税。故须更进一步研究，中国今日是否已具有欧洲各国实行所得税之条件。此问题可分两方面研究：（一）是否目前环境已经成熟，即刻实行所得税？（二）是否宜先将现有之收益税，或至少将其大部分改为局部的所得税（partielle Einkommensteuern）——即战前南德诸邦所行之"收益的所得税"（Ertrags-Einkommensteuer）——而渐进于所得税系统？

---

[1]　Handbuch der Finanzwissenschaft Bd. II., p. 6. Bräuer："Erträgssteuern".

　　欲回答第一问题，须先考查各国行所得税之原因与动机。试一考所得税之历史，则知所得税之发生，实有种种条件：第一须先有资本主义的经济组织，为其前提；第二须有强有力的严密的官厅组织；第三须不违反租税普遍之原则。故自上古以至十八世纪之末，无所谓所得税，而只有人丁税与阶级税。最初之财产税，以特定之财产（例如土地，房产，贵金属等易于征收之财产）为对象，实为最古之主体税；由此始产生所得税观念，即除显而易见之财产外，亦须征收其负担能力，即流动财产及其劳力之收益，方为合理。

　　故所得税发展之第一线，实由流动资本而来。欲征收此流动资本之收益，在中古时认为不能实行；惟有投资固定以后，方可征收。自公债发达，股份公司成立，资本收益税始有对象，于是各国纷纷征收资本收益税，而逐渐演进为局部所得税。（例如战前南德诸邦及十九世纪法国之收益的所得税。）

　　所得税发展之第二线，则经由劳力收益。古代各国在财产税以外，多有人丁税（Kopfsteuer）以征收劳力收益。其成丁固定之税率，直至十八世纪之末，皆可视为征收平均之劳力收益。法国大革命时代之人丁税，（人丁税率等于平均工作三日之收入）一八一一年普鲁士之人丁税，及美国诸邦之 poll tax，皆其显例。

　　人丁税逐渐进步，更将税率分为数级，以征收不同之负担能力，于是发生分级之人丁税（Klassifizierte Kopfsteuer）或阶级税（Klassensteuer）。所谓阶级，即指负担能力之一阶段。此种阶级税。以平均之富裕程度，分为各级税率，实直接为所得税之先驱。只须将假定之所得，代以实际调查之所得；固定之人丁税率，代以实际调查劳力所得应征之税率，即已变为所得税。而所得之可以确定调查，自为其前提。惟所得之最易确定者，莫如官吏之薪俸；故劳力所得税之征收，亦往往从官吏开始。及所得税之征收，亦推广至他种劳力所得，于是成立一局部所得税，而为一般所得税之前身。（例如德国 Mecklenburg 之一九〇三年及一九一五年之 Kontribution-sedikt；在奥国亦然。）

由此观之，所得税之发展，有三线索可寻：第一为资本收益税，初为财产税及其他客体税之补充，而渐进于所得税。第二为劳力收益税，即工资税。第三则直接经由阶级税，而演进为所得税。

试以此所得税历史上之演进，观察目前中国之情形，是否宜于即行所得税。所得税之第一前提，即须有成熟之资本主义经济组织，中国尚未具备。近数十年来，中国固已有若干工商业之大都市，（上海，汉口，广州，天津等）占有世界经济的地位；此外更有三百余万之机器工业工人，而人口集中都市之现象，——虽与欧洲工业国原因不同，——亦逐渐发生。然全国人口百分之八十，仍为农民；且偏僻省分，经济情形尚甚为落后。以中国幅圆之广，地方经济情形之殊，即欲行所得税，亦自当将全国按经济发达阶段分为数区，相机渐行试办。若在某区中经济情形已经成熟，已有资本主义之经济发展；收入悬距，人人皆有所得，则不妨先试行所得税。（例如江苏之苏常太南京镇江，浙江之杭嘉湖，河北之平津唐山一带，山东之青岛以及广州及汉口市，可先实行征收。）

更进一步言之，欧美各国行所得税其他之前提，在中国亦尚未具备。近三十年来，虽频频发行公债，并建立股份公司，但资本收益税尚付阙如。即按平均收入之人丁税，亦不存在。

中国旧日之人丁税，盖由于"役"之观念，所为"田有租，丁有役"是也。唐初定租庸调法，所谓"庸"，即用人之力，岁二十日，闰加五日；不役者日为绢三尺。有事而加役二十五日者免调；加役三十日者租调皆免，通正役不过五十日。其可以役代租调，或以绢代役，已开后世以金钱代役之先河。及两税法行，租庸调悉省；宋始分民田之赋与丁口之赋，百姓岁输身丁钱米，以为丁赋。明初定赋役之制，丁有役，田有租，民始生至十六曰未成丁，十六以上曰成丁，成丁而役，六十而免。由此观之，中国人丁税之观念，实由于人民有力役之义务而起，非如法国大革命时之人丁税以征收平均劳力收入为原则也。

及明嘉靖时，行纲银一串铃法，为一条鞭之先声。纲银者，举民间应役岁费，丁四粮六总征之，易知而不繁，若纲之有纲也。于是丁与地始发生密切之关系。至万历九年，乃实行一条鞭之制，其法：总括一州县之赋役，量地计丁，同输于官。一岁之役，官为金募，力差则计其工食之费，量为增减；银差则计其交纳之费，加以赠耗。总之无论役为力差或银差，皆以金钱折合，与赋同输于官。或以为丁随地起，始于康熙末年，实则一条鞭法，已开归并地丁之端矣。

及康熙五十五年，广东实行摊丁入地，奏准施行；同时四川除威州等十一州县外，亦以粮载丁。① 至雍正元年（一七二三）九月户部及九卿议复，准直隶巡抚李维钧请，将丁银摊入田粮内，于雍正二年为始，造册征收。于是"无地穷民，免输纳丁银之苦；有地穷民，无加纳丁银之累。"② 雍正二年九月，又命山西丁银摊入田赋征收。③ 嗣后此例推行各省，而雍正二年直隶摊丁入地，实为重要关键。于是地丁二税，合而为一；无地之丁，不再输丁银。人丁税之名存而实亡矣。

由此观之，中国除土地税与营业税而外，别无直接税。资本之收益，既无直接负担，而劳力之收益，——除今日中央党部所征收之公务人员"所得捐"外，——亦不纳税，更无论按负担能力而累进征税矣。

由此吾人可得一结论：中国今日尚不宜即行所得税。民国十年试行所得税之失败，即可为明证。甘末尔设计委员会之税收政策意见书，所见与此略同。

（2）吾国过去试行所得税之失败

清朝末年，因财政困难已有实行所得税之提议。民国三年一月十一日，始颁布《所得税条例》，凡二十七条。但迟至民国十年一月

---

① 王庆云《石渠余记》卷三《丁随地起》，亦见《大清会典事例》卷一百五十七。
② 《东华录》雍正元年九月。
③ 仝上雍正二年九月。

一日，始开始实行。该条例第三条，规定税率如下：

第一种

一 法人之所得   2%

二 除国债外公债及社债之利息   1½%

第二种 不属于第一种之各种所得

五百元以下者   免税

超过五百元至二千元者

自五百一元起以上之额   ½%

超过二千元至三千元者

自二千一元起以上之额   1%

超过三千元至五千元者

自三千一元起以上之额   1½%

超过五千元至一万元者

自五千一元起以上之额   2%

超过一万元至二万元者

自一万一元起以上之额   2½%

超过一万元至三万元者

自二万一元起以上之额   3%

超过三万元至五万元者

自三万一元起以上之额   3½%

超过五万元至十万元者

自五万一元起以上之额   4%

超过十万元至二十万元者

自十万一元起以上之额   4½%

超过二十万元未满六十万者

自二十万一元起以上之额   5%

自五十万元起，每增加至十万元，递增   ½%

此种税率，系分级征收制。（durchgestaffelt）例如五十万元之所得，应用各级税率所纳之税为二万二千八百九十七元五角，约当百分之四．六。

该条例第五条又规定免纳所得税事项，下列六种所得，皆得免税：（一）军官在从军中所得之俸给；（二）美术或著作之所得；（三）教员之薪给；（四）旅费学费及法定赡养费；（五）不以营利为目的之法人所得；（六）不属于营利事业之一时所得。

但中国之人民所得情形，尚未适宜于即行累进所得税，统计既不发达，收益税亦不完备，对于资本所得及劳力所得，一时尚无法征收。于是民国十年一月六日，财政部以第一号部令通令各省财政厅，并附分别先后征收税目清单，令各省遵照实行。其先实行课税者如下：

（一）凡官吏之俸给公费年金，及其他受公家给予金之所得，先于民国十年一月起，按其全年所得额，依率算税后，仍分别于其支领时扣收之。

（二）凡依律注册之公司银行工厂，概照其在民国九年营业之损益计算书，依条例第三条第一种法人所得税率，及第二十三条之纳税期限，于十年开征。

（三）由官特许之商号行栈，其在民国九年营业之所得，应由主管署核定后，照前条办理。

（四）银号，钱庄，金店，银楼，无论资本多少，其在民国九年营业之所得，应由主管署核定后，照前条办理。

（五）普通商店，资本约在两万元以上者，其在民国九年营业之所得，概令自行呈报约数，即依法人税率及期限，于十年开征，暂免查账。

其公债社债之利息，从事各业者薪给，存款放款之利息，由不课所得税之法人分配之利益，皆暂缓课税。至于田地池沼之所得，及个人之一般所得，皆从缓课税。于是资本所得及自由职业之所得，——所得税之中心部分，——仍无法征收。此种所得税条例，既违反所得税之根本原则——普遍原则——故所得税自不能完成其使命；而按经济负担能力之累进征收原则，更谈不到矣。——按民国九年所得税筹备处估计之税收，全年可达五百万元；乃十年实收数目，据统计不过一万零三百十一元六角七分（都为京官薪俸所扣者），自此以后，所得税徒有其名而无其实矣。

及国民政府建都南京，曾于十六年八月，由财政部拟具《所得税暂行条例意见书》一纸，条例二十八条，施行细则十七条。其意见书大旨，谓所得税主义渐成现代赋税制度之中坚，英美既提倡于先，法意复推行于后。今值东南底定，百度维新，允宜采各邦之成规，修正条例，切实施行。末谓近世列邦税法，咸取社会政策，不但求国计之裕，亦且期民生之丰，则吾国所得税法之施行，实有不容稍缓者：小之平均财用，大之节制资本，（按二者实为一体，初无大小之分，官样文章加以铺张耳！）实于先总理民生主义之精意，正相契合云云。然夷考其条例之实，则全本民国三年一月十一日《所得税条例》，不特格式税率相同，亦且全蹈复辙。故此条例及意见书发表后，迄未见诸实行。

财政部之条例虽未实行，然国民党中央党部则于十六年八月十八日，颁布《所得捐条例》六条，《所得捐征收细则》十六条，其大要如下：

（一）本党为准备党员抚恤金起见，得向国民政府，及国民政府以下各机关人员，征收所得捐，其征收责任，由中央及中央以下各党部任之。（《所得捐条例》第一条）

（二）国民政府，及国民政府直辖各机关，由中央党部秘书处会计科直辖征收之；省政府及省政府直辖各机关，由省党部会计科征收，汇解中央党部；县政府及县政府直辖各机关，由县党部会计科征收，转省党部解中央党部。（第二至第四条）

（三）其按月征收额如下：

所得在	五〇元以下者，	不征收
由	五一——一〇〇	1%
	一〇一——二〇〇	2%

二〇一—三〇〇	3%
三〇一—四〇〇	4%
四〇一—五〇〇	5%
五〇一—六〇〇	6%
六〇一—七〇〇	7%
七〇一—八〇〇	8%

按该税率既未分级征收；又未见完全。盖十八年八月二十一日《修正文官俸给条例》，虽规定特任（部长及委员会委员长）俸额八百元，然实际上超过是数者，实繁有徒。且兼职兼薪之风盛行，同一人之薪俸，既未能按其负担能力，合并征收，于是薪俸多者往往纳税反轻，而薪俸寡者则纳税反重，岂合乎租税公平原则？故该条例税率本身，已多可议之处。且以国税之收入，而供一党之支出，实开租税史上之新纪元。盖官吏与学校教授，未必皆为党员，以非党员而须负担党的费用，自违反常理。即在其他以党治国之国家，亦未有其例。据著者所知，北方各学校，早已废除所得捐，然则即在一国之内，亦未能普遍推行，其非正式之国税也明矣。

（3）吾国实行所得税之过渡办法

如上所论，中国既不宜即行所得税，则吾人当更进一步讨论，"是否宜先将现有之收益税，或至少将其大部分改为局部的所得税，而渐进于所得税之系统？"吾人研究文明各国租税系统演进之历史，知所得之发展，有二途径可寻：其一趋向于"人的税"，由人丁税出发，始则依社会阶级，分级征收；（阶级税），继则按所得高低，分为等级；（阶级的所得税）终则顾虑个人之经济负担能力，征收全部所得，而进为今日最圆满成熟之所得税。（惟从上所论，此第一途径于中国已不适用。）其二则始经由客体税之收益税，或改造原有之财产客体税，或加征资本及劳力收益税，合并各种收益税，统一征收，注重主体之经济情形，异途同归，而进于征收全体所得之一般所得税。欧战以前南德各邦之"局部所得税"（Teil-Einkommensteuer），及十九世纪法国之收益税，皆为显例。——中国今日既有收益税系统，包括土地税房捐及营业税，则欲渐进的实行所得税，当先仿照他国先例，行"局部的所得税"：一方面至少对于营业税，当按经济负担能力原则，加以改造；他方面对于资本及劳力收益，亦当征以资本及劳力收益税，使自由职业者及资本家，亦有所负担。如是收益税系统完成，人人皆有直接税负担，即不难一改物的税为人的税，而由收益税系统进于所得税系统矣。

吾人试进一步研究欧洲重要各国收益税系统之历史的演进，以供吾国参考。一言以蔽之，租税之演进，莫不经过久长之历史：由人丁税而财产税，而进为收益税，所得税。而其演变之程序，莫不受经济环境演进之影响。十八世纪之时，欧洲大陆尚为初期资本主义时代，租税之学说，不尚负担能力，而重租税客体。故 J. H. G. v. Justi（1705—1771）之言曰：一切租税，皆须有"可靠与确实的基础。""全部租税与捐，如专任人民一己之道德心，对于欺诈隐匿，别无严密之监督足以制止之，则势必至于弊端百出。"此种租税学说，全然赞成客体税而反对主体税。故十九世纪之初，大陆各国受其影响，皆行收益税；惟英国则受亚丹斯密"自报"（self assessment）学说之影响，独行所得税也。惟收益税系统之源流，实早已渊源于十八世纪中叶；拿破仑战争时代及战后数年，各国财政困难，不得不另辟税源，于是收益税系统，始完成而盛行于法奥及南德各邦。自后在旧有之收益税（土地税，房产税，营业税）而外，又加以资本及劳力收益税，于是流动财产（证券，公债，股票，存款等）之收益，及自由职业之收入，莫不负担直接税，而收益税之系统始大备。

自财政支出递增，公债日趋发达；及股份公司盛行，金融资本主义发展以来，流动财产之为所得源泉，日益显著，日趋重要。于是在十九世纪下半期，渐发生资本收益税（Kapitalrentensteuern，Kapitalertragsteuern），以征收资本家及购买公债者之收益。其征收方法，一方面固仍照收益税系统各税，依据客体标准；但在他方面，已渐近于所得税，而顾及纳税人之经济负担能力。

资本收益税虽已具有主体税性质，不宜再列入收益税系统；然尚多少保留客体标准。及劳力收益税（Arbeitertragsteuer）发生，不但征收薪俸及工资，亦且征收自由职业之收入，此种租税已完全离开收益税之范围。依其本质而论，劳力收益税乃一纯粹之主体税。一局部之所得税，与后世之一般所得税，虽外表形式不同，征税方法略异，但其性质则完全相同。

故资本收益税与劳力收益税，实已为纯粹客体税与纯粹主体税之中间物，而为由收益税系统至所得税系统之过渡。即在今日所谓所得税中，亦往往多少含有收益税系统在内，大多将旧日之收益税，按照征收主体原则，加以改造，而产生一种混合形式。如法国一九一七年之所得税改革，仍保持原来之收益税系统，不过加以改造而已。法国今日之租税，仍为收益税系统，一部分仍为客体税性质，一部分已为主体税（局部所得税）性质，其"所得税"内容如下：

（一）一般所得税（impôt général sur le revenu）全然为主体税，累进。

（二）八种特别所得税（impôts cédulaires）皆由收益税改造

a. 土地所得 ⎫
b. 房产所得 ⎬ 即旧日之（contribution foncière）

c. 动产及资本所得（impôt sur le revenu des valeurs mobilières）

d. 抵押放款，债权及存款所得（即证券以外之资本所得）（impôt sur le revenu des créeances，depôts et cautionnements）

e. 工商业所得（impôts sur les bénéfices industriels et commerciaux）

f. 经营农业所得（impôt sur les bénéfices des exploitations agricoles）

g. 公私薪俸工资养老金等所得（impôts sur traitements publics et privés . . . ）

h. 非商业性质之自由职业所得（impôt sur le revenu desprofessions uon commerciales）

法国所得税之特征，即在各种特别所得税间，并无联带关系，税源不同，形式亦异，各自有独立之税率，征税方法及纳税标准。至于一般所得税，则虽在特别所得税之外，又征收总收入一次，但所谓总收入，却并非各种特别所得之总和，二者之数目，往往颇有出入。总之其系由收益税改造为所得税，可无疑义矣。

法国以外，更有若干国家，亦采此种方法，而渐进推行所得税。奥国在一八四九年，已仿英国先例，行局部所得税。其后一般所得税推行，仍保留收益税系统，以为恒产收入之预先征收。但收益税中，仍保留劳力收益税，与所得税重复，自少意义，故自一九二〇年后，即已取消。战前南德诸邦，如 Württemberg 及 Baden，尝有资本收益税及劳力收益税，显系局部所得税性质。意大利则在保留土地税及房产税外，仿英国先例，将其他一切收益，称为动产所得，行所得税。凡此诸国之所得税，亦皆由收益税系统演进而来者。

上举各种所得税，与普鲁士及萨克森之一般所得税不同，Bräuer 为区别起见，称之为"收益的所得税"（Ertrags-Einkommensteuer）详言之，即租税之形式，尚多少保存收益税系统之遗迹，但其各部分，则已完全或局部采取所得税原则。①

由上观察租税系统演进所得，可见"收益的所得税，"实最适宜于由收益税而欲过渡至所得税之国家。中国今日已有土地税，房捐，营业税；但尚无主体税（即人的税）。一般公民（除农民商人外），除纳消费税外，几无直接税负担。故中国之租税政策，当视公债之增加，股份公司之发展，先行资本收益税，使资本家银行家投机家稍有负担；然后再行劳力收益税，以征收自由职业之所得。收益税系统既备，人人皆有直接负担，然后不难仿法奥先例，一变客体征税为主体征税，而过渡至于所得税系统矣。

＊　　　＊　　　＊　　　＊

总之今日之中国租税问题，不患一般平民对国家无直接负担，而患特殊资产阶级有负担能力者对国家毫无负担。

---

① Handbuch der Finanzwissenschaft. Bd. 2., Karl Bräuer："Ertragsteuern" SS. 7-8.

（1）一方面农民，小商人，消费者，负担太重，（田赋！摊款！营业税！皆为直接负担；盐税，麦粉棉纱，火柴，火泥税，皆为日常生活品之间接负担。）已呈民不聊生之象。

（2）他方面资本家，银行家，投机家，大都市之地主，及自由职业者，对国家反毫无直接负担。

故今日之问题，不在行所得税加重一般平民之负担，而在行资本收益税，劳力收益税，使资本家，银行家，投机家，及自由职业者，对于国家财政亦稍有负担。如此，合土地税，房捐，营业税（地方税）；资本收益税，劳力收益税（国家税），造成一完全之收益税系统，使人人对于国家皆有直接负担后，即不难一变客体税为主体税，而过渡至于所得税系统矣。二十四年六月；财政部为开辟税源起见，拟定《所得税条例》，交立法院付议。关于此问题，作者已另有《中国今日征收所得税问题》（载《东方杂志三十二卷十一号》）一文，加以讨论，兹不再赘。惟今日经济情形，不但不较十年前进步，且恐反为没落，所得税实行之条件，在吾国仍未具备。且据财政部方面消息，此次举办所得税，仍先由"个别所得课税"，再行推广；而所拟定之征收方法，仍仿照历届成规，参用申报与课源两法。[1] 实则一切规定，全蹈旧时代复辙，此后是否能以成功，全视其是否能遵守所得税普遍原则一点。然据目前环境而论，恐仍不免为北京政府时代所得税之续也。

---

[1]　二十四年六月二十五日南京《中国日报》。

第十章
财产税及遗产税问题

第一节 财产税与中国

财产税在租税系统中之地位财产税（Vermögensteuer，property tax）有广狭二义，广义之财产税，以财产或财产之一部为租税之对象及纳税之标准者，中古时代即已有之。此种租税，或称"Schoss"或称"Schatzung"大都以土地房产（亦间有动产）之估定价格，为纳税标准。盖当时收益所得之观念，尚惟发达，故仅以外表有形而难以规避之物，其价值易于估定者，为租税对象。其征收之技术，尚未发达也。

今日之财产税，多属于狭义方面，以继续不断征收财产之所有权，为其目标，故为人的税，而非物的税。因此财产税与遗产税不同，后者虽亦以征收财产为目标，但非永续的，而为间断的（即财产发生继承情形之时）。他方面财产税与转移税亦有不同，后者专以财产从甲手转至乙手之法律上转移，为其征收之目标。

财产税在租税系统中之地位，即由其性质决定。财产税之使命，在补充一般所得税，征收恒产所得之源泉，使恒产所得视劳力所得，多所负担。盖今日租税原则，以负担能力为依归，而恒产所得之负担能力，视劳力所得为大，其原因即在前者有恒产，后者无恒产一点。故本诸租税公平原则，应对于恒产预先加以征收，此财产税之所以发生也。可见财产税仅为补充性质，而非主税性质；一因税收较少，不足以足国用，二因凡由劳力得来之所得，即无法征收故也。故中国是否可行财产税，先决问题，即是否可行所得税。须俟一般所得税行之有成效后，方可谈到财产税也。

甘末尔设计委员会对于中国税收政策，尝于十八年冬提出意见书，对于财产税虽无建议，对于所得税颇有意见，摘录如左：

本委员会于民国十八年九月四日提出之《所得税说帖》内建议，中国现在不可采行一般所得税，其后就特殊或部分所得税为进一步之研究，亦不能证明此种有限制之所得税适于采用。本委员会之见解，一部分基于所得之性质，一部分基于中国私人账目之现状，而主要部分则以行政性质为根据。一俟他国视为适于所得税之条件亦已见于中国，则中国当然可以采行所得税；不过初时仍须为局部的及试验的而已。[①]

吾人基于上章之研究，亦认为中国不宜即行一般所得税。然则财产税问题，一时更谈不到。且即使一般所得税推行以后，国民经济，依然凋敝，所谓民族资本，仍无起色，则仍不宜征收财产税。盖资本主义国家之租税制度，原不可无条件的行于经济落后之中国也。

第二节　遗产税与中国

遗产税泛论　遗产税，德称 Erbschaftsteuer，美称 inheritance tax，英则总称 death duties，又分为两种，一为狭义之遗产税（estate duty）征收于死亡之后，遗产尚未分配之前；一为继承税（legacy and succession duty）则征收于已分配之后。兹先下一简单之定义，再及其技术问题。

------

① 甘末尔《税收政策意见书》。

　　遗产税者，乃系死亡关系而发生之财产转移税也，故死亡为征税之动机，无此不发生纳税义务。① 就其影响而论，同于财产税，因其纳税标准即为遗产，而其税源亦为继承人之财产。遗产税之对象，即为继承人所得之遗产，详言之，即继承人因得遗产所增加之负担能力是也。遗产之估价，以死亡时财产之市价或行市（证券）为标准，今日一般立法，往往许减去债务并继承连带之费用，如丧葬费等。

　　遗产税有广狭二义，因而累进之程度，亦因之而异：（一）狭义之遗产税，（Nachlass-steuer，即英之 estate duty）征收于死亡之后，未分配之前，易言之，凡有死亡发生，国家即先就其遗产征税之谓。此种狭义之遗产税，专以财产之大小，为累进之标准。（二）广义之遗产税，更包括继承税（Erbanfallsteuer 即英国之 legacy and succession duty）而言，以征收继承人为其目标，更分普遍的继承税（包括一切家族亲族在内，妻子亦不能例外）与有限制的继承税。（专征旁系亲族或非亲族。）因而累进之程度，亦有二重标准，一视亲等之远近，二视遗产之大小。试举一九二五年八月二十二日德之《遗产税法》为例：②

表 2-10-1　一九二五年八月二十二日德之《遗产税法》税率

遗产大小 单位马克	I	II	III	IV	V
	各亲等之税率（%）				
10 000	2	4	6	8	14
20 000	2.5	5	7.5	10	16
30 000	3	6	9	12	18
40 000	3.5	7	10.5	14	20
50 000	4	8	12	16	22

---

　　①　因死亡关系而发生之财产转移，初不限于继承，赠与亦在其内。故先进各国于遗产税外，兼征赠予税。（Schen kungsteuer, gift tax）。

　　②　一九二五年八月二十二日遗产税法第十条。

（续表）

遗产大小单位马克	I	II	III	IV	V
	各亲等之税率（%）				
100 000	4.5	9	13.5	18	24
150 000	5	10	15	20	26
200 000	5.5	11	16.5	22	28
300 000	6	12	18	24	30
400 000	6.5	13	19.5	26	32
500 000	7	14	21	28	34
600 000	7.5	15	22.5	30	36
700 000	8	16	24	32	38
800 000	8.5	17	25.5	34	40
900 000	9	18	27	36	42
1 000 000	9.5	19	28.5	38	44
2 000 000	10	20	30	40	46
4 000 000	11	21	32	42	48
6 000 000	12	22	34	44	51
8 000 000	13	23	36	46	54
10 000 000	14	24	38	48	57
以上	15	25	40	50	60

按英美法奥各国，兼有遗产税与继承税。德自一九一九年至一九二二年亦兼有二者（Nachlass-und Erbschaftsteuer），自一九二二年后，废止狭义之遗产税，亲等分为五级，最高累进税率且至百分之八十；一九二三年后，始减低税率，今最高税率为百分之六十。

反对遗产税者以为遗产并非新财产，如加以征收，必妨害国民经济资本之形成，尤以在一家之中，如死亡相继，屡次征收结果，必致产业荡然。至于继承人若系妻及子女，更当反对，因继承人表面上虽得遗产，但实际上则不但不增加其财力，且减少其一向公用之收入，故虽有遗产，仍不免穷困。惟今日租税政策，以社会政策为依归，有累进以均贫富，有免税规定以济税法之穷，故反对者之理由，多不能成立。

遗产税实行之初之困难及其阻力 遗产税实行之初，不免有若干阻力，因而引起困难情形。如英之遗产税（estate duty）以一八九四年《财政法》（The Finance Act）开始，提倡之者为内藏大臣（Chancellor of the Exchequer）Sir William Harcourt。氏虽属于地主家庭，但不满意地主阶级享有立法上之特权，故主张行遗产税，以均负担。① 但提出之后，各方面多加反对，尤以女王维多利亚一八九四年六月五日致内藏大臣之信中，最足以代表保守派之意见：

女王对于预算中关于遗产税之规定，至为关切，并认为如果实行，必以害及全体地主。今日有若干地产，地主已在亏累之下免强维持，若一旦预算通过变成法律，彼辈必更加紧缩。如是必将影响及于贫民，而小农必遭失业之厄。于是田产荒芜，全国慈善事业必致无人赞助。且地主知须纳遗产税，必不肯改良其财产，因如此必更加重其继承人之负担——其继承人或为寡妇，其地位必更不及实行遗产税以前。……

但 Sir William Harcourt 得众院赞同，终得通过。盖英国当时地主阶级得势，享有特权，故征收遗产税不为已甚也。若在农村破产，民不聊生之国家，则女王信中所言之理由，颇足以发人深省者。②

中国与遗产税 中国向无遗产税。民国四年，北京政府总统府财政讨论会议，始订有《遗产税条例》，以为"我国各省承继争产之案，无时不有，若征遗产税，为数必匪细微，名目虽属创见，试行不致扰民，要亦良税之一种，开源之一端。"当提出草案十二条，然以时事多故，迄未实行。及国民政府时代，十七年之全国经济会议及财政会议，皆议决行遗产税。十八年一月，复修正《遗产税暂行

---

① "Life of Sir William Harcourt." A. G. Gardiner. Vol. ii, p. 281（London Constable）1922.

② 参阅 The Science of Public Finance, by G. Findlay Shirras. 1924. pp. 297-300。

条例》，规定左列各点：

（一）妻及亲生子女嗣子养子或亲朋承受遗产时，应依照本条例缴纳遗产税，以为承受财产确定权利之证。（第一条）

（二）承袭人之等次，照下划分之：

第一等　妻及亲生子女

第二等　兄弟之子为嗣者

第三等　从兄弟之子为嗣者

第四等　同宗兄弟之子为嗣者

第五等　抚养异姓之子为嗣者

第六等　亲戚或朋友之承继遗产者（第七条）

（三）遗产应按左列税率纳税：（百分率）（第八条）

表 2-10-2　遗产额及适用税率表

遗产	第一等	第二等	第三等	第四等	第五等	第六等
5 000 元以下	免税	免税	免税	免税	免税	免税
5 000—10 000	1	1.5	2	2.5	3	5
10 000—20 000	1.5	2	2.5	3	5	7
20 000—50 000	2	3	4	5	7	9
50 000—100 000	3	4	5	7	9	11
100 000—300 000	5	6	7	9	11	13
300 000—500 000	7	8	9	11	13	15
500 000—1 000 000	9	10	11	13	15	17
1 000 000—5 000 000	11	12	13	15	17	20
5 000 000—10 000 000	13	14	15	17	20	22
10 000 000—以上	15	16	18	20	22	24

该条例自修正后，又拟订《遗产税之施行细则》，然尚未正式实行；近虽有实行遗产税之议，然亦多托空谈。盖遗产税问题，并非条例问题而已，须更进一步考察经济及社会一般条件，是否适宜于

行遗产税也。

甘末尔对于遗产税之意见 甘末尔设计委员会，于十八年发表《税收政策意见书》，尝讨论遗产税问题云：

> 本委员会并根据相似之理由，（指关于所得税之理由）认中国现在不宜采行遗产税。此种赋税乃以西方各国之家族财产与其继承为根据，惟中国情形则不如是。父母死亡后之孤子，无论对于此项财产之依赖程度或其对于此项财产之管理及使用，其身份并不因父母死亡有所变更。在欧西各国通常引为征收遗产税之理由者，即继承者一旦骤增产业，对于补助国家之能力当然增加，自可课以遗产税。但中国本无此种情形，即或有之，亦不过极少数而已。

吾人对于遗产税之意见 吾人以为甘末尔氏之意见，确有一部分理由；然须加以注意者，即中国近已颁布《新民法》，适应转变中之家族关系，而重新加以规定。且近二十年来，大家族制度日趋没落，个人主义之家庭日渐趋于普遍，则将来实行遗产税并非极不可能之事。惟目前经济凋敝，民不聊生，加以农村破产，田地抛荒，则即刻实行遗产税，又加重人民负担，殊非得计。一俟经济稍入正轨，民生稍稍复苏，则不妨毅然实行，以减轻平民间接税之负担也。

第十一章
将来之税制

第一节　过去税制之缺点
（农业税及消费税系统为中心）

　　以上各章既已分别讨论中国现有各种租税今当更进一步作综合之观察一论中国之租税制度。所谓"租税制度"（Steuer system）者，系指各种不同之租税，合理的相互联合，组成一种系统之谓。如何可以使各种不同之租税，最有效联成一系，使财政上得以成功，经济上与心理上之影响最佳，可以互相补充而公平分配负担，乃租税制度之中心问题。[①] 此种目的，固不能完全达到，往往因战争及军备关系，国用日增，租税日重，公平原则，未遑顾及，国民经济受影响如何，未遑考虑；但自十九世纪以来，各国财政趋势，莫不求租税之简单化，以造成一有计划的租税系统。

　　吾国今日之租税系统，已如绪论中所述以消费税系统及收益税系统为其中心，前者为中央政府之主要租税，后者为地方政府之主要租税。其间一税两征；（印花税，契税；所得捐，及即将举办之所

---

　　① 　Eheberg："Grundriss der Finanzwissenschaft."3-4.，Aufl. Leipzig 1928，SS. 84-87.

得税）附加税高于正税数倍乃至数十倍，（田赋，盐税）性质相同之租税，同时并列（营业税，与当税，屠宰税），并非有计划之租税系统，而为基于习惯，本于遗制，杂乱无章之"租税杂组"，彰彰明甚。惟其无计划可言，专以榨取人民脂膏为能事，故缺点甚多，要而举之，有下列各端：

（1）尽为"物的税"（Realsteuer），而无"人的税"（Personalsteuer）。所谓物的税，即客体税（Objektsteuer），以租税客体之外表标志为纳税准则，不问经济主体之个别情形。所谓人的税，即主体税（Subjektsteuer），以个人之负担能力为纳税标准，往往用自报办法，并顾虑其个别情形，而加以增减。（税源之种类，成本，家庭人口多寡等。）故田赋，房捐，营业税，以及以实物为对象者为物的税；而所得税，资本收益税，劳力收益税，则为人的税。中国仅有物的税而无人的税，一切田赋，房捐，营业税；关，盐，统，皆以物为征收对象，而不问人之负担能力，故民不聊生，而租税负担不得其平。

（2）大多数租税为间接税（indirekte Steuern），仅有少数为直接税。间接税与直接税之分，有两种不同标准：普通以征收方法为标准，则直接由租税义务人征收者，为直接税；因技术关系，不能向租税归宿人（Steuer des tinatar）直接征收，而向应纳税货物之生产者或商人征收，利用转嫁而使消费者负担者，为间接税。如依此种标准，则收益税（田赋，房捐，营业税）所得税，转移税（印花税，契税）为直接税，而消费税（直接征收之消费税；住宅奢侈税，犬税，汽车捐等例外），为间接税。第二种分法，则以是否直接征收负担能力为标准，直接征收负担能力者，为直接税；（所得税，财产税，收益税）不直接征收负担能力，而仅征收负担能力之表现者为间接税（一切消费税）。二者之范围大体相同，但亦有例外。（住宅奢侈税，犬税，汽车捐，佣人税，印花税等，照第一类分法，属于直接税，照第二类分法，属于间接税）。但无论用何种标准，皆可作下列结论：中国中央政府之租税，以消费税为中坚，几全部为间接税；地方政府之租税，以收益税为中坚，而加以转移税，则大部为直接税，少数为间接税。以全国租税而论，则大部分为间接税，以中央政府之税收而论，则百分之九十四尽属于间接税。① 间接税多而直接税少，不问负担能力，专问消费若干，而生活必须品，又无法加以限制，于是平民负担重，富户负担轻；贫弱者转辗沟壑中，而富有者反对于国家毫无直接负担，以其余资，存入外国银行，转以剥削国人。此吾国税制之最不公平者也。

总之吾国租税制度，在地方财政尚属于收益税系统，即吾师Herkner 所谓农业税系统（Agrarsteuersystem）；而中央财政则完全建筑在消费税系统之上。今如何可以由农业税系统改进于所得税系统，如何由物的税以进于人的税，为吾国将来租税制度之中心问题，请于下节中一申论之。

第二节　将来之国税及地方税

国税与地方税之划分，并无固定标准。盖集权与分权之观念，随时改变，而中央政府与地方政府任务之划分，亦因时因地而异。故租税之划分，亦初无一定界线。惟在一定时间及地点之下，则须有一合理之划分，足以适合中央与地方任务之分配，而使二者得以各尽其使命。惟在讨论中国租税系统之前，须先一比较重要各国之税制，联邦国家请以德为例，单一国家请以英法为例。

英国之租税制度，略如下表：

A. 国税

Ⅰ. 所得及所有税

所得税（income tax）超额所得税（super tax）

土地税（land tax）

矿税（mineral rights duty）

（战时及战后所行之 corporation duties 及 land value duties 今已取消）

---

① 此数以《二十二年度财政报告书》为根据，税项收入统计为六八九 四八八 三三七．一五元，而关盐统烟酒税相加为六四七 八三五 三八二．四二元，占百分之九十四。

Ⅱ. 转移税

遗产税（estate duty，legacy and succession duties）赠予税（gift tax）

公司资本额税（companies capital duty）

收据税（duties on receipts）

支票税（duties on drafts）　总称印花税（stamp duties）

汇票税（duties on bills of exchange）

保险税（duties on insurance）

特种职业之特许（licence）（如律师等）

Ⅲ. 消费税

关税（customs）

内国消费税（excise 即葡萄酒，白兰蒂酒，糖，烟税等）

享乐税（amusement tax）

酒类营业牌照税（licences）

B. 地方税　救济贫民捐（poor rate）及奢侈税等（如汽车税，男佣人税，枪捐，犬税等）及国税之拨额。

法国之租税制度，略如下：

A. 国税

Ⅰ. 所得税

八种特别所得税

一般所得税
a. 土地所得
b. 房产所得
c. 动产及资本所得
d. 证券以外之资本所得（抵押放款，债权及存款所得）
e. 工商业所得
f. 经营农业所得
g. 公私薪俸工资及养老金所得
h. 非商业性质之自由职业所得

Ⅱ. 转移税

遗产税及赠予税

"死手"之税（Abgabe von der toten Hand）①

契约文件等之印花税

法律上转移税（如土地之转移，商店之招盘等。）

证券税与交易税

Ⅲ．消费税

销场税

奢侈税（车马，享乐，台球等）

酒类税，糖税，盐税，醋税，咖啡及殖民地商品税，煤油税，矿油税等，烟，火柴及火药专利转运税及载重汽车税

B．地方税 省及地方政府，则征收国家已放弃之收益税附加税，如土地税，门税，窗税，营业税，佣人税，动产税等。市政府之收入，则多半来自酒类税，食物捐，燃料捐，及犬税等。

德国为联邦国家，（惟今日已趋向集权之单一国家）至一九三三年止，其租税系统如下：

A．联邦税

Ⅰ．所得及所有税（Einkommen-und Besitzsteuern）

所得税与法人税（Einkommen-und Körperschaftssteuer）

财产税（Vermögenssteuer）

财产增值税（Vermögenszuwachssteuer）

资本收益税（Kapitalertragssteuer）

Ⅱ．转移税（Vermögensverkehrsteuern）

遗产税（Erbschaftssteuer）

土地取得税（Grunderwerbssteuer）

资本转移税（Kapitalverkehrssteuer）

公司税 Gesellschaftssteuer

证券税 Wertpapiersteuer

---

① 法人之不动产，往往经过若干年代无转移及遗产发生，故须征一特税，以为抵补。在法国系每年征收一次，视不动产之收益而定税率高低。

交易税　Börsenumsatzsteuer

兑换券税（Wechselsteuer）

保险税（Versicherungssteuer）

赛马与彩票税（Rennwett-und Lotteriesteuer）

Ⅲ. 消费税（Aufwandsteuern）

销场税（Umsatzsteuer）

啤酒税（Biersteuer）

沫酒税（Schaumweinsteuer）

白兰蒂酒专卖（Branntweinmonopol）

醋税（Essigsäuresteuer）

盐，糖，甜料等税（Salz-，Zucker-，und Süssstoffsteuer）

烟，火柴，灯，纸牌税（Tabak-，Zündwaren-，Leuchtmittel-，Spielkartensteuer）

运输与载重汽车税（Beförderungs-und Kraftfahrzeugsteuer）

B. 各邦税

Ⅰ. 联邦税之拨额（如所得税，法人税，销场税之一部，土地取得税，赛马税与载重汽车税之全部）。

Ⅱ. 土地税（Grundsteuer 及房产税 Haussteuer）

Ⅲ. 营业税（Gewerbesteuer）行商税及摊税（Wandergewerbe-und Wanderlagersteuer）

Ⅳ. 土地增值税（Zuwachssteuer von Grundstücken）

Ⅴ. 几种印花税（gewisse Stempelsteuern）

C. 市税

Ⅰ. 联邦税之拨额

Ⅱ. 对于邦税（土地，房产，营业税）之附加税。

Ⅲ. 享乐税（Vergnügungssteuer）

Ⅳ. 若干种饮料税（gewisse Getränkesteuern）

Ⅴ. 酒店牌照税，（Schankgewerbsteuer）犬税（Hundesteuer）住宅奢侈税（Wohnungsluxussteuer）土地出卖时之增值税，车马奢侈税

（Steuern von Luxuswagen und-pferden）等。

由英德法三国租税系统观之，可见国税与地方税之划分，初无一定标准。法国中央政府，在征收一般所得税外，更征收八种特别所得税（impôts cedulaires），实际上为收益的所得税；但在德国，则收益税归各邦征收；在英国，则至少收益税之残留者，归自治团体征收。但综合各国租税政策之趋势，则颇有一致之点：即中央政府之租税系统，建筑在所得税所有税，转移税，及消费税之上；而地方政府及市政府之租税系统，则以收益税为主，兼及于奢侈税及饮料税。

中国将来之税制，亦应多少依此一般趋势，而划分国税与地方税。关于划分国地收支之法令草案，国民政府成立以来，共有下列各种：

（1）十六年七月十九日《国家收入地方收入暂行标准案》。

（2）十七年十一月二十一日《划分国家收入地方收入标准案》。

（3）二十四年六月十四日立法院通过之《财政收支系统法》。

今按《财政收支系统法》附表三《税课分类表》，中央税；省税；直隶于行政院之市税及县税；或隶属于省之市税如下：

（甲）中央税

一、关税
- 货物进口税
- 货物出口税
- 船舶吨税

二、货物出产税
- 盐税
- 铲产税
- 其他以法律规定之出产税

三、货物出厂税
- 卷烟税
- 火柴税
- 水泥税
- 棉纱税
- 麦粉税
- 其他以法律规定之出厂税

四、货物取缔税 { 烟税
酒税
其他以法律规定之无益物品或奢侈物品取缔税

五、印花税

六、特种营业行为税 { 证券交易税及物品交易税
银行兑换券发行税
其他以法律规定之特种营业行为税

七、特种营业收益税 { 交易所税
银行收益税
其他以法律规定之特种营业收益税

八、所得税

九、遗产税

十、由直隶于行政院之市分得之营业税

十一、由市县分得之土地税

（乙）省税

一、营业税。

二、由县市分得之土地税。

三、由县市分得之房产税，《土地法》施行后，并入土地改良物税。

四、由中央分给之所得税。

五、由中央分给之遗产税。

（丙）直隶于行政院之市税

一、土地税。

二、房产税，《土地法》施行后，并入土地改良物税。

三、营业税。

四、营业牌照税。

五、使用牌照税。

六、行为取缔税（？）

七、由中央分给之所得税。

八、由中央分给之遗产税。

（丁）县税或隶属于省之市税

一、土地税。

二、房产税，《土地法》施行后，并入土地改良物税。

三、营业牌照税。

四、使用牌照税。

五、行为取缔税。

六、由中央分给之所得税。

七、由中央分给之遗产税。

八、由省分给之营业税。

以上各级分类，大体系根据过去法规及现制，惟分类方法，颇多可议者：（一）中央税中，以货物出产税、货物出厂税与关税、印花税、所得税、遗产税等并列，不合逻辑方法。盖出产税、出厂税，为征收方法上之名称，而关税、印花税、所得税、遗产税等，乃租税征收对象之名称，不在同一平面之上，不能并列。（二）货物取缔税与货物出厂税，界线不明，且二者亦不能并列。货物出厂税中，如卷烟税，岂非亦含有取缔之意？货物取缔税中，如烟酒税，亦何尝不含有出厂征收方法？又如薰烟税，啤酒税，洋酒税，火酒税，今亦列入统税，若照此种分法，究宜列入取缔税，抑宜列入出厂税？若按其征收方法，自多为出厂税；但按具征税用意，则又含有取缔之意。故《财政收支系统法》，分类系统上尚欠完整。

吾人以为吾国税制之缺点，（一）在无"人的税"，不以负担能力为征收标准；（二）在间接税过多，平民负担过重，（三）在系统不明，重征及复出之租税比比皆是，（四）在附加税过重，往往高于正税数倍乃至数十倍。故欲求改善租税制度，亦当从此处着眼。惟税制之改进，宜渐而不宜急，故当分两步骤进行：

（1）过渡时代　应举办收益的所得税（Ertrags-Einkommensteuer），使人人先有直接负担。收益税中，土地税，房捐（《土地法》施行后，应并入土地改良物税）普通营业税，及特种营业税中之牙行营业税，烟酒牌照税，皆为地方税。（当税及屠宰税，应并入普通营业税）。特种营业税中之银行业收益税，交易所税，以及矿税，资本收益税，劳力收益税，皆为国税。转移税中，契税应改办不动产登录税，印花税中与登录税性质重复者即宜取消；土地增值税即宜举办。消费税中，出口税转口税应即取消，常关税宜完全裁撤。过渡时代之租税系统，当如下图：

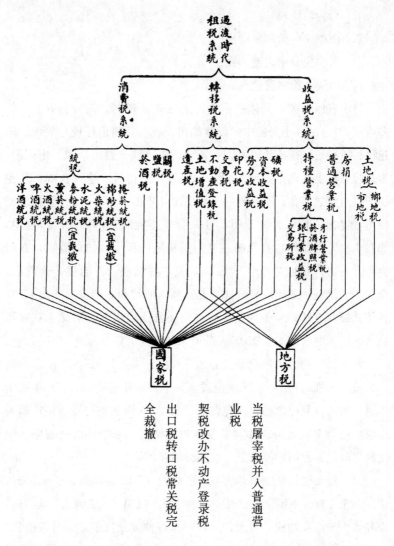

（2）推行所得税时代 将来中国之租税系统，应由物的税趋向人的税，由间接税为重心趋向于以直接税为重心，易言之，即推行所得税系统，而注重纳税人之负担能力。故当由收益的所得税一变为一般所得税及法人所得税，是为国税；而地方政府，仍征收土地税，房捐，（《土地法》施行后，应并入土地改良税）营业税等之收益税。又遗产税为惟一不能转嫁之良税，国家多征不伤廉，得遗产人多纳不害及生存，即宜推行。至于消费税系统，宜减少税目，生活必需品之消费税，或宜减轻（盐税），或宜废止（棉纱税及麦粉税）。此外附加税必须废止，重征必须禁绝，复出之税必须合并，则皆为当然之事。故将来之中国租税系统，当如下图：

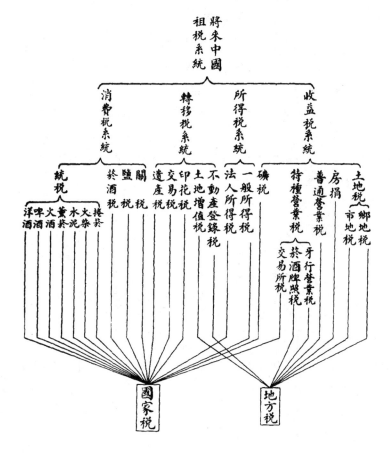

在论国税与地方税划分之时，不可不顾虑中央与地方支出方面之分配；易言之，即国税之收入，当用在何种目的，地方税之收入，当用在何种范围。盖中央与地方任务之分配既明，然后始能讨论租税之划分是否公平也。按《财政收支系统法》，中国中央与地方支出方面之划分如下：

（甲）中央支出

一、政权行使支出（训政时期，指中国国民党）

二、国务支出（国民政府之各项支出，除所属机关别有科目列举者外，均属之。）

三、行政支出（行政院及所属各机关）

四、立法支出（立法院）

五、司法支出（司法院及所属各机关）

六、考试支出（考试院及所属机关）

七、监察支出（监察院及所属机关）

八、教育及文化支出（关于教育学术文化信仰等之中央事业，及补助之支出）。

九、经济及建设支出（关于经济交通实业劳工建设等中央事业，及补助之支出）。

十、卫生及治疗支出（关于卫生防疫医药等之中央事业，及补助之支出）。

十一、保育及救济支出

十二、营业投资及维持之支出

十三、国防支出（关于陆海空军之支出及国防特别经费）

十四、外交支出

十五、侨务支出

十六、移殖支出（关于屯垦移民之中央事业，及补助之支出）

十七、财务支出

十八、债务支出

十九、公务人员退休及抚恤支出

二十、损失支出

二十一、信托管理支出

二十二、普通补助支出

二十三、其他支出

可见中央之支出，范围极大，从党务行政立法司法监察考试以至教育文化经济建设事业，皆属中央支出，而实际上，则军务债务两项支出，实占全体支出百分之九十以上。至于省支出（分十七项）市支出（十六项）县支出（十六项），虽亦有保安支出及教育文化经济建设等支出，然多偏于地方性质。由此可见中央支出，其性质之重要，范围之广大，过于地方支出远甚。故中央之收入，亦当较为丰厚而有弹性。吾人以上所建议之国税地方税划分系统，即依此观点而分配者也。

租税经济，既为财政之中心，租税问题，实中国财政问题中最重要之问题。但无健全及完整之租税系统，即不能有健全之财政，故本章所论，至为重要。故将来中国财政政策之重要使命，即在造成一合理的租税系统，然后财政方可言整顿，而经济建设之目的，方可达到而实现也。

第十二章
结　　论

本书既已详细分析中国租税制度之现状，各种租税在国民经济上之影响，及其应加整顿改革之点，兹当由博返约，由分而合，由解析而归纳，一再捴叙以前各章结论，以清眉目，并为本书殿焉。

关于租税方面之结论，吾人可总分为三组：（一）关于租税之原则方面；（二）关于租税之征收方面；（三）关于租税之实际问题方面。请分组列举如下：

（一）关于租税之原则方面：

（1）租税非经合法机关制定法规，非由合法机关依法征收，不能强取人民分毫。

（2）中国现在税制，消费税太重，直接税太少，应减轻消费税（盐税，统税）以舒平民负担；开办直接税（银行业收益税，资本收益税，劳力收益税），使对于国家向无直接负担之资产阶级，稍有负担。

（3）中国今日之租税问题，不患一般平民对国家无直接负担，而患特殊资产阶级有负担能力者对国家毫无负担。故今日之问题，不在行所得税加重一般平民之负担，而在行资本收益税，银行业收益税，劳力收益税，使资本家，银行家，投机家，及自由职业者，对国家财政亦稍有负担。

（4）故先当造成一完全之收益税系统，（土地税，房捐，营业税，银行业收益税，资本收益税，劳力收益税），使人人对于国家皆有直接负担后，即不难一变客体税为主体税，一变物的税为人的税，而过渡至于所得税系统也。

（5）租税应顾虑其在国民经济上之影响，如一种租税，实行之后，对于本国工商业影响不佳，以致濒于危殆者，即当废止该税，或至少当减轻之。

（6）租税税率，万不可优待外国工商业，而重征本国工商业。

（二）关于租税之征收方面：

（1）废除包商制度，由国家直接行使租税主权。

（2）废除专商制度，任何人不得垄断利权。

（3）不得预征。

（4）除法规明白规定外，不得征收附加税。

（5）扬除中饱。

（6）集中征收机关，增加行政效率。

（三）关于租税之实际问题方面：（以上各章已详论之，兹再提要钩玄而已）：

（1）田赋 切实减除附加税，整顿税收，澄清积弊，注重农民生活最低限度！并举行清丈，为治本之计。

（2）土地增值税 应即认真实行，尤宜从大都市办起，以遏止投机。

（3）洋米进口税 应运用活动分级税则，切实保护农业。

（4）营业税 最好以纯收益额为标准，如不得已而以营业资本额为标准，则企业资本与固定投资之资本当同时并重，不可偏废。公有营业免税范围，不宜太泛。外商营业，亦应征税。

（5）牙税 应由国家制定牙行特种营业税法，澄清积弊，减轻税率，以期逐渐统一。此外游行牙纪，亟应废除，以免商民之累。

（6）当税 为维持内地金融流通起见，最好废止当税。不得已而求其次，亦当并入营业税中，按营业纯收益额征税。（万不可按架本征以重税）。

（7）屠宰税 应即废止，改征普通营业税。

（8）银行业收益税　应即实行，其税率不妨高于普通营业税。

（9）交易所税及交易税　前者系营业税性质，所征收者为经纪人，原则上不妨较重；后者系转移税性质，所征收者系财产转移之程序，负担之者为买卖行为当事人，原则上不妨较轻。惟标金交易税率，即应提高。

（10）矿税　无论矿区税、矿产税，皆宜切实统一，由中央征收；煤矿税即应减轻税率，归并办理。

（11）关税

（a）切实裁撤内地常关，张多关、杀虎关、塞北关皆应废除，改在实际边境，严格设关征进口税。

（b）转口税当切实废除。

（c）进口税当实行保护关税，制止汇价倾销，实行汇价倾销税。此外宜采取从量税规定，实行双重税则或多重税则。

（d）出口税，除为保留本国工业必要之原料外，即应取消。

（12）盐税

（a）用渐进方法，开放行盐区域，废除包商制及专商票商制。

（b）重行斟酌盐之产销情形，及交通状况，划分行盐区域，而加以统制，以免完全自由竞争之弊。

（c）切实减轻盐税税率，取消中央附加禁止地方附加！减轻人民对于盐税之负担！

（d）再不得以盐税作抵，发行公债，加重人民将来盐税之负担！

（13）卷烟统税　多分税级，以适合人民之负担能力。加重上中烟税率，减轻下烟税率，以减轻国产成本，而推销土烟叶。

（14）棉纱统税　最好即行废除；或参照海关税率，改五级征收，而较关税减轻三分之二。

（15）火柴统税　当重征洋厂，轻征华厂，以保护垂败之火柴业。

（16）水泥统税　减轻税率，以减低本国水泥成本。

（17）麦粉统税　即应取消，以减轻日用必须品负担。

（18）烟酒税

（a）废除烟酒税捐，实行烟酒公卖。

（b）统一烟酒公卖费率，全国切实遵行。

（c）税率依品质而分高低，以适合消费者之负担能力。

（d）烟酒进口税则，应较烟酒公卖费率为高，以保护国产。

（19）印花税　范围不可过于推广，以减轻烦扰商民之程度。关于教育文化事业之人事凭证，及各种营业执照，应减轻税率。

（20）契税　应即取消，与土地登记费合并，改办不动产登记税，以免重征之弊。

（21）所得税　不宜即刻实行；应先办收益的所得税，再过渡至所得税系统。

（22）财产税　俟所得税实行有成效后，方可征收。

（23）遗产税　目前可稍缓实行；俟经济稍入常轨后，方可开办。

以上为吾人关于中国租税问题之结论也。吾人懔于今日国民经济之崩溃，农工商业之破产，以及一般民不聊生之景象，虽不尽由于今日之租税，而租税实足以促进之；故切中时病，对症下药，提出上列三十六点，以建议于国人。吾知顺其道而行，必可致国民经济于复兴之道；反其道而行，必将陷国民经济于破灭之途。虽"饮酖止渴"，或可苟延残喘；然经济财政总崩溃之大难，必有来临之一日，且为期当在不远也。而操其枢纽者，厥为财政当局，由今日之困难而整顿复兴，或竟每况斯下而趋于崩溃，成败关键，皆在财政当局。然而受其切身之影响者，实为四万万之人民，吾人必不容财政当局，倒行逆施；故提出整顿复兴之方案，指示以向上之途径。至于监督之而促进之，是在全体国人共图之矣。

二十四年六月二十八日脱稿于南京。

附 录

著者年来所发表关于中国租税问题论文表

（A）田赋

田赋附加税之沿革中央大学社会科学丛刊第一卷第一期

田赋附加税之繁重与农村经济之没落东方杂志三十卷二十二号

四川省田赋附加税及农民其他负担之真相全上三十一卷十四号

（B）关税

战后各国关税政策之趋势全上二十八卷

农业保护关税问题全上三十一卷九号

一九二八年国民政府修改不平等条约之成绩与批评全上二十六卷

银价变动之趋势与中国之对策全上三十一卷十号

征银出口税后补救入超之对策全上三十一卷二十三号

汇价倾销税释疑全上三十二卷六号

（C）所得税

生活最低限度与累进税问题武汉大学社会科学季刊

中国今日征收所得税问题东方杂志第三十二卷十一号

（D）盐税

中国盐法中之专商制问题中央大学社会科学季刊第二卷第一期

（E）其他（附）

井田制度有无之经济史上的观察东方杂志三十一卷一号

所谓统制经济与国联技术合作问题全上三十一卷五号

农村经济没落原因之分析及救济农民生计之对策全上三十二卷一号

世界通货战争之现阶段及中国应取之对策全上三十二卷十三号

实物资料举例

（Ⅰ）田赋

(1) 镇江二十一年征收第一期地价税通知单

(2) 南通二十二年第二期地价税执照

(3) 金华保卫团临时费摊派一次亩捐收据

(4) 达县筹饷局二十一年第11次临时军费执据

（每斗征至三六．五元，加附加手续费等至七十三元）

(5) 四川广汉县一年六征之收税执据

(a) 二十年一月二十日第一次（每两应征 23.95 元）

(b) 二十年四月十五日第二次（每两应征 28.25 元）

(c) 二十年六月十六日第三次（每两应征 29.75 元）

(6) 江苏中正扬荡课执照

（Ⅱ）营业税

(1) 南京市二十三年营业税调查证（按营业总收入征千分之二）

(3) 糖寮捐

广东粤军三军三师军官讲习所

附加普宁全届糖寮捐

（Ⅲ）房捐

南京市二十四年五月份住房捐

住房捐　4.50

附捐　1.12

共计　＄5.62

（Ⅳ）车捐

南京市二十三年冬季车捐（9.20 元）

（Ⅴ）盐税

（1）前清引式（长芦）

户部为盐法事山东清吏司案呈照得长芦盐法题准各项事例已经通行遵奉讫所有引目除场灶丁人守御官吏军民权豪势要官运盐货偷取押和场户运盐携带军器诸人买食私盐载盐不用官船七款另文申饬外其题定盐斤缴引二款并行盐地方合行开列铸造铜版印刷给付客商收执照盐前去发卖施行须至引者

一　长芦运司凡客商卖盐每引行盐三百斤直隶盐加包索耗盐十斤河南盐加包索耗盐十五斤给半印引目每引完纳引价随即给引支盐运卖

一　凡客商兴贩盐货不许盐引相离违者同私盐追断如卖盐毕十日内不邀退引者笞四十将旧引影射盐货同私盐论罪伪造盐引者处斩

一　行盐地方

直隶顺天府　永平府　保定府　河间府　天津府　正定府　顺德府　广平府　大名府　遵化州　冀州　赵州　深州　定州　宣化府属延庆一州　易州并所属涞水县

河南开封府　怀庆府　彰德府　陈州府　卫辉府属汲县　淇县延津　滑县　浚县　封邱　获嘉辉县　新乡　南阳府属舞阳一县许州并所属临颍　郾城　长葛

右引付客商　收执照盐准此
年　月　日

（2）前清淮北三联大票给商票式

两淮都转盐运使司为给票照验事照得淮北引盐凡湖运及食盐各岸经两江督盐宪先后奏请改行票盐听各商贩纳税领票就场买盐认岸发卖钦奉谕旨准行钦此钦遵檄行在案所有贩运各商民既经完过税课合给印票照验该商贩领票运盐出场务持此票投应过各卡验明放行沿途毋许盐票相离到岸即将印票呈送各州县衙门缴销如已过卡加戳因所指州县盐壅销滞准其就所在地方呈明转运他岸融售傥越过各卡不

行投验及越出票盐四十二州县界外销售者均以贩私论各卡暨各州县差役人等如有勒索刁难情弊许该商贩执照票禀究各照遵行须至票者

计开

票商　　系　人于　　场　垣运盐　引计　　包　　斤运至

发卖到岸即将照票呈缴当地衙门销报应纳税银及盐价经费均已完讫

　　　　　　　　　　　　　　　年　月　日给票商

　　　　　　　　　　　　　　　准此

（3）前清淮南楚岸三联大票给商票式（循环转运）

淮字第　号运商　运楚岸　引

兵部尚书两江总督管理两淮盐政为给照护运事照得淮南行销楚西口岸引盐前经曾前部堂暨李前部堂先后核定章程招商认办循环转运楚岸每年定运二十四万引又于直隶赈捐案内加额二万引计鄂西两岸每岸额运十三万引又湘岸辰河专运碱盐一万二千引不入正额均分春秋两纲开办奏明先盐后厘以纾商力盐抵口岸售销后由督销局扣存厘金分给各台局引盐开江不用部引由本部堂衙门刊发三联印照中照给商护运照根存淮南总局备查左照由总局先寄岸局以备比对其中照两边骑缝填写商名引数盖用淮南总局钤记再呈送运司盖印发局转给兹据商贩请运楚岸淮盐引每引八包每包连卤耗包索八十六斤共计　包　斤运赴湖投挨售中途不准颗粒售卖亦不准夹带重斤查出究办盐照相离即以私论为此照给该商贩领执开江经过江苏安徽楚省各厘卡验明护照查明包数相符立即盖戳免厘放行不准留难阻滞查卡勇役人等亦不得勒索分文如违严惩须至护照者

右护照给

　　　　　　　　　　　　　　　年　月　日

　　　　　　　　　　　　　　　督盐部堂

（4）山东东岸运盐准单（按相当于昔日之引）

（5）淮北运盐照票（相当于昔日之票）

（6）淮南缴税凭单

（7）两浙收税单

（8）（中央附加）两浙附收军用加价收据

（9）（中央附加）两浙附收善后军费加价收据

（10）（地方附加）两浙附收办理浙江军务善后盐斤加价收据

（11）（地方附加）两浙整理公债盐斤加价收据

（12）（地方附加）两浙附收浙省续发公债盐斤加价收据

（Ⅵ）卷烟统税

（一）卷烟印花税票样张

（1）宝蓝色

（2）青莲色

（3）姜黄色

（4）翠绿色

（5）赭色

（6）黑灰色

（7）洋红色

（说明）此项卷烟印花计分七等每张印花分为十枚除编列联号外兼以甲乙丙丁字样分别印于每枚之上上列样本系甲字号余号均同

（二）最近改制雪茄烟印花样张

（说明）此项印花每一号码为一张每张十枚分子丑寅卯等十条每条长十二英寸用以环封木盒可免重用之弊

（Ⅶ）契税

（1）前清光绪十八年钦差户部督理左翼管税买契执照（左为满文）

　　一百八十两，纳税五两四钱（仅合百分之三）

（2）民国九年左右翼税务公署买契

　　一千四百元，纳税八十四元，盖照卖六典四例。

（3）国民政府北平特别市财政局十八年验契

验契纸价　一元五角

注册费　　　　一角

教育费　　　　二角

（Ⅷ）所得捐

别无收据，仅于备查单中书明扣所得捐若干。（另扣赈灾捐百分之二）

民国二十一年主要进口洋货净数比较图

民国二十一年主要出口土货净数比较图